マクロ進化動学と相互作用の経済学

―― エントロピー，縮退，複数均衡，
異質的経済主体，相互作用の道具箱 ――

マサナオ・アオキ　著
有賀裕二　監訳
青木正直　訳
森谷博之　翻訳協力代表者

中央大学企業研究所
翻訳叢書 12

中央大学出版部

New approaches to macroeconomic modeling :
evolutionary stochastic dynamics, multiple
equilibria, and externalities as field effects

by

Masanao Aoki

Copyright © Cambridge University Press 1996

Japanese translation rights arranged with

the Syndicate of the Press of the University of Cambridge, England

through Tuttle-Mori Agency, Inc., Tokyo

はじめに

　本書はマクロ経済学者によって最近なされているマクロ経済学のモデル化を再定式化する試みである．

　確かにマクロ経済モデルを改善する必要性はマクロ経済学者によっても広く感じられている．マクロ経済学のモデル化の欠点として広く認識されていることは，代表的な経済主体の仮定およびおおむね決定論的な動学モデルを広範囲にかつほとんど唯一のものとして使用すること，均衡を外れた動学的現象に十分な注意が払われないことが挙げられる．より具体的にはマクロ経済現象のゆっくりとした反応と政策行動の配分効果を説明するに十分なモデルをもっていない．本書において「場の効果」と呼ばれる種類の外部性が存在するとき，ミクロの経済主体の動学的な適応行動は適切に扱われてこなかった．この「場の効果」は経済学の文献においては，社会的影響，社会的消費，集団の感情あるいは集団の圧力とさまざまに知られている．

　本書はマクロ経済におけるモデルを作成し分析するための別の方法を提供するための著者の最近の研究を集めたものであり，マクロ経済学者とマクロ経済学の大学院上級の学生を対象としている．第Ⅰ部は3つの章からなる．第1章はマクロ経済モデルを構築し分析するための新しい方法を開発する動機に関する導入的な議論であり，続いて第2章では提示されたアプローチの動機を与えるいくつかの簡単な例を示す．明示的に確率的なあるいは統計的アプローチは第3章でとられる．この章は本書の残りの部分で用いられるいくつかの題材からなる．この題材は通常のマクロ経済学者の実用的な道具箱のなかにはなく，伝統的な経済学の大学院のコースでは教えられていない．

　第Ⅱ部は第4章から第6章までであり，飛躍型マルコフ過程によるミクロの経済主体の相互作用のモデルを提示し，「後向き」Chapman-Kolmogorov方程

式によるマクロ経済の動学を導出する．多数のミクロの経済主体からなる集団の時間的発展は確率密度によって記述され，マスター方程式によって支配される．その場合ある条件の下で均衡確率分布は Gibbs 分布となる．第4章は各ミクロの経済主体が有限の選択肢をもつ状況を扱い，離散選択に関する文献を相互作用する経済主体を含むものに拡張する．

第5章は第4章で提示された考えを詳しく説明する．場の効果と呼ぶタイプの外部性に焦点を当てる．それぞれの経済主体が集計された効果によって影響を受ける場合のその効果が場の効果であり，そのため通常は弱く時間と共に広がっていく．これらの効果は2つの（顔の見えない）経済主体の対の相互作用とは対照的である．第5章では第4章のように，ミクロの経済主体を集計してマクロ経済に関する方程式を導出する方法が説明される．マクロ経済の複数均衡の存在に関連する論点が自然に出現する．本書の明示的で確率的な枠組みでは，局所安定な均衡に対してはっきりと振る舞う引き込み領域 (basins of attraction) をもつ動学モデルにおいてはそれぞれの引き込み領域に移動する確率は正である．ひとつの局所安定な均衡から別の局所安定な均衡へ移るまでの遷移時間の期待値の振る舞いは2つの引き込み領域を分離するポテンシャルの壁の高さに依存する．最後に，対の相互作用が第6章で取り上げられる．

第III部は，第7章と第8章からなり階層型に組織された大きな状態空間の動学の性質を調べる．このような動学の特徴的な性質はゆっくりとした反応にある．階層型状態空間モデルが均衡の動学的経路から一旦外れると，同じように組織化されていない状態空間上で動学が示す通常の指数関数的な早さよりゆっくりとした率で元に戻る．第8章は，バブルやその他の臨界現象のように同一の状態（あるいは信念）に集まる主体を扱う．巻末には補足的題材を集めた補論を置いた．

いくつかの話題は University of California, Los Angels における経済学モデリングの大学院コース，そして過去3年間に招待を受けた東京大学，Abo Academy University, European University Institute, University of Siena, などにおける特別コースあるいは一連のセミナーにおいて提示したものである．学生とセミナーの参加者の意見とコメント，そしてこれらの特別セミナーある

いはコースを準備して下さった吉川洋, 西村清彦, L. Punzo, R. Fiorito, M. Salmon, R. Östermark の各氏に感謝する.

　Weidlich 教授にも本書の早い段階でとてもお世話になった. 同僚, とくに Axel Leijonhufvud 氏と John McCall 氏には洞察, 提案, 経済学と確率過程の文献についての幅広い知識を通して恩恵を受けた. William McKelvey 氏, Michael Orszag 氏, Arthur Havenner 氏は初期の原稿の一部を読み, 多くの有益なコメントを下さった. Max Rhee 氏には原稿を注意深く読んで英語を直して頂いた. 彼らすべてのご助力に感謝する.

　さらに東京工業大学における新日鐵寄付講座からの援助, 東芝からの資金援助, University of Calfornia, Los Angels の大学理事会からの研究奨励金に感謝する.

1995 年 7 月 14 日

青　木　正　直
Los Angels, California

目 次

はじめに i

第 I 部　概　　論

第1章　序　　論 3

　1.1　多　重　度 4
　1.2　複　数　均　衡 5
　1.3　飛躍型マルコフ過程 7
　1.4　階層型状態空間 12
　1.5　モデルの適用範囲 13

第2章　わかりやすく示唆に富んだ例 15

　2.1　経済変数の確率的記述 15
　2.2　エントロピー〈経済活動の尺度〉 20
　2.3　経験分布 25
　2.4　確率動学と確率過程 32
　2.5　階層型状態空間 39

第3章　経験分布〈マクロ経済学の統計法則〉 53

　3.1　モデルの記述 53
　3.2　エントロピーと相対エントロピー 60
　3.3　Gibbs 分布 65
　3.4　均衡確率の最大化すなわちポテンシャルの最小化 71
　3.5　有限状態マルコフ連鎖 75
　3.6　大　偏　差 80
　3.7　Sanov の定理 94

3.8　条件付き極限定理 101

第Ⅱ部　相互作用のモデル化

第4章　相互作用のモデル化Ⅰ〈飛躍型マルコフ過程〉....... 107

4.1　市場参入などの離散的調整行動 107
4.2　構成および無限小のパラメータ 110
4.3　例 115
4.4　平均値の方程式〈集計の動学〉 116
4.5　多次元出生死亡過程 122
4.6　離散的調整行動 132
4.7　一　般　化 141

第5章　相互作用のモデル化Ⅱ
　　　　〈マスター方程式と場の効果〉......................... 147

5.1　マスター方程式 150
5.2　遷移率の構造 155
5.3　マスター方程式の近似解 157
5.4　マクロ経済方程式 163
5.5　遷移率の特定化と例 164
5.6　場の効果〈確率的非局所および拡散性の外部性〉 171
5.7　一般化された出生死亡過程 173
5.8　二値選択決定の相対的な利点の表現 176
5.9　均衡確率分布 177
5.10　複数均衡の例 181
5.11　初到達時間 187
5.12　階層型の動学のマスター方程式 193
5.13　Fokker-Planck方程式 198
5.14　拡散型マスター方程式 205

第6章　相互作用のモデル化 III
　　　　　〈対および複数対の相互作用〉.......................... 219

6.1　対あるいは複数対の相互作用 219
6.2　対の外部性のモデル 221
6.3　情報交換均衡分布の例 227
6.4　相互作用のパターンの時間発展................ 231

第III部　階層の動学と臨界現象

第7章　ゆっくりとした動学と階層型状態空間 237
7.1　階層型状態空間のいくつかの例................. 237
7.2　階層型状態空間上の動学 253
7.3　樹の刈り込み〈階層型の動学の集計〉............ 267

第8章　経済モデルにおける自己組織的
　　　　およびその他の臨界現象 277
8.1　急激な構造変化 278
8.2　同一状態への堆積，または高密度占拠 279
8.3　Ising 樹モデルにおける相転移.................. 284
8.4　2層のモデルの例 289
8.5　ランダムコスト・モデル 291

補遺E　研究の発展と将来の方向性 295
E.1　経済モデルにおける Zipf 分布................. 297
E.2　残差配分モデル 310
E.3　周波数スペクトル 312
E.4　引き込み領域の相対的な領域の大小に関する統計分布 313
E.5　過渡的分布 320

付録A 321
  A.1 ラプラスの方法 321
  A.2 初到達時間 327
  A.3 交換可能なプロセス 333
  A.4 低周波での振る舞い 337
  A.5 Lyapunov 関数 340
  A.6 Fokker-Planck 方程式と詳細釣り合い条件 345

日本語版への付録N 351
  N.1 べき乗法則と対数正規分布 351
  N.2 Kullback-Leibler 測度とべき乗分布 355
  N.3 出生・死亡過程のクラスター形式 357
  N.4 エントロピー最大化とべき乗法則 358
  N.5 Langevin 方程式と株式市場のリターンのべき乗分布 359
  N.6 消費率モデル 361

参 考 文 献 365
索　　　引 381
監訳者あとがき 391
翻訳協力者あとがき 397

第 I 部 概 論

第1章 序　論

　Kirman (1992b)，Leijonhufvud (1993, 1995) などによりすでに報告されているように，マクロ経済学の専門家は，マクロ経済のモデル化の現状の欠点によく気づいている．彼らは一般的に使われているモデルについて満足しておらず，それを改善する必要性があると考えている．例を挙げると，なぜいくつかのマクロ経済の状態がゆっくりと動くか，あるいは，政策的措置がどのように経済部門に異なった影響を与えるかについて満足な説明が得られていない．また，Becker (1990) その他が「社会的影響」と名づけている外部性がある状態，または複数均衡が存在する状態において，ミクロの経済主体が動学的に状態を調整しようとする振舞いを適切に扱うための道具は発見されていない．

　Leijonhufvud (1995) は，経済学者が合理的行動仮説に強く支配されすぎていると言っている．見えざる手または自己統制的な秩序が出現するには多くのミクロの経済主体が複雑に相互作用することによって生じる複雑な系を必要とし，かつその状態は経済主体の意思とは無関係にもたらされる．こうしたことについて，多くの経済学者は，当然のことながら気づいている．しかし，このような状態の理解を深めることのできる階層型の複雑さおよびそのいくつかの結果については眼を開こうとしない．また，このような現象を理解することに役立つと思われる，創発特性をどのように処理したらよいか，また分散処理について研究している分野から学ぶことを好まない．

　本書は大規模集団のモデル化を取り扱う．確率的・動学的枠組みにおいてミクロの経済主体は同質である必要は必ずしもない．本書と他のマクロ経済学書の相違は次のとおりである．

　(a) 相互に影響し合うミクロの経済主体をモデル化するために飛躍型マルコ

フ過程を使用する．

(b) マクロ経済の観測量が与えられた場合，その集合から得られるマクロ経済の状態と無矛盾なミクロ経済の状態が1つではないということ，つまりミクロ経済の多重度に焦点を当て，そのミクロ経済の多重度の計算は交換可能な経済主体の多重度に影響を受けるということで，通常の識別可能な経済主体に加えて交換可能な主体を導入する．

(c) 複数均衡の新しいタイプの分析，均衡間の平均初到達時間（mean first passage time）の計算，ならびにいくつかの引き込み領域（basin of attraction）をもった状態空間について記述するエルゴード的要素についての概念を導入する．

(d) 多次元状態空間においていくつかのマクロの経済変数の複雑でゆっくりとした動学的な反応を説明する階層構造を導入する．

これらの論点のうちのいくつかを次に取り上げる．

1.1 多重度

本書は多数のミクロの経済主体で構成されるモデルについて議論する．多数のミクロの経済主体が互いに影響し合うことはいくつかの重要な結論をもたらす．与えられたマクロ経済の状態と無矛盾なミクロ経済の状態は1つではなく多数あるという事実が，疑いもなく最も重要である．これをミクロ経済の状態の多重度あるいはマクロ経済の状態の縮退（degeneracy）と呼ぶ．この事実は既存のマクロ経済学の文献のなかでは完全に無視されている．しかしミクロの経済主体の集計はわれわれが構築するマクロ経済モデルの振る舞いに根底的な影響を与えるのである．というのもモデルの中の不安定性がどのようにマクロ経済的振る舞いに影響するかは多重度によって決まるからである．それぞれの経済部門に異なった影響を与えるマクロ経済の状態の変化の通常の偏在分布効果（distributional effects）に加えて，縮退は，マクロ経済の状態の均衡確率分布に影響を与える．マクロの経済変数，または観測量の集合と無矛盾なミクロ経済の状態の確率分布は，第3章でGibbsの条件付定理の適用により得られる[1]．

これが，第2章と第3章でエントロピーおよびGibbs分布について議論する

理由である．そこで明らかにするように，エントロピーは，ミクロ経済の状態の多重度，すなわちマクロ経済の状態の縮退の程度の測度である．後に第5章で指数関数的なタイプの均衡確率分布の指数について議論する場合，このポイントはより明白になる．ここで，最適解の縮退の基準（それはエントロピーによって測定される）によって与えられた評価または費用関数を修正しなければならないことをみる．

　言い方を変えると，経済の状態空間がマクロ経済の均衡に関連する引き込み領域を所有し，それらのまわりで，経済の状態はある引き込み領域から別の引き込み領域へ時々ジャンプして任意に動き回る，という見解をとると，縮退はわれわれの議論に関連したものとなる．再び外にジャンプするまで，経済はこの新しい引き込み領域にしばらくの間とどまる．引き込み領域は，与えられたマクロ経済の状態と無矛盾か，あるいはその状態に収束するミクロ経済の配置（microeconomic configurations）からなる．さらに，系が2つの局所的均衡の間を移動するためにかかる平均時間を計算することが可能であり，その平均の移動時間が局所的均衡のポテンシャル[2]の差に依存するということを示すことができる．

1.2 複数均衡

　多数のミクロの経済主体からなる動学モデルには複数均衡が存在する可能性がある．複数均衡は動学モデルの決定論的な定式化と確率的な定式化（formulation）の間に本質的な相違があることを明らかにする．決定論的で動学的なマクロ経済モデルが各局所的安定均衡において正確に定義された引き込み領域を伴なう複数均衡をもっているとする．そのようなモデルが提示する重要で自然な1つの疑問は，モデルが経済的に望ましい均衡をどのように決定することができるのかということである．決定論的モデルで，望ましい均衡に達するただひとつの方法は，その均衡の引き込み領域の中に最初からいることである．そうでなければ，モデルは正しい引き込み領域へジャンプしなければならない．これはKrugman（1991）によって提案された「歴史」対「完全予見期待」（perfect-foresight expectations) の問題である．

　決定論的モデルと異なり，複数均衡は確率モデルになんの概念的な難しさをもたらさない．本書の確率的な論述では，モデルの状態がそれぞれの引き込み領域にあるという定常的状態または定常的確率は正であり，その状態がある均衡から別の均衡へ移る確率も正である．そして原理的に，これらの均衡の間を移動するのに必要な平均初到達時間を計算することができるということを示す．この状態の本質は第2章で例を用いて明らかにされるが，そこでは，たとえ均衡確率が閾値の高さに依存しなくても，ある均衡から別の均衡までの期待初到達時間 (expected first passage time) は2つの引き込み領域を分離する閾値の高さに指数関数的に依存することを示す．確率的または統計的な概念を用い，モデルは，マクロ経済学の規則性を統計的法則とみなすことを可能にし，そして統計的な発見を明示するために経験分布と大偏差 (large deviation) の手法を使用する．単一のエルゴード的な系の代わりに，エルゴード的な分解 (ergodic decomposition) を一般に用いる．それぞれの局所的安定均衡はエルゴード的な構成要素と整合的である．各エルゴード的要素に関連する確率は正であり，そして，ある引き込み領域から別の引き込み領域に遷移する確率は正である．平均初到達時間のいくつかは非常に長く，これはマクロ経済現象がゆっくりと反応することを示している．

　確率的枠組みにおけるミクロの経済主体の選択の変更と最適化問題の重要性と必要性についてはすでに示唆した．簡潔に述べると，そのような再定式化は3つの要素を含んでいる．それらは，状態空間あるいは状態空間と呼ばれる戦略(決定)の空間，あるミクロ経済の状態から別の状態へ移る遷移確率，そして，状態の確率の時間発展を記述する決定論的方程式である．

　分布についての知識は，将来において系がどのように時間発展するかを一意的に確率的に決定するので，ミクロの経済主体からできている動学的な系の状態がそれらのミクロ経済の状態の確率分布であることをずいぶん前に Bellman (1961) は指摘した．このように拡張して理解すると，状態の式は決定論的である．しかしながら，進化のゲームに関する文献と異なり，決定論的に発展するのは戦略の混合自体ではない．それは決定論的[3]に発展する戦略の混合の確率分

布である．離散的であるようにミクロ経済の状態を選んでいるので，状態の確率の集合を直接扱っていることになる．この状態の確率の集合もここでは分布と呼ぶ．進化ゲームの文献のいわゆるレプリケーター・ダイナミックスあるいは Friedman の Malthusian ダイナミックスは，後ろ向き Chapman-Kolmogorov 方程式で置き換えられる．Friedman の適合度関数 (fitness function) は，適合度関数のような遷移率に影響を与えるいくつかの関数を含む遷移率と交換される．遷移率が詳細釣り合い条件 (detailed balance conditions) を満たす場合，Kelly (1979) によって議論されるように，Gibbs 分布の形をしている均衡分布が存在する．これらの問題は第3章と第4章で議論される．

1.3 飛躍型マルコフ過程

次に，なぜミクロの経済主体の振る舞いをモデル化するために，飛躍型マルコフ過程を使用するのかを説明する．経済学の文献においても，ミクロの経済主体の（最適な）調整 (adjustment) が必ずしも連続的だとはかぎらないとする多くの例が紹介されている．むしろ，調整はとびとびの時間にいくつかの有限の大きさで行なわれる．同様の調整の振る舞いは，ファイナンス，オペレーションズ・リサーチおよび制御などさまざまな分野で，最適化規則，または便利な擬似最適化の規則として知られている．すなわち調整あるいは決定（制御）の規則が閾値をもっているようなタイプであることをこれらの報告結果の多くは説明する．ある変数がある事前に決められた閾値，あるいは閾値のレベルに達するか超える（より大きいかより小さくなる）場合，特定な行動または決定が選ばれる．この変数は望ましいか理想的な値と実際の値の間の相違を測定している．調整はひとつの方角のみ，あるいは双方向性をもつ可能性があり，すなわち調整は上向き，あるいは下向きになる可能性もある．より一般的にミクロの経済主体の状態変数が状態のある部分集合である場合，およびその主体が他の主体から特定のショックあるいはシグナルを受け取る場合，その結果，その主体は離散的な選択肢の集合から特定な調整を選ぶ決定をする．それゆえ，これらの決定規則によるミクロの経済主体の行為，あるいは調整がとびとびに起こる．ギャッ

プを表わす変数が閾値の間に位置する場合は，行動または調整は試みられない．さらに，企業による労働力の調整と企業による参入と退出の決定も，この形をとる．

経済学の文献には，マクロ変数がミクロ経済の決定に影響を与えている多くの例が報告されているが，それらは場の効果(field effects)と呼ばれていない．たとえば，Becker (1974, 1990)は，人気の高いレストランの席，劇場チケットおよびベスト・セラーの需要のような他の顧客の需要に影響されるいくつかの財の個人の消費者需要を検討している．Beckerが社会的消費の効果と呼ぶものはいわゆる場の効果の一例で，5.6節でさらに議論される．Beckerによって吟味された現象では，経済主体間を対の相互作用(pairwise interaction)，顔の見えない，あるいはその他の経済主体間の相互作用と見なす理由はない．Caballero and Lyons (1990, 1992)も，総生産量の部門の，あるいは他の国の生産量に対する影響について議論している．さらに，場の効果の例としてBecker(1974)，Schelling(1978)，Akerlof(1980)，Friedman(1993)，Friedman and Fung (1994)およびAoki(1995a)がある[4]．離散選択肢に関する文献で一般に使用される動的計画法の次元数に関する厄介な問題なしに，われわれの方法が相互作用を扱えることを知ることは重要である．読者は，すでに紹介された経済とそれに関連した文献から引用した例のどれもが，ミクロの経済主体間の相互作用を分析していないことに注意すべきである[5]．任意の時点で，ミクロの経済主体は，限られた選択肢からいくつかの決定を選んでいる．それらの選択肢の同時効果(joint effects)により，彼らが行動すると将来の選択肢を選ぶ経済環境に影響を与えていることになる．すなわち，集計された決定から個々の選択肢にはフィードバックがある．したがって，経済主体は内生的で確率的，そして動学的な環境で行動している．あるいはそれらは確率的・動学的外部性(dynamic externality)をもつ．彼らの決定の有効性，望ましさあるいは有用性は，他の経済主体の行動の同時効果によって影響される．それは，モデルの状態変数を決定する．第4章から第7章でミクロの経済主体間の相互作用について議論する．

飛躍型マルコフ過程は，市場参加者モデルとして知られているモデル(Stoker (1993)参照)，あるいは経済主体がタイプを互いに影響しながら選ぶ別のクラ

スのモデル化に適切な枠組みを提供する．最適化する人と模倣者，情報を知っている人と知らない人，情報を購入した人としない人，投資家と投資を行わない人々，ある種類の資産をもつ人あるいは別の種類の資産をもつ人というように，モデルの中で互いに影響し合ういくつかのタイプのミクロの経済主体がいる．可能なものはたくさんある．さらに，この方法で，有利に，いくつかのタイプのミクロの経済主体のランダムな接触もモデル化することができる．明らかに，主体は，それらの戦略または意志決定プロセスの一部として理想と現実の間のギャップを測定する変数を調節することに加えて役割またはタイプを選ぶことができる．そして，その問題は，相互に影響し合う飛躍型マルコフ過程の大規模な集合として，あるいは状態依存を伴なう非線形の遷移率をもった出生死亡過程により記述することができる．

とびとびの時間で離散選択を行うようなすべての，そしてこれに関連する問題を，相互に影響し合う飛躍型マルコフ過程としてモデル化することを提案する．それぞれの決定をもった経済主体の母集団の構成(composition)あるいは混合は飛躍型マルコフ過程にしたがって時間の経過により発展するだろう．ミクロの経済主体の意志決定プロセスの特定化(specification)は，主体が時間の経過とともに決定を変更する確率的・統計的メカニズムを決定する．そして，これらの特定化は，ミクロ経済の状態間の遷移率に置き換えられる．ミクロ経済の状態間の遷移率はミクロ経済モデルの直接の記述により構築するのが一般にはより簡単である．

ミクロの経済主体の集団全体についてミクロ経済の振る舞いを直接特定化するよりも遷移率を特定化する方が容易である場合には，われわれの手法は適用しやすく，かつ強力である．第5章の例は，状態空間が離散的である，または経済主体の選択肢の集合が離散的である場合であるか，またこの系のミクロ経済の状態が，状況に応じて同じ決定あるいは同じミクロ経済の状態をもった経済主体の割合のベクトルであるという程度の知識をもっている場合である．知識や記述の詳細の水準がどの程度であろうとも，われわれは，参入と退出の確率という形をもって状態確率の時間発展を決定する後ろ向きChapman-Kolmogorov方程式の一種であるマスター方程式をもって確率動学を記述する．

どのようにマクロ経済モデルを構築するのだろうか？　経済主体の相互作用をミクロ経済として特定化するということは，本書の中で与えられる集計過程を経由するマクロ経済モデルを意味する．経済主体が戦略を変更させるためにはそのような動機となるより良い選択肢が不可欠となるという進化のゲームにおける，適合度関数と，われわれが本書で用いる飛躍型マルコフ過程における遷移率との間には，表面的な類似点がある．しかし，実は両者の間にはいくつかの本質的相違がある．例えば，われわれは，ゲームに関する文献でのように混合された戦略について決定論的な規則を課さない．経済主体の混合，または戦略の混合の確率分布の時間発展を決める後ろ向きChapman-Kolmogorov方程式によってその変換の確率過程を調べるのである．

相互に影響し合うミクロの経済主体の大集団によるマクロ経済の動学を得るために第5章と第7章で2つの斬新な集計過程を展開する．状態の間を動く経済主体の確率的な流れについて記述するために，マスター方程式（Chapman-Kolmogorov方程式）を用いる．詳細釣り合い条件と呼ばれるある技術的条件が満たされる場合に，遷移確率，または遷移率の点からミクロの経済主体の振る舞いを特定化することは，マクロ経済モデルを構築する有用な方法である．それは，その結果としてGibbs分布と呼ばれる均衡確率分布が存在するからである．この方程式の級数展開による近似解の最初の項が，集計またはマクロの経済変数のための動学方程式（dynamic equation）となる．これはひとつの解で，まず第4章で導入し，第5章でさらに展開する．集計またはマクロ経済方程式は，期待比率，または母集団の条件付き平均のようなものの時間発展を捉える．ある場合には，平均の変動はFokker-Planck方程式によって記述される．

第2の方法は集計モデル（aggregate model）を導出することであり，第7章で議論される階層に関連した繰り込み群理論（renomalization group）である．経済のモデル化を従来よりさらに分割し（disaggregate）明示的な確率動学的枠組みを採用することによって，ミクロの経済主体を集計する新しい方法，そしていくつかのマクロ経済現象のゆっくりとした反応について説明することができることを第4章，第5章および第7章で実証する．第4章から第7章でミクロの経済主体間の相互作用について議論する．これらの斬新な2つの集計過程は，

相互に影響し合うミクロの経済主体の大集団のマクロ経済の動学を吟味することを可能にする．

　要約すると，経済主体を相互に影響し合う飛躍型マルコフ過程としてモデル化し，動学的な市場参加者モデル，そしてその他の離散選択肢モデルを，この枠組みに取り入れる．マクロ経済のモデル化の過程における我々の異なった定式化は，すでに紹介したいくつかの例の決定論的モデルを飛躍型マルコフ過程の確率的枠組みに作り直すことを含んでいる．その他の場合には，もとの定式化(formulation)がすでに確率の項を含む場合には，飛躍型マルコフ過程を含むモデルとしてこの問題を認識するか再定式化する必要がある．これらの異なる定式化をどのように実行するのかという具体的な点については問題ごとに異なる．すべては，マルコフ連鎖の遷移確率(transition probability)（離散時間）あるいは遷移率(transition rates)（連続時間）の点からミクロの経済主体の相互作用を確率的に特定化することが必要であり，適切に定義された状態変数の確率分布の時間発展を導出するためにChapman-Kolmogorov方程式の形を使用する．このような異なる定式化の本質のさらなる議論については，4.7節と5.1節を参照してほしい．

　本書は，我々の枠組みが経済のモデル化の現状を改善することを説明する．この枠組みを活かすために，経済学者が従来使うことのなかった新しい概念と手法（テクニック）が本書の中では展開されている．本書の中で主張する相互に影響し合うミクロの経済主体についての新しいモデル化の方法は決定論的・代表的な主体の従来の枠組みでは不可能な結果を与える．

　ミクロの経済主体をモデル化するために飛躍型マルコフ過程を採用したことを踏まえ，次に，本書の中で検討する経済主体間の相互作用のタイプについて言及する．

　第4章では，相互に影響し合う経済主体の大集団をモデル化するための方法の準備として飛躍型マルコフ過程を導入する．対の相互作用あるいはランダムに選ばれた匿名のミクロの経済主体の相互作用の議論は第6章で取り上げる．第5章では，対の相互作用として定式化できない相互作用あるいは外部性のタイプに議論を集中する．これらの外部性を**平均場の効果**(mean-field effects)あ

るいは単に**場の効果**と呼ぶ．これらには，ミクロの経済主体の母集団全体あるいはクラスについての相互作用が含まれている，つまりミクロの経済主体の母集団全体，あるいはある割合でさまざまな状態・カテゴリーに属するミクロの経済主体が構成するという意味での全体からの貢献による（マクロ経済的）集計結果が含まれているという概念を伝えるためこの用語を選んだ．

場の効果を吟味するよい事例は，経済主体のグループの動学的な振る舞いに関する研究であり，それぞれの経済主体は選ぶべき有限な選択肢の集合をもち，そのような環境で彼らが選んだ選択肢を通じて互いに影響し合い，そして，おそらくある費用を費やしても，時間の経過とともに考えを変えるかもしれない場合である．そのような状況では，経済主体の選択肢は同じ決定を選択した主体の割合のベクトルによって影響を受ける．なぜなら経済主体が決定を変更することで受けられる利益，または便益は、このベクトル，つまり経済主体の母集団全体のなかで同じ決定をする経済主体の割合の関数であるからである．

1.4 階層型状態空間

ミクロ経済の状態と複数均衡の多重度についてはすでに説明した．大規模モデルの3番目の結論は，多次元状態空間の動学的な振る舞いの複雑さ，評価関数（Performance Index）の複雑な振る舞いあるいはそのような大きな次元の状態空間の動学モデルのコスト構造である．その問題は，難しい最適化問題の評価関数の複雑なランドスケープのもの，あるいは大きなニューラルネットワークのエネルギーランドスケープのもの，あるいは最適解を求める際に，焼き鈍し状態のシミュレーション（simulated annealing）のような高性能な数値最適化アルゴリズムを要求するようなものに似ている．階層型あるいは樹構造型状態空間について考えるひとつの方法は，高い次元をもった状態空間のいくつかの部分集合はモデルによってめったに占拠されないことを認識することである．また，樹はそのような状態空間を近似するために導入される[6]．

構造のない大きな状態空間は扱うのが難しい．しかしながら，我々のモデルの状態空間は，モデルの中で利用されるいくつかの構造をもっている．これら

の状態空間は樹または階層構造にまとめられる．また，樹の節の状態の類似性について議論する超計量（ultrametrics）または樹の距離についての概念を導入する．これは，評価関数の複雑なランドスケープあるいは大規模モデルのコスト構造を扱う方法である．これらは第2章で導入され，第7章で詳細に議論される．

1.5 モデルの適用範囲

　最適化問題の特定化またはミクロの経済主体の行動規定が経済主体の集団のミクロ経済の状態の間の遷移率として表現できる場合はいつでも，ここで提案されているモデルを適用することができる．そのような変換をどのように行うかについてのいくつかの例は第4章から第6章で与えられる．とくに第5章では，遷移率についての知識あるいは特定化が，どのようにしてミクロの経済主体の母集団の成分のマスター方程式として動学を具体的に指定することが可能となるのかを例を用いて示す．一般に，マスター方程式は解析解をもたない．第5章では，van Kampen（1965, 1992）とKubo（1975）の近似解法のいくつかを示す．さらに，マスター方程式の均衡確率分布を解釈する際に読者にミクロの経済主体の多重度の重要性を示す．ミクロの経済システムの状態変数をそれぞれのタイプの経済主体の割合からなるベクトルとして使用できる場合にはいつでも，母集団の時間発展について記述するためにマスター方程式を使用することができる．したがって，提案されている方法は，方程式が分析的あるいは計算上扱いにくい場合に限定されている．

　本書の主な目的のひとつは，時間が経過することにより経済主体の相互作用のパターンが変化することによる結果を検討することである．これらのパターンを経済主体の可能なタイプの分布または時間の経過によるカテゴリーの分布として捉える．そして，経済主体間の相互作用のパターンの安定した分布を発見すべく努力をする．

　分類のパターンの均衡分布は，モデルの安定した創発的な特性を記述している．ある単純な，または示唆的な例は第4章と第5章で議論される．

タイプ，選択肢あるいはクラスの数が少数のモデルでは，第5章で展開された方法が非常に有効である．クラスの数が多くなる場合には，マスター方程式の解（数値解）を得るのは厄介になるかもしれない．この場合は均衡分布を直接検討することが魅力的である．集団遺伝学と統計学の文献を引用することによりこの手法について概説する．

注

1) この過程のいくつかは確率効用モデル（random utility models）または random coefficient choice models で見つかる．しかし，これらのモデルは動的であるというよりむしろ静的である．
2) 今のところ，潜在的な指数分布の指数とみなしてよい．
3) 進化のゲームの Friedman (1991) に関する調査を参照せよ．
4) 生物学者は，母集団をもった相互作用を示すために「プレイ・ザ・フィールド」という表現を使用するが，それについて Friedman (1991) を読むことは面白い．彼によると，代替的振る舞いの特性の環境と優勢，あるいは母集団におけるパターンは，生物学のモデルにおける特別の生物学的特性または行動パターンの適合性に影響する．
5) 後で議論するが，例えば，Caballero (1992)，また，Caballero and Engel (1992) は，それらが得る離散選択肢によって企業のクロスセクション分布（cross-sectional distribution）を扱うために Glivenko-Cantelli 補題を使用する．この定理は，企業の状態が独立確率変数であることを必要とする．
6) Doyle and Snell (1984) が，樹空間によって立体のランダムウォークを近似する面白い議論をしている．樹を導入する別の方法は，Aldous and Vazirani (1993) のような樹に複雑な振る舞いをもった関数の局所最小値と最大値を写像することである．

第2章 わかりやすく示唆に富んだ例

　本章では，本書でこれから議論される概念と手法を簡単な例を用いて紹介する．その目的は，経済専門家におそらくなじみが薄いと思われるモデル化の手法および技法をわかりやすく説明することである．いくつかの例は簡単化された人為的なものであるが，より現実的なマクロ経済モデルにこれらの概念と手法が有効であることを示すことができ、十分に示唆に富んでいる．

　これらの例は，経済変数とモデルの統計的な特性，動学的な特性および状態空間の特性に焦点を当てている．というのも，識別可能と交換可能なミクロの経済主体についての概念，ミクロ経済の状態の多重度とその測度としてのエントロピー(entropy)，経験分布(empirical distribution)，そしてSanovの定理とGibbsの条件付き法則，樹構造の空間上で構築された動学などに関連したトピックを読者に紹介するためである．

　さらに，これらは多数の相互に影響し合うミクロの経済主体の振る舞いを集計する際に有効であり，またはその振る舞いを考察する新しい方法を提供するが，なぜか現在のマクロ経済学の文献では主流となっていない概念またはモデル化の技法である．

2.1 経済変数の確率的記述

　本書では，すべてのミクロとマクロの経済変数を確率変数または確率過程として扱う．しかし一般的には，マクロの経済変数は，それを構成するミクロの経済主体の数が無限に近づく極限において決定論的になる．現実の世界を観察すると経済変数の間の関係は本質的に統計的であると考えるべきであり，決定

論的な関係と攪乱項あるいは測定誤差の単純な和で表現できるようなものではない[1]．

本書では，一貫して経済システムを決定論的ではなく，確率的であるとしてモデル化する．第1章で示したように，経済の時間発展を決定論的過程としてモデル化すると，その場合には異なる局所的な安定均衡は引き込み領域によって分離されてしまっている．またこの場合には一旦経済がひとつの均衡の引き込み領域に入るとその中に永久に閉じ込められてしまう．この立場では，歴史を動学的な系の初期条件とすることと，100％将来が予測できるとする完全予見（期待）の間にある区分が重要になる．このような理由で複数均衡のさまざまな選択基準についての研究が決定論的な動学モデルに関する文献の大部分を占めるのである．本書において議論する確率系ではこの区別は必要ない．引き込み領域にある経済が別の引き込み領域へ遷移する確率は正である．実は，局所的均衡の集合上に均衡確率分布がある．系は局所的均衡から別の局所的均衡へと局所的均衡の集合の間を移動する．そして，その移動に要する時間は有限である．複数均衡の動学と題した2.4.2項でこの概念の簡単な例を検討する．

2.1.1 識別可能・交換可能な経済主体

経済のモデル化を進めるための2つの相補的な方法がある．第一は演繹的な方法で，同時に起こるミクロの経済変数の確率を数え上げ，ミクロの経済変数の特定の集合についてまとめる（平均する）ことにより興味の対象となっているマクロの経済変数の統計的な特性を計算することである．もう一方の方法はそれを逆向きに行う帰納的な方法である．すなわち，選択されたマクロの経済変数の実現値の集合を観測した場合，そこから最もありそうなミクロの経済変数の分布は何であろうかと探索する方法である．2.3.3項と第3章でSanovの定理を検討するが，そのSanovの定理は観測されないミクロ変数の条件付き極限定理を得るために用いられる．Jaynes(1985)のエントロピー最大化原理は，一様な事前確率（uniform prior probabiltiy）の下でのSanovの定理の特別な場合である．第3章では，これらの概念についてより詳しく徹底的に調べる．

最初の手法の簡単な例として次の場合を考えよう．N個の識別可能な経済主

体がいる(個々の経済主体が固有の名前をもっている)系を考え，x_i は経済主体 i のミクロの状態を表わすものとする．ベクトル $\mathbf{x} = (x_1, x_2, \ldots, x_N)$ はその経済システムの状態の完全な記述である．x_i は K 個の値をとりうるものとしよう．つまり $x_i = a_j, j = 1, 2, \ldots, K$ であると仮定する．すると，経済の状態は K^N 個あり得る．ベクトル $\mathbf{x}$ はその集合のひとつである．これらの要素はミクロ経済の配置 (micoreconomic configuration)，あるいは単純に配置 (configuration) と呼ばれる．

K^N 個の配列がすべて同じ確率で起こると仮定すれば，例えば，マクロの経済変数 X は x_i の関数となり，原理的にその期待値は

$$E(X) = \frac{1}{K^N} \sum_{x_1=a_1}^{a_k} \cdots \sum_{x_N=a_1}^{a_K} X(x_1, \ldots, x_N)$$

として計算される．

より大まかな記述は，同じ状態をとる経済主体の属性(つまりその経済主体の名前)を特定化することなしに，状態 $j, j = 1, \ldots, K$ にいる経済主体の数 N_j を観察することだ．これは，ミクロの経済主体の母集団全体の構成についての記述である．すなわち，これは各状態の母集団に占める割合であり，第 2 章の後半から第 5 章で紹介される経済主体の経験分布についての概念と関連する．

この程度の記述では，N 個の主体からなる集団の状態は，実は K 個のミクロ経済の状態のそれぞれの状態における主体の数を特定化することにより記述される．これは確率論における古典的占拠問題 (occupancy problem) である．占拠番号 $\{N_j\}$ で記述される特定なベクトルの確率は

$$P(N_1, N_2, \ldots, N_K) = \frac{N!}{\prod_j N_j!} K^{-N}$$

で与えられる．ここで，$N_j \geq 0$ であり，$N_1, N_2, \ldots, N_j = \{N_j\}$ と表記する．K^N 個の配置のそれぞれが等確率で起こると見なされることに注目してほしい．これは古典的占拠問題の識別可能な形 (Maxwell-Boltzmann 型) である．

より一般的には，ミクロの経済主体を明確で重複しないカテゴリーに分類することができる．Feller (1957) の古典的占拠問題では壺の中に識別可能な玉，

または識別不可能(indistinguishable)な玉を入れるように，主体の集合をクラス(カテゴリー，壺，箱)のなかに分類する．クラス(カテゴリー)は箱に，ミクロの経済主体は玉に相当する．M 個のカテゴリーがあり，それぞれは空ではないと仮定する．L_i をカテゴリー i のなかにいる主体の数，そして N を主体の総数とする．最初に，空のカテゴリーが存在しないように，M 個のカテゴリーの1つずつに主体を入れる．主体がそれぞれ識別可能であると仮定する．それぞれは M^{-1} の確率でカテゴリーに割り振られる．したがって，$\{L_i - 1\}$ は，M^{-1} の成功の確率をもった $N - M$ 試行に基づく二項分布をもつ．

次にミクロ経済の状態を M 個のカテゴリーに分類してみよう．カテゴリー $j, j = 1, \ldots, M$ には g_j 個のミクロ経済の状態があると仮定する．$G = \Sigma g_j$ とし，$q_i = g_i/G$ をカテゴリー i の配置の事前確率とする．このとき，上述の K^{-N} は $\Pi_i q_i^{N_i}$ と入れ替えられる．それぞれの N_j が等確率で起こるとみなされるミクロ経済の状態の数の和はモデルの特性を考察する際に重要である．それを $W(N)$ によって表示する．

$$W(N) = \sum_j \frac{N!}{\prod_j N_j!} \prod_j g_j^{N_j} = \left(\sum_j g_j\right)^N$$

ここで，主体の総数，N を明示的に示す．この関数は状態和(state sum)，あるいは分配関数(patition function)と呼ばれる．すべての j について $g_j = 1$，かつ $M = K$ である場合，そのときは $W(N) = K^N$ となる．

上述の場合，同じカテゴリーに属する経済主体は識別不可能としても，異なるカテゴリーにいる経済主体は識別可能であると仮定される．もう一方の場合は古典的占拠問題の交換可能な形(Bose-Einstein 型)である．異なるカテゴリーの主体さえも識別不可能であると仮定すると，すなわち，確率に関する専門用語で交換可能である場合には(例は Chow and Teicher 1978 と Kingman 1978a を参照)，それぞれのカテゴリー j に N_j の経済主体が占拠する $\{N_j\}$ の状態の可能な配置の総数は

$$W(N) = \prod_j \frac{(N_j + g_j - 1)!}{N_j!(g_j - 1)!} = \prod_j \binom{N_j + g_j - 1}{N_j} \tag{2.1}$$

で与えられる．

ここで g_j は経済主体がとることができる可能なミクロ経済の状態の数である．n 個の同一の玉が g 個の箱に入れられる方法の数が $(n+g-1)!/n!(g-1)!$ で与えられることを思い出してほしい．

M 個のカテゴリーのどれもが空でないと仮定する場合，それらが空ではないことを保証するために，M 個の主体が M 個のカテゴリーのそれぞれに分配される．残る $N-M$ 個の主体は，制約なしで M 個のカテゴリーに配分することができる．そして $(N-M)+M-1=N-1$ であるので，配置の総数は $_{N-1}C_{M-1}=(N-1)!/[(M-1)!(N-M)!]$ である．

要するに，この最初のモデル化の方法から話を先に進めるにはミクロの経済主体とそれらの間の相互作用を特定化する必要がある．そして，次にそこに含まれているマクロの特定化を考察する．第4章と第5章では，この手法にしたがう．ミクロの経済主体の間の相互作用は，配置の間の遷移確率あるいは遷移率として特定化される．ミクロの経済主体の確率的な振る舞いの特定化は，一意的にこれらの章で議論された技術的条件の下で，マクロ経済法則(macroeconomic laws)を決定する．このようにして，マクロダイナミックスは，Chapman-Kolmogorov 方程式(またはマスター方程式)として出現し，また，あるモーメントが存在すると仮定されると，マクロ経済の均衡に関する変動は Fokker-Planck 方程式として出現する．

要約すると，識別可能な主体が必ず M 個のカテゴリーに少なくとも1つい る場合には，M 個のカテゴリーの中に $\{L_i\}$ 個の主体が共存する同時確率は

$$P(L_1, L_2, \ldots, L_M \mid N, M) = \frac{(N-M)!}{\prod_{i=1}^{M}(L_i-1)!} M^{-(N-M)}$$

である．一方そして交換可能な主体の場合には

$$P(L_1, L_2, \ldots, L_M \mid N, M) = {}_{N-1}C_{M-1}^{-1}$$

である．

Chen(1978)は，多項分布の混合を導入した．この混合分布は対称な(交換可

能）Dirichlet 分布であり，次のようにパラメータの値により Bose-Einstein 分布と Maxwell-Boltzmann 分布になる．多項分布は

$$P(L_1,\ldots,L_M \mid N,M,\alpha,\mathbf{p}) = \frac{(N-M)!}{\prod_{i=1}^M (L_i-1)!} \prod_i p_i^{L_i-1}$$

である．ここで，$\mathbf{p}=(p_1,p_2,\ldots,p_M)$ は確率密度関数

$$f(\mathbf{p}) = \frac{\Gamma(M\alpha)}{\Gamma(\alpha)^M} \prod_i p_i^{\alpha-1}$$

をもって分布する．これは，交換可能な Dirichlet 分布

$$\frac{\Gamma(\alpha_1+\alpha_2+\cdots+\alpha_M)}{\prod_{i=1}^M \Gamma(\alpha_i)} p_1^{\alpha_1-1} \cdots p_M^{\alpha_M-1} dp_1 dp_2 \cdots dp_{M-1}$$

である．$\mathbf{p}$ について積分すると

$$P(L_1,\ldots,L_M \mid N,M,\alpha) = \frac{(N-M)!}{\Gamma(N-M+M\alpha)} \frac{\Gamma(M\alpha)}{\Gamma(\alpha)^M} \prod_i \frac{\Gamma(L_1+\alpha-1)}{\Gamma(L_i)}$$

を得る．詳細については付録を参照のこと．パラメータの値が $\alpha=1$ の場合，この分布は Bose-Einstein 分布になる．また，α が無限の極限では Maxwell-Boltzmann 分布である．

両方の場合において $E(L_i/N) = M^{-1}$ に注目する．Maxwell-Boltzmann 分布の場合では N が無限に近づくと，L_i/N の分散はゼロになる．しかし，Bose-Einstein 分布の分散は有限のままである．

言い換えると，N が M よりはるかに大きい場合には，Maxwell-Boltzmann 分布は，Bose-Einstein 分布よりも L_i/N に関する知識が確かであることを意味する．

2.2 エントロピー〈経済活動の尺度〉

N 個の交換可能な企業からできている 1 つの産業を考える（この例では「産業」がマクロ，「企業」がミクロ）．状態 s にいるそれぞれの企業は，$y_s, s=1,2,\ldots,$ という異なる生産水準で生産することができる．y_s の水準で生産している企業

は，g_s 個ある内部状態のうちの 1 つにいる[2]．したがって，それぞれの企業は特定の状態 s について g_s 個の状態のうちの 1 つを占拠している．n_s は状態 s にいる企業数を表わす．

$$N = \sum_s n_s \tag{2.2}$$

が当然成立している．また総生産の水準 Y，すなわち

$$Y = \sum_s n_s y_s \tag{2.3}$$

が与えられている．

企業が状態を占拠する可能な数，つまり産業のミクロ的内部状態の数は，それぞれの状態の配置の数を状態全体にわたり足し合わせたものであるので

$$W(N,Y) = \sum_{n_s} \prod_s \frac{(n_s + g_s - 1)!}{n_s!(g_s - 1)!} \tag{2.4}$$

で与えらる[3]．ここで，確率変数 n_s を交換可能であると仮定しているので，n_s にわたる和が式（2.2）と（2.3）の制約の下で得られる．

2.2.1 エントロピー最大化

第 3 章の後半では，$W(N,Y)$ の対数に比例すると定義されたエントロピーについて議論する．便宜的に比例乗数を 1 とし，式（2.2）と（2.3）の 2 つのマクロの経済変数と無矛盾な産業のエントロピーとして

$$S(N,Y) = \ln W(N,Y) \tag{2.5}$$

を定義する．それは式（2.4）から得られる $W(N,Y)$ 個の配置をもつ．式（2.4）の中の和を計算するのは難しいので，N と Y というマクロ経済的な制約の下でラグランジュ未定乗数法を用いて，次の関数を最大化するような n_s を探す．

$$L = \ln\left\{\frac{(n_s + g_s - 1)!}{n_s!(g_s - 1)!}\right\} + \alpha\left(N - \sum n_s\right) + \beta\left(Y - \sum n_s y_s\right)$$

ここで α は制約式（2.2），β は制約式（2.3）に関連したラグランジュ未定乗数

である．普通は n_s が大きいので，$(n_s + g_s - 1)!$ を $(n_s + g_s)!$ で近似する．
L を最大とする n_s^* として

$$n_s^* = \frac{g_s}{e^{\gamma_s} - 1}$$

が得られる．便宜上，$\gamma_s = \alpha + \beta y_s$ と置く．

この式をエントロピーの定義式（2.5）に代入して，エントロピーが W の最大の項の対数によって近似される．それは

$$S(N, Y) \approx \alpha N + \beta Y - \sum_s (g_s - 1) \ln\{1 - e^{-\gamma_s}\}$$

となる．

ミクロの内部状態は観測されたマクロの経済変数と無矛盾でなければならないという制約条件に対応して導入したラグランジュ未定乗数 α と β が，マクロの経済変数の実現値に関しての状態和の半弾力性と解釈できることをこの式は示している[4]．N によるエントロピーの偏微分は

$$\alpha = \frac{\partial S}{\partial N}$$

に等しい．また，別のマクロ経済的指標 Y に関しての偏微分は

$$\beta = \frac{\partial S}{\partial Y}$$

で与えられる．偏微分を実行する際に，N と Y に対応するこれらのパラメータの依存性，たとえば $\partial \alpha / \partial Y$ などは相殺される．後で説明するように，パラメータ β は経済での不確実性の尺度，あるいはモデルの経済活動の水準の尺度として解釈できる．

2.2.2 ラプラス変換と積率母関数

常微分方程式（の集合）をラプラス変換して代数関係に変換するとわかりやすくなる．時間の関数 $f(t), t \geq 0$ が与えられる場合，s についてのラプラス変換として $\hat{f}(s) = \int_0^\infty e^{-st} f(t) dt$ を定義する．ここで s の実数部は正である．

2つの分布関数 F と G の変換が等しい場合，指数関数 $(e^{-\lambda x}, \lambda \geq 0,)$ を用いて，Breiman（1968, Sec. 8.13）は

$$\int e^{-\lambda x} F(dx) = \int e^{-\lambda x} G(dx)$$

が分布関数 $F = G$ であること，同義であることを示した．これはまた2つの分布関数 F と G のラプラス変換が等しいことを示している[5]．

便宜的に，この一般化された方法でラプラス変換（離散型確率母関数）を使用する．われわれが第3章においてどのようにラプラス変換を使用するかについて次の例を用いて説明しよう．式 (2.4) の和をとる代わりに，そのラプラス変換をとるか，離散型の確率母関数を用いる．したがって，独立して n_s の和をとることができるので，確率母関数は次のように書くことができる．

$$\Xi = \sum_{N=0}^{\infty} W(N, Y) e^{-\alpha N - \beta Y} = \prod_s \sum_{n_s=0}^{\infty} \frac{(n_s + g_s - 1)!}{n_s!(g_s - 1)!} e^{-n_s(\alpha + \beta y_s)}$$

ここで，$|a| \leq 1$ とすると

$$\sum_n \frac{(n+g-1)!}{n!(g-1)!} a^n = (1-a)^{-g}$$

に注目する．したがって Ξ を

$$\Xi = \prod_s [1 - e^{-(\alpha + \beta y_s)}]^{-g_s}$$

と書くことができる．

マクロの経済変数は

$$-\frac{\partial \ln(\Xi)}{\partial \alpha} = N$$

そして

$$-\frac{\partial \ln(\Xi)}{\partial \beta} = Y$$

として求まる．第8章と他の場所でも同様の変換を使用する．

2.2.3 和を最大の項で置き換える

この先では，分配関数の評価を，その和を計算するのではなく，その最大値の項を用いて評価する．この手法が驚くほど正確であることを説明するために，既知の和

$$\sum_s \frac{N!}{\prod_s N_s!} \prod_s q_s^{N_s} = \left(\sum_s q_s\right)^N$$

を評価する．階乗はスターリングの公式を使用して評価する．

$$\ln N! \approx \ln[(N/e)^N] + O(\ln N/N),$$

ここで右辺の第2項を無視し，和のなかの各項に対してラグランジュ未定乗数法を適用する．

$$L = \ln N! - N_s[\ln(N_s) - 1] + N_s \ln q_s + \alpha\left(N - \sum_s N_s\right)$$

より

$$N_s^* = q_s e^{-\alpha}$$

が求まる．ここで α は制約方程式によって

$$e^\alpha = \sum_s q_s/N$$

になるように決定される．

さて，α が $e^\alpha = \sum_s q_s/N$ によって置き換えられる場合，N_s のなかでこの最大の項を用いて

$$\frac{N!}{\prod_s N_s^*!} \prod_s q_s^{N_s^*} = \left\{\frac{N}{e}\right\}^N \prod_s \left(\frac{eq_s}{N_s^*}\right)^{N_s^*} = N^N e^{N\alpha} = \left(\sum_s q_s\right)^N$$

を評価することができる．

最大の項のみを用いる方法を適用しているにもかかわらず $O(\ln N/N)$ までの正確な結果が得られる．

別の例として，X_i を独立同一な率 λ をもつポアソン確率変数とする．そのとき，和 $S_N = X_1 + \cdots + X_N$ は率 $N\lambda$ をもったポアソン確率変数である．a を λ より大きいとし，そして，確率

$$P(S_N \geq Na) = \sum_{j=Na}^{\infty} \frac{(N\lambda)^j}{j!} e^{-N\lambda}$$

を考える．和の計算を最大の項で置き換えることによりこの確率を評価しよう．a が λ より大きいので，$j = Na$ として，

$$\frac{(N\lambda)^{Na}}{(Na)!} e^{-N\lambda} \approx (2\pi Na)^{-1/2} \exp\{-N[\lambda - a + a\ln(a/\ln(a/\lambda)]\}$$

である．

$j = Na$ の項に対する $j = Na + k$ の項の比率が，$k = 1, 2, \ldots$ で $(\lambda/a)^k$ 未満であるのでこの近似により生じる誤差は $O(N)$ であり，また実際それは N に依存しない．

2.3 経験分布

みたところではマクロ経済のランダムな動きをモデル化するにはどのような方法が考えられるだろうか？ たとえば実質国民総生産の動きから適切にトレンドを取り除いてモデル化する，つまり景気循環のようなものを考えよう．1つの可能性としては，トレンドを除いた動きを有限個に分割し，ある状態間の遷移を確率的に説明することである．

確かに Hamilton(1989) は，こうした試みを実質国民総生産 (GNP) の景気循環の動きを記述する 2 状態マルコフ連鎖を構築するために，好況と不況の過去の記録を用いた．そのようなマルコフ連鎖の 2 つの状態は，実際には観察されていない変化かもしれないし，時系列の転換点であるかもしれない．Neftci(1984) は，経済の状態を失業率の上昇と下落という 2 つのカテゴリーに分類した．

マクロ経済のこうした記述は経験的には満足なものかもしれないし，将来の経済状態をよく予測するかもしれない．しかし，景気循環を生み出す原因につ

いての理論的な説明としては満足できるとは言い難い.

マクロ経済の動きが，もしミクロの経済主体の集合に端を発する経済情勢の変化に連動していると言うならば，GNP，失業などの動きの有用なモデル化の出発点となるだろう．われわれは，経済主体のミクロ経済の状態を可算個に量子化することにより，非常に多数の有限の経済主体の集団を取り扱うことができる．例えば，それぞれのミクロの経済変数が二値のどちらかをとり，また経済主体の数が N とすると，N 個の経済主体の集団の配置の集合は 2^N 個の内部状態をもっている．ミクロ経済の状態ベクトルの場合と同様に，ミクロの経済変数がとる値を二値以上に拡張すると，それぞれの構成要素は有限のレベルではあるが多数の値をとることが可能になる．

しかしながら，ミクロ経済の状態についてのわれわれの知識は限られている．モデルの中のそれぞれの経済主体のミクロの経済変数について知っているわけでもないし，すべての経済主体のミクロの経済変数について知っているわけでもない．せいぜい，経験分布を構築することができる程度である．すなわち，経済主体の配置についての与えられた標本の中で特定のミクロ経済の状態変数が占める回数がわかっている程度である．またもちろん推測するに，これらのミクロの経済変数の関数であるマクロの経済変数の値もわかっている．たとえば，この関数としては算術平均などがあり得る．

2.3.1 例

確率変数 x_i が3つの値 1, 0, -1 をとることができるとしよう．5つの経済主体 $i = 1, 2, \ldots, 5$ について，標本，$X = (1, -1, 0, 1, 0)$ を観察する．この場合，1 である確率が 2/5, 0 である確率が 2/5, そして -1 である確率が 1/5 である経験分布となる．すなわち，この実現値の確率分布は $P_X = (2/5, 2/5, 1/5)$ である．

次に，各経済主体のミクロ経済の状態 x が $+1$ あるいは -1 のどちらか一方をとり，主体の総数が N 個であると想定する．x は独立同一な分布であると仮定する．そのとき，$(k, N-k)$ は N 個の内の k 個の主体が状態 1 にいることを，そして残りの $N-k$ 個の主体は状態 -1 であることを意味する．そうする

と，そのとき ± 1 を観察するすべての方法は，$(0, N), (1, N-1), \ldots, (N, 0)$ である．したがって，経験分布は

$$\left\{[P(1), P(-1)] : (\frac{0}{N}, \frac{N}{N}), (\frac{1}{N}, \frac{N-1}{N}), \ldots, (\frac{N}{N}, \frac{0}{N})\right\}$$

である．この例において重要なことは配置の数は 2^N 個あるが，しかしこの経験分布のベクトルがもつ選択肢は $(N+1)$ である．

より一般的には，ミクロの経済変数が K 個の異なる値 $a_j, j = 1, \ldots, K$ をとることができる場合，経験分布は，$P(a_j) = N_j/N, j = 1, \ldots, K$ によって定義される．ここで，$\sum_j N_j = N$ である．配置の数が K^N 個あるので，それぞれの構成要素が N+1 個の値をとることができ，経験分布には高々 $(N+1)^{K-1}$ 個の選択肢がある．少なくとも，経験分布が多項数個あるときには少なくともひとつの経験分布には指数関数的な配置が対応する．

2.3.2 ミクロ状態の多重度

与えられたマクロ経済の状態と矛盾しない多くのミクロ経済の状態あるいは配置があることを例証する．経済政策の各経済部門への配分効果を議論する際にこの真実が重要なのは明白である．加えて，それほどには明確ではないにしても，モデルのなかの不確実性がマクロ経済の均衡に影響を与える度合いは多重度が定める，という非常に重要な事実がある．エントロピーの概念は，縮退の程度あるいはミクロ状態の多重度の測度として自然に生じるので，当然，特定なモデルの評価関数または費用関数に含まれていなければならない．Gibbs 分布の指数部はこの意味で多重度あるいは縮退の影響を含んでいる．物理学の自由エネルギーについての概念に相当するこの概念を，第 3 章と第 5 章で扱う．

$x_i, i = 1, \ldots, N$ を二値をとる独立同一な確率とし，事前確率が

$$q = P(x_i = 1)$$

と

$$1 - q = P(x_i = -1)$$

として与えられているとする．

この簡単な例では，マクロ経済または(集計された)信号の実現値(標本)は個々のミクロの経済主体の状態変数の算術平均である．

$$m = \frac{1}{N} \sum_{i=1}^{N} x_i$$

主体の順序を入れ替えても平均値が変わらないことに注意する．これはこれらが交換可能な確率変数である場合のひとつの兆候である．多くの経済モデルでは，ミクロの経済主体は代表的な主体ではなく交換可能な主体である．このことについて第3章でさらに詳しく述べる．実現値(標本)は状態ベクトルと呼ばれる N 次元のベクトル $\mathbf{x} = (x_1, \ldots, x_N)$ であり，それは，確率変数の実現値を記録したものである．さらに，それは (N 個の確率変数あるいはミクロの経済変数の)配置と呼ばれる．

N 個の変数の内 k 個が 1 であるとき，算術平均は

$$m = \frac{k - (N-k)}{N} = \frac{2k - N}{N}$$

で与えられる．k についてこれを解くと

$$k = N(1+m)/2$$

である．ここで，k は実際に観察されるものと矛盾しない．N 個から k 個の主体を選ぶには ${}_N C_k$ 通りの方法があるので，同じ平均値は ${}_N C_k$ 通りのミクロ経済の配置あるいは標本から得られる．単純な組み合わせの考察によって

$$P[m = (2k-N)/N] = {}_N C_k q^k (1-q)^{N-k} \tag{2.6}$$

を得る．

N が大きいときのこの式の値の大きさの感触をつかむために

$$ {}_N C_k \approx \exp[NH(k/N)]$$

にまず注目する．すなわち，$(1/N)\ln({}_N C_k)$ は，$H(k/N)$ とほぼ等しい．それ

は基底 e の Shannon エントロピー，すなわち

$$H(k/N) = -(k/N)\ln(k/N) - (1-k/N)\ln(1-k/N)$$

である．これは平均 m の多重度の測度で，それは同じ平均を生成するミクロ状態の多重度である．

大きな階乗についてスターリングの公式を用いることでもこの近似を理解することができる[6]．

$$M! \approx \sqrt{2\pi M}(M/e)^M$$

この近似を使用すると，式 (2.6) は

$$P[m=(2k-N)/N] \approx \exp\{N[H(k/N)+(k/N)\ln(q)+(1-k/N)\ln(1-q)]\}$$

として書き直せる．

Kullback-Leibler 距離測度を利用することにより上式を以下のように書き直すことができる．最初に，観察される 1 と -1 の回数の割合として，標本 $X = (X_1, \ldots, X_N)$ の経験分布 P_X を定義する．標本 X に k 個の 1 が含まれるとき，そのときの P_X は 2 つの構成要素 $P_+ = k/N$ と $P_- = 1 - k/N$ をもつ．

したがって，上述の指数を

$$P_+ \ln(q) + P_- \ln(1-q) = -H(k/N) - D(P_X; Q)$$

として書くことができる．ここで，$D(P_X; Q)$ はそれぞれ 2 つの要素 $P_+, 1-P_+$ と $q, 1-q$ をもつ 2 つの分布 P_X と Q の間の Kullback-Leibler 発散である．二値変数の分布の場合には

$$D(P; Q) = p\ln(p/q) + (1-p)\ln[(1-p)/(1-q)]$$

である．Kullback-Leibler 距離は相対エントロピーとも呼ばれる．

上述の 2 つを組み合わせ次のマクロの変数 m の確率分布を導出する．

$$P\left(m = \frac{2k-N}{N}\right) \approx e^{-ND(P_X;Q)}$$

次に，X_i が独立同一な分布で率 λ をもつポアソン確率変数であるとする．そのとき，和 $S_n = X_1 + \cdots + X_n$ はさらに率 $n\lambda$ をもったポアソン確率変数である．$a \geq \lambda$ で，直接計算することで

$$P(S_n/n \geq a) = \sum_{j=na}^{\infty} \frac{(n\lambda)^j}{j!} e^{-n\lambda}$$

$$\approx \frac{(n\lambda)^{na}}{(na)!}$$

$$\approx (2\pi na)^{-1/2} (a/\lambda)^{-na} e^{-n(\lambda-a)}$$

を得る．ここで，$c(a) = (\lambda-a) + a\ln(a/\lambda)$ とすると，右辺の形は $e^{-nc(a) + O(n)}$ である．これは，第3章で議論される大偏差の手法によってもたらされる結果の単純な説明である．そこで，さらにこの表現が Kullback-Leibler 発散測度とどのような関係にあるかを議論する．5.9節の例は，相互に影響し合う主体の大集団の費用あるいは利益の式と一緒に Shannon エントロピーによって共同で測定されるような多重度がどのように均衡確率分布を決定するかを説明する．

2.3.3　Sanov の定理

Sanov の定理は，観察されたマクロ経済の状態と無矛盾な経験分布はどのような確率をもつか，ということに関する定理である[7]．ここでは，Sanov の定理と，2.3.4項で議論される条件付き極限定理をどのように使用するかを数値例を用いて説明する．

N 個の主体についてミクロ経済の状態を表わす確率変数 $X_i, i = 1, \ldots, N$ を仮定する．この変数は独立同一な分布と仮定し，$+1$ と -1 を取る確率はそれぞれ q と $1-q$ である．したがって，事前確率分布は $Q = (q, 1-q)$ である．

それらの平均 m が 0.6 と観測されたと仮定する．これは，経験分布 $P = (p, 1-p)$ が $2p-1 \geq 0.6$ であることを意味する．

第3章で議論される Sanov の定理はこの確率を

$$P(m \geq 0.6) \approx e^{-ND(P^*;Q)}$$

と推定する．ここで経験分布 P^* が実際に観察される平均値という制約にしたがうと，Kullback-Leibler 測度 $D(P;Q)$ を最小化する．

この単純な計算の後，この最小化は最適な推定値をもたらす．

$$p^* = \frac{qe^{-2\lambda}}{1 - q + qe^{-2\lambda}}$$

ここで λ の値は平均が 0.6 になるように選ばれる．これが行なわれる場合，p^* は 0.8 である．すなわち，$2p^* - 1 = 0.6$ の解である．p^* が既知であるので，$q = 0.8$ の場合は，$D(P^*;Q) = 0$ となり $P(m \geq 0.6) = 1$ である．$q = 0.7$ の場合は，$D(P^*;Q) = 0.026$ となり $P(m \geq 0.6) \approx e^{-0.026N}$，$q = 0.5$ のときはほぼ $e^{-0.19N}$ となる．例えば，$N = 100$ では，この値は 0.6×10^{-8} であるので，確率は実際にはゼロである．$N = 20$ で，それは約 0.022 である．

2.3.4　条件付き極限定理

これに関連するのが条件付き極限定理である．それは，平均を 0.6 であるとしたときの，$X_1 = 1$ の確率は

$$P(x_1 = 1 \mid m \geq 0.6) \to p^*$$

を与え，N が非常に大きくなるとともに p^* は約 0.8 となる．

N 個の二値変数の算術平均は

$$\bar{l} = (1/N) \sum l_i$$

で与えられる．ここで，すべての $i = 1, \ldots, N$ について $P(l_i = 1) = q$，また，$P(l_i = -1) = 1 - q$ である．

条件付き極限定理は

$$P(l_i = 1 \mid \bar{l}) = p^*(l_i = 1)$$

を明示する．ここで，平均は $\bar{l}$ と等しいというマクロ経済的制約にしたがうと，

分布 $P^* = (p^*, 1-p^*)$ は Kullback-Leibler 測度 $D(P^*; Q)$ を最小化する.

この制約の下で最小化を実行すると

$$p^* = \frac{qe^\lambda}{qe^\lambda + (1-q)e^{-\lambda}}$$

を得る.ここでパラメータ λ は平均として $\bar{l}$ をもたらすように調節される.すなわち

$$e^{2\lambda} = \frac{(1+\bar{l})(1-q)}{(1-\bar{l})q}$$

である.

これから,$p^* = (1+\bar{l})/2$ であることがわかり,あるいは,より直接的に平均 $\bar{l} = p^* - (1-p^*)$ となる.

2.4 確率動学と確率過程

2.4.1 平均初到達時間

ある状態から別の状態に最初に到達するまでの時間を平均した平均初到達時間を計算する方法を説明する.そのために,2つの状態をもった単純な離散時間マルコフ連鎖を使用する.第5章ではより現実的なモデルを用い,このような計算を行なう.

遷移確率が

$$P = \begin{bmatrix} 1-a & a \\ b & 1-b \end{bmatrix}$$

で与えられると仮定する.ここで a と b は,それぞれ状態1から状態2に,また状態2から状態1に移る遷移確率である.

系が時間 n に状態 i である確率を $p_i(n), i = 1, 2$ で表わし,$\rho(n) = [p_1(n) p_2(n)]$ を定義する.

そして

$$\rho(n+1) = \rho(n)P$$

にしたがって時間発展することを理解するために，$P^{n+1} = P^n P$ に確率のこの行ベクトルを左から掛ける．$p_2(n) = 1 - p_1(n)$ であるので，系が状態 1 を占拠する確率の時間発展に注目する．この確率は

$$p_1(n+1) = (1-a)p_1(n) + bp_2(n) = b + (1-a-b)p_1(n)$$

となる．これは一種の Chapman-Kolmogorov 方程式の例であり，後でマスター方程式と呼ぶ．このマルコフ連鎖の分布の定常分布，あるいは均衡確率分布は

$$p_1(\infty) = \frac{b}{a+b}$$

である．このように均衡確率は遷移確率 a, b の比率 b/a のみに依存する．

さて状態 1 から状態 2 へ最初に到達するまでに k ステップ必要とする確率を $f_{12}(k)$ で表わすと，

$$f_{12}(k) = a(1-a)^{k-1}, k = 1, 2, \ldots$$

である．したがって状態 1 から状態 2 への期待初到達時間 m_{12} は，

$$m_{12} = \sum_{k=1}^{\infty} k f_{12}(k) = \frac{1}{a}$$

である．ここで，大きさ $\gamma < 1$ で $\sum k \gamma^{k-1} = d(\sum \gamma^k)/d\gamma$ という事実を使用する．

均衡確率と異なり，平均初到達時間は遷移確率 a に影響され，その比率 b/a には影響されない．この大きな違いを理解するために

$$a = e^{-(V+v)}$$

また

$$b = e^{-V}$$

を仮定しよう．ここで，$V \gg v \geq 0$ である．そのとき

$$b/(a+b) = 1/(1+e^{-v})$$

であるが,しかし,

$$m_{12} = e^{V+v} \gg 1$$

である.vの値がほぼゼロの場合には,系が状態1あるいは状態2である確率はほとんど等しい.しかし状態1から状態2への遷移,また同様に状態2から状態1への遷移が起こるためには長い時間がかかるだろう.分散が$e^{(V+v)}[e^{(V+v)}-1]$であるので,標準偏差は初到達時間と同じオーダーの大きさである.

2.4.2 複数均衡の動学

2つの局所的に安定した均衡をもつ単純な確率動学モデルを考えよう.$X(t)$をこのモデルの状態変数(スカラー)とし,それはaまたcいずれかの状態をとるものとする.すなわち,状態空間は2つの状態からなる,$S=\{a,c\}$.第5章と第7章の複雑なモデルとは異なり,この例は簡単に解くことができる.このモデルは多くの局所的均衡をもつ確率動学を単純化したものである.

図2.1はポテンシャルと呼ばれるGibbs分布の指数に関する関数の概略であ

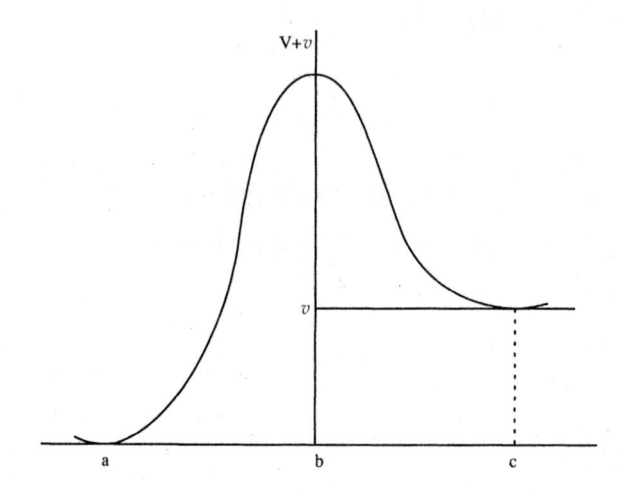

図 2.1 2個の状態をもつマルコフ過程で閾値によって分離された2つの引き込み領域

る．この関数は 2 つの局所的均衡をもち，われわれのモデルとも密接に関連する．表記を簡略化するために，$P[X(t) = a]$ を $P_a(t)$，同様に $P_c(t)$ と書く．

すべての $t \geq 0$ で $P_c(t) + P_a(t) = 1$ であるので，確率 $P_c(t)$ を考察すれば十分である．その方程式は

$$dP_c(t)/dt = w_{a,c}P_a(t) - w_{c,a}P_c(t)$$

として書くことができる．ここで $w_{a,c}$ は状態 a から状態 c への遷移率である．これは時間 t に関して $P[X(t) = c \mid X(0) = a]$ の導関数である．すなわち，小さな正の時間間隔 (Δt) で状態 a から状態 c へ動く確率は，$w_{a,c}\Delta t + o(\Delta t)$ である．第 4 章では，この重要な概念についてより詳しく徹底的に調べる．同様の記述は $w_{c,a}$ についてもあてはまる．この式は，マスター方程式と呼ばれる Chapman-Kolmogorov 方程式の例で，第 4 章と第 5 章でさらに詳しく議論される．

状態 a から状態 c までの遷移率は $w_{a,c} = e^{-\beta(V+v)}$，状態 c から状態 a までは $w_{c,a} = e^{-\beta V}$ で与えられると仮定しよう．ここでパラメータ β は非負である[8]．状態 a から状態 c へいくための遷移率においては，その閾値の高さは $V + v$ であるのに対して，状態 c から状態 a へいく遷移率においては，閾値の高さは V である．ここでは v が V より低いと仮定する（$V > v > 0$）．

状態変数 $X(t)$ が状態 a，あるいは状態 c にある確率，すなわち均衡確率は，単純に上記の微分方程式の導関数をゼロに設定することにより得られる．これら均衡確率をそれぞれ π_a と π_c によって表わせばそれらは

$$\pi_a w_{a,c} = \pi_c w_{c,a}$$

という関係を満たす．この式は，状態 a から状態 c へジャンプする確率とその逆の確率が均衡状態で平衡を保ち相殺し合っていることを示している．これは，3.3.2 項で詳しく議論する詳細釣り合い条件の単純な例である．詳細釣り合い条件は，均衡分布が Gibbs 分布であることを暗示する．この点についてはたとえば，第 3 章または Kelly (1979) を参照してほしい．均衡確率は

$$\pi_c = (1 + e^{\beta v})^{-1}$$

で与えられる．ここで仮定した遷移率は，Gibbs 分布の指数の中のポテンシャルを状態 a から測定することを意味する．また，状態 c のポテンシャル関数の値は状態 a のポテンシャル関数の値と v の分だけほんのわずかに異なると仮定している．しかし，これらの 2 つの安定した均衡は，図 2.1 の中で示されるように，高さ V の閾値によって分離される．しかし，これらの均衡確率がこの閾値の高さ V に依存しないことに注意してほしい．

下付き添字 c を省略して，微分方程式を

$$dP/dt = e^{-\beta(V+v)} - \gamma P = -\gamma(P - \pi_c) \tag{2.7}$$

と書く．ここで，$\gamma = e^{-\beta V} + e^{-\beta(V+v)}$ である．この確率は単調にその均衡値に接近する．これらの均衡確率は閾値の高さに依存しないが，時定数 (time constant) $1/\gamma$ は V に依存する．β の値を低下させると，ある状態から別の状態へ動く確率を増加させる．これは，モデルにおける経済活動の水準がより高いあるいは不確実性の程度がより低いことを反映していると解釈することができる．均衡状態ではモデルは，β が大きくなると状態 c よりも状態 a である可能性が高い．

次に，均衡へ収束が最も速くなるように，時間の経過につれてパラメータ β を変えることを考える．言い換えれば，β の値を操作することができるとして，平衡状態への収束を速めるには β をどのように調節すればよいのかという問題を考える．そのような β は，β に関して P の変化率（すなわち式 (2.7) の右辺）を最大化することにより得ることができる．

$$\frac{\partial}{\partial \beta}[e^{-\beta(V+v)} - \gamma P] = 0 \tag{2.8}$$

説明を簡単にするために，初期条件をゼロ，$P(0) = 0$ に設定すると

$$P(t) = \pi_c(1 - e^{-\gamma t})$$

式 (2.7) の右辺は，$\exp[-\beta(V+v) - \gamma t]$ になる．この式の指数の最小化によって，式 (2.8)，すなわち式 (2.7) の右辺の最大化についての必要十分条件として

$$V + v = -(\partial \gamma/\partial \beta)t$$

を得る．この式は，t の増加に伴ない β が大きくなることに注意し

$$t = \frac{e^{\beta V}}{e^{-\beta v} + V/(V+v)}$$

または

$$\beta V \approx \ln t$$

になる[9]．第 7 章での階層型モデルで得られた結果とこの結果を比較することで，同様なゆっくりとした反応パターンが得られる．

この例のひとつの解釈は，最適な状況の下でも，均衡へはゆっくりとしか進まない，ということである．すなわち，複数均衡の確率動学は，指数関数的に進むわけではなく，せいぜい $\ln t$ というペースでしか変化しない．

2.4.3 経済主体のランダムなタイプ分類

2.4.3.1 Pólya の壺

最初に b 個の黒い玉と g 個の緑の玉が壺のなかにあるとしよう．玉を取り出すたびに，取り出した玉の色と同じ色の玉をもとの玉とともに壺に返す．X_n を n 回取り出した後の緑の玉の割合とする．つまり，玉を取り出し，そして返し，新たな玉を加えた後の割合である[10]．

n 回取り出すときに最初に m 個の緑の玉を得て，その次に黒の玉を $l = n-m$ 個得る確率は

$$\frac{g}{g+b} \frac{g+1}{g+b+1} \cdots \frac{g+m-1}{g+b+m-1} \frac{b}{b+g+b+m} \cdots \frac{b+l-1}{g+b+n-1}$$

である．最初の n 個に m 個の緑の玉が含まれるときの確率は，上述の例と同じ分母をもち，また，分子については順序が入れ替わるだけなので，上述の確率と同じになることに注目する．

X_n はマーティンゲールであり n が無限に近づくと $X_n \to X_\infty$ であることを簡単に確認できる．Durrett（1991, p.208）を参照．確率変数 X_∞ の分布は

$$\frac{\Gamma(g+b)}{\Gamma(g)\Gamma(b)}(1-x)^{g-1}x^{b-1}$$

である.

さらに一般化したモデルでは，最初に K 色壺のなかにあると仮定する.

2.4.3.2　一般化された Pólya の壺モデル

次に，一般化された Pólya の壺モデルについて記述する．時間ゼロ（初期時点）には θ 個の黒の玉だけが壺にある[11]．時間 $1, 2, \ldots$ においては，玉を，壺からでたらめに取り出す．黒の玉を取り出した場合には新しい色の玉を加える．黒以外の玉を取り出した場合は取り出した玉と同じ色の玉を返す．玉の色には出現した順に，色1，色2などとラベルを付ける．このモデルで黒の玉が果たす役割は，新しいタイプ，新しいアルゴリズムあるいは分析上の新しい選択肢が出現したことを表現することである．さらに，このような分析上の仕組みは，ランダムに現われる技術革新をモデルに導入する際にも役立つだろう．

最初には，黒の玉だけがあるから最初に取り出す玉は常に黒である．最初に黒い玉を取り出した後に，新しい色，色1を加える．$(n+1)$ 回取り出した後には $\theta + n$ 個の玉が壺にはある．したがって，次に黒い玉を取り出す確率は $\theta/(\theta + n)$ である．n 回取り出した後の色 j の玉の数を n_j によって表わす．色 j を次に引く確率は，$n_j/(\theta + n)$ である．

そのとき n_1 が i である確率 $P(n_1 = i)$ は

$$P(n_1 = i) = E_x\{{}_{n-1}C_{i-1} x^{i-1}(1-x)^{n-i}\}$$

である．ここで x は色1の玉の割合である．

x の密度が，$0 \leq x \leq 1$ において

$$P(x) = \theta(1-x)^{\theta-1}$$

で与えられる場合には，この確率は

$$P(n_1 = i) = \left(\frac{\theta}{n}\right) \frac{{}_nC_i}{{}_{\theta+n-1}C_i}$$

になる．Hoppe (1987) と Kelly (1979) を参照．

$x = i/n$ を維持しながら i と n を無限に近づければ

$$f(x)\Delta x = \frac{1}{n}f(x) = \frac{\theta}{n}(1-x)^{\theta-1}$$

を得る．

色を経済主体のタイプと解釈することで，経済主体の可能なタイプの分布あるいは選択肢を統計的に処理することができる．本書の第 4 章，Aoki(1995c) および Ewens(1990) も参照してほしい．

2.5 階層型状態空間

本書では，可算な状態空間をもつ動学的な系をマルコフ連鎖の過程とみなす．状態ベクトルを適当に選ぶこと，すなわちモデルを適当に記述することで，動学をマルコフ連鎖として表現することができる．微視的な状態はこのモデルの完全な動学的な記述である．動学は時間に関しては，連続的，または離散的である．前者は連続時間マルコフ連鎖と呼ばれ，後者は状態が可算である場合には，離散時間マルコフ連鎖と呼ばれる．

多数の経済主体からなるモデルの動学は，高次元の状態空間をもっている．しかしながら，すべての状態がいつでも同じように占拠されるとはかぎらないことがわかっている．状態空間のある部分集合は他の部分集合よりはるかに高い確率をもっている．そのような場合には，状態空間に特定の構造を課し，階層型に組織化された部分集合に元の状態空間を分割するのが良い．そうすることで状態の部分集合は有効に機能することがわかる．ここで，あるレベルの部分集合はさらにレベルの小さい部分集合に分割される．たとえば，特定の葉における状態がすべて同じ対ごとの相関 (pairwise correlation) をもつという具合に状態を分割することができる．本章，および第 7 章で樹の節とマーティンゲールを関連づける例を示す．あるいは，樹を (ユークリッド) 高次元状態空間への近似と見なすことができる．

部分集合のこうした階層型組織は，根 (root) を最も高いところに置く上下逆さまの樹 (tree) として視覚化することができる[12]．根はすべての状態を含むオリジナルの状態空間である．2 分岐の場合は，根をレベル 0 と数えるので，レ

ベル1の節(node)は2つである．それぞれの節は状態空間の分割された部分集合で，それぞれ2つの重複することのない部分集合に分割されている[13]．底では，部分集合はそれぞれ葉と呼ばれる．葉は1あるいはそれ以上の配置，すなわちオリジナルの状態空間の状態を1あるいはそれ以上含んでいる．

多くの経済主体からなる経済モデルは非常に多くの内部配置をもっている．すなわち，ミクロの経済主体の状態が非常に単純な場合でさえ，それらの状態空間は多数の状態を含んでいる．たとえば，N個の主体それぞれに1からNまでの番号を付け，2つの可能な状態のどちらか1つをとるとする．1からNまでのすべてのiが$x_i = \pm 1$であるとき，状態空間は$\mathbf{x} = (x_1, x_2, \ldots, x_N)$の集合である．そこには$2^N$個の状態がある．その大きさがどれくらいであるかは$2^{10} = 1024, 2^{20} = 1.05 \times 10^6$そして$2^{50}$は約$1.13 \times 10^{15}$であることにより理解できる．Nを100に増加させると，$2^{100} = 1.27 \times 10^{30}$である．これは，100個の主体がそれぞれ2つのミクロ経済の状態のうちの1つにいる場合の配置の総数である．これは非常に大きな数である[14]．これらの配置のうちのいくつかが，より粗い粒子状の配置あるいは状態を形成する場合は，われわれの系のモデル化においてはそれらをひとかたまりとして扱うことができることは明確である．

言い方を変えると，これから記述することに関しては状態空間の動学は樹の動学によって近似することができる[15]．

樹を構築するためにミクロ経済の状態を部分集合に分割する代わりに，樹の節へミクロの経済主体の集合を分割することができる．たとえば，主体の部分集合は，ある意味でさらにより均質な主体のサブグループに分割することができる．あるいは，あるマクロ経済の状態の範囲を樹構造に分割することができる．

マルコフ連鎖の動学は，離散時間または連続時間という構成にもよるが，ある葉により示される状態が別の葉により示される状態に移る様子を表現するために遷移確率または遷移率をもって特徴づけられる．遷移率は，葉の間の距離，つまり樹距離(tree distance)の関数と考えられることが多い．樹距離とは，葉によって共有される共通の節が初めて見つかるまで根の方へ辿ることによって得られる樹のレベルの数として定義される．これは超距離(urtrametric distance)

の例である．

スピングラスとして知られる物質のマクロ的性質を調査する際に，物理学者 Mezard and Virasoro (1985) はスピングラスのエネルギー準位について階層構造を提案し，樹としてそれらをまとめるために超距離を使用した．さらに，彼らは，スピングラスだけでなく他の複雑な最適化された系で空間の超計量（ultrametric）とそれに関連する階層型組織構造が存在するかもしれないと推測した[16]．本章の他のマクロ経済のモデル化の手法を追求するなかで彼らの推測を追求する．その動機と解説については，第 2 章の後述の例と 7.1 節の例を参照してほしい．

先に進む前に，超計量の空間という用語について一言付け加えよう．この概念は Schikhof (1984) による入門書の中で説明されている．また，その背後にある p 進数についての概念は Mahler (1973) で説明されている．Rammal and Toulouse (1986) によれば，p 進数に関する理論は 1897 年に K. Hensel によって展開された．p 進数は，通常の実数がもっているような直線上に乗らないが，樹を形成する階層には乗るという自然な順序をもっている[17]．Rammal and Toulouse (1986) の報告は，1944 年に超計量という用語を造った M. Krasner の功績によるところが大きい．

階層構造は，それらの部分集合がオリジナルの構造と同じ形をしているという点で自己相似である．Schikhof (1984) は，彼の本の内表紙の図の内でこれを例証する面白いイラストを載せている．階層は，さらに計量分類学についての文献で使用される．Jardine and Sibson (1971) を参照．生物学の種は，族そして次に属に分類され，樹を構成する．系図もまた別の例である[18]．

2.5.1 階層型に構造化した状態空間の例

ここでは，ミクロ経済の状態がどのように組織化されるのか，状態空間の構造に注目する．幸運にも，これらの多数ある配置のすべてが同じように均衡状態にあるとは限らない．動学的な系を考える際には，現在の状態から多数ある配置の状態のひとつに遷移する確率はすべてが同じというわけではない．ある状態は，他の状態より続いて出現する可能性が高い．こうした状況は決定論的

な線形力学に似ている．たとえば，与えられた時間内に最初の状態からこれらすべての状態に同じように遷移可能ではない．

いかにしてモデルの状態空間にそのような構造的な情報あるいは制約を構築したらよいのだろうか？　第7章で議論されるように，いくつかの方法がある．例えば，類似性または距離というある種の測度を用いて，状態を群または部分集合——これをクラスターと呼ぶ——に分類することができる．距離の測度が変わるとともに，クラスターは，さらに小さなサブクラスターの集合に細分される．その結果，クラスターとサブクラスターなどは部分的な入れ子状態になり，すなわち，樹の節を形成する．言い換えると，状態空間をますます小さな状態の部分集合に分割する．構造によって，与えられた節の状態が異なるクラスターの状態に相互にさらに近づくか，あるいはより類似する．明らかに，状態の集合を分割するために，状態の類似性あるいは違いの測度が必要となる．この節の後半で，相関を使用する直観的で合理的な概念が必ずしもうまくいくとは限らず，超計量というより強い概念を必要とすることを指摘するための例を紹介する．

2.5.1.1　コイン投げの空間

最初の例は経済の例ではないが，確率の分野では非常に有名である．それは，1と0（公平なコイン投げの表と裏）の系列の空間である．そのような系列は経路と呼ばれる．空間 (Ω) は通常の Borel σ-フィールドをもつ経路の空間である．また，P は公平なコイン投げの確率である．

樹の根はユニット間隔に対応する節の上に立っている．レベル1は，ラベル0

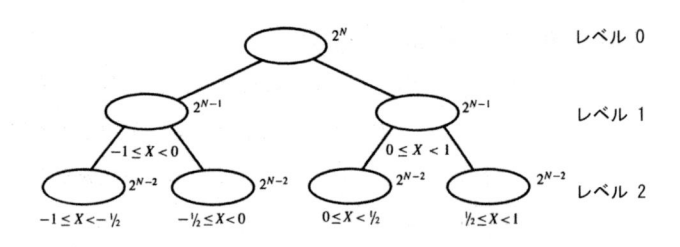

図 **2.2**　樹としてのコイン投げの空間

と 1 の節をもち，それぞれの節は $[0, 2^{-1}]$ と $[2^{-1}, 1]$ で表わされる間隔に対応している．レベル j に至るまでのそれぞれの節はラベル化された系列 $\delta_1, \delta_2, \ldots, \delta_j$ を形成する．$\delta_k, k = 1, 2, \ldots, j$ は 1 あるいは 0 である．レベル j では，それぞれの節は二値 $[i2^{-j}, (i+1)2^{-j}], i = 0, 1, \ldots, 2^j - 1$ に対応する．図 2.2 を参照してほしい．各 $\omega \in \Omega$ について，確率変数 X_n を $X_1(\omega), X_2(\omega), \ldots, X_n(\omega)$ により定義し，$X_k(\omega)$ は，レベル k での ω によって得られる節の値である．

$$P[\omega \mid X_1(\omega) = \delta_1, \ldots, X_n(\omega) = \delta_n] = 2^{-n}$$

に注目する．次に，$(X_j = 1)$ によって $X_j(\omega) = 1$ をもった経路の集合を表わす．同様に $(X_j = 0)$ を定義する．n ほどには大きくないどのような j に対しても，集合 $(X_j = \delta_j)$ が $\bigcup_{i \neq j}(X_i = \delta_i, i = 1, \ldots, n)$ と等しいことに注意する．ここでユニオンは すべての $i \neq j$ に関するものである．

$$P[(X_j = \delta_j)] = 2^{-n} 2^{n-1} = 2^{-1}$$

そして

$$P\{[X_j(\omega) = \delta_j, 1 \leq j \leq n]\} = \prod_1^n P[(X_j = \delta_j)]$$

に注意する．

別の確率的な例は，上述のように構築された 2 分岐の節に対応した正規確率変数の系列から標準ブラウン運動を構築する方法である（Freedman (1983) 参照）．レベル k の節は平均 0 と分散 2^{-k} をもった独立な正規確率変数に対応している．根は，分散 1 をもった平均ゼロの正規確率変数である．b が節に対応した二値の合理的な間隔であるとき，確率変数 Z_b は

$$Z_{b0} = \frac{1}{2} Z_b - \frac{1}{2} X_b$$

そして

$$Z_{b1} = \frac{1}{2} Z_b + \frac{1}{2} X_b$$

で定義される．ここで表記法 $b0$ は 0 が出たときに対応し，$b1$ は 1 が出たときに対応していて $Z_b = Z_{b0} + Z_{b1}$ である．

2.5.1.2　K-レベル分類

（ミクロ変数 x_i の）標本（利得あるいは配置）をベクトル $\mathbf{x} = (x_1, \ldots, x_N)$ で表わす．二値確率変数 $x_i = \pm 1$ は，全体で 2^N 個の配置をもつ．

K-レベルの樹は，特定の正の整数 $K < N$ について合計で 2^N 個ある配置を，2^K 個のマクロの経済変数の部分集合にどのように分割するかを示す．それぞれがミクロ経済における N 個の主体の状態の記述である．K を変えることはマクロ経済の記述の詳細の度合いを結果として変えることになる．K-レベルの二値の（逆）樹の葉（底レベル分割）としてこれらの部分集合を整える．K の数を減らすことは，より少ないレベル数の樹に枝を刈っていくことに相当する．7.3 節で枝を刈ること，または集計概念について議論し，繰り込み群理論（renormalization group theory）の使用について説明する．

大きさについての感覚をつかむために，$N = 30$ と $K = 5$，すなわち，5 層の樹について考えてみよう．根は $2^{30} = 1.07 \times 10^9$ の配置をもつ．平均 m は，長さがそれぞれ $2 \times 2^{-5} = 0.06$ の $2^5 = 32$ 個の間隔に量子化される．よって，それぞれの葉は，$2^{30-5} = 3.36 \times 10^7$ 個の配置を含んでいる．第 7 章ではさらに多くの例を紹介する．

2.5.1.3　パターン分類

（経済活動の）一連のパターンを分類，または分割するために相関を使用するという直感的にはもっともらしい方法が必ずしもうまくいくとは限らないことを説明するために，簡単な例を紹介する．

マクロ経済の状態の情報あるいはパターンを N-ビット数列 $x = (x_1, \ldots, x_N)$ でコード化すると仮定する．ここで，$x_i = \pm 1$ である．このような文字列は，N 個のミクロの経済主体あるいは主体の条件について記述している．たとえば $+1$ を通常よりよいもの，-1 を通常より悪いものという具合である．

2 つのそのような文字列の間の類似点を測定する一般的な方法の 1 つは相関を用いることである．x_i と y_i が ± 1 で等確率である場合，それらの相関は

$$\rho = (1/N) \sum_{i=1}^{N} x_i y_i$$

で計算される．

あらゆる可能な列の集合を，たとえば，あるカットオフの値 (ρ_c) より高い対ごとの相関をもつすべての列を同じクラスターあるいは部分集合に配置するように分割したいとする．

Feigelman and Ioffe (1991, p.173)は，この方法がうまくいかないことを示した．3つの列を検討してみよう．$\xi^1 = (1, 1, 1, 1)$, $\xi^2 = (1, 1, -1, 1)$ および $\xi^3 = (1, 1, 1, -1)$ とする．q_{ij} は ξ^i と ξ^j の間の相関を表わす．$q_{12} = q_{13} = 1/2$ と $q_{23} = 0$ を得る．ρ_c を 1/2 とすると，相関に基づいたこの分類法では，ξ^1 と ξ^2 または ξ^1 と ξ^3 のどちらを用いればよいかを決定することができないので，うまくいかないのだ．

この種の困難は計量分類学の文献でも知られている．たとえば，Jardine and Sibson (1971)を参照されたし．類似性の尺度として相関がもつこの反推移律 (intrasitivity) を回避するために，類似性の測度 s_i に条件を課す必要がある．その結果，$s_{12} \le s_c$ でかつ $s_{13} \le s_c$ であれば $s_{23} \le s_c$ である．あるいは，$d_{12} > d_c$，また $d_{13} > d_c$ であれば，同時に $d_{23} > d_c$ であるという条件を満たすようにパターン間の距離 d_{ij} を定義することができる．ここで d_{ij} はパターンまたは列 i と j の間の距離である．

より一般的に，列またはパターンの任意の3つの組については

$$s_{ij} \le \min(s_{ik}, s_{kj})$$

あるいは

$$d_{ij} \le \max(d_{ik}, d_{kj})$$

を必要とする．

この条件は超計量の条件として知られている．また，条件を満たしたどのような距離測度も超計量と呼ばれる．通常のユークリッドの距離が三角不等式を

満たすことに注意してほしい．上記の超計量の条件はさらに強い．

パターンが樹の葉として定義された場合，すなわち，パターンが階層にまとめられる場合，超計量の距離は樹の距離と同じ，あるいはそのある単調関数となる．樹の距離とは，葉が分離する共通の節を初めて得るまで根に向かってトレースすることにより得ることのできる葉の数である．3つのパターンを含んでいる集合（根）が2つの節に分割される Feigelman and Ioffe (1991) の例について2層の樹を構築することができる．ここで1番目は ξ^1 と ξ^3 を，2番目は ξ^2 を含んでいる．また，最初の節は，それぞれが単一のパターン，ξ^1 および ξ^3 を含んだ2つの節にさらに細分される．2.5.2項で記述するが，二値の値としてこれらのパターンの構成要素を認識することで，また節にマーティンゲールを関連させることで，この樹は構築される．超計量についての概念は本章の後半でさらに議論される．

2.5.2 樹距離とマーティンゲール

マーティンゲールは樹の節に対応させうる，むしろ，もっと正確に言えば，根から葉までのそれぞれの経路はマーティンゲールである有限な値の確率変数の系列として解釈することができる．特別な場合はすでに紹介したコイン投げの空間である．たとえば，それは表と裏に対応して枝を左と右に2分岐する．経路は表と裏の出方によりつくられる系列であり，コイン投げの独立した系列の結果である[19]．

実数，$0 \leq r_1 \leq \cdots \leq r_k \leq 1$ の系列を導入する．肩文字は根から特定の節までの経路を表わし，レベル k の確率変数 ξ^k が値 $\pm r_k$ を

$$P(\xi^k \mid \xi^{k-1}) = (1/2)[1 + sgn(\xi^k \xi^{k-1}) r_{k-1}/r_k]$$

の確率でもつとする．ここで，k を，レベル k の節の確率変数にラベルを付けるために使用する．

$$E(\xi^k \mid \xi^{k-1}) = \xi^{k-1}$$

であるので，ξ がマーティンゲールであることに注意する．分散は $E[(\xi^k)^2] =$

$r_k^2, k = 1, 2, \ldots, K$ である．確率のこの問題において同符号の場合には $P(+|+) = P(-|-) \geq 1/2$ であり，異符号の場合には $P(+|-) = P(-|+) \leq 1/2$ である．

別の例として，ξ_k の値を ± 1 あるいは 0 とする．そして，もし $\xi^{k-1} = \pm 1$ であれば $\xi^k = \pm 1$ となり，$\xi^{k-1} = 0$ のときはそれぞれ確率 $r_k/2$ で ξ^k を ± 1，確率 $1 - r_k$ で ξ^k を 0 とする．両方の場合で，確率変数 $(\xi^k - \xi^{k-1})/\sqrt{r_k^2 - r_{k-1}^2}$ は平均 0 と分散 1 をもつ．

この基礎的なスキームを修正し

$$P(\xi^k \mid \xi^{k-1}) = (1/2)[1 + a_k sgn(\xi^k \xi^{k-1}) r_{k-1}/r_k]$$

を仮定することも可能である．ここで a_k は外生的に割り当てられた定数である．そのとき，$E(\xi^k \mid \xi^{k-1}) = a_k \xi^{k-1}$，また $E[(\xi^k)^2] = r_k^2$ である．この方法は，$|a_k| < 1$ であればスーパーマーティンゲール，そうでなければサブマーティンゲールを生成することができる．

2つの確率変数，ξ^μ および ξ^ν が最も近いレベル k の節を共有している場合を考えよう．最も近い節から2つの確率変数は枝分かれしている．言い換えると，根から $\mu = (\mu' \ \mu'')$ と $\nu = (\mu' \ \nu'')$ の2つの経路を得る．すなわち，この樹を系統樹とすれば，レベル k の節がこれらの2つの節の最も近い共通先祖である場合，μ と ν の最初の k 個のラベルは両方に共通である．この一般に共有される節に関連した確率変数についての条件の下で，確率変数は独立していると仮定される．

マーティンゲールの特性によって

$$E(\xi^\mu \xi^\nu) = E[E(\xi^\mu \xi^\nu \mid \xi^{\mu'})] = E[(\xi^{\mu'})^2] = r_k^2$$

である．

同一のクラスターにいるどのような2つの確率変数も，節を共有しその節からすべての枝が出ている．したがって，クラスターの2つのどのような確率変数も同じ相関を得ている．したがって，マーティンゲールを分類するために相関を使用すると，同じ相関をもったマーティンゲールのクラスターからなる樹

を構築することができ，この樹では異なるクラスターに属するマーティンゲール間の相関は小さくなる．

この特性は，超計量の樹または超計量の距離と呼ばれるものを特徴づけ，2つの節 i と j, $d_{i,j}$ 間の樹の距離とみなすことができる．必然的に，それは不等式

$$d_{i,j} \geq \max(d_{i,k}, d_{k,j})$$

を満たす．

2.5.3 二値樹上のマルコフ連鎖

動学を導入する単純な方法は 2 層の二値樹を検討することである．すなわち，図 2.3 で示されるように，経済は 4 つの可能なマクロ経済の状態のうちの 1 つである可能性があるとする．たとえば，経済の状態を分類し最悪，貧弱，順調，最良という，これらの 4 つの状態を考える．1 つレベルが上がると，最悪と貧弱の状態は同じ節を共有し，また順調と最良の状態は別の節を共有する．4 つの状態は，経済の良い・悪いという 2 つの状態を精緻化して表わしている．

状態間の遷移確率を割り当てることによりこれらの状態の 4 状態マルコフ連鎖を構築することができる．この場合，最悪から順調，または最良へいく確率が，最悪から貧弱へいくまたは順調から最良へいく確率より小さくなるように設定

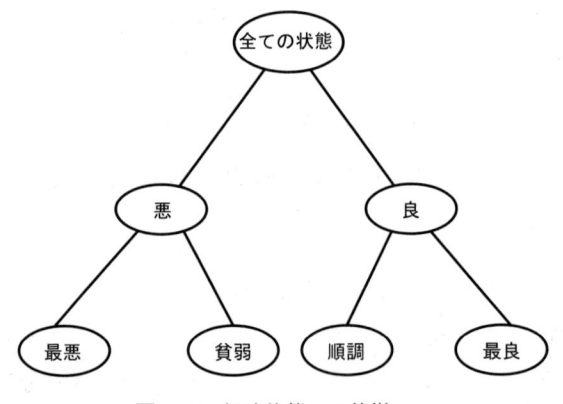

図 2.3 経済状態の二値樹

することは自然である．この問題を単純化するためには，確率が樹距離の単調関数であると仮定しよう．樹距離は共通の節を見つける前に逆立ちした樹を根に向かってトレースするレベルの数によって定義される．$d(i,j)$ が状態 i と j の間の樹距離であり，また，最悪から最良に区分される状態に値 1〜4 を割り当てる．構造により，$d(1,2) = d(3,4) = 1$ と $d(1,3) = d(1,4) = d(2,3) = d(2,4)$ を得る．ϵ_1 を距離 1 をもった 2 つの状態間の遷移率，そして ϵ_2 を距離 2 をもった 2 つの状態間の遷移率とする．

P_i は状態 i の確率を表わすので，連続時間マルコフ連鎖は次の 4 つの式によって記述される．

$$dP_1/dt = \epsilon_1(P_2 - P_1) + \epsilon_2(P_3 - P_1) + \epsilon_2(P_4 - P_1)$$

$$dP_2/dt = \epsilon_1(P_1 - P_2) + \epsilon_2(P_3 - P_2) + \epsilon_2(P_4 - P_2)$$

$$dP_3/dt = \epsilon_1(P_4 - P_3) + \epsilon_2(P_2 - P_3) + \epsilon_2(P_1 - P_3)$$

$$dP_4/dt = \epsilon_1(P_3 - P_4) + \epsilon_2(P_1 - P_4) + \epsilon_2(P_2 - P_4)$$

これらの式は，与えられた状態の流入と流出の確率の流れを捉えるマスター方程式（または Chapman-Kolmogorov 方程式）の特例である．

4 次元のベクトル $\mathbf{P} = (P_1, P_2, P_3, P_4)$ を定義しこれらを同時に書くと，系は，

$$dP/dt = WP$$

により時間とともに展開する．ここで，W は対称な (4×4) 行列で各列の総和はゼロである．この行列は重根を含む 4 つの固有値 $\lambda_0 = 0$, $\lambda_1 = -4\epsilon_2$ と多重度 2 で $\lambda_2 = -2(\epsilon_2 + \epsilon_1)$ をもつ．不等式の仮定 $\epsilon_1 < \epsilon_2$ により，これらの固有値はすべて非正である．また，ϵ_2 は大きさにおいて最大である．

λ_0 と λ_1 についての固有ベクトルは $(1\ 1\ 1\ 1)'$ と $(1\ 1\ -1\ -1)'$，多重度 2 の固有値 λ_2 は $(1\ -1\ 0\ 0)'$ および $(0\ 0\ 1\ -1)'$ であり，容易に確認することができる．

初期条件は $P_1(0) = 1$ であり，そして，他のすべての P は最初にゼロであると仮定する．

$$P_1(t) = 0.25 + 0.25e^{\lambda_1 t} + 0.5e^{\lambda_2 t}$$

$$P_2(t) = 0.25 + 0.25e^{\lambda_1 t} - 0.5e^{\lambda_2 t}$$

$$P_3(t) = 0.25 - 0.25e^{\lambda_1 t}$$

$$P_4(t) = 0.25 - 0.25e^{\lambda_1 t}$$

として上述の微分方程式を解くことができる．

2.5.4 樹の動学の集計

　$t \geq 4/|\lambda_2|$ だけ時間が経過した後，$e^{\lambda_2 t}$ の項は無視できる．そうすると $P_1(t)$ と $P_2(t)$ の式は同じで，同様に，$P_3(t)$ と $P_4(t)$ の式も同じである．これは，もちろん，状態1と状態2となる確率がほとんど等しいことを意味する．あるいは十分に大きな t では，2つの状態を区別する必要はない．すなわち，それらは単一の状態に結合することができる．同様に，状態3と状態4も単一の状態として結合することができる．言い換えると，4つの状態を2つの状態にまとめることができる．また，2つのレベルをもった樹は1つのレベルと2つの状態をもつ樹にまとめることができる．これらの状態を α と β と呼び，結合した状態の確率は

$$q_\alpha = P_1 + P_2$$

と

$$q_\beta = P_3 + P_4$$

として定義される．

　もとになる確率 P_i からこれらのベクトルの動学を引き出すと

$$\frac{dq_\alpha}{dt} = 2\epsilon_2(q_\beta - q_\alpha)$$

そして

$$\frac{dq_\beta}{dt} = 2\epsilon_2(q_\alpha - q_\beta)$$

となる．

$\tau = (2\epsilon_2/\epsilon_1)t$ によって時間をスケール変換し直せば，q についての微分方程式は

$$\frac{dq_\alpha}{d\tau} = \epsilon_1(q_\beta - q_\alpha)$$

そして

$$\frac{dq_\beta}{d\tau} = -dq_\alpha/d\tau$$

となる．

この2つの式の後の式は一層の樹モデルと同一である．したがって，時間をスケール変換し直し状態変数を再定義することによって，4つの状態の樹を2つの状態の樹に集計できることを説明したことになる．これは，第7章で詳しく議論される繰り込み群の方法の簡単な例である．

注

1) 分布が外性的でなく内性的である問題が存在する．
2) この状態が極度に占める状況については，第8章を参照してほしい．生産していない企業の数 $(y_0 = 0)$ は無視できると仮定する．
3) n 個の識別不可能な玉を g 個番号のついた箱に入れたものは $\binom{n+g-1}{n}$ で与えられる．
4) Sanov の定理の議論を参照．
5) $0, 1, \ldots$ の値をもつ離散型確率変数についての確率母関数は

$$P(t) = \sum_0^\infty p n t^n; -1 \leq t \leq 1$$

と定義される．ある非負の α について $t^n = e^{-\alpha n}$ とすることもできる．
6) この式の誘導については，付録のラプラスの方法を参照．
7) つまり Sanov の定理は，経験分布の未知の真の分布からの乖離の度合いを示している．
8) 単純にパラメータとして β を扱っても，何か，モデルの経済活動の水準，あるいは経済の中にある不安定性のレベルを反映するものとして，本書では β を使用する．経済活動の水準とその不安定性は逆相関であると大雑把に思ってもよい．
9) この結果は，焼き鈍し状態のシミュレーションに関する文献の最適な焼き鈍しのスケジュールに類似していて興味深い．Kirkpatrick, Gelatt, and Vecchi (1983)，Geman and Geman (1984) と Kabashima and Shinomoto (1991) を参照．

10) 異なる色の玉を異なる特性をもった，つまり異なるタイプの経済主体とみなす．この視点はこの例においてあまり関係がないが，次の例に関係する．

11) 上記において，θ は整数である必要がない．重み θ の黒の玉と，黒以外の玉の重みが1であるとしてもよい．相対的な重みによって決定される選択確率を頭のなかで考えてもよい．

12) 数量分類学と，生物学のような他の分野でも樹分類法を使用する．

13) 樹は二値数である必要がない．特定のレベルにおいてそれはどのような数の節ももつことができる．

14) アボガドロ数（1モルのガスの粒子の数）がほぼ 6×10^{23} であることを思い出してほしい．

15) 三次元のユークリッド空間のランダムウォークを近似する樹のランダムウォークの例については，Doyle and Snell（1984, p.113）を参照．

16) 巡回セールスマン問題，グラフを分割する問題などのような，スピングラスのエネルギー構造と，いくつかの難しい（組み合わせ）最適化問題のコスト構造間の類似点に注意を払ったいくつかの研究がある．たとえば，Vannimenus and Mezard（1984），Kirkpatrick and Toulouse（1985），または Mezard, Parisi, and Virasoro（1987, Chap. VII），Aldous and Vazirani（1993）を参照．

17) p 進表示は，A-D 変換器で使用されるグレイコードのような多くの面白い活用を得ている．Clarke（1992）を参照．

18) 数量分類学の文献は，単一のリンケージのクラスター方法，最小完全樹およびサブドミナント超計量のような階層の構築のアルゴリズムについて議論する．Sokal and Sneath（1963），Jardine and Sibson（1971），または Murtagh（1983）を参照．

19) Parga and Virasoro（1986）および Bos, Kuhn, and van Hemmen（1988）を参照．

第3章　経験分布〈マクロ経済学の統計法則〉

本章では 2.2 節と 2.3 節の例を引き継ぎ，マクロの経済変数の振る舞いを統計的に議論する際に役立ついくつかの概念と技法を読者に紹介する．ここで議論される概念と技法は残念ながら現在大多数の経済専門家には利用されていない．

エントロピーと Gibbs 分布の初歩的な議論および大偏差原理のいくつかの入門的な題材について検討する．エントロピーは，相互に影響し合うミクロの経済主体の大集団から構成されるマクロ経済の系の状態を記述することにおいて，単に重要なだけではなく，正常状態からの大きな乖離が起こる確率に上限を与えるということにおいても重要である．マクロ経済の状態の均衡分布が Gibbs 分布の形をしているので Gibbs 分布も重要である．現在，(マクロの経済変数の実現値として) すでに集計された事象を扱う一般的に用いられているモデルよりも，集計の度合いの低いレベルを扱うモデルを用いて，マクロ経済政策の効果の分布について研究する際に，大偏差理論 (large deviation theory) は有用である．

3.1 モデルの記述

3.1.1 ミクロとマクロの記述

経済現象の記述には，それをどれだけ詳しく説明するかによって，ミクロの記述，あるいはマクロの記述のどちらかを用いることができる．ミクロの記述とは，モデルの中のすべての経済主体の(少なくとも理論上は)完全な記述である．マクロの記述とはいくつかのマクロの観測量を捉える記述であるが，その観測量はモデルの中のミクロの経済変数 (微視的変数) の関数である．モデルがマルコフ系になるという意味で，完全な記述を達成するために必要とされるミクロ

変数は，通常直接には観察されない．第 2 章での例を参照せよ．

有限あるいは可算集合 S に主体の微視的，またはミクロ経済の状態を帰属させる．モデルの N 個の主体の状態ベクトルを $\mathbf{x} = (x_1,\ldots,x_N), x_i \in S$, $i = 1,\ldots,N$ とする．この状態ベクトルは系の配置とも呼ばれる．

巨視的あるいはマクロの経済変数の集合 $Y_k, k = 1,\ldots,K$ が与えられた場合，すべての k について，N 個の主体がいて，マクロの経済変数が Y_k と $Y_k + dY_k$ 間の値をとることができる配置の総数を $W(N,Y_1,\ldots,Y_k;dY_1,\ldots,dY_k)$ で表わす．それを状態和（state-sum），あるいは分配関数（partition function）という．これを $\Omega(N,Y_1,\ldots,Y_k)dY_1\cdots dY_k$ と書いた場合，Ω を状態密度と呼ぶ．ときとして，ミクロ経済の状態は，ミクロ経済の状態が等確率で起こると考えられるようになるまで十分に詳細に特定化されていると仮定する．

ミクロとマクロな状態の間にあるこの相違をまず明確にする．2 つのコンパートメントに区切られた箱のなかで N 個の粒子がこのコンパートメントの間をランダムに動いている状況を利用して，それらのもついくつかの意義を理解してみよう[1]．このような考え方で，N 個の経済主体について，それぞれは 2 つのミクロ経済の状態のうちの 1 つをとることが可能であると考えることができる．経済主体はそのミクロ経済の状態をランダムに行き来する．また，他の解釈も可能である．たとえば，経済主体が 2 つの選択肢からひとつを選ぶことについて考えることができる．そうすると彼らは彼ら自身の行動を指数分布をしたランダムな時間間隔を置いて再評価し，そして行動を再選択している．これらの可能性については，第 4 章と第 5 章でさらに議論する．この種の単純なモデルは，Whittle (1992, p.49) が述べているように将来の方向性を示唆しているので有用で重要である．このモデルを一般化した出生死亡過程について第 4 章と第 5 章で議論する．

経済主体が識別可能であるとみなされれば，このモデルでは主体がどのカテゴリーに含まれるかまで，すべての N 個の主体の状態を完全に記述することができる．これはミクロの表現である．その結果，状態変数 $\mathbf{x}(t)$ の確率過程は 2^N 個の状態をもつマルコフ過程となる．それぞれの配置が等確率で起こる場合，2^N 個の状態のすべては 2^{-N} の均衡確率をもって生起する．この過程は有

限な状態空間をもち，これ以上細分化できないので，この配置は一意に決まる．遷移確率の率は，すべての $\mathbf{x} \to \mathbf{x}'$ と $\mathbf{x}' \to \mathbf{x}$ について

$$w(\mathbf{x}, \mathbf{x}') = w(\mathbf{x}', \mathbf{x}) = \lambda$$

である．ここで，パラメータ λ は正であり，矢印は2つの指定された状態の遷移を示している[2]．

これよりも大雑把な記述としては，たとえばカテゴリー1に属する主体の数 $n(t)$ のみを捉える方法がある．この過程もまた $N+1$ 個の状態をもつマルコフ連鎖である．これはマクロの表現である．主体が独立して行動すると仮定するこの記述では，仮定によって，主体が互いに独立に行動するので，主体が1増える遷移の率は

$$w(n, n+1) = \lambda(N-n)$$

であり，主体数が1減る遷移の率は

$$w(n, n-1) = \lambda n$$

である．

N が大きいときに，単一のマクロな状態に対応する多数のミクロな状態があるということが重要である．これはマクロな状態の縮退（degeneracy）の概念であり，我々の議論において非常に重要であるが，いまだに経済学の文献では無視されている．Aoki(1995b)を参照せよ．言い換えれば，それは（ある特定な）マクロな状態に相当するミクロな状態の数である．第2章のエントロピーの議論を参照してほしい．さらに3.2節でエントロピーについて詳しく述べ，3.6節で大偏差について議論する．このモデルでは，N 個から n 個の主体を選択する多くの方法があるので，マクロな状態 n は2項係数 ${}_N C_n$ で与えられる縮退をもつ．また，このマクロな状態の均衡確率は

$$\pi(n) = {}_N C_n 2^{-N}$$

で与えられる．

3.1.2 ミクロ状態の多重度

前項の簡単な例を継続する．x_i が経済主体 i のミクロ経済の状態を表わす変数(ベクトル)である場合，N 個の主体からなる系の状態を，N 個の主体のそれぞれについてのミクロ経済の状態を特定化するベクトル $\mathbf{x} = (x_1, \ldots, x_N)$ によって記述する．

最も単純な場合を検討するために，x_i がそれぞれ二値変数であると考える．そうすると，N 個の変数のそれぞれが 2 つの可能な値のうちのひとつを独立してとるので系には 2^N 個の配置がある．この N-次元のベクトルが N 個の主体の系のマクロ経済のベクトルであるとすると，この単純な場合にはマクロ経済のベクトルとミクロの経済主体の配置の間には一対一の対応がある．

しかしながら，一般にマクロ経済量(macroeconomic value)はミクロの経済変数の統計的な平均あるいはある関数である．したがって，マクロ経済の状態を実現する(かなり)多くのミクロ経済の状態があり，その結果マクロの経済変数が一定であるからといって，すべての主体のミクロの経済変数が同様に一定であるとは限らない．どのようなマクロ経済の状態をとってもそれに対応するミクロ経済の状態の分布が必ずある．3.3.3 項と 3.7 節で，観察されたマクロ経済量について議論する場合，ミクロ経済の状態の経験分布はこの点を強調する．

N 個のミクロの経済変数の平均がこの系に関して観察されたマクロの経済変数のうちの 1 つであると仮定する．

$$Y = (1/N) \sum_i x_i$$

ここで x_i は ± 1 であり，それぞれは $1/2$ の等確率で起こる．

同時に，N 個の変数の任意の k 個が 1 で残りが -1 であれば，Y の値は $2(k/N) - 1$ である．これと同じ平均値を生み出す 2 項係数 ${}_N C_k$ 個の識別可能なミクロ経済の状態がある．

ひとつのマクロ経済量に対して ${}_N C_k$ 個のミクロ経済の配置が存在することをもう一度強調しておこう．本章の最初で導入された表記法を使用すると，ある平均値と無矛盾なミクロ経済の状態の数は，$k = N(1 + Y)/2$ とすると

$$W(N,Y) = {}_N C_k$$

である．しかしながら，この例では Y をもたらす k はたったひとつであることに注意する．したがって，$W(N,Y;dY)$ とは書かない．

この事象の多重度は ${}_N C_k$ であり，この 2 項係数は

$$\frac{1}{N+1} e^{NH(k/N)} \leq {}_N C_k \leq e^{NH(k/N)}$$

によって近似され，$|y| \leq 1$ において

$$H(y) = -y \ln(y) - (1-y) \ln(1-y)$$

となる．y が平均と等しい場合，これは基底 e の Shannon エントロピー $H(k/N)$ である．

2 項係数の上界は

$$1 \geq {}_N C_k (k/N)^k (1-k/N)^{N-k} = {}_N C_k e^{-NH(k/N)}$$

として与えられ，下界は次式

$$1 = \sum_k {}_N C_k p^k (1-p)^{N-k}$$

の右辺の各項を，$(N+1)$ 項の最大値

$$1 \leq (N+1) \max_k [{}_N C_k p^k (1-p)^{N-k}]$$

と入れ替え，k を k^* によって表わされた pN の整数部とすることで最大値が得られることに注目し

$$1 \leq (N+1) {}_N C_{k^*} (k^*/N)^{k^*} (1-k^*/N)^{N-k^*}$$

である．

Cover and Thomas (1991, p.285) を参照．あるいは，スターリングの公式 $\ln(N!) \approx N[\ln(N)-1] + O[\ln(N)/N]$ を使用して得ることができる．この式

を導出するひとつの方法を，A.1.1 項で示す．

この単純な場合をより詳細に検討する．われわれの表記法によると，${}_NC_k = W(N,k)$ であり $\sum_k W(N,k) = 2^N$ である．しかしながら，この和を計算する代わりに，平均が Y で与えられるという制約にしたがう和の最大の項を捜すこととしよう．言い換えると，ラグランジュ未定乗数 β を用いて

$$L = \ln({}_NC_k) + \beta[Y - (2k-N)/N]$$

の最大化を行なう．

N が大きいと仮定し，連続的なものとして k/N を扱い，それを η とする．$e^{NH(\eta)}$ によって 2 項係数を近似した後，η について上式を微分する．制約条件付き最大化問題の解は

$$\eta^* = \frac{1}{1 + e^{2\beta/N}}$$

である．もちろん，平均値の制限にしたがうという条件の下で，$\eta^* = (1+Y)/2$，また，$k^* = N\eta^*$ は $W(N,k)$ を最大化する．$O(1/N)$ までの誤差でエントロピーは

$$S(N,Y) = \ln[W(N,k^*)] = \ln e^{NH(\eta^*)} = NH(\eta^*)$$

で与えられる．Y に関してエントロピーを微分すると

$$\frac{\partial S}{\partial Y} = \frac{1}{2}\frac{\partial S}{\partial \eta} = \beta$$

を得る．これはマクロの経済変数に関して適切に定義されたエントロピーの偏導関数がラグランジュ未定乗数の値であることを示している．この結果は，さらにこの和を近似するために和の中で最大の項を使用することを正当化する．

第 2 章での例のように，ラプラス変換 (按点法) を使用することで和を計算することもできる．まず

$$Z(N,\beta) = \sum_k {}_NC_k e^{-\beta Y} = e^\beta \sum_k {}_NC_k e^{-2\beta k/N} = e^\beta (1 + e^{-2\beta/N})^N$$

を定義する．すなわち

$$\ln[Z(N,\beta)] = \beta + N\ln(1+e^{-2\beta/N})$$

である．これを β について微分すると

$$\frac{\partial \ln(Z)}{\partial \beta} = 1 - 2\eta^* = -Y \tag{3.1}$$

を得る．ラグランジュ未定乗数に関しての Z の半弾力性は，制約しているマクロの経済変数のマイナスの値になる．

この単純な導出からわかることは，どれだけのミクロ経済の状態の配置が，任意の集計された値，すなわちマクロの経済変数と無矛盾であるかということが重要な問題であるということである．これは，個々のミクロの経済主体に与えるマクロ経済の状態の分布効果という観点だけからではなく，縮退がマクロ経済の状態の均衡確率に影響を与えることからも真実である．本章の後半で均衡確率分布の指数について議論する場合，最適解の縮退の測度，すなわちエントロピーによって修正されなければならない与えられた評価関数または費用関数を考える場合，この点はより明白になる．さらにこれについては第5章で例をみることにする．

この点を異なる観点からみると，経済の状態空間がマクロ経済の均衡と関係する引き込み領域を所有し，また，経済状態は，ある引き込み領域から別の引き込み領域へ時々ジャンプしながら，それらの間を任意に動き回るというわれわれの見解からも，縮退は我々の議論と整合的である．再び外にジャンプするまで，経済はこの新しい引き込み領域にしばらくの間とどまるかもしれない．引き込み領域は与えられたマクロ経済の状態と無矛盾であるか，あるいはそのマクロ経済の状態に収束するミクロ経済の配置からできている．均衡確率分布は，それらのエントロピーとして測定される縮退の程度に影響を受ける．詳しくは第5章を参照してほしい．第5章の後半で，系が2つの局所的均衡の間を移動する平均時間をどのように計算するか，そしてそれが局所的均衡のポテンシャルの差に依存することを示す[3]．

3.2 エントロピーと相対エントロピー

2項係数を評価することで，エントロピーが現われることを理解したが，より本質的には，マクロ変数の実現値(macrosignal)を制約としたエントロピーの偏導関数が，ラグランジュ未定乗数の値となることを見てきたし，マクロ変数の実現値と無矛盾なミクロ経済の状態の数のラプラス変換 (z) の負の半弾力性 ($\ln[z(n,\beta)]$) が，マクロ変数の実現値になることを理解してきた．ここで，エントロピーの概念と相対エントロピーに関連する概念，あるいは確率分布間で，Kullback-Leibler 情報測度または発散と呼ばれるものについての議論を続ける．Kullback-Leibler 発散測度は，2つの確率分布間の類似の度合いを測定し，大偏差理論を用いてマクロ経済的事象の確率に境界をつける際に使用される．

エントロピーについてはいくつかの概念が提案されてきた．歴史的には，多くの粒子からできている物理的系にエントロピーの概念を導入したのはオーストリアの物理学者，Ludwig Boltzmann (1844-1906) である．Boltzmann は，分配関数，すなわちわれわれの表記法 $W(\ldots)$ で示される状態和の対数に比例するものとしてエントロピーを定義することを提案した．分配関数とは，特定のマクロ変数の実現値と無矛盾なミクロ経済の状態の数の総和である．

経済主体が識別可能として扱われる場合について簡潔な説明をする．交換可能な経済主体の場合は第2章で例を用いて示した．N 個の経済主体が K 個のカテゴリー(サブクラス，サブシステムあるいはサブステート)，$C_i, i = 1,\ldots,K$ のうちの1つを取ると仮定しよう．あるいは，それぞれが K 個の可能な値のうちのひとつをとる独立同一な分布にしたがう N 個の確率変数があると仮定してもよい．N_i をカテゴリー C_i にいる経済主体の数，そして g_i をカテゴリー C_i の中のミクロな状態の数(配置)$|C_i| = g_i$ とする．経済主体は独立していると仮定する．Feller (1957, p.36) と Whittle (1992, p.50) によって占拠数と呼ばれる状態ベクトル $(N_1,\ldots,N_K)$ によってこの系の配置の総数は特定化される．それは経済主体が特定なカテゴリーをどれだけ占拠するかを示している．系が閉じていると仮定すると，すなわち，N は一定であるとすると，このベクトルに一致する配置の総数は

第 3 章　経験分布〈マクロ経済学の統計法則〉　61

$$W(N_i,\ldots,N_k) = \frac{N!}{\prod_i N_i!} \prod_i g_i^{N_i}$$

である．ここで占拠数は

$$\sum_i N_i = N$$

を満たす．

便宜上 $W(N_1,\ldots,N_k)$ を $W[\{N_i\}]$ と書く．和 $\sum W[\{N_i\}]$ は G^N と等しい．ここで $G = \sum_i g_i$ は有限であると仮定される．

3.1.2 項で，多重度の測度 $(1/N)\ln({}_N C_k) \sim H(k/N)$ を導出した．スターリングの式，$N! \sim (N/e)^N\sqrt{2\pi N}$ を使用すると，

$$\frac{1}{N}\ln\left(W[\{N_i\}]/G^N\right) \sim -\sum_i \frac{N_i}{N}\ln\left(\frac{N_i/N}{q_i}\right) + O[\ln(N)/N]$$

であることがわかる．ここで $q_i = g_i/G$ である．最初の項は有限集合上の 2 つの分布の間の Kullback-Leibler 測度を示している．

$$D(p;q) = \sum_i p_i \ln(p_i/q_i)$$

ここで，$p_i = N_i/N$ で $p = (p_1, p_2, \ldots, p_K)$ であり，また $q = (q_1, \ldots, q_K)$ である．

$W[\{N_i\}] \approx G^N e^{-ND(p;q)}$ が明らかに成立する．

3.2.1　Kullback-Leibler 発散測度

確率 $p_i, i = 1, \ldots, K$ の有限の事象の集合について，Shannon エントロピーは $-\sum_{i=1}^{K} p_i \ln p_i$ として定義される．

確率 p_i と $q_i, i = 1, \ldots, K$ をもった有限の事象の場合には，q に対する p のエントロピーはすでに紹介された Kullback-Leibler 発散

$$D(p;q) = \sum_{i=1}^{K} p_i \ln(p_i/q_i)$$

によって定義される．この量は非負であり，すべての i について $p_i = q_i$ のとき，またそのときだけ，明らかにゼロとなる．q_i が定数 $1/n$ である場合，それは Shannon エントロピーのマイナスに $\ln(n)$ を足したものになる．この場合，エントロピーの最大化は Kullback-Leibler 発散の最小化と同等である．本質的には，たとえそれが距離という定義に厳密にあっていなくても，これは2つの確率分布の間の相違または距離を測定している[4]．金融に関する文献で，Stutzer (1994, 1995) は，それを金融エントロピーと名づけた．q はそのときの状態についての事前確率分布，また，p はリスク中立確率分布である．

2つの連続的な確率測度 μ と ν の場合，前者が後者に関して完全に連続的な場合，ν に対する測度のエントロピー μ，すなわち Kullback-Leibler 測度は

$$D(\mu;\nu) = \int d\mu \ln(d\mu/d\nu)$$

で定義される．

3.2.2 Boltzmann と Shannon エントロピー

N 個の経済主体からなる系があるマクロの経済変数の実現値 Y をもつときの Boltzmann のエントロピー S は

$$S(N, Y) = k \ln\left\{\sum W[\{N_i\}]\right\}$$

である．ここで，和は，$\sum_i N_i = N$ とマクロ経済の状態 $Y = \sum_i N_i Y_i$ という制約にしたがうすべての占拠数に関するものであり，k は定数である[5]．

ここで，経済主体は異なるカテゴリーに属すると仮定し，カテゴリー i に属するそれぞれの経済主体の平均産出量を Y_i とし，また以前のように $|C_i| = g_i$ とする．この制約があるために，和を求めることは簡単ではないので，和のなかの最大値の項を選び，その項の対数をとって $\ln\{W[\{N_i\}]\}$ を最大化しよう．和をその最大の項によって評価することがうまくいく近似例をすでにいくつか見てきた．

経済学的に解釈すると，マクロ変数 Y は総産出，総費用あるいはその他の示量 (extensive) 変数である．通常のラグランジュ未定乗数法を用いて，この制約

第 3 章 経験分布〈マクロ経済学の統計法則〉 63

付き最大化問題の答えを得ることができる[6]．

$$N_i = Gq_i e^{-\alpha-\beta Y_i} \tag{3.2}$$

ここで α と β はラグランジュ未定乗数である．物理学で言う分配関数を次式で定義して

$$\Xi = \sum q_i e^{-\beta Y_i}$$

α を $Ge^{-\alpha} = N/\Xi$ と表現することで

$$p_i = q_i e^{-\beta Y_i}/\Xi, i = 1, \ldots, K$$

を得る．ここで，p_i は $p_i = N_i/N$ としてすでに導入した．さらに，関係式

$$Y/N = \sum_i q_i Y_i e^{-\beta Y_i}/\Xi$$

を得る．

$\ln W[\{N_i\}]$ を最大化した式は

$$\ln\{W[\{N_i\}]/G^N\} = N\ln(\Xi) + \beta Y = \ln(N!) + \alpha N + \beta Y$$

である[7]．代わりに $W[\{N_i\}]/(G^N N!)$ を使用すれば，2 番目の等式の最初の項は消える[8]．

このいわゆるエントロピー最大化の原理は，特定の総数 N と総産出 Y のようなマクロ変数の観測値に対して，実際の系は，そのマクロ変数の下でエントロピーを最大化する配置の内のひとつであるに違いないとみなしているのである．Jaynes (1957, 1979) を参照せよ[9]．

制約付き最適化を実行するに際し，使用するマクロの経済変数あるいはその実現値の数には制限がない．モデルの中の経済主体の総数，そして効用，費用あるいは生産水準のような量の平均値となるマクロの経済変数の実現値の総数の下で $\ln(W)$ を最大化することを考える．たとえば，クラス C_k に N_k 個の主

体がいる場合，次のマクロ変数を定義する．それぞれクラス C_k に属する主体は値 f_k

$$\langle f(N) \rangle = \sum_{k=1}^{m} N_k f_k / N$$

をもつ．ここで記号 $\langle\ \rangle$ は右辺によって定義される．これは平均演算である．また，それは期待値を表記する E でもよい．実際に，f_k は，それぞれの経済主体の賃金，所得，産出水準というような，状態 k の特性で，いわゆる示強変数 (intensive variable) である．制約付きエントロピー最大化によって，N_i の最尤推定量

$$N_i^* / N = q_i e^{-\beta f_i} / \Xi$$

が得られる．ここで，分配関数は

$$\Xi = \sum_k q_k e^{-\beta f_k}$$

と定義される．

われわれの議論のこの段階では，パラメータ β は f_k という制約に対応する単なる定数(ラグランジュ乗数)であり，f_k はそれぞれの主体としては観測されないが，その巨視的な平均(macroscopic average)は存在し観測される．後に，モデルの不安定性の程度あるいは経済活動のレベルの指標として β を解釈する．β が減少するとともに，$\ln W[\{N_i\}]$ あるいはより一般に $\ln Z(N, \beta)$ は増加する．式 (3.1) を参照[10]．

和 $\sum g_i$ で g_i を割りそれを規格化することで，標準化された q_i をカテゴリー i での主体をみつける確率とみなすことができる．確率 q_i は事前確率である．また，$q_i e^{-\beta f_i} / \Xi$ はその最尤推定量である．エントロピーの値は定数 k を省いて

$$\ln\{W[\{N_i\}]\} = N \ln(\Xi) + \beta \langle f(N) \rangle N + o(N)$$

で評価される．β に対する上記の式の導関数は

$$N \frac{d(\ln \Xi)}{d\beta} = -N \langle f(N) \rangle$$

なので

$$\frac{d(\ln W_N)}{d\beta} = \beta N \frac{d\langle f(N) \rangle}{d\beta}$$

となる．β に関してのこのマクロ変数の導関数がその分散

$$\frac{d\langle f(N) \rangle}{d\beta} = -(\langle f^2 \rangle - \langle f \rangle^2)$$

の情報を与える．

配置空間の確率測度は経済状態の微視的またはミクロ経済的定義を与える．マクロの経済変数 Y と無矛盾な多数のミクロ経済の配置（macroeconomic configuration）が存在する例をすでに挙げた．上述のエントロピー最大化手法または最尤法は，マクロの経済変数のそれらの値が非常に多くのミクロ経済の配置と無矛盾である．すなわち，現実に実際に観察されているものは最大のエントロピーをもっているという見解を採用する．さらに詳しい議論については 3.7 節の Sanov の定理を参照のこと．

一様確率分布 $q_i = N_i/N, i = 1, \ldots, K$ を使用すると，Boltzmann エントロピーと Shannon エントロピーの間の差は

$$|\ln W_N/N - H(N)| = O(\ln N/N)$$

である．

3.3 Gibbs 分布

3.3.1 離散選択モデル

マクロの経済変数の実現値を含む制約の集合の下でエントロピーを最大化する際に，Gibbs 分布がどのように生じるかをすでに示した．たとえば，Fukao [深尾] (1990)によって示されたように，この定式化を非線型計画法における制約の集合の下での(非線形)関数の最小化の双対問題とみなすことができる．さらに，詳細釣り合い条件を満たすマルコフ過程が定常 Gibbs 分布をもっていることがわかっている．第 4 章と第 5 章を参照せよ．Gibbs 分布 $\beta^{-\beta f(x)} / \sum_x e^{-\beta f(x)}$

の関数 $f(x)$ はポテンシャルと呼ばれる．Strauss(1993)は，Gibbs 分布がロジスティック回帰のなかでどのように生じるかを示した．

経済学では，Gibbs 分布は離散選択モデルのなかに登場する．Anderson, de Palma, and Thisse (1993) そして Amemiya (1985, Sec. 9.2.8)を参照のこと．簡単な例として，二値選択状況のオッズ比(odds ratio)の対数

$$\ln(p^+/p^-) = a^+ - a^-$$

を考える．$p^- = 1 - p^+$ であるので，確率 p^+ は Gibbs 分布の形をした

$$p^+ = \frac{e^{a^+}}{e^{a^+} + e^{a^-}}$$

として得られる．

判別分析(discriminant analysis)との関係をみるために，確率変数 y_i が 0 または 1 であるかにより，確率密度関数 g_0 または g_1 にしたがう確率変数 x_i を仮定する．$P(y_i = 1) = q_1$ と $P(y_i = 0) = q_0$ であると仮定する．そして，ベイズの定理によって，与えられている x_i に対して y_i が 1 となる条件付分布を得る．それは次の Gibbs 分布の形をしている．

$$P(y_i = 1 | x_i) = g_1(x_i)q_1 / [g_1(x_i)q_1 + g_0(x_i)q_0]$$

Anderson et al.(1993)は，代替の弾力性が一定の生産関数について代替の弾力性と関連づけて Gibbs 分布の指数のパラメータについての解釈を与えている．

n 個の財(選択肢)があると仮定する．財(選択肢 i)を選ぶことの効用または収益は

$$U_i = V(x_i) + \epsilon_i$$

である．ここで，$V(x_i)$ は収益の決定論的な部分であり，ϵ_i は確率的に不確実な収益の部分である．ここで，たとえば，x_i は選択肢 i に関連した状態に依存する収益を意味する．ここで，攪乱項は平均ゼロ，分散が等しくなるように標準化してある．分散は正のパラメータ μ に比例すると仮定される．

それらは，財（選択肢）i が確率

$$P_i = Prob(U_i = \max_j U_j)$$

で選ばれると仮定する．2値選択または二者択一の場合には，その結果として生じるモデルは2項ロジットモデルと呼ばれる．一般的な場合は多項ロジットモデルと呼ばれる．

離散的選択モデルでは，差の確率分布 $\epsilon = \epsilon_2 - \epsilon_1$ は，次のロジスティック関数により指定される．

$$P(\epsilon \leq x) = 1/(1 + e^{-x/\mu})$$

したがって

$$P_1 = P(U_1 \geq U_2) = \frac{e^{V(x_1)/\mu}}{e^{V(x_1)/\mu} + e^{V(x_2)/\mu}}$$

を得る．この表現から，μ が大きくなると差 $|P_1 - P_2|$ が小さくなることがわかる．言い換えると，μ が小さくなるほど確率は1に近づく．すなわち，選択肢のうちの1つが支配的になる傾向がある．

Anderson et al. (1993) は，選択肢が2つ以上の場合で，不確実な部分が独立同一な二重指数分布 (double exponential distribution) であるとき，選択肢 i が選ばれる確率は Gibbs 分布の形をしている．

$$P_i = \frac{e^{V(x_i)/\mu}}{\sum_j e^{V(x_j)/\mu}}$$

この分布の詳細については Johnson and Kotz (1977) を参照してほしい．それは

$$P(\epsilon_i \leq x) = \exp(-e^{\eta_i/\mu} e^{-x/\mu})$$

である[11]．

多項ロジット分布は Gibbs 分布

$$P_i = \exp[V(x_i)/\mu]/Z$$

を生む．ここで Z は規格化定数である．

離散的なモデルで，U の決定論的な部分に変化がある場合には，その結果として修正された選択肢の確率は次式で与えられる．

$$\hat{P}_i = \frac{P_i e^{\delta V(x_i)/\mu}}{\sum_j P_j e^{\delta V(x_j)/\mu}}$$

これは事前確率として P を扱うことができることを示している．$V(x_i)$ があるマクロの経済変数の実現値 (macroeconomic signal) である場合，同じ表現が Sanov の定理に関しても言える．Caplin and Nalebuff (1991) は，いわゆる投票者モデルの例を用いて同様の分布が生じることを説明している．

3.3.2 詳細釣り合いと Gibbs 分布

S を既約連鎖の状態空間または離散的な状態空間マルコフ過程とする．状態を表わすためにローマ字記号 x, y, z を用いるのと同様に i, j, k などを使用する．Kelly (1979, p.5) は，$\pi_j p_{j,k} = \pi_h p_{k,j}$ または，$\pi_j w_{j,k} = \pi_h w_{k,j}$ という詳細釣り合い条件が満たされる均衡分布 $\{\pi_j\}$ が存在することが，マルコフ連鎖，またはマルコフ過程が反転可能であることの必要十分条件であることを示した．ここで，$p_{i,j}$ は状態 i から状態 j への遷移確率であり，$w_{i,j}$ は遷移率である．

Kolmogorov の可逆性の基準は均衡確率が経路に独立であるとして定義されていることを示している．任意の基準状態を j_0 とする．状態空間が縮約不可能，つまり既約であるので，例えば j_0 から $j, j_0 \to j_1 \to j_2 \cdots \to j_n \to j$ までいく正の確率をもった経路がある．すなわち，状態 j の均衡確率は

$$\pi_j = C \frac{w(j_0, j_1)w(j_1, j_2) \cdots w(j_{n-1}, j_n)w(j_n, j)}{w(j, j_n)w(j_n, j_{n-1}) \cdots w(j, j_0)}$$

である．ここで，C は規格化定数で，$w_{j,k}$ を $w(j,k)$ と書く．同様の表現はマルコフ連鎖でも得られる．Kolmogorov の基準からこの確率は

$$\pi_j = C \frac{w(j_0, j)}{w(j, j_0)}$$

である．ここで，j_0 から j までは経路に依存しない．そして，正の確率の別の

経路 $j_0 \to j_1' \to \ldots j_m' \to j$ がある場合には，定義により等確率である．言い換えれば

$$\pi_j = \frac{e^{-V(j)}}{\sum_{k \in S} e^{-V(k)}}$$

となる．ここで $V(j) - V(j_0) = \ln[w(j, j_0)/w(j_0, j)]$ はこの分布のポテンシャルである．

Kolmogorov の基準は，さらに詳細釣り合い条件によって確認される均衡分布の式を推測するのに役立つ．

3.3.3 条件付き極限定理〈Gibbs の条件付き定理〉

マクロ経済学では，通常背後にあるミクロの経済変数のいくつかの関数の平均は既知である．こうした平均値を既知とした上で，それと無矛盾なミクロの経済変数の分布を推定することが課題となる．X_i を分布関数 Q の下で独立同一な分布にしたがう基礎的なミクロ経済の確率ベクトル (microeconomic random vectors) としよう．その平均の値 $m_N = (1/N) \sum_i h(X_i)$ を所与として m_N という条件付きの X_1 の分布を計算したい[12]．直接計算することで，N が無限に近づくと，条件付き確率は

$$P_\beta(s_j) = Q(s_j) e^{\langle \beta, h(s_j) \rangle} / M(\beta)$$

に収束する．ここで，$M(\beta) = \sum_i Q(s_i) e^{\beta h(s_i)}$ である．

ここでは，密度をもった独立同一な分布にしたがう連続した値をもつ確率変数の系列に対して点ごと (pointwise) そして区間条件付き (interval conditioning) の極限定理を導出するために van Campenhout and Cover (1981) の方法を用いる．

$q(x)$ を確率変数 X_i の密度とし，そして $p(y)$ は確率変数 $Y_i = h(X_i)$ の密度であるとする．

傾けをもたせた密度 (tilted densities) を

$$q^*(x) = e^{\beta x} q(x) / M_x(\beta)$$

で定義する．ここで規格化定数 $M_x(\beta) = \int e^{\beta x} q(x) dx$ が有限である，すなわち β の積分が有限であると仮定し

$$p^*(x) = e^{\beta h(x)} p(x) / M_y(\beta)$$

を定義する．M_y は同じようにして定義される．＊印で表わされた 2.2 節の密度は傾けをもたせた密度あるいはひねりを加えられた密度である．たとえば，α は

$$\frac{dM_x(\beta)/d\beta}{M_x(\beta)} = \int x q^*(x) dx = \alpha$$

により得られる．したがって，傾けをもたせた密度は，密度 q の下での x の平均とは一般に異なる α という平均をもつ．

$\sum_{i=1}^{n} h(x_i)$ の和の傾けをもたせた密度を，$p_n^*(x)$，そしてその和を S_n で表わす．次に，p^* により誘導される測度を P^* で表わし，条件付き分布を書くと

$$P^*\{x_1 \in A, S_n \in B\} = \int_B \left[\int_A P^*\{dx|S_n = t\} \right] p_n^*(t) dt$$

となる．そして

$$P^*\{x_1 \in dx | S_n = t\} = q^*(x) p_{n-1}^*[t - h(x)] dx / p_n^*(t)$$

が得られる．畳み込みも傾けをもたせる操作も交換可能であるので，簡単に確かめることができ

$$p_n^*(t) = M_y(\beta)^{-n} e^{\beta t} p_n(t)$$

が得られる．

したがって，条件付き分布は

$$p^*\{x_1 \in dx | S_N = N\alpha\} = P\{x_1 \in dx | S_N = N\alpha\}$$

のように傾けを付ける操作に対して不変となり

$$P\left\{x_1 \leq x \left| \sum_{i=1}^{N} h(x_i) = N\alpha \right.\right\} \to \int_{-\infty}^{x} e^{\beta h(x)} p(x) dx / M_y(\beta)$$

を得る．

条件付きの条件が区間である場合には，分布

$$F_\beta(x) = \int_{-\infty}^{x} e^{\beta h(t)} P(x_1 \in dx)/M(\beta)$$

は次の制約式

$$\int h(x) dF_\beta(x) \in [a,b]$$

を満たしながら，p によって導出される F に関して絶対連続的なすべての分布の Kullback-Leibler 距離を最小化する．van Campenhout and Cover (1981, Theorem 3) を参照せよ．

3.3.3.1 漸近的独立の例

$X_j, j = 1, 2, \ldots$ を $P(X_1 = i) = 1/K, i = 1, 2, \ldots, K$ をもつ集合 $\{1, 2, \ldots, K\}$[13] の値をとる独立同一な分布にしたがう離散型確率変数とする．このとき

$$P\left[X_1 = j \Big| (1/n) \sum_{i-1}^{n} X_i = a\right] = P^*(X_1 = j)$$

である．ここで

$$P^*(x) = \frac{e^{\beta x}}{\sum_{j=1}^{K} e^{\beta j}}$$

である．そして，β の値は，平均 $\sum_{j=1}^{j} P^*(j) = a$ になるように決定される．

定数 a が x_1 の平均である場合，すなわち $(1+K)/2$ のとき，パラメータ β はゼロであり，また $P^*(x_1 = j) = 1/K$ である．定数 a が平均と等しくない場合，平均をこの定数と同じにするために傾けをもたせた確率分布を使用する．条件付き分布が"傾け"から独立であるので，na が整数であるという条件の下で n が無限大に近づくときに徐々に漸近的独立を得る．

3.4 均衡確率の最大化すなわちポテンシャルの最小化

多くのパラメータをもつ複雑な最適化問題では，配置の平均費用は，配置が

Gibbs 分布にしたがって重み付けされていると仮定することにより計算される.

この平均費用は,おおよそ統計物理学の内部エネルギーの概念に相当する.これらの問題では,自由度,すなわち所与の費用での多重度と平均費用のバランスをとる必要がある.物理学の自由エネルギーの概念はこれらを合わせた効果を考慮することによってこのバランスを保っている.言い換えると,それは,適切に加重され,かつエントロピーに相当する量を引いた平均費用にほぼ等しい.

β の値が非常に大きいとき,すなわち低レベルの経済活動,あるいは物理的な文脈で言えば絶対零度近辺の温度ではエントロピーの構成要素(成分)は役割を果たさない.低い β,より高いレベルの経済活動,あるいは高温では,エントロピーの構成要素(成分)には大きい重みが加えられるようになる.これは以下で与えられる公式上の定義のための直感的な理由である.

ミクロ状態の縮退あるいは自由度の大きさの単純な例として,N 個の主体のモデルを検討する.ここでは,経済主体のそれぞれが2つの可能なミクロ状態のうちの1つをとる.N 個の主体の内 n 個が正の状態である場合,系の費用関数または評価関数が示量数(extensive quantity)であることを示すために $Nu(n)$ で表わす.

系の均衡確率分布は

$$P_e(n) = \Xi^{-1}{}_NC_n e^{-\beta N u(n)}$$

であることがわかっている.ここで Ξ は規格化定数である[14]).

組み合わせの数の対数は,$O(\ln N/N)$ までは

$$\ln({}_NC_n) = N[-\frac{1+x}{2}\ln(\frac{1+x}{2}) - \frac{1-x}{2}\ln(\frac{1-x}{2})]$$

として表わされる.ここで $x = (2n-N)/N$ である.N にエントロピー $S(p)$ を掛けたものを $S(n)$ と書くと,$\ln({}_nC_N) = NS(p) = S(n)$ となる.ここで,$p = (1+x)/2 = n/N$ である.

それゆえに,均衡確率は

$$P_e(n) = \frac{1}{\Xi_N}\exp\{N[-\beta f(n)]\}$$

であり

$$f(n) = u(n) - s(n)/\beta$$

である．ここで，$s(n) = S(n)/N$ はそれぞれの主体についてのエントロピーであり，$f(n)$ はそれぞれの主体のポテンシャル（自由エネルギー）である．また，β は経済活動のレベルに反比例するパラメータである[15]．β が小さい場合，f の右辺はエントロピーの項の負数にほぼ比例する．そのとき，n の最尤推定量はポテンシャル（自由エネルギー）を最小化する n の値である．

自由エネルギーを計算する別の方法は

$$-\beta f(s) = \lim_{N \to \infty} \frac{1}{N} \ln(Z_N)$$

である．ここで，エントロピーは Boltzmann 表現，すなわち状態和の対数である．

$$Z_N = \sum_s e^{-\beta f(s)}$$

この表現では，すべての可能な状態空間の配置を加算している．すなわち状態ベクトル s 全体についての和をとっている．この代替式はエントロピーの構成要素が別の構成要素 u より十分大きい場合にのみ有効である．

3.4.1 最適化と Gibbs 分布

関数の領域，すなわち等費用関数群 $\{x \in X; f(x) = 定数\}$ が複雑な構造をもっている場合，実現可能な集合 X 上で費用関数 $f(x)$ を最適化することは難しい．ここで，x は多くの次元をもつと仮定し，これをミクロ状態のベクトルと呼ぶ．それぞれの構成要素の値は観察できないだろうが，しかし $f(x)$ は何か直接観察することができるもので，マクロ的な性質をもつと仮定する．

x が正確に知られていない，または費用関数の値が正確にわからない，もしくは計算されていないという事実を反映するために，上述の定式化を実現可能な集合の確率分布を導入することで置き換える．最適化における焼き鈍し（simulated annealing）法も費用関数を評価する次のポイントを確率的に選んでいると解釈

することができる．この再定式化では，集合 X のばらつき，あるいは不確実性の測度としてエントロピーを用い

$$\sum_x -p(x)\ln p(x).$$

そして，$p(x)$ の総和は 1[16)]，このエントロピーが一定であるという条件の下で分布関数

$$\min_{p(x)} \sum_x p(x)f(x)$$

を最小化する．この定式化では，集合Aの曖昧さあるいはその不規則性の測度を何か1つに決めたときのその条件下での平均または期待費用を最小化している．ここでは Shannon エントロピーを，不確実性の測度として使用する．

最適な分布は，上述の定式化の下でラグランジュ未定乗数法を用いることで得られる．

$$p(x) = e^{-\beta f(x)}/\Xi$$

ここで，

$$\Xi = \sum_x e^{-\beta f(x)}$$

である．和はすべての可能な値 x についてとる．これは，Gibbs 分布と呼ばれる確率分布の特定な例である．指数のなかにある関数 f はポテンシャルと呼ばれる．

同様に，これを最小化問題の双対問題として扱うことができ，したがって，それは

$$\sum_x p(x)f(x) = \langle f(x) \rangle$$

と $p(x)$ の総和が1という条件の下での最大化問題となる．

$$\max_{p(x)} \sum_x p(x)\ln p(x)$$

この再定式化は，既知か観察されたマクロの経済変数の実現値を条件として，Shannon エントロピーを最大化することにより，可能な限りミクロ状態の分布が一様になることを示している[17]．

3.5 有限状態マルコフ連鎖

第4章と第5章の後半では，経済主体の離散的または不連続的調整の振る舞いをモデル化するために有限状態マルコフ連鎖を使用する．相対エントロピーまたは Kullback-Leibler 測度により，2つのマルコフ連鎖の類似性，つまり有限状態のマルコフ連鎖の定常確率過程の近似の度合いを測定する．遷移確率 $p(j|i)$ と $q(j|i)$ をもった2つのマルコフ連鎖があると仮定する．ここで i と j は集合 $S = \{1, 2, \ldots, K\}$ 上の値をとる．一般性を損なうことなく状態 $1, 2, \ldots, K$ を状態 $s_1, s_2, \ldots, s_k$ と書く．

状態 i を固定したとき，$p(j|i), j = 1, 2, \ldots, K$ は通常の確率ベクトルである．また，2つの確率ベクトル間の不一致あるいは相違の基準として Kullback-Leibler 測度

$$D[p(\cdot|i); q(\cdot|i)] = \sum_{j=1}^{K} p(j|i) \ln \left[\frac{p(j|i)}{q(j|i)}\right]$$

を用いる．

そこで，状態 i の発生する確率についてこの距離を平均し，p と q の間の測度（距離）を次のように定義する．

$$D(p; q) = \sum_{i} p_1(i) D[p(\cdot|i); q(\cdot|i)]$$

ここで $p_1(i) = \sum_j p(i, j)$ は周辺確率である．

より一般的に，$S \times S$ の確率の2次元配列，$p(i, j)$ から出発し，分母の合計が正の場合は常に，遷移確率を次のように定義する．

$$p(j|i) = p(i, j) \bigg/ \sum_{j} p(i, j)$$

そして，これは測度(距離)の表現のなかで使われている．一般に，配列 $p(i,j)$ の最初の変数に関しての和は，2番目の変数に関しての和と同じではない．それらが同じである場合，すなわち，2つの周辺分布が同じである場合，確率測度 q は平行移動に関して不変であり，また，二次元の確率の配列が与えられたとき，曖昧さのない遷移確率が定義される．

3.5.1 エントロピー最大化

S が有限集合(finite set)である場合で，前述のような同じ2つの周辺分布をもった確率 $p(i,j)$, $i,j \in S$ の2次元配列で，遷移確率 が $p(j|i) = p(i,j)/p(i)$ である状態空間 S 上にマルコフ連鎖を構築することができる．ここで，$p(i) = \sum p(i,j) = \sum p(j,i)$ である．遷移行列が既約であれば，遷移確率のこの集合は，一意均衡分布をもった遷移行列を定義する．

次にこのマルコフ連鎖に関連したエントロピーを最大化する2次元配列を見つける．連鎖が状態 i であるという条件のエントロピーは $-\sum p(j|i) \ln[p(j|i)]$ である．マルコフ連鎖のエントロピーは，$p(i)$ を用いて状態 i についてこのエントロピーを平均することにより定義される．

$$H = -\sum_{i,j} p(i) p(j|i) \ln[p(j|i)]$$

$$= -\sum_{i,j} p(i,j) \ln \left[p(i,j) \Big/ \sum_j p(i,j) \right]$$

次に，$p(i,j)$ が同じ周辺分布をもつ，非負である，そして

$$\sum_{i,j} p(i,j) w(i,j) \leq c$$

であるという3つの制約にしたがってこの式を最大化する．ここで，$w(i,j)$ は $p(i,j)$ についての重みであり，c はある定数である．適切に重みを解釈し直すことによって，3.5.2項で議論する評価関数または費用最小化問題とこのエントロピーの最大化問題との関係を示す．

ラグランジュ未定乗数法により

$$L = H - \beta \sum_{i,j} p(i,j) w(i,j) + \sum_k \xi_k \left[\sum_j p(k,j) - \sum_i p(i,k) \right] + \eta \sum_{i,j} p(i,j)$$

となる．また，$p(i,j)$ に関してそれを微分することによって，関係式

$$p(j|i) = \frac{e^{-\beta w(i,j)} r(j)}{\lambda r(i)}$$

を得る．ここで，$r(i) = e^{\xi_i}$, $\lambda = e^{-\eta}$ および β は重み付けの制約となるラグランジュ未定乗数である．$r(i)$ が固有値 λ をもった行列 $V = \{e^{-\beta w(i,j)}\}$ の右固有ベクトルの i 番目の成分であることを容易に確認することができる．したがって，左固有ベクトルの成分は $l(i) = p(i)/r(i)$ である．なぜなら，これらの固有ベクトルは条件 $\sum l(i) r(i) = 1$ によって規格化されているからである．

これらの結果を H の式に代入すると，それは

$$H = \ln \lambda + \beta c$$

になる．重みの制約にしたがいエントロピーが最大化されているので，行列 V の要素がすべて正となり，固有値 λ が行列 V の最大の固有値，すなわち Perron-Frobenius の固有値でなければならないという結論に至る．Csiszar (1984) と Justesen and Høhold (1984) は同様の結果を得ている．

より早く，Spitzer (1972) は同一の概念を実証した．すなわち $w(i,j)$ を重みではなく状態 i から状態 j にいく費用として解釈することにより，同じ費用の制約の下でエントロピーを最大化したものがマルコフ連鎖である[18]．

$w(i,j)$ を $U(i,j)$ として書き変え，状態 i から状態 j にいく費用とする．そして，遷移確率行列 W をもつマルコフ連鎖を導入する．

$$W(i,j) = \frac{e^{-\beta U(i,j)} r(j)}{\lambda_{\max} r(i)}$$

ここで $r(i)$ は，最大の固有値 $\lambda_{\max}$ をもった行列 W の右固有ベクトルの i 番目の成分である．この行列は，Kolmogorov の可逆性の基準を満たす．Kelly (1979, p.24) を参照せよ．確かに，任意の 3 状態，i, j および k について，$U(i,j) + U(j,k) + U(k,i) = U(i,k) + U(k,j) + U(j,i)$ の場合，この場合の

み $W(i,j)W(j,k)W(k,i) = W(i,k)W(k,j)W(j,i)$ であることがわかる．後者の制約は満たされていると仮定する．

N 個の状態 $i^N = (i_1, i_2, \ldots, i_N), i_k \in S, k = 1, 2, \ldots, N$ の系列について，N 個のステップからなる確率過程の平均費用は，遷移費用の平均

$$G(\mu) = \sum \mu(i^N) \sum_{k=1}^{N-1} U(i_k, i_{k+1})$$

として定義される．ここで，最初の和はすべての可能な i^N についてのものであり，μ はそのような系列に関して導入された確率測度である．この測度については 3.5.2 項で議論する．

3.5.2　マルコフ連鎖の動学系の費用最小化

強定常性，すなわち並進不変性(shift-, or translation-invariant)をもつ確率分布 μ を導入する．さらに，それを標本空間 Ω において μ_N で短縮する．Z を正の整数の集合とすると直積 S^Z としてつくられる．

$$\mu_N(s) = \mu(\omega : \omega_1 = s_1, \omega_2 = s_2, \ldots, \omega_N = s_N)$$

ここで，$s = (s_1, s_2, \ldots, .s_N)$，そして s_k は $k = 1, \ldots, K$ において集合 S に属している．この分布 μ が正の遷移行列をもったマルコフ連鎖である場合，この分布を初期状態の確率と適切な遷移行列の確率の積として書くことができる．しばらく後にこの式を検討する．

μ についての平均費用または評価関数は

$$G_N(\mu) = \sum_{i=1}^{K} \mu_N(i) \sum_{k=1}^{N-1} U(s_k, s_{k+1})$$

である．

この関数に確率分布 ν_N を結び付けて考える．ν_N を

$$\nu_N(s) = \phi(s_1) \prod_{k=1}^{N-1} W(s_k, s_{k+1})$$

で定義する．ここで，$\phi(k)$ は行列 W の固有値 1 に対応する左固有ベクトルの k 番目の成分である．すなわち $\phi W = \phi$ であり，それは成分の和をとると 1 になるように規格化されているので一意に決まる．そうすると，明らかに

$$\phi(k) = l(k)r(k)$$

となる．

　行列 W とポテンシャル U の関係は，λ の下付き添字 max を省略して

$$\beta U(i,j) = -\ln\lambda - \ln W(i,j) + \ln r(j) - \ln r(i)$$

で与えられる．この表現を $s = (s_1, s_2, \ldots, s_N)$ としたときの和は

$$\beta \sum_k U(s_k, s_{k+1}) = -(N-1)\ln[\lambda(U)] - \sum_k \ln W(s_k, s_{k+1}) - \ln r(s_1) + \ln r(s_N)$$

になる．

　$\ln \nu_N(s) - \ln \phi(s_1)$ で $\sum \ln W(s_k, s_{k+1})$ を置き換え，分布 μ_N の s について平均して

$$\beta G_N(s) = -N\ln[\lambda(U)] - \sum_s \mu(s)\ln[\nu_N(s)] + c$$

を得る．ここで c は N と独立な定数である．分布 μ のエントロピーは

$$H_N(\mu) = -\sum_s \mu_N(s)\ln\mu_N(s)$$

である．

　ポテンシャル (自由エネルギー) の定義は

$$F_N(\mu) = G_N(\mu) - \beta^{-1} H_N(\mu)$$

である．N で両辺を割ると

$$N^{-1} F_N(\mu) = -\ln[\lambda(U)] + N^{-1}\beta^{-1}\sum_s \mu_N(s)\ln\left[\frac{\mu_N(s)}{\nu_N(s)}\right] + \frac{c}{N}$$

を得る．

この表現の左辺については，N が無限大に近づくときの左辺の極限値を $F(\mu)$ とする．右側の第 2 項が Kullback-Leibler 発散と正の定数の積であるので正になり，不等式

$$N^{-1}F_N(\mu) \geq -\ln[\lambda(U)] + c/N$$

を得る．等号成立条件は μ が ν と同一分布の場合である．N を無限に近づけることによって

$$f(\mu) \geq -\ln \lambda(U)$$

が得られ，これにより μ は強定常性をもつ．μ が上述の U から構築されたマルコフ分布と等しい場合，等号が成立する．さらに，Spitzer (1972) は，μ がエルゴード的であれば，厳密な不等式が保たれることを示した．

3.6 大偏差

マクロ経済学では，経済の状態が平均からある定められた値以上に悪くなる頻度を知ることが望ましい．例えば，平均的な失業率のレベルより失業率が高くなる期間はどれくらいの長さであろうか．あるいは，多くの経済主体により成り立つマクロ経済で観測される経済指標の値がどれくらい異常なものかというような問題である．大偏差理論 (large deviation theory) として知られている手法は，そのような問いに答えようとするもので，例外的あるいはまれな事象が起こる確率の上界と下界を与えてくれる．具体的にこのことを説明するために，多くの独立同一な分布の確率変数の平均の例を考えることにしよう．問題は次のようなものである．平均が小さな正の数 ϵ を超えてその期待値から乖離する確率はどれくらい大きいのだろうか？　最初に，あるまれな事象についての上界の予備的な分析を行なう．3.7 節の Sanov の定理について議論するときに，この課題に戻る．興味深いことに，大偏差理論は第 2 章，本章の 3.2 節および 3.3.3 項で導入されたエントロピーの概念と密接な関係にあることがわかる．

3.6.1 資産の収益率の例

本節は，特定の経済問題に対し大偏差理論を適用する例について議論する．この理論は少なくとも 2 つの理由で重要である．(1) マクロ経済モデルにおいて厳しい不況のようなまれな事象の発生する確率に上界を与える際に役立つ．そして (2) このようなまれな事象をシミュレートする方法を考案するのに役立つ．通常のシミュレーションではまれな事象がまれにしか生じないので，通常の方法ではまれな事象を扱うことはできない．

この最初の論点を，n が大きいときの n 期間にわたる資産の収益率 $\Pi_{i=1}^{n} R_i$ を例にとって説明する．ここで，R_i が期間 i における平均 μ の独立同一な分布をもつ資産の確率的な収益率であるとして，$\alpha = E(\ln R_1)$ とする．技術的な複雑さを避けるために，R_i がすべての i について 1 以上，2 未満であると仮定する[19]．

まず，独立同一な分布の仮定により，期待収益率は

$$E\left(\prod_i R_i\right) = \mu^n$$

である．大数の強法則 (strong law of large numbers) により，収益率の対数の和は

$$P\left[\frac{1}{n}\sum_{i=1}^{n}\ln(R_i) \to \alpha\right] = 1$$

であることがわかっている．そして Jensen の不等式によって $\mu = e^{\ln[E(R_i)]} \geq e^{\alpha}$ である．

これらの式は，n 期間の収益率 $\Pi_i R_i$ が率 $e^{n\alpha}$ で成長すると期待していて，より大きな率 $e^{n\ln(\mu)}$ で成長することは期待されていないことを意味する．たとえ平均収益率が $\mu^n = e^{n\ln(\mu)}$ でも，もっともらしい成長率は α の指数関数的なものであり，また，これよりはるかに大きな収益というまれな事象が平均収益率を μ^n へ押し上げるというのが理由である．すなわち，ほとんどの標本値は，$O(e^{n\alpha})$ である．しかし，時々，$O[e^{n\ln(\mu)}]$ の標本が現われる．どれくらい頻繁にそのような例外的な収益率は観察されるのだろうか？　　$|a| \to \infty$ の

とき $c(a)/|a| \to \infty$ というようなある非負の関数 c について

$$P\left(a \leq \frac{\sum \ln R_i}{n} \leq a + da\right) \approx e^{-nc(a)} da$$

を仮定しよう.

ラプラスの方法によって $E[\exp(n \sum \ln(R_i)/n)]$ を評価する. 期待値は

$$e^{nm} \int \exp\{n[a - c(a) - m]\} da$$

となる. ここで, $m = \sup_a [a - c(a)]$ である[20]. c についての仮定により

$$e^{n(m-\epsilon)} \leq E\left(\prod R_i\right) \leq e^{n(m+\epsilon)}$$

すなわち, 資産の期待収益率は, 率 m で指数関数的に成長する. 本章の後半で, $c(a)$ が $\sup_a[a - c(a)] = \ln \mu$ であることが理解できる.

発見的論法を用いて, $c(a)$ が微分可能なところで上界 (supremum) が達成されるとすると, その結果 $c'(a) = 1$ となることにまず注目する. 3.6.2 項では, 関数 $c(a)$ が, $M(\theta) = E(e^{\theta \ln(R_1)})$ であるところで $\sup_\theta [a\theta - \ln M(\theta)]$ と定義される. また, したがって, $c'(a)$ は, この上界が達成される θ の値と等しく, すなわち $a = M'(\theta)/M(\theta)$, つまり θ が 1 に等しくならなければならない. これはまた $m = a - a + \ln M(1) = \ln E[e^{1 \cdot \ln(R_1)}] = \ln E(R_1) = \ln \mu$ を意味する.

3.6.2 Chernoff の不等式

大偏差が生じる確率について上界 (upper bounds) の特別な場合を導出するのは非常に簡単である. これについては Whittle (1992, p.233) を参照してほしい. さらに大偏差の簡単な概論については, Durrett (1991, Sec.1.9) を参照されたし.

$\chi(X \geq a)$ を非負の確率変数の指示関数 (indicator function) とする. それは, X が非負であるので不等式

$$\chi(X \geq a) \leq X/a$$

を満たしている．両側の期待値を取ると，マルコフの不等式

$$P(X \geq a) \leq E(X)/a$$

を得る．

今，S_N を N 個の非負の独立同一な分布をもつ確率変数 X_j の和とする．その積率母関数は $M(\theta) = E(e^{\theta X_1})$ によって表わされる．ゆえにマルコフの不等式によって

$$P(S_N \geq Na) = P(e^{\theta S_N} \geq e^{\theta Na}) \leq \inf_{\theta \geq 0}[M(\theta)^N e^{-N\theta a}]$$

である．

上式を微分し最適化を実行すると，右辺を

$$P(S_N \geq Na) \leq e^{-Nc(a)}$$

と書き直すことができる．ここで

$$c(a) = \sup_{\theta \geq 0}[\theta a - \ln M(\theta)]$$

は，積率母関数の対数，すなわちキュムラント母関数のルジャンドル変換である．上式は Chernoff の境界として知られている．N が非常に大きくなるとともに，この上界は漸近的に実現される．

率 λ の独立同一な分布をもつポアソン確率変数については，単純な計算により $\ln M(\theta) = \lambda(e^\theta - 1)$ と $c(a) = a\ln(a/\lambda) + \lambda - a$ が得られる．したがって，すべての $a \geq \lambda$ について

$$P\left(\sum_{i=1}^N X_i \geq Na\right) = \left(\frac{a}{\lambda}\right)^{-Na} \exp[-N(\lambda - a) + o(N)]$$

を得る．μ と ν がそれぞれ率 a と λ をもったポアソン分布であると考えると，その上界は $e^{-ND(\mu;\nu)}$ として書くことができる．

パラメータ p の独立同一な分布をもつ Bernoulli 確率変数，$P(X_1 = 1) = p$ と $P(X_1 = 0) = 1 - p$ についてすべての $a \geq p$ において

$$P\left(\sum_{i=1}^{N} X_i \geq Na\right) \leq \left(\frac{a}{p}\right)^{-Na} \left(\frac{1-a}{1-p}\right)^{-N(1-a)}$$

を得る．さらに，上界は $e^{-ND(\mu;\nu)}$ と表現できることに注目する．ここで，μ と ν はそれぞれ $(a, 1-a)$ と $(p, 1-p)$ の分布である．

実際，上式の簡単な例の上界を明示的に計算することができる．たとえば，Bernoulli 確率変数については

$$P\left(\sum_{i=1}^{N} X_i \geq Na\right) = \sum_{j=Na}^{N} {}_N C_j p^j (1-p)^{N-j}$$

である．そして，二項係数を近似するためにスターリングの式を使用する．ここで，残りの項は $O[e^o(N)]$ の項にだけに寄与するので，和を近似するために，j が Na のときの項が最大であると考え，最大の項を使用することがまた可能である[21]．

Bernoulli 確率変数の他の例として，確率が $1/2$ で 1 と -1 をとる独立同一な分布をもつ確率変数の系列として，$X_i, i = 1, \ldots, N$ を特定化する．このときの積率母関数の対数は

$$c^*(\theta) = \ln M(\theta) = \ln \cosh \theta$$

である．また，そのルジャンドル変換は

$$c(m) = \sup_{\theta}[\theta m - c^*(\theta)]$$

として定義される．ここで，m を平均値ゼロからの標本平均の乖離とみなし，m を

$$N_+/N = (1+m)/2$$

により定義する．ここで N_+ は，1 の値をとる確率変数の総数である．

$|m| \leq 1$ については，角括弧の内部の式を微分し，上界が

$$\theta^o = (1/2)\ln[(1+m)/(1-m)]$$

によって実現されることを確認することができる.

この θ^o を定義式に代入すると

$$c(m) = \frac{1}{2}[(1+m)\ln(1+m) + (1-m)\ln(1-m)]$$

は $\mu = [(1+m)/2, (1-m)/2]$ と $\nu = (0.5, 0.5)$ の $D(\mu;\nu)$ と等しく,かつ $p = (1+m)/2$ の負のエントロピー $-H(p)$ にも等しいことがわかる.

関数 $c(m)$ は,m とそのもとになる分布の平均の間の差を測定していて,$c(0) = 0$ であり,すべての m について $c(m)$ は非負であるという意味でこの平均はこの場合はゼロである.大偏差理論(the theory of large deviation)によると,m がゼロでない確率の上限値は次式で表わされる.

$$P(m \geq \epsilon) \leq e^{-Nc(\epsilon)}$$

これについては3.6.3項でさらに詳しく説明する.Ellis(1985, Theorem II.3.3)を参照されたし.与えられた ϵ について,m が区間 $(m-\epsilon, m+\epsilon)$ に落ちる確率が大きいとは,$c(m)$ の値が小さいということ,つまり m はゼロ近辺であるということに相当する.言い換えると,マクロ計算変数 m (macroscopic value) がゼロに近づくにつれ,ミクロ状態の多重度は高くなる.これは,$c(m)$ が,m と無矛盾な微視的な状態の多重度の測度であるという,以前に議論したときと同じ意味である.言い換えると,m_1 と m_2 が $c(m_1) \leq c(m_2)$ であると,m_1 は m_2 よりランダムである.ゼロの値はマクロの経済変数 m の最もランダムな値である.

確率密度を用いる場合には,大偏差を総和ではなく積分を用いて分析する.μ を実数線上の測度,そして μ^n を n-次元のユークリッド空間についての n-倍テンソル積であるとする.μ_n を μ^n の下での $X_i, i = 1,\ldots,n$ の算術平均の分布とする.積分 $\int |x|\mu(dx)$ が有界と仮定し,

$$\Lambda(\theta) = \int e^{\theta x}\mu(dx)$$

によって積率母関数を表わす.実数線から $[0,\infty)$ への写像は下半連続凸関数である.次に,そのルジャンドル変換をとる.

$$\Lambda^*(x) = \sup_{\theta}[\theta x - \ln \Lambda(\theta)]$$

これはさらに非負で下半連続関数である．

X_i を独立同一な分布をもつ実数の確率変数とする．その結果，標本平均の経験測度は μ_n である．次式で与えられる確率測度 ν の集合を検討する場合

$$C_a = \left\{ \nu : \int y d\nu(y) \geq a \right\}$$

であり，次式のように書くことができる．

$$P(S_n \geq na) = P(\mu_n \in C_a)$$

ここで，$S_n = X_1 + \cdots + X_n$ である．

すでに述べたが，2つの確率測度，μ と ν の間の Kullback-Leibler 発散は

$$D(\mu;\nu) = \int \ln\left(\frac{d\mu}{d\nu}\right) d\mu$$

で与えられる．

大偏差原理(large deviation principle)は

$$P(\mu_n \in C_a) \approx \exp\left[-n \inf_{\nu \in S_a} \int \ln\left(\frac{d\nu}{d\mu}\right) d\nu\right]$$

として表現される．ここで μ は X_i の分布である．

制約

$$\int v(x) d\mu(x) = 1$$

と

$$\int x v(x) d\mu(x) \geq a$$

を組込むためにラグランジュ未定乗数法を使用する．ここで，$v(x)$ は $d\nu/d\mu$ として定義される．最小化により関数

$$v(x) = c e^{\theta^* x}$$

を得る．ここで，定数 c と θ^* は

$$1 = cE(e^{\theta^* x}) = c\Lambda(\theta^*)$$

そして

$$a = cE(xe^{\theta^* x}) = c\Lambda'(\theta^*)$$

で決定される．

その結果，Kullback-Leibler 発散は

$$\int \ln\left(\frac{d\mu}{d\nu}\right) d\mu = \int \nu(x) \ln[\nu(x)] d\mu(x) = a\theta^* - \ln \Lambda(\theta^*)$$

となる．関係

$$a = \frac{\Lambda'(\theta^*)}{\Lambda(\theta^*)}$$

を得ていることに注目すると，上式が $\sup_\theta [a\theta - \ln \Lambda(\theta)]$ と等しいことがわかる．

以上より，関係

$$P(\mu_n \in C_a) \approx \exp\left[-n \inf_{\nu \in S_a} \int \ln\left(\frac{d\mu}{d\nu}\right) d\mu(x)\right] = \exp[-n\Lambda^*(a)]$$

を確立する．

3.6.3 傾けをもたせた分布と Chernoff の下界

X_i を共通の分布 $F(x)$ をもった独立同一に分布する確率変数とし，平均値 $E(X)$ より大きな定数 a を選ぶとする．以前のように，$M(\theta)$ は積率母関数 $E(e^{\theta X_1})$ である．また，θ^* を $\mathrm{argmax}[\theta a - \ln M(\theta)]$ とし，それを区間内（端点ではない）の最大値であると仮定する．すなわち

$$a = M'(\theta^*)/M(\theta^*)$$

である．

次に

$$dG(y) = \frac{e^{\theta^* y}}{M(\theta^*)} dF(y)$$

によってFに関する別の分布を定義する．これらはひねりを加えられた，または傾けをもたされた分布と呼ばれている．

この分布の確率変数 $\tilde{X}$ は平均値 a で

$$E(\tilde{X}) = \int y dG(y) = \frac{1}{M(\theta^*)} \int e^{\theta^* y} y dF(y)$$

である．ここで，右辺は $M'(\theta^*)/M(\theta^*)$ であり，つまり a である．言い換えると，この確率変数の平均は a に移動させられており，このように名づけられている[22]．

$P(\sum_{i=1}^n X_i \geq na)$ の下界は以下のように傾けをもたせた分布を使用することにより得ることができる．最初に，任意の正の ϵ について

$$P(X_1 \geq a) = \int \chi_{(X_1 \geq a)} dF(x) \geq \int \chi_{[a \leq X_1 \leq (a+\epsilon)]} dF(x)$$

である．上式の一番右の式をこの傾けをもたせた分布に対応させると，この最後の表現は

$$M(\theta^*) \int \chi_{[a \leq X \leq (a+\epsilon)]} e^{-\theta^* x} dG(x)$$

となる．

n 個の独立同一に分布する確率変数は

$$P\left(\sum_i X_i \geq na\right) \geq \int \chi_{[na \leq \sum X_i \leq n(a+\epsilon)]} dF(x_1)\ldots dF(x_n)$$

であり，それは

$$M(\theta^*)^n \int \chi_{[na \leq \sum X_i \leq n(a+\epsilon)]} \exp^{(-\theta^* \sum x_i)} dG(x_1)\ldots dG(x_n)$$

に等しい．

傾けた確率変数が平均値 a をもっているので，上記の積分が

$$e^{-\theta^* n(a+\epsilon)} P\left[0 \leq \frac{\sum_i (\tilde{X}i - a)}{\sqrt{n}} \leq \sqrt{n}(a+\epsilon)\right]$$

より小さくないと言える．これは中心極限定理によって n が無限に近づくとともに，$1/2$ に収束する．

これらの2つをともに組み合わせると

$$P\left(\sum_i X_i \geq na\right) \geq e^{-nc(a)+o(n)}$$

を得る．そして，3.6.2項で得られた上界とこの下界を組み合わせると

$$P\left(\sum_i X_i \geq na\right) = e^{-nc(a)+o(n)}$$

を得る．

3.6.4 大偏差に関する分析の例

前の例において，エントロピーまたは相対エントロピーがあるまれな事象の確率の上下限を説明できることを示した．

これについてさらに議論を進めていく前に，すでに紹介した例を若干複雑にした例があるので，それを紹介する．固定された N 次元のベクトル $\xi = (\xi_1, \xi_2, \ldots, \xi_N)$ に対して，N 次元のランダムな状態ベクトル $s = (s_1, s_2, \ldots, s_N)$ の相関

$$q = N^{-1} \sum_i \xi_i s_i$$

を計算すると仮定する．ここでこれらのベクトルの成分は，等確率で ± 1 の値をもつ．

ξ_i を固定し，$\xi_i s_i$ を s_i とすることができる．もとの状態ベクトルの成分がそれぞれ確率 $1/2$ で同じように 1 と -1 の間で分布しているので，再定義された s_i も同様になる．

もし，N 個の要素の k 個が 1 であるとすると，残る $(N-k)$ 個の要素は -1 である．$x = (2k-N)/N$ によって標本平均を表わす．そして，$k = N(1+x)/2$ として x に対する k として表現する．変数 x は，$+1$ の値をもつ要素の割合の事前平均値 (それは 0 である) からの乖離を測定している．ここで，N 個の要素

における +1 の割合を表わすために p_+ を使用し，$p_+ = k/N = (1+x)/2$ である．そして，同様に $p_- = 1 - p_+ = (N-k)/N = (1-x)/2$ である．成分は独立しているので，q の値は 2 項分布

$$P(q = x) = {}_NC_k (1/2)^k (1/2)^{N-k}$$

をもつ．これは，k を $N(1+x)/2$ で置き換え，またスターリングの式を使用することで $O[\ln(N)/N]$ までで

$$P(q = x) \approx \exp[NH(p_+)]$$

となる．そしてここで $H(p_+)$ は基底 e の Shannon エントロピーであり，p_+ での評価は $H(p) = -p\ln(p) - (1-p)\ln(1-p)$ である．この例は，まさに 3.6.1 項の大偏差理論を説明するために使用した最初のものと同じである．またすべての i について $e^{tNq} = \Pi_i e^{ts_i}$，そして $E(e^{ts_i}) = (e^t + e^{-t})/2 = \cosh t$ であるので，θ ではなく t を使用することで，キュムラント母関数は

$$c^*(t) = \lim N^{-1} \ln E(e^{tNq}) = \ln \cosh(t)$$

である．

あるいは，連続変数の近似を用いて

$$P(x \leq q \leq x + dx) \approx \exp[NH(x)]dx$$

となる．積率母関数の対数は

$$N^{-1} \ln E(e^{tNq}) = N^{-1} \ln \left(\int \exp\{N[xt + H(x)]\}dx \right)$$

と書ける．右辺の角括弧の式が一意の最大値をもつという仮定に基づいているので，ラプラスの方法によって $N \to \infty$ の極限におけるこの式を評価し

$$c^*(t) = \sup_x \{xt - [-H(x)]\}$$

を得る．上界は，$2t = \ln[(1+x)/(1-x)]$ で実際に達成される．また，

$c(t) = \ln\cosh(t)$ を得る.以前にこれがキュムラント母関数であることを確認した.

$$-H(x) = \sup_{t}[xt - c^*(t)]$$

であるので $-H$ を取り戻す.上界は $x = dc^*(t)/dt = \tanh(t)$ で達成される.したがって

$$-H(x) = x\tanh^{-1}x - \ln\cosh[\tanh^{-1}(x)]$$

である.

3.6.4.1 期待値よりも大きな標本平均値

X_i を等確率の値 0 と 1 をとる独立同一な分布をもつ確率変数とし,また,a を $1/2$ と 1 の間の定数とする.よって

$$P\left(\sum_{i=1}^{n} X_i \geq na\right) = \sum_{j=na}^{n} {}_nC_j 2^{-n}$$

を得る.

この和が na と同じになる確率は ${}_nC_{na}2^{-n}$ であり,それは $\exp[-D(a;1/2) + O(n)]$ である.ここで $D(a;1/2)$ は 2 つの確率質量関数 $(a, 1-a)$ と $(1/2, 1/2)$ の間の Kullback-Leibler 発散である.

$k = 1, 2, \dots$ について

$$_nC_{na+k} = \gamma^k {}_nC_{na} + o(n)$$

であることに注目し,残りの和

$$\sum_{j=na+1}^{n} {}_nC_j 2^{-n}$$

を計算する.ここで,$\gamma = (1-a)/a$ である.

したがって,$\sum_i X_i \geq na$ であれば,その結果,その和は na とほぼ等しい.最後に,$E(\sum_i X_i | \sum X_i \geq na)$ を実際に計算すると漸近的に n と独立な値に

近づきその値と na が異なることを説明することができる．

3.6.5 Gärtner-Ellis の定理

大偏差理論の経済への応用では，マクロの経済変数の数値に上界と下界を設定するために区間をとることがよくある．これらの単純な集合について，独立同一な分布でない確率変数の大偏差の結果を一般化することができる．より抽象的な集合については，Dembo and Zeitouni (1993, p.139) を参照してほしい．

Gärtner-Ellis の定理を説明するために S_n を実数値の確率変数の系列とし，

$$\phi_n(\theta) = \frac{1}{n} \ln E(e^{\theta S_n})$$

を定義する．S が n 個の独立同一な分布をもつ確率変数の和，つまりある X_i について $S_n = X_1 + \cdots + X_n$ である場合，この式は，積率母関数の対数になる．

すべての実数の θ について

$$\phi(\theta) = \lim_{n \to \infty} \phi_n(\theta)$$

であるように点ごと (pointwise) の極限が存在すると仮定する．しかも，それが有界であれば，それは微分可能である．関数 ϕ_n の値と同様にその極限の値も無限になる可能性がある．

レート関数は

$$I(x) = \sup_\theta [\theta x - \phi(\theta)]$$

として定義される．区間 $[a,b]$ はレート関数が有限な集合とゼロでない共通部分をもつ場合

$$\limsup_n \left[\frac{1}{n} \ln P \left[\frac{S_n}{n} \in (a,b) \right] \right] \leq - \inf_{x \in [a,b]} [I(x)]$$

と

$$\liminf_n \left[\frac{1}{n} \ln P \left[\frac{S_n}{n} \in (a,b) \right] \right] \geq - \inf_{x \in (a,b)} [I(x)]$$

である．ここで，任意の $x \in (a, b)$ について

$$x = \phi'(\theta_x)$$

となる θ_x があると仮定する．したがって，$I(x) = \theta_x x - \phi(\theta_x)$ となる．

3.6.5.1 依存性のある資産の収益率の例

独立同一に分布する確率変数 $\ln(R_i)$ に，R_i と独立で有界なノイズを付加することで，$\ln(R_i)$ が汚染されたと仮定し，3.6.1 項で議論した資産の収益率に依存性があるとする．次に S_n を $S_n = \sum(\ln R_i + \xi_i)$ で定義し，ここで R_i は独立同一に分布し，$|\xi| < \epsilon_i$ とする．また，n が無限に近づくと，$\sum_{i=1}^{n}(\epsilon_i/n)$ がゼロに近づく場合は常に，ϕ_n は，$\ln(R_i)$ の積率母関数の対数である ϕ に点ごと (pointwise) に収束する．

より興味深い例は，$\ln(R_i)$ がオーダー 1 の自己回帰過程によって生成されるときである．

$$Z_{k+1} = \alpha Z_k + \xi_{k+1}$$

ここで $Z_k = \ln(R_k)$ であり，$\alpha < 1$ の定数，そして ξ_k は独立同一な分布をもつ有界な確率変数である．明確にするために，すべての $k = 1, 2, \ldots$ について $P(\xi_k = 1) = p$ と $P(\xi_k = 0) = 1 - p$ と仮定する．特定化のために一般性を失うことなく初期条件をゼロ ($Z_0 = 0$) とする．

平均 S_n/n が区間 (a, b) 内に入る確率の上界と下界を見つけるために，まず

$$\phi_n(\theta) = (1/n) \ln E(e^{\theta S_n})$$

を計算する．この関数は極限

$$\lim_n \phi_n(\theta) = \ln M(\hat{\theta})$$

をもつ．ここで，$M(\theta) = 1 - p + pe^\theta$ は ξ_1 の積率母関数であり，そしてここで $\hat{\theta} = \theta/(1-\alpha)$ である．$\hat{x} = (1-\alpha)x$ とする．

レート関数の上界は

$$\hat{\theta} = \ln\frac{(1-p)\hat{x}}{p(1-\hat{x})}$$

で達成される．また，レート関数の値は

$$I(x) = D(\hat{x};p)$$

である．ここで Kullback-Leibler 発散は，分布 $(\hat{x}, 1-\hat{x})$ と $(p, 1-p)$ の間の差を測定する．

3.7 Sanov の定理

どれだけ多くのミクロ経済の状態(配置)が与えられたマクロ経済変数の観測値と矛盾しないのだろうか？　これにはすでに予備的な答えを紹介した．ここでは，観察されたマクロ状態の集合と無矛盾なミクロ状態の可能な分布，すなわち観察されたマクロ経済変数と無矛盾であるという制約条件に対応するミクロ経済の状態の事後分布について検討する．標本の経験分布に関係のある Sanov の定理について最初に記述し[23]，そして，標本平均に限界をつける Cramér の定理について議論する[24]．3.7.1 項で，Gibbs の事後分布について議論する．

状態が有限集合 $S = \{s_1, s_2, \ldots, s_K\}$ 上の値をとる確率変数 X_i によって経済主体 i の状態が表わされると仮定する．状態の構成を捉え続けられる程度に，つまり，状態，$s_i, i = 1, 2, \ldots, K$ の特定な値をとるミクロの経済主体の割合について詳しく記述する．これらの割合は，次に導入される経験分布についての概念につながる．話を単純にするために，$X_1, \ldots, X_N$ が独立同一な分布 $Q(x)$ をもつと仮定する．その結果，サイズが N の標本 $\mathbf{x}$ の同時確率は，$Q(\mathbf{x}) = \Pi Q(x_i)$ となる．ここで x_i は X_i の実現値である．

標本 $\mathbf{x}$ 内の s_k が生じる回数を標本の大きさ N で割ったものを $P_\mathbf{x}(s_k)$ と定義する．$NP_\mathbf{x}(s_k)$ は標本 $x_1, \ldots, x_N$ で生じる s_k の度数である．

経験分布は

$$P_\mathbf{x} = [P_\mathbf{x}(s_1), \ldots, P_\mathbf{x}(s_K)]$$

と定義される．この $K-$ 次元のベクトルの成分 i は，状態 s_i が標本 **x** で生じる事実の割合である[25]．

経験分布を使用することで，次のように $Q(\mathbf{x})$ を書き直すことができる．

$$Q(\mathbf{x}) = \prod_i Q(x_i) = \prod_s Q(s)^{NP_{\mathbf{x}}(s)} = e^{-N[H(P_{\mathbf{x}})+D(P_{\mathbf{x}};Q)]}$$

ここで Π_s は，$s_i, i = 1,\ldots,K$ のすべてにわたる積であることを意味する[26]．

P_N を標本の大きさ N の経験分布とする．すなわち，N 個の主体からなる系について考える．表記法を簡略化するために，今後 N を省略する．$T(P)$ を P と同じ経験分布を生成する標本の集合と定義する．

$$T(P) = \{\mathbf{x} \in S^N : P_{\mathbf{x}} = P\}$$

経験分布では割合だけを問題にしているのでこの集合は，オリジナルの標本 **x** の単なる順列である．したがって，この集合の要素の個数は，N 個の要素を $N_j, j = 1, 2, \ldots, K$ に振り分ける多項係数に相当する．ここで，$N_j = NP(s_j)$ である．

この集合の確率は確率測度 Q によって測定され

$$Q[T(P)] = \sum_{\mathbf{x} \in T(P)} Q(\mathbf{x})$$

である．この式は特定の標本に依存しないで，単に経験分布に依存するので

$$Q[T(P)] = |T(P)| \exp\{-N[H(P) + D(P;Q)]\}$$

を得る．

P と同じ分布をもった経験分布の数

$$|T(P)| \leq e^{NH(P)}$$

は上から有界になり，そのためにその確率は

$$Q[T(P)] \leq e^{-ND(P;Q)} \tag{3.3}$$

という上界をもつ．

この上界は，スターリングの公式によって，または次のように多項係数を近似することにより直接計算することができる．すでに述べたように，$T(P)$ 内のすべての経験分布は，$s_j, j = 1, \ldots, K$ の実現数（観測値）N_j と同じ度数をもつ．したがって，標本の数は，総標本の大きさ N を，$N_j, j = 1, \ldots, K$ に分配する多項の組み合せの数と等しい．そして，$P_\mathbf{x}(s_j)$ を p_j と書き

$$P_\mathbf{x} = \prod_j p_j^{N_j} = e^{-NH(P)}$$

と

$$1 \geq P[T(P)] = \sum_{\mathbf{x} \in T(P)} P_\mathbf{x} = \sum_{\mathbf{x} \in T(P)} e^{-NH(P)} = |T(P)|e^{-NH(P)}$$

の不等式が成立する．

ここで，Sanov の定理の特定の形（Cover and Thomas 1991, p.292）が導かれる．それは，標本平均 $(1/N)\sum_i h(x_i) \geq \text{const}$ を条件付きとする経験分布の確率に境界を与える．

$$A = \left[P : \sum_s h(s)P(s) \geq \text{const} \right]$$

ここで和は，集合 S のすべての可能な状態の和である[27]．

標本平均が

$$\frac{1}{N}\sum_i h(x_i) = \sum_i P_X(s_j)h(s_j)$$

として表現できるので，これは正確な不等式である．右辺は，要素 $h(s_i)$ で $K-$次元のベクトル $\mathbf{h}$ を導入することにより，内積 $\langle h, P_\mathbf{x} \rangle$ として簡潔に書くことができる．

ラグランジュ未定乗数 β を用いて制約を組み入れることによって最小化を行なった結果

$$P^*(s_i) = \frac{Q(s_i)e^{\beta h(s_i)}}{\sum_{j=1}^K Q(s_j)e^{\beta h(s_j)}}$$

が導出される．この節で明らかになったことは，N が大きいとき，まれな事象が生じるなら，それはその結果上述の傾けをもたされた分布にしたがってただひとつの仕方で起きているということである．集合 **A** の要素 P について $Q[T(P)]$ の和をとり，P^* を，集合 **A** の $D(P;Q)$ の下界に対応する分布とし，式 (3.3) の上界の指数である $D(P;Q)$ を集合 **A** のその下界と取り替え，集合に高々 $(N+1)^K$ 個の要素があることに注目することで，上述からその境界

$$Q(A) \leq (N+1)^K e^{-ND(P^*;Q)}$$

と，上界

$$Q(A) = \sum_{P \in A} Q[T(P)]$$

を得る．

3.7.1 Sanov の定理から Cramér の定理へ

経験分布の定理に関して Sanov により導入された方法を用いて，Cramér の標本平均の最も単純で最も基礎的な大偏差理論 (large deviation theorems) のうちの 1 つを導出する[28]．

L_N を長さ N のすべての可能な経験分布の集合とし，また，以前のように，$P_\mathbf{x}$ は，系列 $x_1, x_2, \ldots, x_N$ における状態 s_i の発生する割合のベクトルであるとする．すなわち

$$P_\mathbf{x}(s_i) = \frac{1}{N} \sum_{j=1}^{N} \chi_{s_i}(x_j)$$

である．ここで $\chi_s(x)$ は $x = s$ のとき 1 でありそれ以外ではゼロという記号で，**x** がランダム列とみなされる場合，集合 L_N の確率的な要素を示すために $P_\mathbf{x}$ を使用する．

前の 3.7 節のように，ランダム列 (random sequence) $\mathbf{x} = (x_1, x_2, \ldots, x_N)$ を x_j が分布関数 Q をもった独立同一な分布であるとする．3.7 節と同じ方法を用いて推論して，$K-$次元の確率ベクトルの集合 Γ について次の不等式を得る．

$$Q(P_{\mathbf{x}} \in \Gamma) = \sum_{P \in \Gamma \cap L_N} Q(P_{\mathbf{x}} = P)$$

$$\leq \sum_{P \in \Gamma \cap L_N} e^{-ND(P;Q)}$$

$$\leq |\Gamma \cap L_N| \exp[-N \inf_{p \in \Gamma \cap L_N} D(P;Q)]$$

$$\leq (N+1)^K \exp[-N \inf_{P \in \Gamma \cap L_N} D(P;Q)]$$

ここで不等式 $(N+1)^{-K} e^{NH(P)} \leq |T(P)| \leq e^{NH(P)}$ を使用する．両側の対数をとることで，Sanov の定理

$$\lim \left\{ \sup_{N \to \infty} (1/N) \ln[Q(P_{\mathbf{x}} \in \Gamma)] \right\} = -\lim \left\{ \inf_{N \to \infty} \left[\inf_{P \in \Gamma \cap L_N} D(P;Q) \right] \right\}$$

$$\leq -\inf_{p \in \Gamma}[D(P;Q)]$$

の上界を取り戻す．

次に，別の系列の確率変数，$y_i = f(x_i)$ の標本平均にこの $\inf[D(P;Q)]$ を関連づける．ここで f は，状態 $\{s_1, s_2, \ldots, s_K\}$ の集合を実数に写像する．一般性を失うことなく，$f(s_1) \leq f(s_2) \cdots \leq f(s_i)$ を仮定する．その結果，標本平均

$$m_N = (1/N) \sum_j y_j = \langle f, P_{\mathbf{x}} \rangle$$

はコンパクトな区間 $[f(s_1), f(s_K)]$ 内の値をとる．要素 $f(s_i), i = 1, \ldots, K$ をもつ $K-$ 次元のベクトル f と要素 $L_N(s_i)$ をもつ L_N^y を導入し，そして，$m_N = \langle f, L_N^y \rangle$ と書く．ここで $\langle \ \rangle$ は内積を示す．

Γ の内部に任意の分布 P を固定する．十分に小さな $\delta \geq 0$ に対して集合 $\{P' : \sup |P(A) - P'(A)| \leq \delta\}$ は Γ に含まれている．ここで sup は，状態のすべての部分集合 A 上で計算される．また，N が無限に近づくと，$\Gamma \cap L_N$ の中に分布列 P_N があり，$P_N \to P$ になる．一般性を失うことなく，P_N は Q の support に含まれていると仮定することができる．その結果

$$-\lim_{N \to \infty} \sup \left[\inf_{P' \in \Gamma \cap L_N} D(P';Q) \right] \leq -\lim_{N \to \infty} D(P_N;Q) = -D(P;Q)$$

を得る．上述の不等式は Γ の内核のすべての P について成り立つ．したがって

$$-\limsup \left[\inf_{P \in \Gamma \cap L_N} D(P;Q)\right] \leq -\inf_{P \in \Gamma^o} D(P;Q)$$

を得る．

これらの 2 つの境界を一緒にして，Sanov の定理

$$-\inf_{\Gamma^o} D(P;Q) \leq \liminf (1/N) \ln[Q(P_{\mathbf{x}} \in \Gamma)]$$
$$\leq \limsup (1/N) \ln[Q(P_{\mathbf{x}} \in \Gamma)] \leq -\inf_{P \in \Gamma} D(P;Q)$$

が求まる．

すべての集合 A に対して m_N が A の中に存在する必要十分条件は

$$P_{\mathbf{x}} \in \{P; \langle f, P \rangle \in A\}$$

である．この集合を Γ と呼ぶ．

確率変数 y の積率母関数の対数を

$$\Lambda(\beta) = \ln[E(e^{\beta y})] = \ln\left[\sum_i Q(s_i) e^{\beta f(s_i)}\right]$$

で表わす．

Jensen の不等式によって

$$\Lambda(\beta) \geq \sum_i P(s_i) \ln\left[\frac{Q(s_i) e^{\beta f(s_i)}}{P(s_i)}\right] = \beta \langle f, P \rangle - D(P;Q)$$

となる．ここで等号が成り立つのは

$$P_\beta(s_i) = Q(s_i) e^{\beta f(s_i) - \Lambda(\beta)}$$

のときである．

したがって，すべての β と x に対して

$$\beta x - \Lambda(\beta) \leq \inf_{P:\langle f,P\rangle = x} D(P;Q) = I(x)$$

である．ここで右側の等合によりレート関数 $I(x)$ を定義する．

$\Lambda(\beta)$ を微分して，次式を得る．

$$\frac{d\Lambda(\beta)}{d\beta} = \langle f, P_\beta \rangle$$

したがって，すべての $x \in \{\Lambda'(\beta) : \beta \in A\}$ に対して

$$I(x) = \sup_{\beta \in R}[\beta x - \Lambda(\beta)]$$

が成り立つことに注意する．

$\Lambda(\beta)$ の導関数は厳密な増加関数である．$f(s_1) = \inf_\beta[\Lambda'(\beta)]$ と，$f(s_K) = \sup_\beta[\Lambda'(\beta)]$ である．したがって，レート関数は区間 $[f(s_1), f(s_K)]$ の内核のすべての x に対して上界により与えられる．すなわち端点では，たとえば $x = f(s_1)$ で，$P^*(s_1) = 1$ を定義し，そのとき $\langle f, P^* \rangle = f(s_1) = x$ である．したがって

$$-\ln[Q(s_1)] = D(P^*; Q) \geq I(x) = \sup_\beta[\beta x - \Lambda(\beta)]$$

$$\geq \lim_{\beta \to -\infty}[\beta x - \Lambda(\beta)] = -\ln[Q(s_1)]$$

が求まる．そしてもう一方の端でも同様である．

有界なミクロ経済の状態に対しての Cramér の定理は Sanov の定理から

$$-\inf_{x \in A^o} I(x) \leq \liminf(1/N)\ln[Q(m_N \in A)]$$

$$\leq \limsup(1/N)\ln[Q(m_N \in A)]$$

$$\leq -\inf_{x \in A} I(x)$$

として得られる．ここで実数軸上のどの A についても A^o は A の内部である．

つまり区間 $[f(s_1), f(s_K)]$ にあるので，A は A^o に含まれ，よって実数軸上の任意の A について

$$\lim_{n \to \infty}\frac{1}{n}\ln Q(m_n \in A) = -\inf_{x \in A} I(x)$$

を得る．

3.8 条件付き極限定理

　経済をモデル化するにあたって，平均のように状態を集計した結果得られる情報が与えられているとき，ミクロの経済主体の観察不能な状態に関する分布を推論する必要が生じる．このような場合には，条件付き極限定理が役に立つ．独立同一に分布する確率変数の証明については，Cover and Thomas（1991, p.301）または van Campenhout and Cover（1981）を参照せよ．独立同一な分布でないが，有限状態マルコフ連鎖によって生成される確率ベクトルに対する条件付き極限定理がある．Csiszar, Cover, and Choi（1987）または Dembo and Zeitouni（1993）を参照のこと．望ましい状態からの乖離を有限状態マルコフ連鎖として捉えることができる．ミクロの経済主体のある種の動学的な離散選択モデル（discrete-choice model）では，このトピックは非常に有用なので，ここで取り上げる．

　この定理のなかで共通の確率密度関数 $g(x)$ にしたがい独立同一な分布にしたがう確率変数 $X_1, X_2, \ldots, X_N$ の系列に対する，最も単純なものについて述べてみよう．観測値 $(1/N)\sum h(X_i) = \alpha$ を与えられているとき，定理によればこの観測値 X_1 の条件付きの確率密度は

$$f_\beta(x) = g(x)e^{\beta h(x)}$$

で与えられる．ここでパラメータ β は

$$\int h(x) f_\beta(x) dx = \alpha$$

を満たすように選ばれる．これは，与えられた確率変数 X の条件付き分布が（標準化された）エントロピー最大化の分布と事前（初期）分布の積であることを意味する．

　確率変数 X_1 が有限集合の値をとる場合には，経験分布が使用できる．$Q(x)$ を共通の確率質量関数（分布）とし，そして A を P_{X^N} によって表わされたすべての経験分布の集合の閉でかつ凸の部分集合とする．ここで Q は A のなかにはない．集合 A 上の Kullback-Leibler 発散 $D(P;Q)$ を最小化する分布を P^*

で表わす．N が無限に近づくと，定理は，確率として

$$P(X_1 = s | P_{X^N} \in A) \to P^*(s)$$

を明示する．たとえば，集合 A が，次の不等式を満たすように定義されるならば

$$\frac{1}{N} \sum_i h(X_i) \geq \alpha$$

を満たすとき，そのとき以前に示したことがあるように，$D(P;Q)$ を最小にする確率分布は次式で与えられる．

$$P^*(s) = Q(s) \frac{e^{\beta h(s)}}{\sum_x Q(x) e^{\beta h(x)}}$$

ここで，$Q(s)$ は事前分布であり，また，$\frac{e^{\beta h(s)}}{\sum_x Q(x) e^{\beta h(x)}}$ はエントロピー最大の分布であり，分母は分配関数である．

あるマクロの経済変数についての制約集合 C を

$$C = \left[P : \sum_s P(s) h_j(s) \geq c_j, j = 1, \ldots, m \right]$$

として定義する場合，この集合の中で Q に最も接近している分布は集合を定義する制約の下で $D(P;Q)$ を最小化することで求まる．これらの制約はラグランジュ未定乗数 β_j を用いて組込むと，次の条件付き分布

$$P^*(\mathbf{x}) = \frac{Q(\mathbf{x}) \exp[\sum_j \beta_j h_j(x)]}{\sum_s Q(s) \exp[\sum_i \beta_i h_i(s)]}$$

が得られる．

これは，前節で導入された，傾けをもたされた分布あるいはひねりを加えられた分布のもうひとつの例である．そして，後の章で再び取り上げる．Q が一様な場合，これはエントロピー最大の分布である．

注

1) これは Ehrenfest モデルとして知られている．同等な記述は，赤と黒という 2 色のうちの 1 つの球を N 個含んでいる壺を用いて行なわれる．球は，壺から任意に抽出され，異なる色の球と取り替えられる．この理由で，これは壺モデルと呼ばれる．Feller (1957, p.111) または Whittle (1992, p.192) を参照．

2) 遷移率は，遷移時間間隔についての遷移確率の時間の導関数である．4.3 節での出生死滅過程の議論を参照．
3) 今のところ，ポテンシャルを指数分布の指数とみなすことができる．
4) たとえば $D(p;q) \neq D(q;p)$．対称的にならされた形 $[D(p;q) + D(q;p)]$ はまたメトリックではない．さらに，それは三角不等式を満たさない．
5) これは，ボルツマン定数（物理学の重要な定数）として知られている．ここでは，単に比例数の定数としてそれを扱う．
6) Whittle (1992, p.110) はこの証明に 2 つの不服な点を挙げている．ひとつは，N が熱力学での限界のように無限に接近するときに，最も可能性の高い数値がいかなる意味においても極限値を見つけるかどうかという問題である．より重要なのは，連続変数として整数を扱うことである．Tikochinsky, Tishby, and Levine (1984) は，エントロピー最大化の推論の他の手法を提案した．Whittle が彼自身指摘するように，これらの問題も，マクロ変数を狭い領域にあるものとして扱う，あるいは単位の（十分に小さな）整数倍数としてマクロ経済量を扱うことによって消える．Khinchin (1949) は同じ仕組みを用いた．
7) 式(3.1)から $d\Xi/d\beta = -(\Xi/N)Y$ に注目し，同時に，$(d/d\beta)(k \ln W) = \beta(dY/d\beta)$，あるいは $d(k \ln W) = \beta dY$ を得る．このエントロピーは W.Pauli によって Boltzmann エントロピーと命名された．
8) 適切な式で状態和を割り，それをエントロピーとして定義する．
9) 3.7 節はエントロピーのこうした最大化を Sanov の定理の応用とみなす．
10) パラメータ β は，物理的な文脈の温度の逆数に相当する．したがって，β を減少させるか増加させるかを，経済温度を増加させるか減少させることに広義の意味で対応させうる．
11) 特殊化されすぎているということでこの分布の信頼性に疑問を抱くかもしれない．この特殊な過程は必要ではない．
12) 結局のところ，独立の仮定を交換可能性と取り替えることができる．Dembo and Zeitouni (1993, p.74) を参照．
13) この例は van Campenhout and Cover (1981) である．
14) この式は後に第 5 章で，マスター方程式について議論するときに導出される．
15) 注 17 を参照．
16) x が連続的である場合，加算を積分に取り替える．
17) この節の解析式には時間の要素が欠けている．ミクロ度数の動学によりマクロの動学を導出するのには第 5 章のマスター方程式（後ろ向き Chapman-Kolmogorov 方程式）を用いる．
18) Spitzer (1972) はこれを物理学文献の慣習によって費用ではなく制約自由エネルギーと呼んだ．自由エネルギー F は $G - \beta^{-1}H$ として定義される．ここで，G はエネルギーあるいは物理学の平均ポテンシャルであり，またわれわれの使用法では費用あるいは評価関数である．3.5.2 項でこのポイントについて簡潔に議論する．

19) この例は Shwartz and Weiss (1995) の翻案である．有界性の仮定により，Varadhan の積分の式が使用できる．ラプラスの方法については，付録を参照．その収益率は，生物学あるいは経済現象のある成長率として，より一般に解釈することができる．

20) 大まかに表現すると，大きな $|a|$ については，指数は厳密にマイナスである．また，被積分関数は指数の最大値が達成される点を除いて，指数関数的に速やかにゼロに近づく．

21) これを理解するために，$j = Na + k$ の項と $k = 1, 2, \ldots, j = Na$ の項の比率を計算し，省略された項を含む効果を有界に押さえる．

22) 同じ概念は，3.6.5 項で記述される Gätner-Ellis の定理の下界を証明する際に使用される．

23) Sanov（サノフ）の定理は経験分布の真の分布からの乖離の尤度を考察する．

24) 多項分布については，Sanov の定理は，3.6.2 項と 3.6.3 項で議論された Chernoff の定理と同等である．

25) $d-$ 次元のベクトルについては，$Y_j = \sum_j \chi(x_i = j) u_j$ とする．ここで，χ は指示関数である，また，u_j は j 番目の構成要素は 1 でその他はゼロである $d-$ 次元のベクトルである．すなわち，ベクトルの j 番目の構成要素 Y_j は $X_j = j$ のとき 1 である．そのとき，$(Y_1 + Y_2 + \cdots + Y_N)/N$ は，$X_1, X_2, \ldots$ の経験的な測度の式である．

26) 以下のようにこれを理解することができる．表記を簡略化するために $q_i = Q(s_i)$ と $p_i = P_x(s_i)$ とする．すると，$q_i^{Np_i} = \exp(Np_i \ln q_i) = \exp N[p_i \ln(q_i/p_i) + p_i \ln p_i]$ となる．この最後の式はすでに紹介した式を変更することで得ることができる．

27) Vasicek (1980) は h(a) が a の線形の場合，これを証明した．

28) Dembo and Zeitouni (1993, Sec. 2.1) による．

第 II 部
相互作用のモデル化

第4章 相互作用のモデル化 I〈飛躍型マルコフ過程〉

多数のミクロの経済主体は状態に依存した離散的な調整規則にしたがい相互作用している．本章と次章ではこのような集合全体の時間発展の動学を飛躍型マルコフ過程[1]と呼ばれる確率過程を応用することでモデル化する．第5章で再び取り上げる出生死亡過程，または分岐過程を含む確率過程を用いることにより，異なる技術(競合する技術)を採用している多数の企業からなる産業の時間発展をモデル化する．

4.1 市場参入などの離散的調整行動

経済学の文献には，ミクロの経済主体が調整を最適化する際の行動が必ずしも連続的，また調整が細かいとはかぎらないということを示す例がたくさんある．むしろ，調整は，いくつかのとびとびの時間に，有限の大きさで行なわれる．ファイナンス，オペレーションリサーチや制御の分野においては，類似の調整行動は最適化として知られている．多くのこれらの結果は，調整や決定(制御)ルールが，閾値型であることを示している．望ましい値と現在の値の間のギャップを計るある鍵となる変数が，前もって定められている閾値に到達したか超えたときに(それ以上またはそれ以下になったときに)，特定の決定や行動が選択されたり，実行される．調整は，よく知られた (S,s) 在庫品貯蔵ルール[2]のように，単一の方向であることもあるし，もっと一般的には，両方向であることもある．すなわち，調整は上方向にも下方向にも起こり得る．たとえば，Caballero(1992)では，企業は，現在の雇用者数と望ましい雇用者数との間の乖離が上限または下限に達したとき，人員を採用したり解雇したりしている．

もっと一般的には，ミクロの経済主体は，その状態変数が状態の部分集合のなかにとどまっているときに特定のショックや入力を受けると，離散的な選択肢の集合から特定の調整を選択する．

このような決定規則にしたがうミクロの経済主体は断続的に行動を起こすかまたは調整をしている．ギャップを表わす変数が閾値と閾値の間にとどまるかぎり，行動や調整は起こらない．たとえば，企業は，生産要素や生産価格を連続的には変えない．Srinivasan(1967)や Sheshinski and Weiss(1977, 1983)は，企業がインフレ環境下で，製品の価格を断続的に調整することを示した．同様に，Peck(1974)は，電気事業会社が電気の需要が指数関数的に増大するときに，電力供給量をとびとびの時間で増加することを示した．これらの例は，それほど現実的とは言えないかもしれないが，ミクロの経済主体がいつも離散的調整行動をしているという状況を示している．

企業の雇用調整もこのタイプである．Davis and Haltiwanger(1990)，Hammermesh(1989), Caballero(1992)による3つの例がある．また，現金やポートフォリオの管理の問題で，Akerlof and Milbourne(1980), Constantimides and Richard(1978), Frenkel and Jovanovic(1980)や Smith(1989)は，現金の短期需要や会社の現金の管理の方法は閾値型であることを示した．企業の参入と退出の決定もこのタイプである．Baldwin and Krugman(1989)や Dixit(1989a,b)は，外国為替レートの変動にあわせて，海外の企業が国内市場に参入あるいは退出するという問題も同じような離散的意思決定問題であることを示した．同様に，Jovanovic(1982)は，閉じた経済のなかで，生産価格の変化に直面した企業の参入，退出問題を議論した．

飛躍型マルコフ過程が適切なモデル化の雛型を与える別のクラスの例としては，Conlisk(1980) や Cornell and Roll(1981)のようなタイプ選択過程がある．そこには，いくつかのタイプのミクロの経済主体が現れる．そのタイプの可能性としては，最適化する主体とまねをする主体，情報を得ている主体と得ていない主体，情報を買う主体と買わない主体，投資家と非投資家など多数ある．さらに，いくつかのタイプの経済主体のランダムな出会いも，この方法でうまくモデル化することができる(Wright (1995) を参照)．Wright は対象とな

る問題を飛躍型マルコフ過程として扱っていないが，経済主体は明らかに彼らの役割やタイプを戦略の一部として選択することができる．そして，経済主体のタイプ別の分布が複数均衡をもつ状態を飛躍型マルコフ過程として，または，もっと特化して出生死亡過程として定式化することができる[3]．

とびとびの時間での離散的な選択を含む上述の，またはこれらに関係する問題はすべて，飛躍型マルコフ過程として定式化される．異なる選択肢をもつ主体が混合している母集団は，飛躍型マルコフ過程にしたがい時間発展する．これらの過程は主体の構成比率が時間の経過に応じて変化する確率過程的なメカニズムを含んでいる[4]．

すでに述べた経済学の文献にみられるいずれの例も，ミクロの経済主体間の相互作用を扱っていないという[5]事実に注意してもらいたい．本章と次章でそのような相互作用を議論する．相互作用をしているミクロの経済主体の大規模な集合のマクロ経済の動学を得るために，斬新な集計手順(aggregation procedure)を提示する．これが，離散的な調整行動を含む問題を研究する上での共通の枠組みとして飛躍型マルコフ過程を提案する主な動機である．

この再定式化は，上で引用した文献のいくつかにおいて，決定論的モデルを飛躍型マルコフ過程の確率的枠組みに作り変えることを意味する．他の文献では，もとの定式化にすでに確率的表現が用いられてはいるが，それを飛躍型マルコフ過程として認識し再定式化する必要がある．これらのモデルを再定式化する方法は問題によって異なる．すべてのモデルでは，マルコフ連鎖の遷移確率または出生死亡過程を適切に定義し，ミクロの経済主体の相互作用を確率的に特定化し，Chapman-Kolmogorov方程式を用いることで，状態変数の確率分布の時間発展を導出することが可能となる．そのような再定式化の詳しい議論に必要な基本的な事柄は，4.2節，4.7節，および5.1節を参照せよ．

計量経済の分野のいくつかのマクロ経済量の時系列は，飛躍型マルコフ過程から生成されたと仮定することによってモデル化することができる．これについてはNeftci(1984)やHamilton(1989)を参照せよ．このようなモデル化の側面は，ここでの再定式化に関連して計量経済の研究にとって非常に重要であると予想されるが，この本の範囲を超える．

4.2 構成および無限小のパラメータ

確率過程,$\{X_t\}$ に対して,有限または可算個の状態の集合 S を仮定する.一般性を失うことなく,集合 S に $1,2,3$ というように正の整数を用いて番号付けすることもできるが,本章では x, y, z を使用する.任意の $t \geq 0$ で,$X_t = x$ がある $x \in S$ に対して成り立つ.

非吸収状態の初期状態 x から始めて,ランダムな時間間隔 τ 経過後異なった状態へジャンプする,すなわち,状態 x に時間間隔 τ の間とどまり,異なる状態 y へジャンプする.そしてランダムな時間間隔そこにとどまり,また別の状態へジャンプする.そしてそれを繰り返す.ジャンプが起こるまでのランダムな時間間隔は,待ち時間(holding time)あるいは滞在時間(sojourn times)と呼ばれ,指数分布すると仮定される[6].このような過程は飛躍型過程と呼ばれる[7].技術的な複雑さを避けるために,有限な時間間隔中,無限回ジャンプをしないと仮定する[8].

それぞれの非吸収状態に滞在する確率は,異なった状態にジャンプする前に状態 x にとどまる時間の長さ t と関連づけられ,パラメーター λ_x をもつ指数分布の確率密度関数(exponential dencity)は

$$P_x(\tau \geq t) = \int_t^\infty \lambda_x e^{-\lambda_x s} ds = e^{-\lambda_x t}$$

である.τ は,この過程が異なる状態へジャンプする前に状態 x の滞在時間の長さである.$P_x(\cdot)$ は,この過程が状態 x に最初にいたときに事象が起こる確率を示している.すなわち,$P(\tau \geq t | X_0 = x)$ である.

状態 x から状態 y へのジャンプが起きるときの遷移確率を $W_{x,y}$ とする.$W_{x,x}$ がゼロであることに注意して

$$\sum_y W_{x,y} = 1$$

さらに,確率変数 τ と X_τ が互いに独立に選ばれると仮定し,$F_x(\cdot)$ を確率変数 τ の分布関数とする.

$$F_x(t) = \int_o^t \lambda_x e^{-\lambda_x \tau} d\tau = 1 - e^{-\lambda_x t}$$

このような過程では，状態 y へのジャンプがいつどのように起きようとも，状態 y は，その時点以降は初期状態として機能する．したがって，非吸収状態である任意の x と y に対して

$$P_x(\tau_1 \leq s, X_{\tau_1} = y, \tau_2 - \tau_1 \leq t, X_{\tau_2} = z) = F_x(s) W_{x,y} F_y(t) W_{y,z}$$

である．もし x が吸収状態であれば，$P_x(X_t = y) = \delta_{x,y}$（クロネッカーのデルタ：$y = x$ のときに 1，それ以外では 0），$t \geq 0$ と置くことができる．

遷移確率 $P_{x,y}(t)$ は，時刻 0 のときに状態 x で始まる過程が，時刻 t に状態 y にあるという確率である．すなわち[9)]

$$P_{x,y}(t) = P_x(X_t = y) = P(X_t = y | X_0 = x).$$

そして，y についての合計は 1 である．

$$\sum_y P_{x,y}(t) = 1$$

$P_{x,y}(0) = \delta_{x,y}$ に注意する．初期状態 x が，分布関数 $\pi(x)$ にしたがって分布しているなら $P_x(X_t = y) = \sum_x \pi(x) P_{x,y}(t)$ である．

ここでは飛躍型マルコフ過程の重要なサブクラスである次式を満足させる斉時的 (time homogeneous) 飛躍型マルコフ過程についてのみ議論する．すべての $0 \leq s_1 \leq \cdots \leq s_n \leq s$ そして，S に含まれるすべての x, y に対して

$$P(X_t = y | X_{s_1} = x_1, \ldots, X_{s_n} = x_n, X_s = x) = P_{x,y}(t - s)$$

である．すべての非吸収状態に対して，F_x が指数分布であるとき，そして，そのときのみ，飛躍型過程はマルコフである．4.7 節を参照せよ．

状態 x が非吸収状態であるとして，$P_{x,y}(t)$ が，第 5 章で導入されるマスター方程式（または後ろ向き Chapman-Kolmogorov 方程式）を満たしていることを示

す．そして，遷移確率と指数分布のパラメータ (λ_x) との関係を導出する．

時刻 t 以前に x から z へジャンプが起きる場合には，$X_t = y$ という事象は状態 z への最初のジャンプが $s \leq t$ のある時刻 s で起きる．そしてその後の残りの時間 $t - s$ で y へ戻る．すなわち

$$P_x(\tau \leq t, X_\tau = z, X_t = y) = \int_0^t \lambda_x e^{-\lambda_x s} W_{x,z} P_{z,y}(t-s) ds$$

である．

この式を z に関して足し合わせて，次式を得る．

$$P_x(\tau \leq t, X_t = y) = \int_0^t \lambda_x e^{-\lambda_x s} \left[\sum_{z \neq x} W_{x,z} P_{z,y}(t-s) \right] ds$$

最初のジャンプが t より後に起こる事象の確率は次式に等しい．

$$P_x(\tau \geq t, X_t = y) = \delta_{x,y} P_x(\tau \geq t) = \delta_{x,y} e^{-\lambda_x t}$$

$\{X_t = y\}$ という事象は，最初のジャンプが t 以前に起こるか，t 以後に起こるかという互いに排反な2つの場合のどちらかで起こり得る．そのため，導出された2つの式を右辺に代入し，積分変数を s から $U = (t-s)$ に変換することで

$$P_{x,y}(t) = P_x(\tau \geq t, X_t = y) + P_x(\tau \leq t, X_t = y)$$

$$= \delta_{x,y} e^{-\lambda_x t} + \int_0^t \lambda_x e^{-\lambda_x s} \left[\sum_{z \neq x} W_{x,z} P_{z,y}(t-s) \right] ds$$

$$= \delta_{x,y} e^{-\lambda_x t} + \lambda_x e^{-\lambda_x t} \int_0^t e^{\lambda_x u} \left[\sum_{z \neq x} W_{x,z} P_{z,y}(u) \right] du$$

が得られる．次に，両辺を t について微分すると次式が求まる．

$$\frac{dP_{x,y}(t)}{dt} = -\lambda_x P_{x,y}(t) + \lambda_x \sum_{z \neq x} W_{x,z} P_{z,y}(t) \tag{4.1}$$

この式は，すべての $t \geq 0$ で成り立つ．この式では初期の状態より最終的な状

態に焦点があり，同一の最終状態(ここでは y)がすべての項に現れている．Cox and Miller (1965, p.152) にしたがい，通常，これは後ろ向きの方程式と呼ばれる．

上式で，$P_{x,y}(0) = \delta_{x,y}$ と $W_{x,x} = 0$ に注意して，t を 0 とすることで，遷移率 $w_{x,y} = \dot{P}_{x,y}(0)$ を定義する．これらの関係は次のように導かれる．

$$w_{x,y} = -\lambda_x \delta_{x,y} + \lambda_x \sum_{z \neq x} W_{x,y} \delta_{z,y} = -\lambda_x \delta_{x,y} + \lambda_x W_{x,y}$$

つまり

$$w_{x,x} = -\lambda_x \tag{4.2}$$

そして

$$w_{x,y} = \lambda_x W_{x,y} \tag{4.3}$$

である．これらの方程式によって指数分布のパラメータ (λ) は遷移率 (w) と関連づけられる．

$$W_{x,y} = w_{x,y}/\lambda_x = w_{x,y} \Big/ \sum_{y \neq x} w_{x,y}$$

ここで，2番目の等号は，式 (4.3) を y に関して足し合わせることによって得られる．つまり

$$\sum_{y \neq x} w_{x,y} = \lambda_x \sum_{y \neq x} W_{x,y} = \lambda_x = -w_{x,x} \tag{4.4}$$

である．パラメータ $w_{x,y}$ は，また飛躍型過程の微小パラメータと呼ばれている．

これで，ここで導出した式 (4.1) を遷移率を用いて次のように書き換えることができる．

$$\frac{dP_{x,y}(t)}{dt} = \sum_z w_{x,z} P_{z,y}(t),$$

この式は，飛躍型マルコフ過程のマスター方程式と呼ばれる．これは確率束

(Probability fluxes) の収支をバランスした方程式である．状態 x から y へ遷移する確率は，確率フローまたは確率束が入ることで増加し，出ることで減少する．第5章でもマスター方程式はさまざまなモデルで用いられている．

ところで，後ろ向き方程式を導き出すための簡単な方法は Chapman-Kolmogorov 方程式，Feller(1957, p.427) または，Parzen(1962, p.291) を用いることである．コルモゴロフ方程式 $P(s-h,t) = P(s-h,s)P(s,t)$ を用いて，ここで，h は小さな正の数，$P(s,t)$ は時刻 s に状態 x にいて，時刻 t に状態 y に行く遷移確率行列 $P_{x,y}(s,t) = P\{X_t = y | X_s = x\}$ であり，それを次のように書き直す．

$$\frac{1}{h}\{P(s,t) - P(s-h,t)\} = \frac{1}{h}\{I - P(s-h,s)\}P(s,t)$$

上式で，h が 0 に近づく極限をとると

$$\frac{\partial}{\partial s}P(s,t) = -\omega(s)P(s,t)$$

となる．ここで

$$\omega(s) = \lim_{h \downarrow 0} \frac{P(s-h,s) - I}{h}$$

である．偏微係数の行列の極限が存在すると仮定する．Feller(1957, p.427) などを参照せよ．すなわち次の式

$$\omega_{x,y}(s) = \lim_{h \downarrow 0} \frac{P_{x,y}(s-h,s)}{h}$$

と

$$\omega_x(s) = \lim_{h \downarrow 0} \frac{P_{x,x}(s-h,s) - 1}{h}$$

を仮定する．

斉時的な過程では，$P(s,t) = P(t-s)$ である．次に，$\tau = t-s$ とし，$\partial P(s,t)/\partial s$ を $-dP(\tau)/d\tau$ で置き換えると次式が得られる．

$$\frac{dP(t)}{dt} = \omega P(t)$$

ここで，τ の代わりに t を用い，$P(s-h,s) = P(h)$ であるので，行列 ω は一定である．

最後に，マルコフ過程が時間間隔 $(t-h, t)$ の間で，1 回だけジャンプすると仮定すると，次の関係式が得られることに注意する．

$$\frac{P_{x,y}(h)}{1 - P_{x,x}(h)} \approx -\frac{\omega_{x,y}}{\omega_x}$$

これは，時間間隔 $(t-h,t)$ の間にジャンプが起きたときの状態 x から状態 y へのジャンプの条件付き確率を与える．また，$P_{x,x}(s-h,s) + \sum_{y \neq x} P_{x,y}(s-h,s) = 1$ であるので $\omega_x = -\sum_{y \neq x} \omega_{x,y}$ に注意をする．後ろ向きという言葉は現在の時刻 t に対して，過去の時刻である $s-h$ と s を参照しているという意味である．

4.3 例

4.3.1 出生死亡過程

正の整数の集合 S 上の出生死亡過程では，$|x-y|=1$ に対する遷移率 $w_{x,y}$ がそのときだけゼロ以外の数値をとる．遷移率 $w_{x,x+1} = \nu_x$ は出生率，および $w_{x,x-1} = \mu_x$ は死亡率と呼ばれる．関係式 (4.2) から (4.4) により，次の重要な結果を得る．

$$-w_{x,x} = \lambda_x = \mu_x + \nu_x$$
$$W_{x,x-1} = \frac{\mu_x}{\mu_x + \nu_x}$$
$$W_{x,x+1} = \frac{\nu_x}{\mu_x + \nu_x}$$

そして，$|x-y|=1$ 以外のすべての $W_{x,y}$ はゼロである．

4.3.2 ポアソン過程

ポアソン過程は，非負の整数 x について $\lambda_x = \lambda \geq 0$ である純粋な出生過程である．唯一のゼロではない遷移率が $w_{x,x+1} = \lambda = -w_{x,x}$ である．

初期条件 $P_{x,x}(0) = 1$ として，$P_{x,x}(t)$ のマスター方程式

$$\frac{d}{dt}P_{x,x}(t) = -\lambda P_{x,x}(t)$$

を解くと次式が得られる．

$$P_{x,x}(t) = e^{-\lambda t}$$

次に，$P_{x,x+1}$ のマスター方程式を以下に示す．

$$\frac{d}{dt}P_{x,x+1}(t) = w_{x,x}P_{x,x+1}(t) + w_{x,x+1}P_{x+1,x+1}(t)$$
$$= -\lambda P_{x,x+1}(t) + \lambda e^{-\lambda t}$$

その解は，

$$P_{x,x+1}(t) = \lambda t e^{-\lambda t}$$

である．このような計算を繰り返すことができる．たとえば2度繰り返す場合は

$$\frac{d}{dt}P_{x,x+2} = -\lambda P_{x,x+2} + \lambda P_{x+1,x+2} = -\lambda P_{x,x+2} + \lambda P_{x,x+1}$$

である．帰納法により，正の整数 k について，

$$P_{x,x+k}(t) = e^{-\lambda t}\frac{(\lambda t)^k}{k!}$$

であることがわかる．

次式で表わされるような特定な構造をもつ遷移率を後で導入しよう．

$$w_{k,k+l} = f(k,l)$$

ここで，k と l は正の整数であり，Ethier and Kurtz(1986)のように，飛躍型マルコフ過程に従う N 個の主体の集合を考える．

4.4 平均値の方程式〈集計の動学〉

飛躍型マルコフ過程を用いて，多数のミクロの経済主体からなる集合の平均

第 4 章　相互作用のモデル化 I〈飛躍型マルコフ過程〉　117

の動きを支配する微分方程式を導出することができる．それは，集計の動学，すなわち動学的なマクロ経済方程式（dynamic macro economic equation）として解釈することができる．

状態空間が有限であるときに，遷移率を以下の行列として表わした上でマルコフ過程の生成子を導出する．

$$L = [w(x,y)]$$

ここで，$w_{x,y}$ を $w(x,y)$ と書き，行列 L の (x,y) 成分を表わす．可算な状態空間の場合は，技術的な問題を避けるために，上の無限次元の行列は高々有限個の非ゼロの数値をもつものとする．状態空間上の関数 f を列ベクトルとして示すことで，式（4.4）に関連させてすでにみたように $\sum_y w(x,y) = 0$ であるので生成子を次式で定義する．

$$(Lf)(x) = \sum_y w(x,y) f(y) = \sum_y w(x,y) [f(y) - f(x)]$$

右辺が，f の条件付き期待値に関係することに注意して，次式によりさらに正確に生成子を定義する[10]．

$$(Lf)(x) = \lim_{t \downarrow 0} E[f(X_t) - f(x) | X_0 = x]/t$$

飛躍型マルコフ過程で，微小時間間隔 Δt で 2 つ以上のジャンプが起きる確率は $o(\Delta t)$ の大きさである．したがって，最初のジャンプだけが期待値の計算に必要である．最初のジャンプは率 λ_x で指数関数分布をもち，式（4.3）より状態 x から状態 y へジャンプする確率は，$w(x,y)/\lambda_x$ であることがわかっている．$[0,t)$ の間に 1 回だけジャンプが起きる確率は，$\lambda_x t e^{-\lambda_x t}$ であるので，次式を得る．

$$\lim_{t \downarrow 0} E[f(X_t) - f(x) | X_0 = x]/t = \lim_{t \downarrow 0} \sum_{y \neq x} [f(y) - f(x)] e^{-\lambda_x t} \lambda_x t \frac{w(x,y)}{\lambda_x t},$$

極限をとると，生成子は

$$(Lf)(x) = \sum_{y \neq x} w(x,y) [f(y) - f(x)]$$

である．ここで，有限個の和については極限をとることと加算の順序を入れ替えることが可能であることを用いた．たとえば，率 λ_x のポアソン過程は，次のような生成子をもつ．

$$(Lf)(x) = \lambda_x [f(x+1) - f(x)]$$

後で導入する多次元の出生死亡過程は，次の生成子で与えられる．

$$(Lf)(x) = \sum_{k=1}^{m} \lambda_k(x) [f(x+e_k) - f(x)]$$

ここで，x は m 次元の状態ベクトルで，e_k は k 番目の要素が 1 で他がゼロであるベクトルとし，率 λ_k で x から $x+e_k$ にジャンプする．そのジャンプの方向は，e_k により与えられる．$X_t^i, i=1,\ldots,N$ を同じパラメータ λ をもつ N 個の独立したポアソン過程の系列とする．それらの合計もまたパラメータ $N\lambda$ をもつポアソン過程である．これを Y_{Nt} と呼ぶ．最初に，式

$$z_N(t) = Y_{Nt}/N$$

の生成子は

$$(L_N f)(z) = \lim_{t \downarrow 0} \frac{1}{t} E[f(Y_{Nt}/N) - f(z) | Y_0/N = z]$$

である．この方程式は次式になる．

$$(L_N f)(z) = N\lambda [f(z + 1/N) - f(z)]$$
$$= \lambda f'(z) + O(1/N)$$

この結果，N が無限のときの生成子の定義が導かれる．

$$(L_\infty f)(z) = \lambda f'(z)$$

この生成子は，決定論的な時間の関数 $z_\infty(t)$ と，以下のような決定論的な微分方程式を定義する．

$$\frac{dz_\infty}{dt} = \lambda(z_\infty)$$

これを発見的論法を用いて[11]，生成子が決定論的な過程では微分演算子のように働くこと，滑らかな f については $Lf = df/dt = (df/dz)(dz/dt)$ であることを思い出してほしい．このステップは，以下に述べる Kurtz の定理のようにある種のマルチンゲールを導入することによって正当化される．もっと一般的に，すでに議論した多次元出生死亡過程では，平均 $X_N(t)$ のための生成子は

$$(L_N f)(x) = \sum_{k=1}^{m} N\lambda_k(x) \left[f\left(x + \frac{e_k}{N}\right) - f(x) \right]$$
$$= \sum_k \lambda_k(x) \langle \nabla f(x), e_k \rangle + O(1/N)$$

となる．そして，その極限の形は

$$(L_\infty f)(x) = \sum_k \lambda_k(x) \langle \nabla f(x), e_k \rangle$$

である．これは，次の微分方程式に支配される関数 $z_\infty(t)$ を定義する．

$$\frac{dz_\infty}{dt} = \sum_{k=1}^{m} \lambda_k(z_\infty) e_k$$

ここで，率 λ_k は x の関数である．これは，第5章で再び触れる平均場近似の例であり，N 個の確率過程間の相互作用または結合を導入する特定な方法である．また，このような近似についての別の応用については Aoki and Miyahara (1993) がある．

Kurtz(1978) は，すべての N そして，正の ϵ について，次のような正の定数 c_1 と関数 $c_2(\epsilon)$ が存在することを証明した．

$$P_x \left(\sup_{0 \leq t \leq T} |z_N(t) - z_\infty(t)| \geq \epsilon \right) \leq c_1 e^{-Nc_2(\epsilon)}$$

ここで

$$\lim_{\epsilon \uparrow 0} c_2(\epsilon)/\epsilon = \infty$$

このようにして，N が無限大になるとき，個々の飛躍型マルコフ過程の算術平均を支配する決定論的な微分方程式を得る．Kurtz の定理によると，これら

の確率過程の生成子が平均の分布を決定し，生成子が1次の微分演算子であるどんな過程も主体の数が無限になる極限で決定論的になる．公式

$$(Lf)(x) = g(x)df(x)/dx$$

により次の微分方程式が得られる．

$$\frac{dx_t}{dt} = g(x_t)$$

なぜなら

$$\int_0^t (Lf)(x_s)ds = \int_0^t g(x_s)\frac{df(x_s)}{dx_s}ds = \int_0^t \frac{df(x_s)}{ds}ds = f(x_t) - f(x_0)$$

であるからである．

このようにして，多くのミクロの経済主体の状態が飛躍型マルコフ過程として説明できる場合の，マクロ経済モデルの集計方程式が導出できる．

4.4.1 例

産業全体の在庫保有モデルとして解釈できる簡単な出生死亡過程の例を示す．N個の企業により構成される1つの産業があり，それぞれの企業は「オン」または「オフ」の状態にある．「オン」の企業はその産業の一単位の在庫の増加に貢献している企業である．逆に，「オフ」の企業は産業の在庫増加に貢献しない企業である．Cをある定数として，産業全体で単位時間あたりNCの需要に直面すると仮定する．このモデルには2つの状態があるが，「オン」の企業の割合（xで表わされる）を扱うことによってそれを1つに減らすことができる．遷移率は

$$w_{n,n+1} = N\lambda(1-x), w_{n,n-1} = N\mu x$$

である．ここで，λは出生率，すなわち，企業が「オン」に変わる率，およびμは死亡率で，企業が在庫を増やすことに貢献するのをやめる率である．遷移の方向は単に「オン」のときが$e = 1$で「オフ」のときが$e = -1$である．安定した動学を保証するために，$\lambda/(\lambda + \mu) \leq C \leq 1$を仮定する．もし$C$が1

より大きいとすると，産業による在庫がまったくないことになる．企業が産業の在庫の増加に貢献しているという定常状態の確率は次式で与えられる．

$$p = \lambda/(\lambda + \mu)$$

集計方程式は

$$\frac{d}{dt}z_\infty(t) = \lambda(1 - z_\infty) - \mu z_\infty$$

となる．これは，どんな初期条件からでも，指数 $\lambda+\mu$ で p へ近づく唯一の解をもっている．

$I(t)$ で表わされる在庫のレベルは，もし，$I(t)$ が正で $z_\infty(t)$ が C よりも大きいなら，次式で与えられる．

$$\frac{dI(t)}{dt} = N[z_\infty(t) - C]$$

さらに興味深いのは，定常状態から離れたところでの振る舞いで，それは，大偏差理論 (large deviation theory) を応用することによって調べることができる．
第3章で議論したように，積率母関数の対数は，

$$M(\theta) = \lambda(e^\theta - 1) + \mu(e^{-\theta} - 1)$$

であり，そして，大偏差に関するレート関数 (3.6.2 項における Chernoff 境界についての議論を参照せよ) は，次のルジャンドル変換が関連している．

$$h(x, y) = \sup_{\theta \geq 0}[\theta y - M(\theta)]$$

この最大化を実行した後に，レート関数は $\exp(-NR)$ で与えられる，ここで

$$R = C\ln(p/C) - (1 - C)\ln\left(\frac{1 - p}{1 - C}\right)$$

このように，次の表現を得る．

$$P[z_N(t) \geq C] \approx \left(\frac{p}{C}\frac{1 - p}{1 - C}\right)^N$$

すなわち，在庫蓄積の確率はおおよそ右辺の表現によって与えられる．この他にも多くの興味深い統計量を計算することができる．いくつかの例が Weiss(1986) にある．

4.5 多次元出生死亡過程

次に，多次元出生死亡過程を説明する．$M_t^i, i = 1, \ldots, m$ をパラメータ μ_i の独立なポアソン過程，e_i を整数の要素をもつ d 次元ベクトルであるとする．この単位ベクトルはジャンプの方向を指す．ミクロの経済主体の状態または位置（選択）の変化は，次式で表現される．

$$X_t = \sum_{i=1}^m M_t^i e_i$$

$\sum_{i=1}^m M_t^i$ の総発生率（total event rate）は，それぞれの過程の合計 $\sum_i \mu_i$ によって与えられる．ポアソン過程の合計は率がそれぞれのポアソン過程の率の合計によって与えられるポアソン過程であるので，ジャンプが発生するという条件下で，e_j の方向にジャンプが起こる確率は $\mu_j / \sum_i \mu_i$ で与えられる．過程 $\{X_t\}$ は明らかに飛躍型マルコフ過程である．

d 次元ベクトル e_j は，経済主体のミクロ経済の状態として，または主体が利用可能な離散選択肢として解釈される．たとえば，d 個のタイプの主体がいるとき，最大でそれぞれのタイプにつき 1 個の主体が遷移率にしたがって自己のタイプを変えると仮定することができる．e_j の要素は，1 か 0 か -1 のどれかである．「タイプ」という言葉は広義に解釈されるべきだ．それは，主体の集合に d 個のクラスターか部分集合があるようなミクロの経済主体のクラスターであるかもしれない．Kelly(1979) には，クラスターを形成する主体のいくつかの例がある．後でこのタイプのモデルの例をいくつか示す．これを一般化して，率 $\lambda(x)$ が状態に依存している一般的な離散状態型の飛躍型過程を考えることができる．

次に，このような N 個の飛躍型マルコフ過程の集合を考え，次式を定義する．

$$\tilde{X}_N(t) = \frac{1}{N} \sum_j X_t^j$$

ここで，上付き文字 j は個々の主体を言及する．左辺は，ミクロの経済主体の状態の平均，または，主体が選択した部分ベクトルと解釈してもよい．同じ率 λ をもった N 個の独立なポアソン過程の合計は率 $N\lambda$ のポアソン過程である[12]．それゆえ，過程 $\tilde{X}_N(t)$ は率 $N\lambda$ をもち，ジャンプの大きさは $e_i/N, i=1,\ldots,m$ である．

前と同様に，ジャンプが起きる前の状態 x とジャンプの大きさ l によって遷移率を表す．平均した過程のジャンプが起きるまでの時間は次のパラメータをもつ．

$$\lambda_N(x) = N \sum_l f(x, l)$$

そして，遷移確率は

$$W_{x, x+l/N} = \frac{f(x, l)}{\sum_l f(x, l)}$$

である．

Kurtz(1970, 1971, 1978) は，これらを密度に依存するマルコフ連鎖と呼び，エコロジー，疫学，および化学反応の例について議論した．これらの例のすべてで，遷移率は状態について線形一様で次のような型をもつ．

$$f(x, l) = \sum_k \alpha_k(l) x_k$$

4.5.2 項から 4.5.5 項では，必ずしも独立していないミクロの経済主体の集合のモデルに，いかにして，この枠組みが応用できるかを示す．

4.5.1　伝染病モデルの経済学的解釈

Kurtz(1971) には伝染病モデルが経済学の用語で表現されている．2 つのグループの企業があると仮定する．グループ 1 は信用格付けの悪い企業の集合で，グループ 2 は信用格付けの良い企業の集合だとする．グループ 1 の企業は，借

金をすることができず破産するかもしれない．グループ2の企業は，信用のない企業と取引をすることによって信用を失うかもしれない．ここでは，信用があるかないかに関する企業の格付けが公開されていないと仮定する．n 個の企業がグループ1に属し $N-n$ 個の企業がグループ2に属している．$(n, N-n)$ から $(n+1, N-n-1)$ へ，または，$(n-1, N-n)$ への遷移のみがこのモデルでは許されている．前者を l_1，後者を l_2 とラベル付けする．遷移 l_1 は企業の信用格付けが良から悪に変わり，l_2 は信用格付けの悪い企業が倒産する状況を意味する．l_1 が起こる遷移率は $\lambda(N-n)n/N = N\lambda(1-n/N)(n/N)$ で，l_2 については $\mu n = N\mu(n/N)$ であると仮定する．したがって，遷移関数 $f(x, l)$ は次のように

$$f(x, l_1) = \lambda x_1 x_2$$

と

$$f(x, l_2) = \mu x_1$$

で書き表わせる．ここで，x_1 または x_2 は信用格付けが良いまたは悪い企業の割合を表わす[13]．

4.5.2 青空市場の線形モデル I

K 個の要素をもつベクトル $\mathbf{n} = (n_1, \ldots, n_K)$ をミクロの経済主体に対応させよう．ミクロの経済主体をタイプ，選択肢または状態にしたがって分類するとき，この状態ベクトルは，その構成を示すベクトルと解釈してよく，選択肢や，そうでなければいわゆる「状態」を表わすいくつかの構成要素からなるかもしれない．たとえば，これらの構成要素は，彼らが選ぶ代替可能な戦略を表わすかもしれないし，または主体が属することができるカテゴリを表わしているかもしれない．説明を簡単にするために，本項で，出生死亡過程のうち，一定，またはもとの状態だけに線形に依存する遷移率をもったもののみを考える．

出生死亡過程の遷移率を次式によって定義する．

$$w(n, n+e_k) = \nu_k$$

$$w(n, n - e_j) = \mu_j n_j$$

そして

$$w(n, n - e_j + e_k) = \lambda_{jk} n_j$$

　このモデルを都市における青空市場の売店での買物客を表現していると解釈することもできる. 合計で K 個の売店があり, n_j は売店 j の顧客の数(または, 並んでいる列の長さ)である. これは買物客が市場の外から売店 k を訪問することができるので開放モデルである. すなわち, 外部から売店 k へ率 ν_k で到着し, 率 $\mu_j/(\mu_j + \sum_k \lambda_{jk})$ で帰宅する. また, 買物客は, 市場を去らないで, 売店 j から売店 k に行くこともできる. このモデルの遷移率は, 一定であるか, または n_j に対して線形であり, n_k に依存しない. 後で, j から k への遷移が非線形に n_j と n_k の両方に依存するさらに一般的な形式について説明する.

　このモデルは, Kelly (1979, Chap.2) で議論されている. まず最初に, 次式に, 正の数 $\alpha_k, k = 1, 2, \ldots, K$ の唯一の解が存在することに注意する.

$$a_k \left(\mu_k + \sum_m \lambda_{km} \right) = \nu_k + \sum_m \alpha_m \lambda_{mk}$$

均衡状態で, $n_1, n_2, \ldots, n_K$ は, 次式

$$\pi_i(n_i) = e^{-\alpha_i} \frac{\alpha_i^{n_i}}{n_i!}$$

にかんして独立している. ここで, $i = 1, 2, \ldots, K$ である.

　上式は以下の部分均衡方程式を満たすことから正しいことを確かめることができる.

$$\pi(n) \left\{ w(n, n - e_j) + \sum_k w(n, n - e_j + e_k) \right\}$$
$$= \pi(n - e_j) w(n - e_j, n) + \sum_k \pi(n - e_j + e_k) w(n - e_j + e_k, n)$$
$$i = 1, 2, \ldots, K$$

と

$$\pi(n)\sum_k w(n, n+e_k) = \sum_k \pi(n+e_k) w(n+e_k, n)$$

である．

この確率過程が反転可能であるためには，詳細釣り合い条件が $j = 1, 2, \ldots, K$ に対して満たされていなければならない．

$$\alpha_j \lambda_{jk} = \alpha_k \lambda_{kj}.$$

そして

$$\alpha_j \mu_j = \nu_j.$$

4.5.3 青空市場の線形モデル II

今度は，流入と流出がなく，市場の買物客の総数を N に保ち，次のように遷移率を行き先の状態に依存させる．

$$w(n, n - e_j + e_k) = \lambda_{jk} \phi_j(n_j) \psi_k(n_k)$$

簡単のために，線形関数を仮定する．

$$\phi_j(n) = d_j n$$

そして

$$\psi_k(n) = a_k + c_k n$$

とする．ここで，係数はすべて正である．係数の比について次式を仮定する．

$$\frac{a_j}{c_j} = f$$

そして

$$\frac{c_j}{d_j} = g$$

が均衡分布の単純な閉じた表現を得るために，すべての $j=1,2,\ldots,K$ について，これらの比は等しいとする．

この確率過程が反転可能であり，すなわち次式を満足する正の定数，$\alpha_1,\alpha_2,\ldots,\alpha_K$ が存在すると仮定する．

$$\alpha_j \lambda_{jk} = \alpha_k \lambda_{kj}$$

次式で示される $n_j, j=1,2,\ldots,K$ の独立した負の 2 項分布が，均衡状態で詳細釣り合い条件を満たすことを確かめるのは容易である．

$$\pi(n_j) = \begin{pmatrix} f+n_j-1 \\ n_j \end{pmatrix} (1-g)^f g^{n_j}$$

結合した密度関数は

$$\pi(n_1,n_2,\ldots,n_K) = \begin{pmatrix} -Kf \\ N \end{pmatrix}^{-1} \prod_j \begin{pmatrix} -f \\ n_j \end{pmatrix}$$

である．

モデルをさらに特定化するために次式を仮定する．

$$w(n,n-e_j+e_k) = \mu \frac{n_j}{N} \frac{n_k(1-u)+(N-n_k-1)u/(K-1)}{N-1}$$

この式は，経済主体は確率 μ で心変わりをし，どの売店を訪問するかを決める．つまり彼はタイプをランダムに変えることを意味する．簡単のため，彼を A と呼ぼう．A の新しいタイプは次のように決定される．残りの $N-1$ 個の主体の中からひとりをランダムに選び彼を B と呼ぶ．確率 $1-u$ で A は B のタイプに変更する．確率 μ で A の新しいタイプは B を除いた他の $K-1$ 個のタイプの中の 1 つとなる．

この遷移率は線形で，次式が成り立つとき，上述の議論のタイプとなる．

$$f = \frac{(N-1)u}{K(1-u)-1}$$

K が大きく，そしてまた N も大きいモデルを考える．

このような状況では，経済主体の数を少し異なった方法で数えるほうがよい．j 人の顧客がいる売店の数を数え，$\beta_j, j = 1, 2, \ldots, K$ と書く．β のいくつかは，または，ほとんど全部がゼロであるかもしれない．モデルの構成により

$$\sum_{j=1}^{N} \beta_j = K$$

そして

$$\sum_{j=1}^{N} j\beta_j = N$$

である．β の集合は K 個の売店の中にいる N 人の買物客の分割のパターンを表し，Kingman(1978b)によってランダム分割(random partition)と呼ばれている．このようなグループの数え方は集合の分割を扱う標準的な方法であり，また，Hill(1970)，Kelly(1979)，Watterson(1974)，など多くの人によって用いられた．

この数え方を $\pi(n)$ の積に用い，店舗を買物客数により分類し直すと β の同時分布を次のように書き直せる．

$$\frac{K!}{\beta_1!\beta_2!\cdots\beta_N!} \begin{pmatrix} -Kf \\ N \end{pmatrix}^{-1} \prod_{j=1}^{N} \begin{pmatrix} -f \\ j \end{pmatrix}^{\beta_j}$$

今度は，u の値をそのままにして，K を無限大にすると

$$Kf \to \frac{(N-1)u}{1-u} = \theta,$$

となり，均衡分布は次のようになる．

$$\pi(\beta) = \begin{pmatrix} \theta + N - 1 \\ N \end{pmatrix}^{-1} \prod_{j=1}^{N} \left(\frac{\theta}{j}\right)^{\beta_j} \frac{1}{\beta_j!}$$

Kelly(1979, p.148)を参照せよ．この公式は Ewens 標本抽出公式(sampling formula)として知られている．Ewens(1990)を参照せよ．

4.5.4 非線形出生死亡モデル

次の2つのモデルでは，遷移率は総人口にも依存する．出生そして死亡の遷移率がそれぞれ次式で指定されると仮定しよう．

$$w(n, n+e_j) = g_j(N)\psi_j(n_j)$$

そして

$$w(n, n-e_j) = h_k(N)\phi_k(n_k),$$

ここで，$N = \sum_j n_j$ であり e_j は唯一の非零要素として j 番目の位置に 1 をもつ d 次元ベクトルである[14]．

上式で示された遷移率の経路 $n \to n+e_j \to n+e_j-e_k \to n-e_k \to n$ について調べることによって詳細釣り合い[15]のための Kolmogorov の基準を満たすことを確かめる．この経路に沿って，最初に j 番目の要素で出生し，次に k 番目の要素で死亡し，j 番目の要素で死亡する．遷移率の適切な積の表現を比較すると，すぐに基準が満たされていることがわかる．したがって，詳細釣り合い条件が保持されている．

$$\pi(n) w(n, n+e_j) = \pi(n+e_j) w(n+e_j, n)$$

すなわち確率過程の均衡分布である正の数の集合 $\{\pi(n)\}$ が存在するということである．

遷移率の表現に代入することによって，次式を得る．

$$\frac{\pi(n+e_j)}{\pi(n)} = \frac{g_j(N)\psi_j(n_j)}{h_j(N+1)\phi_j(n_j+1)}$$

そして，次式が正しい均衡分布であることを推測することができる．

$$\pi(n) = \prod_{r=1}^{d} \pi_j(n)$$

ここで

$$\pi_j(n) = \prod_{r=1}^{N} \frac{g_j(r-1)}{h_j(r)} \prod_{r=1}^{n_j} \frac{\psi_j(r-1)}{\phi_j(r)}$$

が成立つ．

均衡分布は要素の積の形をしており，すなわち，各 n_j は独立に分布する．

ある要素の死が別の要素の出生の引き金となるか，または個々の経済主体が，自己の位置，選択肢，またはタイプを変えるとすると，前の例を複雑にすることができる．$j, k \in S$ について，これは j 番目と k 番目の要素の変化によって表わされ，次式のように表現できる．

$$T_{j,k} n = n - e_j + e_k$$

ここで，$T_{j,k}$ はこの等式で定義される．

次の遷移率が Kolmogorov の基準を満たすことを確かめる．

$$w(n, T_{j,k} n) = \lambda_{j,k} \phi_j(n_j) \psi_k(n_k)$$

ここで，n から $T_{j,k} n$，そして $T_{l,m} n$，次に $T_{k,j} n$ を結び n へ戻る経路を調べることで得られる．パラメータ $\lambda_{j,k}$ は，カテゴリ j と k の間の近さの度合いを示している．詳細釣り合い条件は次式で与えられる．

$$\pi(n) w(n, T_{j,k} n) = \pi(T_{j,k} n) w(T_{j,k} n, n)$$

均衡分布の形を次のように推測する．

$$\pi(n) = \prod_j \pi_j(n)$$

ここで

$$\pi_j(n) = \alpha_j^{n_j} \prod_{r=1}^{n_j} \frac{\psi_j(r-1)}{\phi_j(r)}$$

であり，また α_j は次式を満足する．

$$\alpha_j \lambda_{j,k} = \alpha_k \lambda_{k,j}$$

4.5.5 項のモデルのように，主体の総数に依存したり，参入や退出を許すことで開放モデルにするというような特徴をこのモデルに加えることができる．こ

こで述べる参入退出モデルを経済の文献における参入退出モデルに導入することで，現存する参入退出モデルをより適切な確率動学モデルとして定式化することができる．

4.5.5 分割パターンの出生死亡過程

今まで議論したすべてのモデルでは，出生や死亡する経済主体は特定のタイプかカテゴリに属していた．Kelly (1976)にしたがい，分割パターン $\{\beta\}$ の出生と死亡について議論する．N 個の経済主体がタイプまたはクラスにどのように分割されるかまたは分布するかについてパターンが与えられている場合，j 個の主体が属するタイプにもう1個の主体が加わることを示すために $B_j\beta$ を定義する．これは，β_j が1つ減少し β_{j+1} が1つ増加する場合である．同様に，$D_j\beta$ を，β_j が1つ減少し β_{j-1} が1つ増加する遷移を示すために用いる．j 個の主体がいるクラスの1個体がこのクラスを去る場合である．1個の主体が単集合として参入したときは，β_1 が1つ増加する．これを $B_0\beta$ と記述する．単集合の主体がモデルから去るとき，β_1 は1つ減少する．この遷移を $D_0\beta$ と記述する．

遷移率は次のように定義される．

$$q(\beta, B_0\beta) = w(\beta, \beta + e_1) = \nu\lambda(N)$$

$$q(\beta, B_j\beta) = w(\beta, \beta - e_j + e_{j+1}) = j\beta_j\lambda(N)$$

および

$$q(\beta, D_j\beta) = w(\beta, \beta + e_{j-1} - e_j) = j\beta_j\mu(N)$$

ここで $e_0 = 0$．

また，総人口もマルコフ過程で遷移率が次式で表わされる．

$$w(N, N+1) = (\nu + N)\lambda(N)$$

および

$$w(N, N-1) = N\mu(N)$$

均衡分布関数は

$$\pi(N) = B \begin{pmatrix} \nu + N - 1 \\ N \end{pmatrix} \prod_{r=1}^{N} \frac{\lambda(r-1)}{\mu(r)}$$

ここで，規格化定数 B は有限であると仮定されている．

Kelly (1976) に述べられている恒等式

$$(1-x)^{-\nu} = \prod_{j=1}^{\infty} \exp\left(\frac{\nu x^j}{j}\right)$$

を用いて x^N の係数を比較すると以下の表現を得る．

$$\begin{pmatrix} \nu + N - 1 \\ N \end{pmatrix} = \sum_{\sum j\beta_j = N} \prod_{j=1}^{\infty} \left(\frac{\nu}{j}\right)^{\beta_j} \frac{1}{\beta_j!}$$

分割パターンの均衡分布は次のように与えられる．

$$\pi(\{\beta\}) = B \prod_{j=1}^{\infty} \left(\frac{\nu}{j}\right)^{\beta_j} \frac{1}{\beta_j!} \prod_{r=1}^{N} \frac{\lambda(r-1)}{\mu(r)}$$

人口をある正の整数 M を境として，それより大きくなったとき，出生率がほぼ 0 (小さい正の ϵ) になること，またそのときに死亡率を大きくすることを設定可能とし，人口が M より小さいときには死亡率を ϵ に設定することができるとすると，μ を大きくしていくと Kelly は上の分布が Ewens によって導かれた分布に収束することを示した．

4.6 離散的調整行動

本節は，多くのミクロの経済主体がそれぞれの状態に依存する離散的な調整ルールを用いている場合のモデルについて説明を加える．本書ですでに紹介した方法のいくつかを応用する．モデルのひとつは以下で概説する Caballero (1992) のものと同様である．本章の始めに述べたように，本節の主な考え方は飛躍型

マルコフ過程として経済主体の調整過程をモデル化することである．

このようにして，それぞれ有限の選択の集合か有限の状態空間をもったミクロの経済主体の大きな集合をモデル化することができることを理解すれば，前節の結果を適用して，集計の動学(aggregate dynamics)，すなわち集合の動学を導き出すことができる．その上，第3章の大偏差理論を応用するか，第5章のように，非均衡状態の詳細を直接分析することによって，均衡の振る舞いだけではなく，さまざまな過渡的振る舞いも分析することができる．さらに，マクロの経済変数の集計値が，すなわちマクロの経済変数の実現値がいくつか与えられた場合に，ミクロな経済主体の分布に関する情報を得るために，Sanovの定理または条件付き極限定理を適用することができる．

経済学の文献では，ミクロ経済の状態の変化に対して不連続な調整をするミクロの経済主体の集合をモデル化する試みがいくつかある．Caballero and Engel(1992)を引用すると，「従来型のミクロ経済モデルに非連続な調整を組み込むという動きがあった」．非連続的な調整は，現金残高，労働力の需要，投資，参入と退出，価格，耐久消費財，および技術的改良に応用可能であることが述べられている．そして，ミクロの経済主体の行動モデルに基づいて集計された経済現象をモデル化することを試みた．もっと多くの例と動機に関してCaplin and Leahy(1991, 1995)，およびこれらの2つの論文の引用文献を参照せよ．明らかに，離散的行動は，加工品の在庫保持の問題に限定されているわけではない．他の例は，いわゆるメニューコスト(値段を調整するのに通常かかる現実の資源の費用)が存在するときの価格変化のモデルと，消費者による耐久消費財の購買モデルである．後者のモデルでは，富に対する耐久消費財の価値の比率が，実際の耐久消費財と望ましい耐久消費財をもつ量のギャップを測る変数になる．さらに多くの例を第5章の始めに議論する．

これらの初期の試みで議論された動学は，むしろそれぞれの場合に特定化されていて，動学を説明する枠組みとして飛躍型マルコフ過程を用いていない．これらの試みはまた，他の面でも不十分であった．たとえば，Caballero and Engel(1992)は特有なショックと集積されたショックの効果を調べたが，彼らは集積されたショックのいくつかが個々の固有なショックの集積から生じるか

もしれない可能性について議論していない．Caplin, Leahy，および他の研究に関しても同様の批評をすることができる．これに関しては4.6.3項におけるSanovの定理の用い方を参照せよ．

また，ミクロの経済主体間の相互作用も無視された．また，本章の分析における主な欠点としては経済主体間の相互作用が適切に扱われてないということが言える．主体相互作用または主体間の外部性についてより満足できる分析は，第5章まで待たなければならない．

企業の人員の採用または解雇に関する行動を，人員の望ましい数と実際の数の間のギャップが閾値より高いか低いかによって説明したCaballero(1992)を，4.6.1項で再定式化する．悪いショックによってギャップが解雇の閾値を超えるとき，企業はあらかじめ定められた数の人員を解雇する．また，ギャップが良いショックによって採用の閾値を下まわるとき，企業は別のあらかじめ定められた数の人員を採用する．有限な選択肢の集合(たとえば2値選択)をもったミクロの経済主体の集合を考える．分割不可能な変数をもち本来，調整の過程が離散的であるか，または，分割可能な変数の適当な量子化で有限な選択肢の集合を作ることができるとする．ある状態の主体はいつもある決まった行動をとるかもしれないし，また，外生的なシグナルが主体の状態に応じてある特定の行動をとらせるきっかけになるかもしれない[16]．次に説明する例では，ある望ましい雇用者数に対する雇用者数の状態に過不足がある場合，企業による2値選択の決定では，雇用者をあらかじめ定められた数採用するか，または解雇することになり，雇用破壊または創出の機会のきっかけとなる．この例では，望ましいレベルからの雇用者数のギャップの大きさを，有限状態マルコフ連鎖または過程，または埋め込み型マルコフ過程(embedded Markov chains)としてモデル化できる．埋め込み型マルコフ連鎖については，Parzen(1962)か本章の注17)で触れたCox and Miller(1965)を参照せよ．

4.6.1　雇用調整過程の例I

この例はCaballero(1992)によって提案された．彼は，企業の人員の採用と整理に関する決定が連続的に実行されず，あるあらかじめ定められた閾値を超

えて雇用の超過あるいは不足に陥ったときにのみ実行されることを分析した．したがって，これらの企業は，有限な選択肢の集合をもっている．Caballero は，（本当は必要ではないのであるが）離散時間の枠組みを用いた．ショックの時間間隔あるいは状態から状態へのジャンプの間隔が，指数関数的に分布していると仮定する[17]．最初にモデルを表現するために Caballero の離散時間の記述を用い，次に，飛躍型マルコフ過程の記述と分析を行なう．

雇用調整 $l_{i,t}^*$ は独立同一な分布にしたがい，ショックの良し悪しに応じて ± 1 の値をとるとする．また，望ましい雇用水準は確率 λ で増加し，$1-\lambda$ で減少する，と仮定する．望ましい雇用水準の確率過程は，次式にしたがい時間発展する．

$$L_{i,t+1}^* = L_{i,t}^* + l_{i,t}^*$$

現実の雇用水準の確率過程 $L_{i,t}$ と，現実と望ましい雇用水準との間のギャップを

$$D_{i,t} = L_{i,t} - L_{i,t}^*$$

とする．雇用調整なしのギャップのレベル $\left\{\hat{D}_{i,t}\right\}$ を定義すると便利である．

$$\hat{D}_{i,t+1} = L_{i,t} - L_{i,t+1}^* = D_{i,t} - l_{i,t}^*$$

$\hat{D}_{i,t+1}$ が人員整理の閾値を超えたとき，あらかじめ定められた F 人が企業 i を解雇される．$\hat{D}_{i,t+1}$ が人材雇用の閾値を下まわったとき，あらかじめ定められた H 人が採用される．したがって，$l_{i,t}$ は時刻 t における企業 i の雇用調整とすると[18]，$L_{i,t+1} = L_{i,t} + l_{i,t}$ となり，ここで実際の雇用調整で $l_{i,t}$ は $-F$ か H のどちらかの値をとる．

$$D_{i,t+1} = \hat{D}_{i,t+1} + l_{i,t}$$

ここでの関心は，それぞれは同じ規則をもつが，固有のショックに直面する企業の大規模な集合の平均した振る舞いを調べる新しい方法を示すことにある．$H=1$ と $F=2$ とし，人員整理の閾値を 1 に人材雇用の閾値を 0 とする．

たとえば，望ましい雇用水準を増加させる良いショックが確率 λ で起こるとすると，採用のきっかけとなる，$D_{i,t}=0$ で $\hat{D}_{i,t+1}$ が 0 以下になる確率は λ である．$D_{i,t}=1$ のとき，$\hat{D}_{i,t+1}$ は確率 $1-\lambda$ で人員整理の閾値を超える．これが起こったとき，$\hat{D}$ は 2 で，しかし 2 人が解雇され D が 0 以下になる．$\{D_{i,t}\}$ の確率過程は離散時間 2 状態のマルコフ連鎖である[19]．企業が状態 0（D が 0）にいるとき，良いショックを受ければ人員を採用する．企業が状態 1（D が 1）にいるとき，悪いショックを受ければ人員を解雇する．単一企業の状態遷移行列は

$$W = \begin{bmatrix} \lambda & 1-\lambda \\ 1 & 0 \end{bmatrix}$$

である．ここで第 1 成分は状態 0 を表す．均衡状態の確率ベクトル $p_e = [p_e(0), p_e(1)]$ は次式を満たす．

$$p_e = p_e W$$

これは，1 つの独立方程式

$$p_e(0) = \lambda p_e(0) + p_e(1)$$

となる．

均衡確率は，確率の和が 1 という規格化条件により決定される．どの企業でも平均雇用者数が同じに保たれる，つまり $Fp_e(1)(1-\lambda) = Hp_e(0)\lambda$ という条件を課す．この条件によって λ を決定し，平均雇用者数を一定に保つ．閾値のレベル H および F を適当に変えることによって，望めば望むだけ多くの状態を組み込むことができる．この例では，採用の均衡確率は $\lambda p_e(0)$ で，解雇の均衡確率は $(1-\lambda)p_e(1)$ である．採用される人数の期待値は $\lambda p_e(0)$ で，解雇される人数の期待値は $2(1-\lambda)p_e(1)$ である．

平均雇用水準を一定に保つために，これらの 2 つの数は互いに等しくなければならない．次に確率を代入すると λ が 0〜1 の正の数で，$\lambda = 2(1-\lambda)^2$ を満たさなければならないので，$\lambda = 1/2$，でなくてはならないことになる．

i を固定し，$\hat{D}_{i,t}$ の動きを調べるとよりわかりやすい．これから先は添え字を省略する．状態 $\hat{D} = -1$ に到達すると即座に，状態は確率 1 で $\hat{D} = 0$ に戻る．同様に状態 $\hat{D} = 2$ から，確率 1 で状態は $\hat{D} = 0$ に戻る．$-1, 0, 1, 2$ の順序で状態を整理すると，遷移行列 $\hat{W}$ は次式で与えられる．

$$\hat{W} = \begin{bmatrix} 0 & 1 & 0 & 0 \\ \lambda & 0 & 1-\lambda & 0 \\ 0 & \lambda & 0 & 1-\lambda \\ 0 & 1 & 0 & 0 \end{bmatrix}$$

行列 W がこの行列 $\hat{W}$ の部分行列であることがわかる．

人員の採用が必要になる水準を 0 から -2 に変え，他の条件は同じにすると少し複雑な例が得られる．この場合は，すべての i について $\{D_{it}\}$ は状態が $\{-2, -1, 0, 1\}$ である 4 状態マルコフ連鎖である．均衡過程では採用者数と解雇者数の期待値が同じになり，このモデルで従業員数の期待値が一定のまま保たれるのは λ がこの場合でも 1/2 である．

良いショックと悪いショックが等しい確率をもつのを避けるために，Caballero (1992) は経済が全体として確率 q で良い状態，および確率 $1 - q$ で悪い状態であり得ると仮定した．良い状態では，良いショックは確率 λ_g で起こり，悪い状態では，良いショックは確率 λ_b で起こる．一定のレベルの総雇用は次式にしたがうことで維持することができる．

$$q\lambda_g + (1-q)\lambda_b = 1/2$$

すなわち，$\lambda_g = (1 - 1/q)\lambda_b + 1/2q$ を仮定する．

以上の議論では孤立した単一企業を記述している．すべての企業が独立で，望ましい雇用水準と雇用調整が必要になる水準において，確率が同じ分布をもつなら，Glivenko-Cantelli 定理 (Loève 1963, p.391, Chow and Teicher 1988, p.266)，すなわち人員整理の上限にいる企業の割合と人材雇用の下限にいる企業の割合は単一企業の均衡分布と同じであることを，Caballero は議論した．ここでは，企業は独立していると仮定しているので相互作用は扱われていない．

飛躍型マルコフ過程の特別な場合として，すなわち出生死亡過程として有限数 N 個の相互作用をしている企業の集合を明示的に扱うことができる．これに関する詳しい説明は第 5 章を参照してほしい．企業数が無限のとき，集計的振る舞いを導くことができるだけではなく，Glivenko-Cantelli 定理から推論することができない産業界全般の失業レベルが，特定されたレベルに達するのに要する平均期間などの他の面白い結果を導出することができる．その上，飛躍型マルコフ過程の遷移率を状態 0 にいる企業の割合について適当に非線形とすることによって，たとえば，企業の雇用調整に関する行動の間に外部性を取り入れることができる．しかし，ここでは簡単な出生死亡過程の例について議論する．より複雑な例は第 5 章で議論される．

4.6.2 雇用調整の過程に関する例

財の生産関数と需要関数を導入することによって，4.6.1 項の雇用調整の過程の議論にミクロ経済学的詳細をもう少し加える．このモデルは Dixit and Stiglitz (1977) や Blanchard and Kiyotaki (1986) のものと同様である[20]．

企業 i は，労働者数の対数 (l_{it})，生産量の対数 (y_{it})，労働者 1 人あたりの労働時間の対数 (h_{it})，および生産性レベルの対数 (u_{it}) によって表わされる生産関数をもつ．

$$y_{it} = al_{it} + bh_{it} + u_{it}$$

需要は次式で与えられる．

$$p_{it} = -\frac{1}{\eta} y_{it} + v_{it},$$

ここで p_{it} は価格の対数，η は生産レベルの価格弾力性，そして，v_{it} は需要ショックである．企業が直面する労働市場は競争的であり，この産業における賃金曲線は平均労働時間の関数である．

$$w_{it} = g(h_t) + w_t$$

ここで h_t は平均労働時間で，w_t は労働市場のショックを集計したものである．

理想的には，企業は外生的なショックに対して調整に少しのコストもかからないように反応したいと思っている．もし企業が費用なしで調整できるのであれば，企業は1人あたりの労働者の労働時間を同じにし，各期の利潤を最大化するようにそれぞれの期の労働者数を調整する．この結果として Δl_{it}^* と Δu_{it}, Δv_{it} と Δw_t は線形関係になる．

実際には，企業は調整コストに直面しながら，労働者数と同様に労働時間も調整する．したがって，それを次のように仮定する．

$$\Delta l_{it}^* = \Delta l_{it} + \theta \Delta h_{it}$$

すなわち，労働者の実際の数と望ましい数のギャップは労働時間を変えることで補われる．すべての企業のこの関係を足し合わせて，集計された関係式を得る．

$$\Delta L_t^* = \Delta L_t + \theta \Delta H_t$$

生産性ショックを合計するとすべてが相殺されゼロになると仮定すると，生産関数より

$$\Delta Y_t = a\Delta L_t + b\Delta H_t$$

が得られる．ΔY_t と ΔH_t での ΔL_t^* を表わすのに，これらの2つの方程式を使うことができる．

4.6.3 ミクロ状態の分布を推論する例

緩慢な調整モデルについてさらに調べる．その産業のギャップの平均レベル，つまりその産業の全体としての雇用と解雇の総数が与えられたとき，ギャップのレベルの振る舞いを推測するために条件付き極限定理を応用する．これは Caballero (1992) による分析を改良したものである．

今，$p < 1/2$ のとき，望ましい雇用調整の変化は確率 p で $l_{it}^* = \pm 1$，確率 $1 - 2p$ で 0 という形をしていると仮定する[21)]．ギャップのレベル $D_{i,t}$ は 2 状態マルコフ連鎖で表現される．D が 0 であるときに，状態 1 と呼ぶ．雇用が必要となる水準より低くなると，1人雇用されることを表わす．D が 1 であると

きは，状態 2 である．D がこれよりも高い水準，人員解雇が必要となる水準を超えたとき 2 人が解雇される．すべての i に対して変数 $D_{i,t}$ はどんな i でも遷移確率行列 $[W_{11} = 1-p, W_{12} = p, W_{21} = 2p, W_{22} = 1-2p]$ をもつマルコフ連鎖である．均衡確率は，$P_e(1) = 2/3$ と $P_e(2) = 1/3$ である．均衡状態では，雇用される人の数の期待値は $P_e(1)$ で，新たに解雇された人の数の期待値は $2P_e(2)$ で，これら 2 つの値は等しい．

今，新たに雇用されている人数の平均が集計された実現値として与えられていると仮定する．すなわち

$$\frac{1}{n}\sum_{t=1}^{n}\chi_1(s_t)$$

ここで，χ_1 は時間 t における状態が 1 (偏差 $D_{i,t}$ が 0) であるときに 1 である指示関数である．ここでは，i は固定する．後に，時間方向に平均することが，時間を t に固定し主体 i について平均することとおおよそ等しいと仮定する．結果が初期分布に依存することを避けるために，初期時間から充分時間が経過した後に測定されると考える．

W の 2 列目を $W_\beta(1,2) = pe^\beta$，$W_\beta(2,2) = (1-2p)e^\beta$ で修正した．ここで β は後で定義するあるパラメータである．第 1 列目は W と同じままである．最大固有値を λ_β と書き，次のように記す．

$$\lambda_\beta = (1/2)\left[1-p+(1-2p)e^\beta\right] + R$$

ここで，

$$R = \left\{\left[1-p-(1-2p)e^\beta\right]^2 + 8p^2 e^\beta\right\}^{1/2}$$

である．

$l_\beta = [l_\beta(1), l_\beta(2)]$ を W_β の左固有ベクトル (行ベクトル)，および r_β を右固有ベクトル (列ベクトル) とすると，内積を 1 に規格化することによって，それらは一意に決まる．次式を考える．$i, j = 1, 2$ に対して

$$p^*(i,j) = \frac{1}{\lambda_\beta} l_\beta(i) W_\beta(i,j) r_\beta(j)$$

周辺分布は次のように計算される.

$$\bar{p}(1) = p^*(1,1) + p^*(1,2) = 2p^2 e^\beta / \left\{ 2p^2 e^\beta \left[\lambda_\beta - (1-p) \right]^2 \right\}$$

今,観測された平均は α であると仮定する.周辺確率が α に等しくなるようにパラメータ β を選ぶ.

たとえば,$\alpha = 0.5$ であれば

$$e^\beta = \frac{1-p}{1-2p}$$

を得る.これは次のように書き直すことができる.

$$p^*(1|1) = p^*(1,1)/\bar{p}(1) = \frac{W_\beta(1,1) r_\beta(1)}{W_\beta(1,1) r_\beta(1) + W_\beta(1,2) r_\beta(2)} = (1-p)/\lambda_\beta$$

ここで $\lambda_\beta = 1 - p + p\sqrt{2(1-p)/(1-2p)}$ である.また同じように

$$p^*(1|2) = 2p \frac{1}{2p + \sqrt{2(1-p)(1-2p)}}$$

を得ることができる.他の 2 つの条件付きの密度について計算することができる.

条件付き極限定理によると,条件付き確率が確率 p^* に収束する.$p = 0.4$ と仮定する.そのときは,$W(1,1) = 0.6, W(2,1) = 0.8$ だが,しかし $p^*(1|1) = 0.38$ であり,そして,$p^*(1|2) = 0.62$ になる.

4.7 一 般 化

今までの議論が経済主体間の相互作用を考慮していないことに注意する.1個の経済主体の状態が分布をもつのと同じように,経済主体全体も分布をもつ.すなわち,いろいろな状態の経済主体の割合がこの例のような経験分布をもち,それは条件付き極限定理によって決定される分布に収束する.

もし企業間の相互作用をもっと直接的にモデル化できるならより好ましい.ここでは遷移率を考えるが,すなわち,短い時間の間に状態 1 から状態 2 に移

る企業の割合の確率を状態1と状態2にある企業の割合の関数とする．これは第5章で経済主体間の確率的で動学的な相互作用をモデル化する方法である．

4.7.1 ハザード関数〈年齢別遷移率〉

モデルを作る人が直接かつ適切に遷移確率か遷移率を特定化することによって，異なった時間の確率分布を関連づけることができるマルコフ過程はまさに有用である．第5章でいくつかの例を示す．一般に，ミクロの経済主体の振る舞いを特定化するのは，マクロの経済変数の結果を解明するより簡単である．これらの遷移確率か遷移率を特定化することとミクロの経済主体を特定化してマクロ経済を記述することが，相互作用をもつ確率過程を全体として解くということと同じくらい複雑であるなら，ここでのアプローチはもはや魅力的ではない．マルコフ連鎖の，待ち時間（または滞在時間）が指数関数的に分布していないとき，この種の困難に遭遇するかもしれない．次に示すひとつの単純な説明が，Cox and Miller (1965, Sec.6.1)によって提供されている．

3つの状態 $S = \{0,1,2\}$ があり，$X_0 = 0$ であると仮定する．$t = T_0$ のとき，状態変数が1に変わる．時刻 $t = T_0 + T_1$ で状態2に達するまで，状態は1にとどまる．ここで，T_0 と T_1 は正の独立な確率変数である．状態0に滞在する時間，T_0 は平均を α として指数関数的に分布する．このようにして

$$P(X_{t+\Delta t} = 0 | X_0 = 0) = (1 - \alpha \Delta t) P(X_t = 0 | X_0 = 0)$$

となる．

状態1に滞在する時間 T_1 は密度 $\psi(\tau)$ をもち，これは必ずしも指数分布である必要はない．年齢別あるいは時間別遷移率を導入する．$T_1 > \tau$ に条件付けされた τ と $\tau + \Delta \tau$ 間で遷移の起こる確率は次式で与えられる．

$$r(\tau) = \psi(\tau) / \Psi(\tau)$$

ここで

$$\Psi(\tau) = [1 - P(T_1 \leq \tau)] = \int_\tau^\infty \psi(u) \, du$$

すなわち

$$r(t) = -\frac{1}{\Psi(t)} \frac{d\Psi(t)}{dt}$$

これを積分して次式を得る．

$$\Psi(\tau) = \exp\left[-\int_0^\tau r(t)\,dt\right]$$

もし ψ が指数関数なら，$r(t)$ は一定である．この場合

$$P(T_1 \geq t+s | T_1 \geq s) = \frac{\Psi(t+s)}{\Psi(s)} = \frac{e^{-\lambda(t+s)}}{e^{-\lambda s}} = e^{-\lambda t}$$

すなわち，この条件付き確率は系が状態1で過す時間から独立している．ψ が指数関数でなければ，この条件付き確率はこの時間に依存する．

非指数関数的分布密度をもつ滞在時間の遷移確率

$$P(X_{t+\Delta t} = 1 | X_t = 1)$$

を評価するためには，状態1にいた時間を知る必要がある．この時間だけ状態を拡張し，拡大状態 (augmented state) $(1,\tau)$ を用いる．そして，時間間隔 $I = (t - \tau - \Delta\tau, t - \tau)$ のときに系が状態1に入り，そしてまだ滞在している確率を考える．次式を定義する．

$$w(\tau; t) = \lim_{\Delta\tau \to 0+} \frac{P(X_t = 1, X_s = 1, s \in I, X_u = 0, u \leq t - \tau - \Delta\tau)}{\Delta\tau}$$

これは，時間間隔 I に状態1に入ったときに，時間 t に状態1にいる確率である．正の τ について

$$w(\tau + \Delta\tau; t + \Delta\tau) = w(\tau; t)[1 - r(\tau)\Delta\tau] + o(\Delta\tau)$$

と

$$w(0; t + \Delta t) = P(X_t = 0 \mid X_0 = 0)\alpha\Delta t + o(\Delta t)$$

を得る．そして，このとき $w(\tau; t)$ のしたがう微分方程式は，条件 $w(0; t) =$

$\alpha e^{-\alpha t}$ の下で，次式で与えられる．

$$\partial w(\tau;t)/\partial \tau + \partial w(\tau;t)/\partial t = -r(\tau) w(\tau;t)$$

拡大状態 $(1,\tau)$ は，τ が正のときに状態 $(1,\tau+\Delta t)$ は状態 $(1,\tau)$ からのみ入ることができ，系は状態 0 を出た後に状態 $(1,0)$ に入るということなので，この式は成り立つ．状態 $(1,\tau)$ は状態 2 へ次のように移動するとする．

$$P(X_{t+\Delta t} = 2|X_0 = 0) = P(X_t = 2|X_0 = 0) \\ + \int_0^t w(\tau;t) r(t) d\tau \Delta t + o(\Delta t)$$

次に，補助関数を導入する．

$$W(\tau;t) = w(\tau;t) \exp\left[\int_0^\tau \psi(u) du\right]$$

w の微分方程式から，次式が導かれる．

$$\partial W/\partial \tau = -\partial W/\partial t$$

すなわち，$W(\tau;t) = W(t-\tau)$ である．条件 $w(0;t) = \alpha e^{-\alpha t}$ から以下の結果が得られる．

$$w(\tau;t) = \alpha e^{-\alpha(t-\tau)} \Psi(\tau)$$

そして

$$P(X_t = 2|X_0 = 0) = \int_0^t \alpha e^{-\alpha(t-u)} [1 - \Psi(u)] du$$

である．

上式では，年齢別あるいは時間別遷移率(age- or time sepcific transition rate)の概念が自然に生ずる．信頼性に関する文献では，この概念はハザード（または年齢別，または時間別，故障率，または死亡率）関数と呼ばれている[22]．Caballero and Engel(1992)もまた，彼らのモデルでハザード関数の概念を採用している．

ひとつの解釈として，T をなんらかの要素の生涯時間を表わす確率変数であ

第 4 章　相互作用のモデル化 I〈飛躍型マルコフ過程〉　145

るとする．ハザード関数は，要素が時間 t まで機能し次の時間間隔 Δ で故障するという確率 $r(t)\Delta$ と近似的に等しい条件付き確率を表わしている．この意味で，$r(t)$ は要素が，機能している状態から機能しなくなる状態への遷移率である．より一般的な意味では，吸収状態への遷移が問題になる．この率は，時間に依存するだけではなく今までに故障した要素の割合にも依存するかもしれないし，または時間から独立しているかもしれない．

故障事象を適切に解釈し直すことによって，Caballero and Engel (1992) は，関数が時刻ではなく状態に依存するように一般化し，ハザード関数を用いた．企業の行う選択における変数の実現値と理想値とのギャップを z として，ハザード関数を $\Lambda(z)$ とすると，ギャップが z であるときに企業の割合 Λ だけが調整することを意味する．これは上で述べたハザード率の伝統的な意味になんらかの混乱を生み出すかもしれない．

注

1) Hoel, Port, and Stone (1972, Chap.3)，または Breiman (1968, Chap.15) を参照せよ．
2) 在庫のレベルが s 以下になったとき，レベル S $(S \geq s)$ まで補充される．Scarf (1960) はある技術的な条件の下で，このルールの最適性を証明した．Blinder (1981) と Blinder and Maccini (1991) も参照せよ．条件が合わないときでさえ，このルールは，準最適な手段として，またはただ単に便利な行動のルールとして，しばしば使われる．
3) 複数均衡は第 5 章で議論される．
4) 進化論的ゲーム理論の言葉では，より良い選択が転向者を獲得するという考えを表わすためにある種の調整度関数を仮定する．この考えの例が，Conlisk (1980)，Cornell and Roll (1981)，および Friedman (1991) にある．決定論的な規則を課さずに，この転向する過程についてむしろ確率過程として研究する．詳細は第 5 章を参照せよ．
5) たとえば，後で議論するように，Caballero (1992)，Caballero and Engel (1992) は，企業が行う離散的な選択による部門間の分布を扱うのに Glivenko-Cantelli 補題を使用する．この定理は，企業の状態が独立な確率変数であることを必要とする．
6) この仮定は，そこでの確率過程がマルコフ性を保存するのに必要である．4.7 節で詳細に述べる．
7) このタイプの過程の標本空間は左側有界で右側連続な時間関数の空間である．
8) そのような過程は非爆発的であると呼ばれる，そしてここで議論するのは唯一この過程だけである．

146　第II部　相互作用のモデル化

9) より一般には $t > s$ について $P_{x,y}(s,t) = P(X_t = y | X_s = x)$ を得る．$P_{x,y}(0,t)$ を $P_{x,y}(t)$ と書く．
10) また，この生成子は無限小生成子と呼ばれる．決定論的な X_t に関しては，この定義は，生成子が微分演算子と同じであることを示す．
11) マルチンゲールの正当性に関しては Shwartz and Weiss (1995) をみよ．
12) 率 λ をもち時間スケールが Nt であるポアソン分布は，それぞれ率 λ をもち時間スケールが t である N 個の独立したポアソン過程の分布の合計と同じである．
13) 別の解釈をすることもできる．そこでは，N 個のパーソナルコンピュータがネットワークで接続されており，そのうち n 個のコンピュータにウイルスが感染している．ウイルスが感染したコンピュータと交信することによって，感染していないコンピュータは感染するようになる．出生と死滅の割合を，ウイルスの感染と除去の割合と解釈することによって，われわれはネットワークにおける，パーソナルコンピュータ集団の状態の時間発展を，上で説明した同じ仕組みを使用して説明することができる．
14) この例は Pollett (1986) を脚色したものである．
15) Kelly (1979, p.21) を参照せよ．
16) 言い換えれば，主体はセルオートマトンとしてモデル化される．
17) 時間間隔が指数でないときは，非マルコフ過程になる．Cox and Miller (1965, p.256) で議論するようにいくつかの方法でそれらをマルコフで表現できる．そのような仕掛けの議論に関して 4.7.1 節を参照せよ．
18) Caballero によって指摘された要点のひとつは会社による非対称的な調整が集合レベルにおける非対称的な調整を意味しないということだ．この点は彼の論文の重要な要点であるが，ここでの焦点ではない．
19) 調整 $\left\{l_{i,t}^*\right\}$ が離散的であるなら，この過程は離散時間型である．調整のタイミングを指数関数的に分布させることによって，連続時間マルコフ過程を得る．もしくは，マルコフ連鎖を作るために過程を埋め込むことができる．Cox and Miller (1965, p.88)，または，Parzen (1962, p.190) を参照せよ．
20) また，Aoki and Miyahara (1993) を参照せよ．後者のモデルにおける，企業のグループの雇用と解雇は，第5章の出生死亡過程に変えることができる．
21) 確率 p で $l^* = 1$，確率 q で $l^* = -1$，確率 $1 - p - q$ で $l^* = 0$ を仮定することができる．しかし，雇用の予想水準を一定に保つために，$p = q$ であると仮定することが必要だ．
22) たとえば，Tijms (1994, p.352) または，Davis (1993, p.36) をみよ．

第5章　相互作用のモデル化II〈マスター方程式と場の効果〉

　第4章では飛躍型マルコフ過程を導入したが，その目的は経済主体が大集団として相互作用している場合をモデル化することであった．本章では相互作用あるいは外部性のなかから対の相互作用のモデル化にはつながらないタイプに焦点を合わせる．これらの外部性を「場の効果」と呼ぶ．「場の効果」という用語はミクロの経済主体のすべての集団，あるいはクラスの相互作用が含まれるという概念を伝えるために選ばれた．すなわち，集計の効果は，ミクロの経済主体の母集団全体，あるいはさまざまな状態またはカテゴリーに含まれる経済主体の割合という意味での全体の合成から受ける影響の度合いにより左右される．対の相互作用あるいはランダムに組み合わされた（選択された）顔の見えないミクロの経済主体の相互作用の議論は第6章まで保留する．

　場の効果，すなわち確率動学的な外部性を調べる適切な方法は経済主体のグループの動学的振る舞いを研究することである．これらの経済主体は置かれた状況に応じた選択を通じて相互作用している．この状況においてはそれぞれの経済主体は有限の選択肢をもち，時間の経過につれて考えを変化させることもできる．そのときいくらかの費用がかかるかもしれない．このような状況において，1個の経済主体の選択は同じ選択をした経済主体の割合のベクトルに影響される．なぜなら決定の変更に対して経済主体が看取した（つかんだ）利益（あるいは便益）はこのベクトルの関数となるからである．このベクトルは経済主体の母集団全体において同じ決定をした経済主体の割合である．

　経済学の文献においては，ミクロの経済主体の意思決定に影響を与えるマクロ変数の例が多くある．ただしこれらは場の効果とは呼ばれていない．たとえばBecker(1990)は，人気のあるレストランの席，映画券，ベストセラーなど個々の

消費者のある財への需要が他の消費者の需要に依存する場合を分析した．この効果を Becker は社会的消費の効果(effects of social consumption)と呼んだが，これはここで場の効果と呼ぶものの一例である．5.6節ではこれをさらに議論する．Becker の分析した現象においては，(匿名性をもつか否かにかかわらず)経済主体間の相互作用を対の相互作用として考える理由はない．さらに Caballero and Lyons(1990, 1992)は各セクターの生産物(あるいは他社の生産物)の集計の効果について議論した．Becker(1974)，Schelling(1978)，Akerlof(1980)，Friedman (1993)，Friedman and Fung(1994)，Aoki(1995a)も場の効果の例を示した．興味深いことに，Friedman(1991) によると生物学者は「プレイ・ザ・フィールド」という用語を母集団全体の相互作用を示すために用いると言う[1]．

　ここではこの意味で相互作用する経済主体をモデル化する一般的な枠組みを提示し，非線形の出生死亡過程に関してわれわれの手続きを説明する．これは第4章で導入された飛躍型マルコフ過程の重要なサブクラスである．ここではわれわれのモデル化の手法の優れた点を簡単に2つ挙げよう．ひとつは主体間の相互作用をモデル化するために非線形の遷移率(あるいは状態に依存する遷移率)を用いることである．これは確率動学的離散選択モデルの文献にみられるタイプの分析の重要な拡張(あるいは一般化)である．これらのタイプの分析は Eckstein and Wolpin(1989)などに概観されている．この文献で通常用いられる動的計画法は高次元では活用しにくいので，ここでは動的計画法を用いずに相互作用をモデル化する方法を選ぶ．

　もう1つは確率動学的枠組みの使用であり，複数の均衡をもつモデルの分析に対し，この枠組みを用いる意義である．決定論的な動学的マクロ経済モデルが複数の均衡をもつ場合を考える．それぞれの局所安定な均衡が正確に定義された引き込み領域をもつと仮定しよう．このようなモデルにおいて重要で自然な問題は，「複数ある局所均衡の中から経済学的に必要とされる均衡をモデルがどのようにして選択するのか」ということである．決定論的に定式化しているため，求められる均衡に達する唯一の方法は最初からその均衡の引き込み領域にいることである．これが Krugman(1991)によって分析された「歴史」対「完全予見」の問題である．これに対して，本章における確率的定式化において

は，正の安定状態あるいは定常確率が存在して，モデルの状態はそれぞれの領域に属している．かつ状態がひとつの均衡から別の均衡に正の確率で移行する．したがって決定論的なモデルのように無理にひとつの均衡を選択する必要はない．これらの均衡間の平均初到達時間も原則として計算可能である．この状況の本質は第2章で例を用いて説明した．そこではひとつの均衡から別の均衡への初到達時間の期待値は，2つの引き込み領域を分離する壁の高さに指数関数的に依存していた．これは2つの均衡確率がその壁の高さに独立である場合でも成り立つ．

確率的枠組みでミクロの経済主体の選択(あるいは最適化)の問題に目を向けるときに重要でかつ必要な点は第4章に示唆されている．簡単に言うとこのような再定式化は3つの要素を含んでいる．状態空間と呼ばれる状態(すなわち戦略(決定))の空間，状態から状態への遷移の確率の変化率を特定化する遷移率，マスター方程式と呼ばれる状態確率の決定論的方程式である．

しかしながら進化ゲームの文献と異なり，これは決定論的に進展する戦略の混合そのものではない[2]．戦略の混合の確率分布であり，決定論的に進展する戦略の混合そのものではない．状態が離散的なため，状態の確率の集合を直接扱い，ここではこれも分布と呼ぶ．進化ゲームの文献におけるいわゆるレプリケータ・ダイナミックス(あるいは Friedman の Malthusian ダイナミックス)はマスター方程式に置き換えられる．Friedman の適合度関数は遷移率に置き換えられ，遷移率はこれに影響を与える適合度関数などのいくつかの関数を含む．遷移率が詳細釣り合い条件を満たすとき均衡分布は，Kelly (1979)で議論されたように Gibbs 分布の形で存在する．第3章，第4章における議論をみてほしい．

遷移率の特定化が全体のマクロ経済的振る舞いの特定化よりも容易であるという状況においてはわれわれのアプローチは応用しやすく一般的により強力である．本章で記述される応用においては，状態空間は離散的(すなわち主体の選択は離散的)である．また，同じ決定をした(場合によっては同じミクロ経済の状態の)主体の割合のベクトルが系のミクロ経済の状態となる程度に系の情報がわかっている．4.5節と4.6節の例をみよ．

確率動学をどの程度詳細なレベルで記述するかにかかわらず,マスター方程式は状態の流入と流出を確率フローという形で状態確率の時間発展を支配する.マスター方程式は後ろ向き Chapman-Kolmogorov 方程式の一種である[3]).

本章は上述の割合からなる状態ベクトルのマスター方程式を導入することから出発し,続く節でこれがそれにどのように応用されるかを示唆する.

5.1 マスター方程式

ミクロの経済主体の集合の動学的な振る舞いは離散時間(あるいは連続時間)マルコフ連鎖によってモデル化される.マルコフ連鎖は有限な状態空間を持つマルコフ過程である.ミクロの経済主体の集合の動学的な振る舞いはマルコフ連鎖の状態確率の時間発展,状態(の集合)に流入し,または流出する確率フローを計算することで記述される.この確率を算出する方程式は,確率過程の文献では Chapman-Kolmogorov の方程式と呼ばれる(たとえば,Whittle 1992, pp.156,175; Karlin and Taylor 1981, p.286 を参照されたい).ここでは解釈の容易なタイプを用いる.これらの方程式は物理学や数理社会学の文献ではマスター方程式と呼ばれるが,本書ではこの呼び方を用いる[4]).マスター方程式は動学過程の状態確率の時間発展を遷移確率と状態占拠確率(state occupancy probabilities)によって記述する.たとえば,Kelly(1979, p.3)あるいは Parzen(1962, Chap.7)を参照されたい.Weidlich and Haag(1983)では,単純なマスター方程式をもつ出生死亡確率過程によって消費財のブランドの選択や,集団の中の政治的候補者に対する投票などの意見あるいは情報の拡散をモデル化している.マスター方程式が経済モデルに用いられる最近の例には Kirman(1993),Weidlich (1994),Aoki(1994, 1995a, b)がある.

$x(t)$ を有限集合 S の状態ベクトルとする.初期条件を $x(0)$,基本時間増分を Δt,$s_t \in S$ として,状態遷移確率を $P[x(t) = s_t | x(t - \Delta t) = s_{t-\Delta t}]$ とし,これが完全に離散時間マルコフ連鎖の時間発展を特徴付けるとする.時間は連続であるとし,$P[x(t') = x']$ を $P(x', t')$ と書く.状態空間が離散的であるとき,飛躍型マルコフ過程となる[5]).

第 5 章　相互作用のモデル化 II〈マスター方程式と場の効果〉　151

小さな時間間隔 Δt における条件付き確率の変化は

$$P(x', t+\Delta t | x, t_0) - P(x', t | x, t_0) = w(x' | x, t_0)\delta t + o(\Delta t)$$

と表現できる．遷移率に関する第 4 章の議論を思い起こしてほしい．そこでは $X(0) = x$ の条件の下で確率を考え，$w_{x,x'} = \dot{P}_{x,x'}(0)$ と書いた．ここでは，$\dot{P}_{x,x'}(t_0)$ を $w(x'|x,t_0)$ と書く．すべての x' に関して和をとると

$$\sum_{x'} w(x' | x, t_0) = 0$$

である．すなわち

$$w(x | x, t_0) = -\sum_{x' \neq x} w(x' | x, t_0)$$

x と x' を入れ替えて

$$w(x' | x', t_0) = -\sum_{x \neq x'} w(x | x', t_0) \tag{5.1}$$

がわかる．

$$P(x', t') = \sum_{x} P(x, t_0) P(x', t' | x, t_0)$$

という関係式を用いて，確率の変化を次のように表現できる．

$$P(x', t+\Delta t) = \sum_{x} P(x, t_0) P(x', t+\Delta t | x, t_0)$$
$$= \sum_{x} P(x, t_0) [P(x', t | x, t_0) + w(x' | x, t_0)\Delta t] + o(\Delta t)$$
$$= P(x', t) + \sum_{x} P(x, t_0) w(x' | x, t_0)\Delta t + o(\Delta t)$$

上記の項を並べ直し，時間が連続で Δt がゼロに近づくとして，この関係式から

$$\partial P(x', t)/\partial t = \sum_{x} P(x, t_0) w(x' | x, t_0)$$

が導かれる．これはマスター方程式または後ろ向き Chapman-Kolmogorov 方程式として知られている．右辺にある時間微分が存在することの証明については，Karlin and Taylor（1981, Chap.14）などを参照されたい．

右辺の和を状態 x' に対するものとそれ以外とに分けると

$$\sum_x P(x,t_0)w(x'|x,t_0) = \sum_{x \neq x'} P(x,t_0)w(x'|x,t_0) + P(x',t_0)w(x'|x',t_0)$$

であり，$w(x'|x',t)$ に式（5.1）を代入するとマスター方程式を

$$\partial P(x',t_0)/\partial t_0 = \sum_{x \neq x'} P(x,t_0)w(x'|x,t_0) - \sum_{x \neq x'} P(x',t_0)w(x|x',t_0) \tag{5.2}$$

と書き直すことができる．

これがマスター方程式の通常の形である．右辺の第 1 項は状態 x' に流入する確率であり，第 2 項は状態 x' から流出する確率である．遷移率が時間に独立であれば，その過程は斉時的と呼ばれる．斉時的な過程を議論するため，これ以降，遷移率から時間の項を落とす．ただし 4.7 節では遷移率は斉時的ではない．

マスター方程式の左辺をゼロと置けば定常解条件が得られる．定常確率を $P_e(x)$ と表わす．定常状態（すなわち均衡）においては流入する確率と流出する確率はすべての状態において均衡し

$$\sum_{x \neq y} w(y|x)P_e(x) = \sum_{x \neq y} w(x|y)P_e(y)$$

という関係式がすべての y に対して成立する．これは確率フローの均衡条件であり，フル・バランス（完全均衡）式（Whittle 1985 あるいは Kelly 1979, p.5 を参照）と呼ばれる．

確率フローがすべての状態の対について均衡すれば

$$w(y|x)P_e(x) = w(x|y)P_e(y)$$

という方程式がすべての x と y について成立する．これを詳細釣り合い条件と

呼ぶ．定常マルコフ連鎖に関する Kolmogorov の基準と詳細釣り合い条件を満足する過程については Kelly（1979, Sec.1.5）を参照されたい[6]．

マルコフ連鎖を与えられたとき，どの状態 x_i に対してもある初期状態から状態 x_i に到達する有限の状態列 $x_0, x_1, \ldots, x_i$ がある．詳細釣り合い条件が成立しているとき

$$P_e(x_i) = P_e(x_0) \prod_{k=0}^{i-1} [w(x_{k+1}|x_k)/w(x_k|x_{k+1})] \tag{5.3}$$

である．

$$U(x_i) - U(x_0) = -\sum \ln \left[\frac{w(x_{k+1}|x_k)}{w(x_k|x_{k+1})}\right] \tag{5.4}$$

として，指数分布

$$P_e(x) = \text{const} \exp[-U(x)]$$

として表現できることから，この確率分布は Gibbs 分布である．ここで，Kolmogorov の基準により，この表現は x_0 から x_i への経路とは独立である．したがって $U(x)$ はポテンシャルである．3.3 節および 3.8 節における議論を思い出してほしい．

5.1.1 独立な経済主体の集合

本節では，多数の独立な経済主体から構成される系に対して標準的マスター方程式を記述する．ここで各主体は多数の有限なミクロ経済の状態にある．各主体の状態はマスター方程式

$$dp_s/dt = \sum_{s'}(w_{s,s'}p_{s'} - w_{s',s}p_s)$$

に基づいて時間発展する．ここで $w_{s,s'}$ は状態 s から状態 s' への遷移率，$p_s(t)$ は t 時点に主体がミクロ経済の状態 s に存在する確率を表わす．

このような N 個の主体が系にいるとき，それぞれの主体のミクロ経済の状態 $s = (s_1, s_2, \ldots, s_N)$ を特定化することによって系全体の状態が決定される．

これらの主体がすべて独立のとき，確率 $P(s)$ は積

$$P(s) = \prod_{i=1}^{N} p_{s_i}(t)$$

である．

4.5.2 項と 4.5.3 項では，積型の不変測度に関して反転可能なマルコフ過程のいくつかを記述し，ミクロの経済主体の相互作用のモデル化における利用法を示唆した．反転可能性という注意を擬反転可能性に弱めることは詳細釣り合いを部分釣り合いに弱めることに相当する．これにより Pollett (1986) で議論されたように主体間の相互作用が許容される．

主体が「交換可能」の場合，状態 1 にいる主体数（占拠数）を N_1，状態 2 にいる主体数を N_2 などとしよう．$N_1, N_2, \ldots$ を $\{N\}$ と表記して，t 時点における確率を $P[\{N\}, t]$ と書く．

占拠数の特定の列の確率は

$$P[\{N\}, t] = \sum p_{s_1} p_{s_2} \cdots p_{s_N}$$

である．ここで，前述の占拠数と整合性をもつように $s_1, s_2, \ldots, s_N$ にわたって和をとっている．4.5.5 項で議論したように，この確率は経済主体の 1 個がそのミクロ経済の状態を変化させたときはいつでも変化する．状態 s' には $N_{s'}$ 個の主体が存在するため，微小な時間間隔 Δt にその中の 1 個のミクロ経済の状態が変化する確率は $w_{s,s'} N_{s'} \Delta t$ である．なぜなら 2 個以上の主体の状態が変化する確率は $o(\Delta t)$ だからである．したがって

$$dP[\{N\}, t]/dt = \sum_{s,s'} w_{s,s'} z_s^{-1} z_{s'} N_{s'} P[\{N\}, t]$$

である．ここでは任意の $f(s)$ に対して $z_s f(s) = f(s+1)$，その逆に $z_s^{-1} f(s) = f(s-1)$ という表記を用いるが，これらの表記は計量経済学や時系列の文献で用いられる前進・後ろ向き演算子に対応している．4.5 節と同じく s_j を 1 つ減らし s_k を 1 つ増やすときには別の記法 $T_{j,k}(s_1, s_2, \ldots)$ も用いられる．

初期状態が m のときの時点 t における主体 i の確率を $p_{i,m}(t)$ とする．この

とき

$$P[\{N\},t] = \frac{N!}{N_1!N_2!\cdots}[p_{1,m}(t)]^{N_1}[p_{2,m}(t)]^{N_2}\cdots$$

を得る．これは二項分布の多変数への一般化である．第2章，第3章におけるある種のマクロ条件に整合的な配置を合計する主体（この主体は識別される場合も識別されない場合もある）の議論を想起してほしい．また，補論における交換可能性についての議論もみよ．

N が平均 $\langle N \rangle$ の Poisson 分布にしたがう確率変数であるとしよう．このような系の集合を考えると，その分布の平均は

$$\langle P(\{N\},t)\rangle = \sum_{N=0}^{\infty}\frac{\langle N\rangle^N}{N!}e^{-\langle N\rangle}P[\{N\},t] = \prod_{i=1}\frac{\langle N_i\rangle}{N_i!}e^{-\langle N_i\rangle}$$

である．

5.2 遷移率の構造

本節では状態空間が連続なマスター方程式の遷移率の同次的（homogeneity）な特性を議論する[7]．ここでは N 個の相互作用するミクロの経済主体の集合をモデル化している．このときモデルの動学的・マクロ経済的特徴に影響する最も重要な変数はモデルの状態の特定の集合を占拠する主体の絶対数ではなく，モデルの状態の集合を占拠する主体の比率（すなわち割合）であり[8]，そして多分モデルのスケールや大きさの指標としての N である．

状態変数 $X(t)$ による確率分布はマスター方程式

$$\partial P(X,t)/\partial t = \int [w_N(X|X')P(X',t) - w_N(X'|X)P(X,t)]dX'$$

に支配される．ここで N を X から X' への遷移率の添え字として $w_N(X'|X)$ のように明示する．

ここで，$x(t) = X(t)/N$ は示強変数として振る舞い，遷移率は（N に依存するかもしれないスケール係数を除いて）x を通じて X と N に依存すると仮定する[9]．

さらに，状態変数の変化 $X' - X$ が N の値が変化しても変わらないという重要な仮定を追加する．総数 N にかかわらずどの状態からのジャンプも ± 1 にかぎられている．よって，この仮定は出生死亡過程では確かに満足される．実際のところ，この仮定は遷移率のスケーリングの性質，つまり同次性の性質に関連している．大まかに言えば N 個のミクロの経済主体のそれぞれが遷移事象にほぼ等しく寄与しているかもしれないことを意味する（この後，この考えを精緻化し，高次の遷移率や遷移率の多重効果について考察する）．この点を明確にするため，遷移率を初期状態 X' とジャンプ（ベクトル）$r = X - X'$ の関数として

$$w_N(X|X') = w_N(X'; X - X') = w_N(X'; r)$$

と表現し，ある関数 Φ に対して

$$w_N(X'; r) = w_N[N(X'/N); r] = N\tilde{w}_N(X'/N; r) = N\Phi(x'; r)$$

と表現できると仮定する．ここで $x' = X'/N$ である．同じ関数を用いて反対方向の遷移率を

$$w_N(X'|X) = N\Phi(x; -r)$$

と表現できる．より一般的と思われるスケーリングの性質は，ある正の関数 $f(N)$ に対して

$$w_N(X'; r) = f(N)\Phi(x'; r)$$

である．実際，この因子 $f(N)$ は注9に記したように時間単位の選択に吸収できるので任意にとることができる．

より一般的に，遷移率は

$$w_N(X|X') = f(N)[\Phi_0(x'; r) + N^{-1}\Phi_1(x'; r) + N^{-2}\Phi_2(x'; r) + \cdots]$$

という形をとる．ここで，N^{-1} の高次項はそれより前の項によって捉えられないミクロの経済主体間の高次の相互作用を表現し得る．

これらの遷移率を用いて，マスター方程式は

$$\frac{\partial P(X,t)}{\partial t}$$
$$= f(N)\int \left[\Phi_0\left(\frac{X-r}{N};r\right) + N^{-1}\Phi_1\left(\frac{X-r}{N};r\right) + \cdots\right]P(X-r,t)dr$$
$$- f(N)\int \left[\Phi_0\left(\frac{X}{N};r\right) + N^{-1}\Phi_1\left(\frac{X}{N};r\right) + \cdots\right]P(X,t)dr$$

のように書き直すことができる．5.3節ではこのマスター方程式の近似解を求める2つの方法を議論する．

5.3 マスター方程式の近似解

マスター方程式のなかの特別なクラスだけが閉じた形の解析解をもつ．そのなかでも注目すべきは出生死亡過程の一般化である．これは状態が整数値で，ジャンプが±1にかぎられる離散状態マルコフ連鎖である．このいくつかの例を5.9節で議論する．Aoki (1995b) も参照されたい．

マスター方程式を明示的に解くことができない場合，解を遷移率表現内のパラメータで展開することによって近似的に解くことができる．そうしたパラメータはジャンプに影響することで確率の変動のサイズを支配する（あるいは影響を与える）ものでなければならない．パラメータの値が極限に近づくにつれて変動の大きさはゼロに近づき，この解法は多数の主体からなるモデルに見合うマクロ経済方程式（集計方程式）を生成する．

ここではマスター方程式を近似的に解くための2つの方法を議論する．5.3.1項では van Kampen (1965, 1992) で用いられた方法について述べる．ついで5.3.2項では Kubo et al. (1973) と Kubo (1975) による別の方法を説明する．

5.3.1 べき級数展開

ここで，$O(N^{-1})$ までの項は残してマスター方程式を N^{-1} について展開する[10]．時間発展がマスター方程式に支配され，初期条件が

$$P(X,0) = \delta(X - X_0)$$

であるモデルを考える．この確率密度は $O(N)$ で X において明確なピークをもつと予想される．また $O(\sqrt{N})$ ではっきりと定義された幅をもつと予想される．

このような場合には 2 つの $O(1)$ の変数 ϕ と ξ を導入して，$x(t) = X(t)/N$ であることを想起して

$$x(t) = \phi(t) + N^{-1/2}\xi(t)$$

と変数変換を行なう．後でこの変数変換が可能な場合，ϕ は分布の平均であることを示す．つまり $\phi(t)$ は $x(t)$ の平均をなぞり，平均からの拡がりは確率変数 $\xi(t)$ によって表わされる．この分解は，確率密度がはっきりと定義されたピークをもつときに機能すると予想されるが，実際に機能することを示そう．

次に，マスター方程式のべき級数展開において生成された項は 2 つの部分に分けられることを示す．最初の部分は，最も大きい部分で，ϕ の常微分方程式である．これはマクロ経済方程式 (macroeconomic equation) すなわち集計方程式と解釈される．残りの部分は ϕ の関数を係数とする ξ の偏微分方程式である．その最初の項は Fokker-Planck 方程式として知られている．5.4 節と 5.13 節をみよ．

このマスター方程式を初期条件 $x(0) = \phi(0) = X_0/N$ の下で解こう[11]．
X に $N\phi + N^{1/2}\xi$ を代入して ξ の確率密度を

$$\Pi[\xi(t), t] = P[X(t), t]$$

と書き直す[12]．Π のマスター方程式を書き直すと $x(t)$ を固定したまま時間について偏微分しなければならない．つまり

$$\frac{d\xi}{dt} = -N^{-1/2}\frac{d\phi}{dt}$$

という関係式を課さなければならず

$$\frac{\partial P}{\partial t} = \frac{\partial \Pi}{\partial t} + \frac{\partial \Pi}{\partial \xi}\frac{\partial \xi}{\partial t} = \frac{\partial \Pi}{\partial t} - N^{1/2}\frac{d\phi}{dt}\frac{\partial \Pi}{\partial \xi}$$

を得る．

さらに時間を

$$\tau = N^{-1}f(N)t$$

とスケールし直す必要があることにも注意する．さもなければ，確率変数 ξ は $O(N^0)$ ではなく，われわれの仮定に反してべき級数展開は有効ではない．しかし，本節では $f(N) = N$ と仮定する．一般にこれは $\tau \neq t$ の場合である．以下ではこのより一般的なスケール関数に合わせて τ を用いる．

新たな記法の下ではマスター方程式は

$$\frac{\partial \Pi(\xi,\tau)}{\partial \tau} - N^{1/2}\frac{d\phi}{d\tau}\frac{\partial \Pi}{\partial \xi}$$
$$= -N^{1/2}\frac{\partial}{\partial \xi}[\alpha_{1,0}(x)\Pi] + \frac{1}{2}\frac{\partial^2}{\partial \xi^2}[\alpha_{2,0}(x)\Pi]$$
$$- \frac{1}{3!}N^{-1/2}\frac{\partial^3}{\partial \xi^3}\left[\alpha_{3,0}(x)\Pi - N^{-1/2}\frac{\partial}{\partial \xi}\alpha_{1,1}(x)\Pi\right] + O(N^{-1})$$

で与えられる．ここで，$x = \phi(\tau) + N^{-1/2}\xi$ であり，遷移率のモーメントを

$$\alpha_{\mu,\nu} = \int r^\mu \Phi_\nu(x;r)dr \tag{5.5}$$

で定義する．ここで示されない項については van Kampen (1992, p.253) を参照されたい．

この表現では両辺の支配的な $O(N^{1/2})$ の項が等しいことに注目する．5.4 節では遷移率 $w_N(X|X')$ の主要な項の最初のモーメント $\alpha_{1,0}(\phi)$ はマクロ経済方程式を決定することを示す．5.4 節でマクロ経済方程式を議論するに先立ち，マスター方程式を近似的に解くもうひとつの方法について述べる．

5.3.2 久保の方法[13)]

Kubo et al. (1973)，Kubo (1975)，Suzuki (1978) はマスター方程式を近似的に解くもうひとつの方法を生み出した．これは N 個のミクロの経済主体から構成される大きな系の示量マクロ変数 X の確率密度の漸近的な表現

$$P(X,t) = Ce^{N\Psi(x,t)}, x = X/N \tag{5.6}$$

を含む．マスター方程式の再解釈として，久保はこの漸近表現を開発したとき

物理変数を想定していたが，この近似は多数のミクロの経済変数の集合に依存するマクロの経済変数にも応用可能である．

この表現を発見的論法で理解するためには次のように考えればよい．もし X が正規分布に従う N 個のミクロの経済変数の和であり，相互作用がないとすれば，確率分布は分散が N に比例するガウス型である．よってミクロの経済変数が相互作用する場合でも，X_e で表わされる最も起こりそうな値の密度関数の 2 次近似は

$$\mathrm{const}\exp[-(X-X_e)^2/2N\sigma^2] = \mathrm{const}\exp[-N(x-x_e)^2/2\sigma^2]$$

である．ここで $x_e = X_e/N$, σ^2 は X の分散である．したがって方程式

$$P(X,t) = Ce^{N\Psi(x,t)}$$

が成立することが予想される．ここで，$\Psi(x,t) \approx (1/N)\ln P(Nx,t)$ である．

このような表現が得られれば，t 時点における X の最頻値は密度関数の指数を最大化することで決定され，マクロ変数の最も可能性の高い時間発展は関数 Ψ を最大化する経路に沿っている．ここで一般的に決定論的経路の周りのマクロ変数の漸近的な時間発展を求める．この経路を生成する方程式はモデルの巨視的方程式（あるいはマクロ経済方程式）と考えられる[14]．このアプローチは上述のものと類似しているが，展開の詳細は異なる．

本項では久保にしたがって，変動を支配する方程式の導出とマクロ変数の均衡値への減衰の概略を述べる．次に均衡から離れた振る舞いについて記述する．

まず，大きさ N（通常はモデルのなかの主体の数）のマルコフ系のマクロの示量経済変数 X の確率分布の形を

$$p(x,t) = C\exp[N\Psi(x,t)] + O(\epsilon)$$

と仮定する．ここで

$$p(x,t) = NP(X,t)$$

$\epsilon = N^{-1}$ と置く．定数 C は $O(\epsilon^{-1/2})$ である．

ここでは遷移率は

$$w_N(X; r, t) = Nw(x, r, t)$$

と仮定する．ここで状態 $X' - X$ における変化は r で表記され

$$w_N(X - r; r, t) = Nw(x - \epsilon r, r, t)$$

である．
このときマスター方程式は

$$\epsilon \frac{\partial}{\partial t} p(x, t) = -\int w(x, r, t) p(x, t) dr \\ + \int w(x - \epsilon r, r, t) p(x - \epsilon r, t) dr \tag{5.7}$$

と書き直される．ここで

$$c_n(x, t) = \int r^n w(x, r, t) dr$$

は遷移率 $w(x, r, t)$ の n 次モーメントである[15]．説明を簡単にするため以降は遷移率から時間の項を落とす．すべてのモーメントの収束と(Kramers-Moyal 展開として知られる)[16] 指数関数の形式的な展開が仮定される．

Kubo et al. (1973) は特性関数の方程式を解くことにより，最初に仮定された確率密度の形が時間的に伝搬していくことを示した．ここでは説明の便宜上，すべての $t \geq 0$ に対してこの形が成立すると仮定し，ついで指数 Ψ の近似表現を導く．

ここで関数 Ψ を

$$p(x, t) = C \exp[\epsilon^{-1} \Psi_0(x, t) + \Psi_1(x, t) + O(\epsilon)] \tag{5.8}$$

と展開する．この表現をマスター方程式に代入し，$O(1)$ と ϵ の項を別に集めると

$$\partial \Psi_0(x, t)/\partial t = -\int dr w(x, t) \left[1 - \exp\left(-r \frac{\partial \Psi_0}{\partial t}\right)\right]$$

$$\partial \Psi_1(x,t)/\partial t = \int dr \left[w(x,r) \left(\frac{r^2}{2} \frac{\partial^2 \Psi_0}{\partial x^2} - r \frac{\partial \Psi_1}{\partial x} \right) \exp\left(-r \frac{\partial \Psi_0}{\partial x} \right) \right]$$

である．

変数を

$$x(t) = \phi(t) + z(t)$$

と変換し，$\Psi_0(x,t)$ を $g[z(t),t]$ と書くと

$$\frac{\partial g(z,t)}{\partial t} - \frac{d\phi}{dt}\frac{\partial g(z,t)}{\partial z} = -\int w(\phi+z)dr \left[1 - \exp\left(-r\frac{\partial g}{\partial z} \right) \right]$$

を得る．

ここで

$$d\phi/dt = c_1(\phi)$$

となるように ϕ を選ぶ．これはマクロ経済方程式である．上の両辺から $\partial g/\partial z$ の線形項は消える．ここで

$$g(z,t) = a_2(t)z^2 + a_3(t)z^3 + \cdots$$

と仮定する．

このとき，この展開の係数は

$$da_2(t)/dt = 2c_2(\phi)a_2^2 - 2c_1'(\phi)a_2$$

と

$$da_3(t)/dt = 6c_2(\phi)a_2 a_3 - \frac{4}{3}a_2^3 - 3c_1(\phi)a_3 + 2c_2'(\phi)a_2^2 - c_1'(\phi)a_2$$

として与えられる．

 ϕ が定数のとき a_2 の方程式は Riccati 方程式であり，解くことができる．とくに c_1' が負，すなわち ϕ がマクロ経済方程式の局所安定な均衡であれば，a_2 は $-c_1'/2c_2$ に漸近的に近づく．この g のべき級数展開を z の2次の項までと

すれば, v_t を分散として $a_2 = -(2v_t)^{-1}$ と置くことで解のガウス近似を再現できる. さらにこの手続きは x がベクトルの場合に容易に拡張できることにも注意してほしい.

ここで, 密度の仮定された形が時間とともに伝搬するかどうかという問題に戻る. この形が時間に対して保存されることを示すために, Kubo et al.(1973) は x の特性関数

$$Q(\xi, t) = \langle e^{i\xi x} \rangle = \int p(x,t) e^{i\xi x} dx$$

を用いて, 初期条件が

$$p(x, t_0) = \delta(x - x_0)$$

で与えられるとき, $\psi(u, t_0) = ux_0$ として

$$Q(\xi, t) = \exp\left[\frac{1}{\epsilon} \psi(i\epsilon\xi, \epsilon, t)\right]$$

の形にかけることを示した. このとき, 最初, 特性方程式(characteristic equation) は $Q(\xi, t) = e^{i\xi x_0}$ であり, 明らかに特定された形である.

関数 ψ は ϵ のべき級数展開

$$\psi(u, \epsilon t) = \psi_0(u, t) + \epsilon \psi_1(u, t) + \epsilon^2 \psi_2(u, t) + \cdots$$

をもつと仮定する. この仮定された形は時間の経過に伴なって伝搬することが彼らによって示された. すなわちこの形は時間に対して保存される. また彼らはマスター方程式を ϵ のべき級数として解けるように特性方程式に変換した. 関数 ψ はすべての時間 t に対して解析的であると仮定される. 詳しくは Kubo et al.(1973) の展開を参照されたい.

5.4 マクロ経済方程式

5.3.1 項では N を大きくしたときマスター方程式に残るのはマクロの経済変数の方程式であることを示した. これは van Kampen の展開では

$$d\phi/d\tau = \alpha_{1,0}(\phi) \tag{5.9}$$

である[17]. ここで式 (5.5) で定義された $\alpha_{1,0}$ は r に関する遷移率表現 $w_N(X|X') = f(N)\Phi_0(x';r)$ に現れる関数 Φ の最初のモーメントである. 久保の近似では

$$d\phi/d\tau = c_1(\phi)$$

である. ここで c_1 は $w(x,r) = (1/N)w_N(X;r)$ の最初のモーメントである. したがってこれら 2 つの表現は等しく, 右辺を $g(\phi)$ と書くことができる. これは平均 X/N に対する決定論的な集計方程式で, 主体の数が無限大になるときの極限的な動学である.

この関数の右辺のゼロはマクロ経済モデルの均衡である. マクロ経済方程式をこのように導くことはまったくマクロ経済学の文献では知られていないことに注目してほしい[18].

ϕ の方程式が決定された後, マスター方程式の残りの部分は van Kampen (1992) における ξ (あるいは Kubo et al. (1973) における z) の確率密度を支配する. この方程式は $O(N^{-1/2})$ 以下の項が無視されたとき Fokker-Planck 方程式と呼ばれる. 5.13 節でこの方程式に戻り, とくに ξ の平均を計算し, ある条件の下でゼロのままであることを示す. すなわち先に述べたように $x(t)$ の平均は $\phi(t)$ で与えられ, ξ は平均からの拡がりを記述する. 変数 ϕ は単峰分布における x の分布のピーク (最尤推定値) とみなすことができる一方, ξ はピークの周りの分布の拡がりを示している.

$\alpha_{1,0}(\phi)$ すなわち $c_1(\phi)$ がゼロであるとき, すべての非負の τ に対して $\phi(\tau) = \phi(0)$ であり, $\phi(0)$ における小さな偏差はゼロに減衰しない. この場合, X/N のマスター方程式を書き, N^{-1} に展開し, τ を $N^{-2}t$ と定義し直す. このとき 5.14 節で再論するいわゆる拡散近似が導かれる.

5.5 遷移率の特定化と例

場の外部性をもつ相互作用する経済主体のモデルを定式化するには, 明らか

にミクロの経済主体の状態の遷移率を定めることが重要なポイントとなる．場の外部性とは，ミクロの経済主体の社会的消費，参入退出問題，その他の離散選択問題などである[19]．ここでは Dixit (1989a,b) の例を変更することで，遷移率の特定化に含まれるいくつかのステップを説明する．第 6 章では，Little (1974) に基づいて遷移率特定化の問題をさらに論じる．

5.5.1　2 部門間の資本再配分の動学

この例は Dixit (1989a) のモデルから企業が区別（あるいは識別）されるという仮定をやめて，交換可能として扱うように定式化し直したものである．全体の企業数は N 社であり，N は一定とする．これがこの経済に存在するすべての資本である．それぞれの企業は同じ大きさであり，互いに区別できない．経済には部門 1 と部門 2 という 2 つの部門がある．それぞれの部門の企業は財 1 と財 2 という同質的な財を生産している．これらの企業はプライス・テイカーである．財 1 の価格を基準にし，財 2 の価格は

$$dP_t/P_t = \mu dt + \sigma dB_t$$

の確率過程 P_t にしたがう．ここで B_t は $B_0 = 0$ なるウィナー過程である．つまり $\ln(P_t/P_0)$ は $\hat{\mu} = \mu - \sigma^2/2$ として $\hat{\mu}t + \sigma B_t$ である．Øksendal (1989, p.36) を参照されたい．

部門 2 における企業数を n として部門 2 と部門 1 の生産関数をそれぞれ F と G とする．経済全体の総所得は

$$R(P, n) = PF(n) + G(N - n)$$

である．企業が部門 1 から部門 2 に移動したとき，生産の中断を余儀なくされ，その費用は

$$h(P, n) = h_0[G(N - n + 1) - G(N - n)]$$

であると仮定する．一方，部門 2 から部門 1 に移動した企業の費用は

$$l(P, n) = l_0[F(n) - F(n - 1)]$$

であると仮定する．

　Dixit(1989a)のモデルを再定式化する前にまずその導出を説明する．$V(P,n)$ を割引率 ρ が一定の Bellman の動的計画法の定式化における価値関数とする．

$$E(dV/dt) + R(P,n) = \rho V(P,n)$$

だから，V の偏微分方程式

$$(\sigma^2/2)P^2 V_{PP} + \mu P V_P - \rho V = -R(P,n)$$

を得る．ここで添字 P は偏微分を表わす．

　$E(P_t|P_0) = P_0 e^{\mu t}$ から，$\rho \geq \mu$ と仮定して特解は

$$E\int_0^\infty R(P,n)e^{-\rho t}dt = PF(P,n)/(\rho-\mu) + G(P,N-n)/\rho \quad (5.10)$$

で与えられる．斉次部分 (homogeneous part) は $V(P,n) = P^\gamma$ の形の解をもつ．ここで $m = 2\mu/\sigma^2$，$r = 2\rho/\sigma^2$ として

$$\gamma^2 - (1-m)\gamma - r = 0$$

である．斉次解 (homogeneous solution) の一般的な形は $\alpha \geq 0$，$\beta \geq 1$ として $A_n P^{-\alpha} + B_n P^\beta$ である．$\alpha\beta = r$ に注意する．偏微分方程式の一般解はこれに式 (5.10) の特解を加えたものである．

　P が十分高ければ，企業は部門 1 から部門 2 に移動する．これは，P_n^+ で

$$V(P, n-1) = V(P,n) - h(P,n) \quad (5.11)$$

のときに起こる．微分すると

$$V_P(P, n-1) = V_P(P,n) - h_P(P,n) \quad (5.12)$$

である．

　同様に P が十分下落すると，企業は部門 2 から部門 1 に移動する．この移動が P_n^- で起こるとき

$$V(P, n) = V(P, n-1) - l(P, n). \tag{5.13}$$

そして

$$V_P(P, n) = V_P(P, n-1) - l_P(P, n) \tag{5.14}$$

である.この 2 組の式の各組の最初の方程式は単に価値一致条件である.これは Dixit (1989a) の解釈では右辺が取得した資産の価値からオプションの行使価格を引いたものになるということである.2 組のなかの 2 番目の式は勾配一致条件である.一致しない場合,V が最適値関数であるという仮定に反する.たとえば Merton (1973, n.60),Fleming and Rishel (1975, Chap.6) を参照されたい.これらの 4 つの式は A_n, B_n, P_n^+, P_n^- を決定する.

便宜上

$$a_n = A_n - A_{n-1}$$
$$b_n = B_{n-1} - B_n$$
$$f(n) = F(n) - F(n-1)$$
$$g(n) = G(N - n + 1) - G(N - n)$$

と定義する.

境界条件は $A_0 = 0$ と $B_N = 0$ である.最初の条件は $n = 0$ の場合を考えると,$V(P, 0)$ は P がゼロに近づくときに有界のままでなければならないことによる.もうひとつの条件は $n = N$ の場合を考えることで得られる.このとき $V(P, N)$ は近似的に式 (5.10) で与えられ,β は 1 よりも大きいため P^β の項を含まない.境界条件についてのさらなる議論については Dixit (1989a) を参照されたい.

ここで,2 組の条件のうちの最初の条件

$$a_n (P_n^+)^{-\alpha} - b_n (P_n^+)^{-\beta} + \frac{P_n^+ f(n)}{\rho - \mu} - \frac{g(n)}{\rho} = h_0 g(n)$$

と P_n^+ に関する微分を書き直すことができる.Dixit の提案により[20],これらの 2 つの方程式を無次元の (単位のない) 変数

$$Q_n^+ = P_n^+ f(n)/g(n)$$

を用いて書き直す．

ノイズの分散 σ^2 が非常に大きい場合と非常に小さい場合には，参入に対する境界価格の近似的な線形方程式が得られる．前者の場合には α の値はゼロに近く，勾配等価式は近似的に

$$\beta b_n (Q_n^+)^{\beta-1} = [f(n)/g(n)]^\beta f(n)/(\rho - \mu)$$

で与えられる．

この近似は $h_0 + 1/\rho \geq a_n/g(n)$ であるがぎり有効である．これを価値等価式に代入すると参入に対する境界価格の明示的な表現

$$P_n^+ = \frac{[h_0 + 1/\rho - a_n/g(n)](\rho - \mu)}{(1 - 1/\beta)} \frac{g(n)}{f(n)}$$

が導かれる．

分散が非常に小さいとき，パラメータ α の値は近似的に $2\mu/\sigma^2$ で与えられ，勾配等価式は近似的に

$$\alpha \frac{a_n}{g(n)} (Q_n^+)^{-\alpha} = \left[\frac{f(n)}{g(n)}\right]^{-\alpha} \frac{Q_n^+}{\rho - \mu}$$

となる．これを価値等価式に代入して，$[g(n)/b_n]^{\mu/\rho}$ よりも小さければ

$$P_n^+ = \frac{(h_0 + 1/\rho)(\rho - \mu)}{(1 + 1/\alpha)} \frac{g(n)}{f(n)}$$

を得る．同じような手順で退出側の境界の表現も導かれる．

このモデルを定式化し直す準備が整った．限界的企業 (marginal firms) が参入あるいは退出すると仮定するのではなく，企業を横一線に配置する．それぞれの企業が交換可能[21]であり，それぞれが部門 2 に参入して企業の数が $n-1$ から n になる，あるいは同様に n から $n-1$ になる確率はゼロではないと仮定する．これらの変化は出生あるいは死亡とみなされ，5.7 節で見たように出生死亡過程の遷移率の特定化で捉えられる．

連続時間の再定式化においては $w_{n-1,n}$ を $n-1$ 企業から n 企業への遷移率

第 5 章 相互作用のモデル化 II〈マスター方程式と場の効果〉 169

とする．このとき，

$$w_{n-1,n} = \lambda(N-n+1)v_{n-1,n}$$

である．ここで $x = (1/\sigma)[\ln(P_n^+/P_0) - \hat{\mu}t]$，$T(x)$ は標準ブラウン運動の水準 x に対する初到達時間，$f(t)$ はその確率密度として

$$v_{n-1,n} = \frac{f(t)}{1 - P[T(x) \leq t]}$$

である．Grimmett and Stirzaker (1992, p.500) あるいは A.2.4 をみよ．確率密度 $f(t)$ は

$$f(t) = \frac{|x|}{\sqrt{2\pi t^3}} e^{-x^2/2t}$$

で与えられ，$v_{n-1,n}$ の分母は $\beta/2 = (2\pi t)^{-1/2}$ として

$$P[T(x) \geq t] = \frac{1}{2}(1 + \tanh \beta x)$$

で与えられる．しかしながら遷移率は $\hat{\mu} = 0$ でなければ斉時的ではない．4.7 節における斉時的でない過程に関する議論を思い出してほしい．

一定の時間間隔 τ をもつ離散時間の枠組みでは，τ という期間に $P_{t+\tau}$ が P_n^+ を超える確率は

$$\ln(P_{t+\tau}/P_t) = \hat{\mu}\tau + \sigma B_\tau \geq \ln(P_n^+/P_t)$$

すなわち

$$x = (1/\sigma)[\ln(P_n^+/P_t) - \hat{\mu}\tau]$$

として

$$B_\tau \geq x$$

に注意して計算できる．このとき $T(x)$ をブラウン運動過程の水準 x への初到達時間として[22]

$$q_{n-1,n} = T[T(x) \leq \tau] = 2P(B_\tau \geq x) = \sqrt{2/\pi\tau} \int_x^\infty e^{-y^2/2\tau} dy$$

を得る．Karlin (1966), p.279 を参照．

この表現は

$$q_{n-1,n} = \frac{2}{\sqrt{\pi}} \int_{x/\sqrt{2\tau}}^\infty e^{-y^2} dy = 1 - \mathrm{erf}\left(\frac{x}{\sqrt{2\tau}}\right)$$

と等しい．ここで，誤差関数 (error function:erf) は

$$\mathrm{erf}(x) = \frac{2}{\sqrt{\pi}} \int_0^x e^{-y^2} dy$$

で定義される．誤差関数に対する Ingber (1982) の近似式

$$\frac{1}{2}[1 - \mathrm{erf}(x)] \approx (1 + e^{\kappa x})^{-1}$$

を用いる．ここで $\kappa = 2/\sqrt{\pi}$ である．$N-n+1$ の企業はどれも部門 2 に参入可能であるため，企業数 $n-1$ から n への遷移確率は $\beta = (2\pi\tau)^{-1/2}$ として

$$W_{n-1,n} = \lambda(N-n+1)q_{n-1,n} = 2\lambda(N-n+1)(1+e^{2\beta x})^{-1}$$

ここで $\beta = \sqrt{\dfrac{2}{\pi}\dfrac{1}{\tau}}$ である．

同様に n 企業のどれもが部門 1 に移動できるため，n から $n-1$ への遷移率は

$$W_{n,n-1} = \nu n q_{n,n-1}$$

である．ここで，$q_{n,n-1}$ は $q_{n,n-1}$ の類推から，x の定義において P_n^+ を P_n^- に置き換えて定義される．5.11 節と同様に進める．

5.5.2 為替レートの価格への転嫁に関するモデル

さまざまな収入関数と様々な参入退出費用の問題に対して同様の再定式化が可能である．たとえば Dixit (1989b) は為替レートが外生的確率過程であるとき，外国企業が国内市場に参入・退出する問題について議論している．国内通貨で表わした外国通貨の価格を R, n 社の外国企業が国内市場で活動している

ときの財一単位の価格を p_n, 国内通貨で表わした参入・退出費用をそれぞれ k, l とする．このとき，先の例と同じ方法で参入と退出の閾値となる為替レートの水準を計算できる．企業が財を生産するときの費用を w として

$$R_n^+ = \frac{w/\rho}{[p_n/(\rho-\mu)-k](1-1/\beta)}$$

および

$$R_n^- = \frac{w/\rho}{[p_n/(\rho-\mu)+l](1-1/\beta)}$$

である．

5.6 場の効果〈確率的非局所および拡散性の外部性〉

本章の最初で言及したように，ミクロの経済主体がそれぞれの選択を通じて相互作用しグループを形成する経済状況は数多くある．選択は一部は観測した価格シグナルに影響されるが，経済学の文献における標準的な完全競争一般均衡アプローチにおけるように完全に分散化はされない．なぜなら同じ選択をする主体の割合は選択の有効性すなわち望ましさに影響するからである．

これに対して確率動学離散選択モデルに関する文献は概して経済主体間の相互作用の決定を扱っていない．数理社会学の文献では，Weidlich (1974) が2人の政治的な候補者間のあるいは2つの商品ブランド間のような同じ選択集合をもつ経済主体の相互作用をおそらく最初に扱った．彼は出生死亡確率過程のような同じ選択をする多数の主体の動的過程を定式化し，同じ選択をする経済主体の割合の均衡密度として二項密度の確率を示した．同じ問題に関する彼の最近の分析については，Weidlich and Haag (1983) と Weidlich (1994) もみよ．Glance and Huberman (1993) は競争するか否かを決定しなければならない主体の集団について関連する問題を議論している．彼らのモデルでは協力することを選ぶ人が多いほど，他の人々も協力を望むようになる．経済学における多くの状況は有限な選択肢をもつ相互作用する主体の集団として同様にモデル化できる．

経済学の文献においては最近まで動学的な文脈における外部性の分析は明らかに存在せず，かなり稀であった[23]．最近，相互作用を捉える物理学の Ising モデルの翻案に基づいたいくつかの研究が現れ始めた[24]．しかしながらこれらのモデルは，マルコフランダム場の記法に基づいた定式化であるため，経済主体が一対一で，あるいは近傍にある者だけが相互作用すると仮定している[25]．対あるいは複数対の相互作用(multiple-pair interactions)に関する議論は第6章をみよ．

一般的に，ここでは主体間の弱く，拡散的(つまり非局所的)な外部性をモデル化することに興味がある．主体が選択を行なう状況のある側面(工業基準の採用，集団感情，バンドワゴン効果，群衆行動など)と特定の選択の便益は近傍効果としては適切にモデル化できない．本章ではより特定化して，一般化された出生死亡過程によって相互作用する主体をモデル化する．そこでは遷移率は，同一の特定の選択あるいは決定をした主体からなるさまざまな種類の主体の割合に依存する．説明を簡単にするため，すべての主体は同一の2つの選択肢の集合をもつとして一方を選択した割合を扱う．2つの選択肢をどのように応用するかによって変わる，つまり，提携するか否か，「一見」似た品質と価格の2つの財のブランド X とブランド Y のどちらを購入するか，株式取引において情報を得るか否か，特定の戦略あるいは生産技術を採用するか否か，などである．どの場合でもそれぞれの主体は選択肢の1つを選択する．各主体とは平均して単位時間あたり α 回，選択を再評価すると仮定する[26]．

Kirman (1992a, 1993, 1994)は二値選択集合をもつ集団の行動を出生死亡過程を用いて分析した．彼はなかでも，非線形の壺のモデルのような一般化された過程を用いた Arthur (1988, 1989)に言及している．しかしながら Arthur はどのようにこのような非線形過程が生じるかを示してはいない．われわれは式 (5.16) と式 (5.17) における η のような遷移率の非線形性を二値選択の状況における一方のもう一方に対する相対的な利益があると思われた確率に関連づける．5.7節を参照せよ．

5.7 一般化された出生死亡過程

　抽象的な設定から一旦離れて，主体のグループの二値選択問題に焦点を合わせる．N 個の主体が戦略 1 あるいは戦略 2 という 2 つの選択肢をもつとする．与えられた時刻において，そのなかの n 個が戦略 1 を用いる．主体は選択を確率的に再評価し，非同期的に行動する．各主体は採用する計画期間をさまざまに考えるが，相対的な利点をこの期間にわたる利益，費用，効用などと考えて，選択肢の相対的な利点の確率を評価する．そして，それぞれの主体はある選択がもう一方より優れていることについての確率を知っている．

　マスター方程式は

$$\frac{dP_n(t)}{dt} = (z^{-1} - 1)[w_{n,n+1}P_n(t)] + (z - 1)[w_{n,n-1}P_n(t)] \tag{5.15}$$

という形となる．ここで，$zP_n(t) = P_{n+1}(t)$ は前進演算子であり，$z^{-1}P_n(t) = P_{n-1}(t)$ は後ろ向き演算子であり，ゼロでない遷移は n から $n\pm 1$ のみである．n が本節のように非負で上に有界であれば，$n=0$ と $n=N$ の境界ではこの方程式に明らかな変化が起こる．

　戦略 1 を用いる主体の数がひとつ減少する遷移率が

$$w_{n,n-1} = f(N)[\rho_0(n/N) + (1/N)\rho_1(n/N) + \cdots]$$

であり，戦略 1 を用いる経済主体の数がひとつ増加する遷移率が

$$w_{n,n+1} = f(N)[\gamma_0(n/N) + (1/N)\gamma_1(n/N) + \cdots]$$

であると仮定する．ここでは $1/N$ より高次の項は省略され，n/N は戦略 1 の経済主体の割合であり，示強変数である．

　$f(N)$ は N の定数倍と仮定する．最も簡単な場合を説明するため，さらに

$$\rho_0(n/N) = (n/N)\eta_2(n/N) \tag{5.16}$$

そして

$$\gamma_0(n/N) = [1 - (n/N)]\eta_1(n/N) \tag{5.17}$$

と仮定する．ここで ρ_1 と γ_1 のようなその他すべての次数の項はゼロと置く．

ここで $z = 1 + N^{-1/2}(\partial/\partial\xi) + (1/2)N^{-1}(\partial^2/\partial\xi^2) + \cdots$，$P_{n-1}(t)$ を $\Pi(\xi - N^{-1/2}, t)$，$\gamma_0[(n-1)/N]$ を $\gamma_0[\phi + N^{-1/2}(\xi - N^{-1/2})]$ と書くことができ，$P_{n+1}(t)$ と $\rho_0[(n+1)/N]$ についても同様であることに注意して，5.3.1 項のマスター方程式を導く手順を繰り返すことができる．このとき式 (5.5) によって定義されたマクロ方程式（macroequation）における $\alpha_{1,0}$ の表現はこれらの非線形表現の差に等しいことがわかる．

$$\alpha_{1,0}(\phi) = -\rho_0(\phi) + \gamma_0(\phi) \tag{5.18}$$

次に，読者の便宜のためにここで手順のいくつかを繰り返し，遷移率が ρ_o と γ_0 のみに依存する場合について $O(N^{-1/2})$ までの項を保持した $\Pi(\xi, t)$ の近似式を導く．表記を簡単にするため，$\alpha_{1,0}$ を α_0 と書き，$\beta_0 = \rho_0 + \gamma_0$ を定義する．

表現 $\phi + N^{-1/2}\xi$ は常に α と β の変数のなかで現れるため，これを s と置く．これらをテーラー展開する．たとえば，α を

$$\alpha_0(s) = \alpha_0(\phi) + \alpha_0'(\phi)N^{-1/2}\xi + \frac{1}{2}\alpha_0''(\phi)N^{-1}\xi^2 + \cdots$$

と展開する．β_0 についても同様にして，これらをマスター方程式に代入して，N の次数によって整理すると

$$\begin{aligned}\frac{\partial \Pi}{\partial \tau} = &- \alpha_0'(\phi)\frac{\partial}{\partial \xi}(\xi\Pi) + \frac{\beta_0'(\phi)}{2}\frac{\partial^2}{\partial \xi^2}\Pi \\ &+ \frac{N^{-1/2}}{2}\left[-\alpha_0''(\phi)\frac{\partial}{\partial \xi}(\xi^2\Pi) + \beta_0'(\phi)\frac{\partial^2}{\partial \xi^2}(\xi\Pi)\right] + O(N^{-1})\end{aligned}$$

が導かれる．展開を右辺の最初の 2 項で終えると $O(N^{-1/2})$ までの方程式が得られる．得られた式は ξ について線形であり，Fokker-Planck 方程式と呼ばれる．これを用いて ξ の 1 次と 2 次のモーメントに対する常微分方程式の集合も得られる．5.13 節でこの方程式を再論する．

5.7.1 遷移率の平均場近似

一般化された出生死亡過程と単純な場合との相違は遷移率に η_i で表わされる因子が追加されることだけである．

しかし，これらの因子の性質を議論する前にここでは平均場法（mean field method）として知られる近似法が暗黙裏に採用されていることに注意する．言い換えれば主体間の相互作用は除去され，主体と x という値をもつ場の結節点の間の相互作用に置き換えられ[27]，これらの相互作用は独立とみなされる．これは独立な主体の簡単な出生死亡過程の場合と同様にこれより一般的な出生死亡過程の遷移率の表現において同じ因子 n/N と $1-n/N$ が存在することが説明する．

ここでは主体がグループの動学の上に予想される動学を上のせすることを回避するために x をどのように知るか，あるいは学習するかについては議論せず，これらの2つの別々の動学により生じる効果は混合される．価格変数のように場の変数の知識は主体の決定過程における（部分的）分散化変数（(partially) decentralizing variables）を提供するとだけ述べておく．経済主体が場の変数の知識を得ることにより，相互作用のパターンに関する詳細な情報を得る必要性は（少なくとも部分的には）軽減する．この分散化関数をもたらすどのマクロの経済変数も場の変数と呼ぶことができる．

経済主体の集団（a collection of agents）の行動の統計的記述の知識は遷移率に体現されている．言い換えれば，多数の相互作用するミクロの経済主体からなる系の時間発展は統計的あるいは確率的記述でのみ行なえるという意味で決定論的ではなく統計的（あるいは確率的）に記述する．たとえば，与えられた状態に対して，将来のある短い時間間隔に決定を変更するミクロの経済主体の割合しかわからないとする．これが妥当な仮定であるか否かはこの仮定に基づく理論的な予想に対する仮説検証からわかる．本章で後に議論するように，このアプローチにより，系が均衡にある確率と，系が2つ以上の引き込み領域をもっているときにひとつの均衡から別の均衡に移る初到達時間の予測ができる．

5.8 二値選択決定の相対的な利点の表現

ここで，遷移率表現 (5.16) と (5.17) における因子 η に戻る．ここでの重要な仮定は，遷移率が選択肢 1 が選択肢 2 にまさる確率の単調関数であるということである．この確率は $\eta_1(x)$ で表わされ

$$\eta_1(x) = P[\pi_1(x) \geq \pi_2(x)]$$

で定義される．ここで $\pi_i(x), i = 1, 2$ は，割合 x の経済主体が選択肢 i を用いているときに，選択肢 i を採用するある特定化されない計画期間の (知覚された ランダムな) 便益 (効用，利益，あるいは損益) である[28]．η_1 (そして $1 - \eta_1$ である η_2) は $\Delta\pi(x)$ と記される差 $\pi_1(x) - \pi_2(x)$ のみに依存する．

さらに

$$\eta_1(x) = \frac{\exp[\beta\Delta\pi(x)]}{\exp[\beta\Delta\pi(x)] + \exp[-\beta\Delta\pi(x)]}$$

と置く．ここで，β は不確実性を示す非負のパラメータである．パラメータ β は全体の不確実性を表わし，個々の主体の不確実性のある複雑な関数であるかもしれない．言い換えると互いに相互作用することによって主体は不確実性の程度を系全体に広げ，ゆえに系の全体としての，そして個々の主体の不確実性の水準を決定する．$\beta = 0$ という極端な場合は別の選択肢の相対的な利点についての情報が得られないことを意味している．このとき $\eta_1(x)$ は $(-1, +1)$ のすべての x について $1/2$ である．β が大きくなるほど，別の選択肢の利点が主体に正確に知られるようになる．

この定式化は離散選択モデルの文献において採用されたものに類似している．ただしこの文献は本書のように時間発展を議論してはいない．Anderson et al. (1993, p.50) を参照されたい[29]．いくらか関連した問題を扱って，Ceccatto and Huberman (1989) も類似の表現を用いている．

5.9 均衡確率分布

5.1 節では詳細釣り合い条件が満たされれば，均衡分布は Gibbs 分布になると述べた．ここで，詳細釣り合い条件が式（5.15）の均衡解によって満たされることを示し，ポテンシャルあるいはハミルトニアンとも呼ばれる指数表現を導く．さらにこのときの均衡の性質を調べる．

離散時間出生死亡過程の場合はマスター方程式を明示的に解かずに示すことが可能になる．そこで本節ではこの過程だけを議論する．ある大きな正数 N に対して状態空間は要素 $n = 0, 1, 2, \cdots, N$ の集合である．状態変数を $n(t)$ と表す．

式（5.15）の代わりにマスター方程式は単純に

$$P_{t+1}(n) = W_{n-1,n} P_t(n-1) + W_{n+1,n} P_t(n+1) + W_{n,n} P_t(n) \quad (5.19)$$

で与えられる．ここで，$W_{n,n-1}$ は状態 n から状態 $n-1$ への遷移確率であり，$W_{n,n+1}$ は状態 n から状態 $n+1$ への遷移確率である．前者ではこの部分クラスにおけるミクロの経済主体の数は 1 つ減り（死亡），後者ではこの部分クラスにおけるミクロの経済主体の数は 1 つ増える（出生）．主体の数が変わらない確率は

$$W_{n,n} = 1 - W_{n,n+1} - W_{n,n-1}$$

で与えられる．ここで単位時間ステップを十分小さくすることでこの確率を正であると仮定することができる．

均衡確率を $[P_e(n)]$ と書く，このとき式（5.19）は[30]

$$P_e(n) W_{n,n+1} = P_e(n+1) W_{n+1,n}$$

と簡単になる．これにより詳細釣り合い条件が満たされることが示された(Kelly 1979, Sec.1.5, Whittle 1992, p.160)．このモデルの連続版は式（5.15）によって与えられるが，同一の式が成立することに注意せよ．均衡確率分布は Gibbs 型のものである[31]．

均衡確率は1次微分方程式を満たし，これらの確率は微分方程式を解くことで

$$P_e(n) = P_e(0) \prod_{k=1}^{n} \frac{W_{k-1,k}}{W_{k,k-1}} \tag{5.20}$$

と得られる．これは式 (5.3) に対応していて，その連続時間版である．

最も単純な出生死亡過程において，遷移確率は状態変数について線形である．遷移確率がゼロでない場合を考える．死亡を示す状態 n から状態 $n-1$ への遷移確率はある定数 μ に対して $W_{n,n-1} = \mu n$ で与えられ，出生に対応する状態 n から状態 $n+1$ への遷移確率は，ある定数 λ に対して $W_{n,n+1} = \lambda(N-n)$ で与えられる[32]．ここで，基本的な出生死亡確率過程の遷移確率を

$$W_{n,n+1} = N\left(1 - \frac{n}{N}\right)\eta_1\left(\frac{n}{N}\right) \tag{5.21}$$

$$W_{n,n-1} = N\left(\frac{n}{N}\right)\eta_2\left(\frac{n}{N}\right) \tag{5.22}$$

とある種の非線形効果を含むように一般化する．ここで一般性を失うことはなく $\mu = \lambda$ とする．

式 (5.21)(5.22) の遷移確率の表現を式 (5.20) に代入することで均衡確率の明示的な表現

$$P_e(n) = P_e(0)\,_NC_n \prod_{k=1}^{n} \frac{\eta_1(k/N)}{\eta_2(k/N)}$$

を得る．これは

$$P_e(n) = Z^{-1} \exp[-\beta N U(n/N)] \tag{5.23}$$

と書くことができる．そのためにポテンシャルと呼ばれる関数 U を

$$-\beta N U(n/N) - \ln Z = \ln P_e(0) + \ln {}_NC_n + \sum_{k=1}^{n} \ln[\eta_1(k/N)/\eta_2(k/N)]$$

と導入する．ここで Z は分配関数と呼ばれる規格化のための定数で有限と仮定される．つまり

$$Z = \sum_n \exp[-\beta N U(n/N)] < \infty$$

である．第 3 章におけるポテンシャルと分配関数の議論を想起しよう．単純な出生死亡過程の場合に $\mu = \lambda$ と置けば，比 η_1/η_2 はすべて 1 である．このとき η の比を含むポテンシャルの項がポテンシャルの定義式から消えることに注意する．

ここまでは主体が了解している選択肢 1 に対する選択肢 2 の利点の確率として η を識別する必要はない．遷移確率における η を非線形効果として扱いながら先に進む．このように上の最後の項を $2\beta\Delta G(k/N)$，つまり

$$\ln[\eta_1(k/N)/\eta_2(k/N)] = 2\beta\Delta G(k/N)$$

と等しいとして関数 $\Delta G(k/N), k = 1, 2, \ldots, N$ を定義する．ここで β は割合の定数である．前節の文脈では ΔG は $\Delta\pi$ と同じであり主体が認識する選択肢 1 の利点と選択肢 2 の利点の間の差である．この文脈では，β は主体を取り巻く経済環境における不確実性の程度，すなわち先に議論したような経済活動の一般的な水準を表現するパラメータである．

両辺を N で割り，仮定により Z が有限であることと，上の和の対数が $2\beta\Delta G(k/N)$ に等しいことに注意して

$$_NC_n = \exp[NH(n/N)] + O(1/N)$$

の関係式を用いる．ここで H は基底 e の Shannon エントロピー

$$H(x) = -\frac{1+x}{2}\ln[(1+x)/2] - \frac{1-x}{2}\ln[(1-x)/2]$$

であり，中央値からの割合を

$$(1+x)/2 = n/N$$

で定義される変数 x で測定する．これは N が無限大になる極限で連続であり，区間 $[-1, 1]$ に値をとる．

$O(1/N)$ まで正確な U の表現

$$U(n/N) = -(2/N)\sum_{k=1}^{n} \Delta G(k/N) - (1/\beta)H(n/N)$$

を得る．

$2/N$ は近似的に微分 dx と等しいので，上記の和を積分に置き換えて

$$U(x) \approx -\int^x \Delta G(y)dy - (1/\beta)H(x) = -G(x) - (1/\beta)H(x) \quad (5.24)$$

というポテンシャルの表現を得る．ここで $U[(1+x)/2]$ を $U(x)$ と書き，$H(x)$ についても同様にする．とくに単純な出生死亡過程においては ΔG がゼロであるため，G は定数であることに注意する．

第3章における均衡確率を最大化する議論を想起しよう．均衡確率は同一のマクロ変数の値をもたらすミクロの配置の多重性を考慮に入れている．つまり同じ n/N を実現する ${}_NC_n$ 通りの場合がある．

$dH(x)/dx = (1/2)\ln[(1-x)/(1+x)]$ から，ポテンシャル関数の微分は

$$dU(x)/dx \approx -\Delta G(x) - (1/2\beta)\ln\left[\frac{1-x}{1+x}\right] \quad (5.25)$$

である．微分をゼロと置いて

$$2\beta\Delta G(x) = \ln\left[\frac{1+x}{1-x}\right]$$

の関係式を得る．先の節での解釈においては ΔG は $\Delta\pi$ に置き換えられる．式 (5.23) – (5.25) からマクロ経済方程式の均衡はこの解釈でもまったく同じ方程式を満足することがわかる．言い換えればポテンシャルの臨界値は均衡確率分布 $[P_e(n)]$ の臨界点であり，式 (5.9)，(5.16)，(5.17)，(5.18) からわかるようにマクロ経済の動学の臨界点と同一である．

この重要な関係式を x について解くと

$$x = \tanh\beta\Delta G(x) \quad (5.26)$$

を得る．あるいは式 (5.9) の右辺を g で表し，ϕ ではなく x を用いて，式 (5.16) – (5.18) をみれば式 (5.26) は

$$g(x) = 0$$

と同じであることがわかる．

この式 $g(x)$ のゼロはポテンシャル関数 $U(x)$ の臨界点である．言い換えればポテンシャルを最小化する（つまり確率 $P_e(n)$ を最大化する）x は式 (5.6) の右辺が消える点で式 (5.26) を満たす．これはポテンシャル U とマクロ経済の動学の間の関係の解釈である．5.10.3項で関数 η_i を特定化しこの関数のゼロ点の性質を調べる．Aoki(1995b)もみよ．

5.10 複数均衡の例

マクロ経済の動学における複数均衡の存在と選択の問題を具体的な設定でみるために，ここでは一般化された出生死亡過程の例を議論する[33]．

5.10.1 モデル

N の企業が，貯蔵ができない同じような代替財を生産している[34]．

各企業は需要曲線

$$p_t = a y_t^{-b}, \quad a \geq 0, 1 \geq b \geq 0$$

に直面している．企業には利用可能な2つの生産技術があり，技術1を用いると産出量は

$$y_t = \gamma(x_t) L_t$$

で与えられる．ここで，x はこの技術を使う企業の割合であり，L は労働投入量である．γ は技術的外部性を表現する関数であり，その技術を用いる企業の割合に依存する[35]．この技術を用いるためには費用がかかる．企業がもう一方の技術に変更するときの各時点の転換費用を導入することも可能である．5.5節の例を想起してほしい．費用はその技術を採用するすべての企業に対して同一であり定数 F で与えられる．

技術2を用いた産出量は

$$y_t = L_t$$

で与えられる．

我々のモデルでは技術1を採用した企業の一期間の利益[36]は

$$\pi_1(x) = \kappa\gamma(x)^\theta - F$$

である．ここでκは正の定数[37]であり，$\theta = (1-b)/b$である．一般性を失うことなく，賃金率を1とする．記法を簡潔にするため，これより時間の添字を省略する．

技術2の使用により一期間の利益

$$\pi_2(x) = \kappa$$

が得られる．

この先の議論のため技術の外部性因子を$\mu(x) = \gamma(x)^{1/\theta}$と定義し直すと便利である．この$\gamma$は任意であるため一般性を失わない．この再定義により利益の差は

$$\Delta\pi(x) = \pi_1(x) - \pi_2(x) = \kappa[\mu(x) - 1] - F$$

で与えられる．ここで新たに関数

$$\omega(x) = \frac{\mu(x)}{\mu(0)} - \frac{1 + F/\kappa}{\mu(0)} \tag{5.27}$$

を定義し，一期間利益の差の表現を

$$\Delta\pi(x) = \kappa\mu(0)\omega(x) \tag{5.28}$$

と書き直す．

実際，利益とその背後にある需要と産出などの式の表現は正確な関係式ではない．厳密な数学的関係式というよりも，むしろ平均あるいは一種のガイドと

しての役割を果たす典型的な関係式と解釈されるべきである[38]．式 (5.28) は平均あるいは認識された関係式とみなすことができるが，分布が未知であるという意味で曖昧さをもつ．この認識された利益の差は企業が 2 つの技術から選択肢を変更する決定に影響する．

一般性を失うことなく，$\gamma(0)$ は正であると仮定して[39]，均衡は

$$\beta\omega'(x)(1-x^2) \leq 1$$

のとき，そのときのみ安定である．ω の微分が非負であれば，この条件は常に満たされる．この簡単な例のひとつは差 $\Delta\pi$ が定数の場合である．β が大きく，かつ ω' が正であればこの不等式が成り立たない場合があり，このときは均衡は不安定である．

5.10.2 解

簡単のため，$\Delta G(x)$ を $\omega(x)$ と表記する．このとき式 (5.26) に対応するのは

$$\omega(x) = \frac{1}{2\beta} \ln\left(\frac{1+x}{1-x}\right)$$

となり，ここで，$|x| \leq 1$ である．ω の特定化によってはこの式は 2 つ以上の解をもつこともある．

5.10.3 いくつかのシミュレーション結果

(5.27) の関係式を

$$\omega(x) = 1 + 64x - 100x^3/3$$

と特定化したモデルを用いる[40]．β の値に応じて，1 つの安定均衡の場合，1 つの不安定均衡の場合，3 つの均衡の場合が生じる．$\beta = 1.0$ のとき 1 つの不安定均衡，$\beta = 0.001$ のとき 1 つの安定均衡，$\beta = 0.03$ のとき $x = \pm 0.95$ における 2 つの安定な均衡，そしてゼロの近くにおける 1 つの不安定な均衡が生じる．

企業の総数 N が 20 の場合と 200 の場合を比較するとき，得られる一般的な様相は同じである．$N = 20$ と少数の場合でも，$N = 200$ と多数の場合でも示

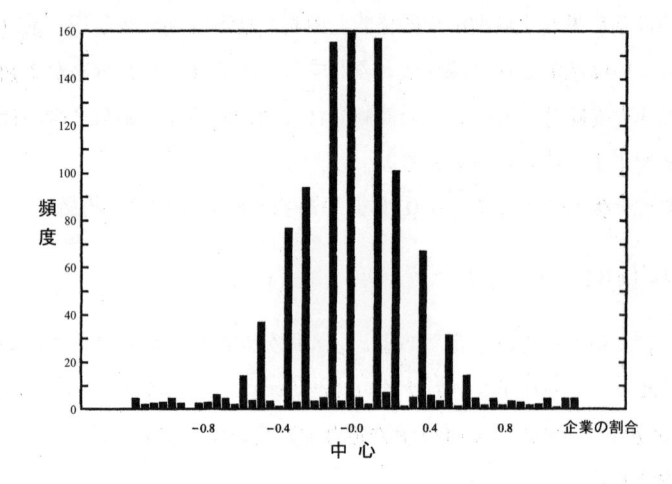

184 第 II 部 相互作用のモデル化

図 5.1 $N = 200$ の企業が $\beta = 0.001$ で 500 回実行したヒストグラムと 1 つの安定均衡

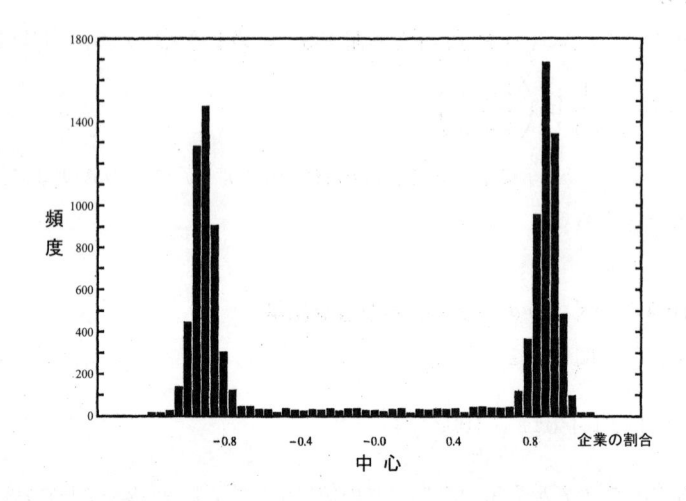

図 5.2 同様の $\beta = 0.03$ の 2 つの安定な均衡のヒストグラムと 1 つの不安定な均衡

す一般的な特性を再現する．図 5.1-5.3 は上述の確率による企業の技術選択を 500 回繰り返した結果と，20 回の遷移の後の x の値のヒストグラムである．2

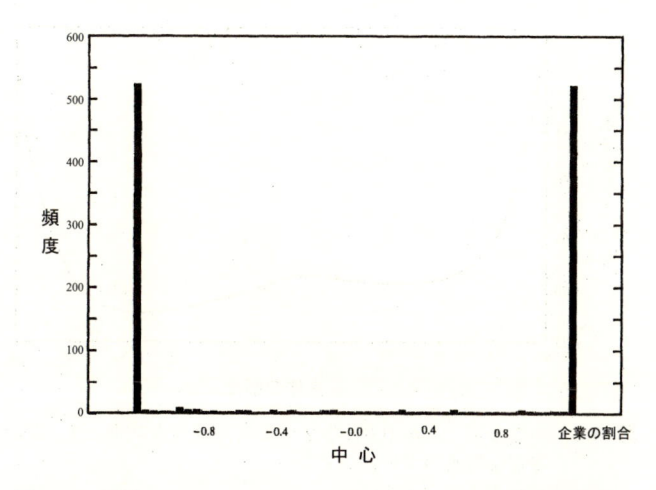

図 5.3 同様の $\beta = 1.0$ のヒストグラムと 1 つの不安定な均衡

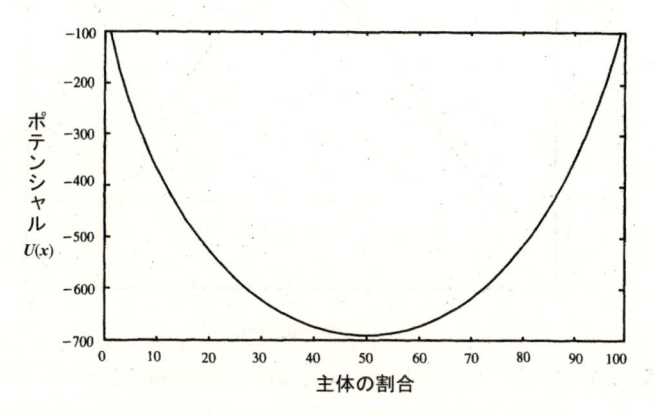

図 5.4 $\beta = 0.001$ の 1 つの安定な均衡のポテンシャル（ポテンシャルの説明は本文を見よ）

つの安定な均衡をもつ 2 峰ヒストグラムがはっきりとわかる．$x = 0$ における安定な均衡では $x(t)$ がゼロの周りに集まることが観察される．

　β と N の関数としての臨界点の検証については Aoki (1995b) を参照されたい．β の値が小さい場合，選択の潜在的便益は明らかではなく，およそ同数の企業が選択を変更し，割合は約 50 パーセントで安定している．一方 β の値が

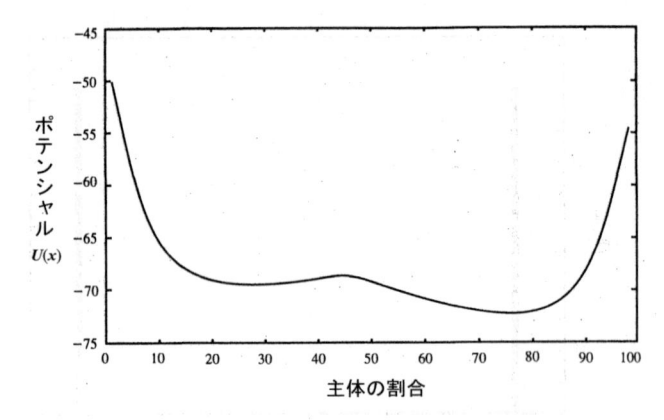

186 第Ⅱ部 相互作用のモデル化

図 5.5 小さな β, $\beta = 0.01$ の2つの局所安定な均衡と1つの不安定な均衡のポテンシャル

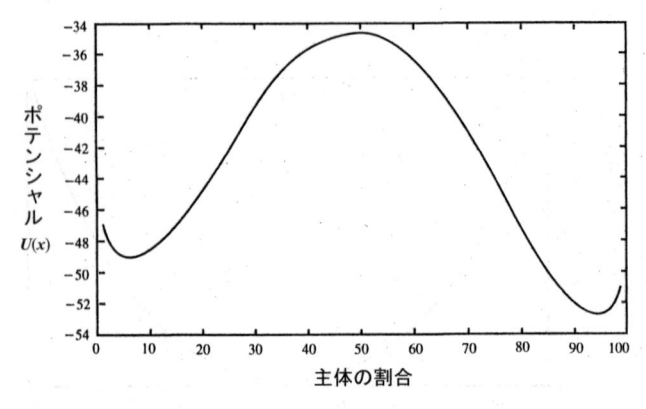

図 5.6 より大きな $\beta = 0.02$ に対する図 5.5 と同様のポテンシャル

大きい場合，ひとつの選択肢のもう一方に対する認識された利得が説得力をもつため，認識された利得が小さくても多数の企業が反応し，一方の割合は不安定である．β の値がこれら極端な場合の中間にあるときは，小さな割合と大きな割合がちょうど安定して維持される程度の割合の企業が選択を変更する．

図5.4-5.7は $N = 100$ の場合，さまざまな β の値に対して式 (5.24) で定義されたポテンシャル $U(x)$ がどのように量的に変化するかを示している．図5.4は1つの安定な均衡，図5.7は1つの不安定な均衡をもつ．図5.5と5.6は2

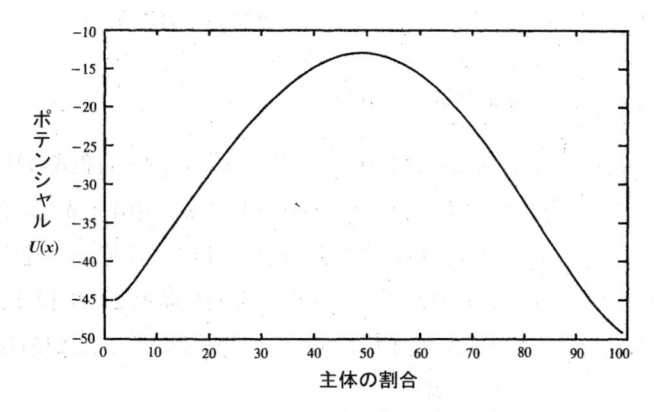

第 5 章 相互作用のモデル化 II〈マスター方程式と場の効果〉 187

図 5.7 $\beta = 0.05$ の 1 つの不安定な均衡のポテンシャル

つの局所安定と 1 つの局所不安定な均衡が β が増加するときにどのように変化するかを示している．β の値が大きすぎると，x の当該の範囲においては不安定な均衡しか存在しない．この例と図は β の値が小さいときのエントロピー項が重要であること，つまり与えられたマクロ経済の状態と整合的なミクロ経済の状態の多重度が重要であることを明白に示している．

5.11 初到達時間

第 2 章で単純な 2 状態マルコフ連鎖の 2 つの均衡の間の初到達時間を議論した．これまで議論してきた一般化された出生死亡過程について初到達確率と平均初到達時間をここでは計算する．問題の本質は第 2 章の単純な例によって捉えられている．局所不安定な均衡の両側に 2 つの局所安定な均衡があるとき，第 2 章では直面しなかったこの間の初到達という確率を議論する．初到達確率や平均初到達時間を計算する手法はよく知られている（たとえば Parzen 1962, Chap.6, Cox and Miller 1965, Sec.3.4, Grimmett and Stirzaker 1992, Sec.6.2, あるいは van Kampen 1992, Chap.XII を参照されたい）．

表記を簡単にするため，$w_{n,n-1}$ を r_n，$w_{n,n+1}$ を g_n と書く．この新しい表記により，ここでは時点 t における n の確率を $P_n(t)$ ではなく $p_n(t)$ と書き，

式 (5.15) の出生死亡過程の生成式をもう一度書いておこう.

$$\frac{dp_n}{dt} = (z-1)r_n p_n + (z^{-1}-1)g_n p_n \tag{5.29}$$

これより初期確率が状態 m に集中しているときのマスター方程式の解を $p_{n,m}$ で示す. すなわち δ をクロネッカーのデルタとして $p_{n,m}(0) = \delta_{n.m}$ である.

ある状態のマルコフ連鎖が最初の位置 m から初めて状態 c に達する時間の確率分布を計算する. このために, 状態 c を吸収状態として扱う. τ_m を状態 m から状態 c への平均初到達時間として定義する. これは任意の $m \in \{a+1, a+2, \ldots, c-1\}$ に対して

$$\tau_m - \Delta t = (g_m \Delta t)\tau_{m+1} + (r_m \Delta t)\tau_{m-1} + [1 - (g_m + r_m)\Delta t]\tau_m$$

に支配される.

この式から次の 2 次の差分方程式

$$-1 = g_m(\tau_{m+1} - \tau_m) - r_m(\tau_m - \tau_{m-1})$$

が導かれる. この方程式は 2 つの 1 次差分方程式に変換することで都合良く解くことができる. 最初の方程式は

$$\delta_m = \tau_{m+1} - \tau_m$$

で定義され, 2 番目の方程式は

$$\delta_m = (r_m/g_m)\delta_{m-1} - (1/g_m)$$

で定義される.

2 次の差分方程式の解を決定するために必要な 2 つの条件は, r_a が原過程 (original process) の境界条件によりゼロであるので

$$g_a \delta_a = -1$$

であり, そして

$$\tau_c = 0$$

である．

詳細釣り合い条件を用いて比 r_n/g_{n-1} を p_{n-1}^e/p_n^e と書き直す．添え字に関する数学的帰納法によって，$k = a, a+1, \ldots$ に対して

$$\delta_k = -(1/g_k p_k^e)(p_a^e + \cdots + p_k^e)$$

を容易に確かめることができる．

δ_k の表現を合計して

$$\tau_m = -\sum_{k=m}^{c-1} \delta_k$$

を得る．a を初期条件に選ぶことで状態 a から状態 c への平均初到達時間を

$$\tau_{a,c} = \sum_{k=a}^{c-1} \frac{1}{g_k p_k^e} \sum_{\mu=k}^{k} p_\mu^e$$

と表現することができる．

状態 a が吸収状態として扱われた場合における類推から，状態 c から状態 a への平均初到達時間は

$$\tau_{c,a} = \sum_{k=a}^{c-1} \frac{1}{g_k p_k^e} \sum_{\mu=k+1}^{c} p_\mu^e$$

として得られる．

5.11.1 不安定な動学の初到達時間

マクロ経済方程式 (5.9) が 2 つの安定な均衡と 1 つの不安定な均衡をもつような状況に前節の結果を応用する．これはわれわれのシミュレーションによる研究のひとつである．

マクロ経済方程式には 3 つの臨界点

$$\phi_a \leq \phi_b \leq \phi_c$$

があると仮定する．ここで，式 (5.9) で用いた表記に合わせて，状態 a を ϕ_a などと書く．中間の状態は局所的に不安定であり，他の2つは局所的に安定であると仮定する．

ϕ_a の引き込み領域から ϕ_c の近傍の領域に達する確率を計算するためには，最初と最後の状態の正確な位置は重要ではない．なぜなら系はこれら2つの安定点の近傍の領域のすべての状態をこれらの2つの状態の遷移時間よりもずっと短い時間で通過するからである．ここで ϕ_a を最初の状態，ϕ_c を最後の状態とする．したがって ϕ_c を吸収状態として ϕ_a からの初到達確率を計算する．

系が ϕ_a の引き込み領域の境界に近い，つまり ϕ_b に近い状態から始まるとき，元々は ϕ_b の近くでピークをもつどんな分布も時間発展し，局所化されない．van Kampen (1992, p.330) にならうと，時間発展は次のようになる．

1. 確率密度は迅速に広がるが ϕ_b を横切って変動する可能性がある．
2. ϕ_b における低いピークによって分断された2つのピークが生じる．現実的には ϕ_b を横切って変化する確率はない．結果的にそれぞれのピークに含まれる全確率は実際は時間に対して一定である．
3. ピークは局所均衡の形になる．この密度はメタ安定である．とても長い時間スケールでは ϕ_b を横断する変動は2つのピークの間の確率を変化させる．

2.4.1 項の例と類似した方法でこの振る舞いの本質を捉えることができる．$p(x,t)$ を実変数 x の確率密度関数とする[41]．

$$\pi_a = \int_{-\infty}^{\phi_b} p(x,t)dx$$

そして

$$\pi_c = \int_{\phi_b}^{\infty} p(x,t)dx$$

を不安定な均衡状態 ϕ_b の左側および右側の確率とする．これらの確率はマスター方程式

$$d\pi_a/dt = -w_{a,c}\pi_a + w_{c,a}\pi_c = -d\pi_c/dt$$

に支配される．ϕ_c に吸収壁を設定すると方程式は

$$d\pi_a/dt = -w_{a,c}\pi_a$$

となる．ϕ_c に吸収されるまでの平均時間は

$$-\int_0^\infty t\frac{d\pi_a}{dt}dt = 1/w_{a,c}$$

である．ここで 5.11 節の導入部のように $\tau_{a,c} = 1/w_{a,c}$ と表記する．

これらの 2 つの確率の和は 1 であるから

$$\pi_a(\infty) = \frac{\tau_{a,c}}{\tau_{a,c} + \tau_{c,a}}$$

と解ける．

先に得られた平均初到達時間の表現を代入すると

$$\pi_a(\infty) = \frac{\sum_{k=a}^{c-1} \frac{1}{g_k p_k^e} \sum_{\mu=a}^{k} p_\mu^e}{\sum_{k=a}^{c-1} \frac{1}{g_k p_k^e}}$$

である．

この表現においては $\sum_{\mu=a}^{k} p_\mu^e$ が最大値の項 p_a^e で近似されるなら $\pi_a(\infty)$ は p_a^e に等しい．

離散時間の定式化を用いてこの吸収確率を次のように計算できる．$f_m(t)$ を初期条件が状態 m であるとき，次の t 時間単位に状態 c に吸収される確率密度とする．このとき

$$\pi_m = \int_0^\infty f_m(t)dt$$

は初期状態 m から状態 c に吸収される確率である．f_m のラプラス変換の表現から，$\hat{f}_m$ を f_m のラプラス変換として

$$\pi_m = \hat{f}_m(0)$$

に注意する．

帰納的な関係式

$$f_m(t) = g_m \Delta t f_{m+1}(t - \Delta t) + r_m \Delta t f_{m-1}(t - \Delta t)$$
$$+ \{1 - (g_m + r_m)\Delta t\} f_m(t - \Delta t)$$

から f_m の微分方程式を

$$\frac{df_m}{dt} = g_m(f_{m+1} - f_m) - r_m(f_m - f_{m-1})$$

として導くことができる．初期条件は $f_m(0) = 0$ である．

この微分方程式をラプラス変換し s をゼロと置くと

$$(g_m + r_m)\pi_m = g_m \pi_{m+1} + r_m \pi_{m-1}$$

を得る．

この π_m の2次微分方程式は先のように2段階で解くことができる．

$$\Delta_m = \pi_{m+1} - \pi_m$$

と置く．2つの条件は $\pi_c = 1$ と $\pi_a = 0$ である．最初の条件は系がすでに吸収状態にあるからである．2番目の条件は，状態 a はそこから状態 c に逃れる確率はないというもうひとつの吸収状態であることを述べている．1次微分方程式

$$\Delta_m = (r_m/g_m)\Delta_{m-1}$$

を解いて

$$\Delta_k = \frac{g_a p_a^e}{g_k p_k^e} \Delta_a$$

を得る．ここで，上のように比 $r_\mu/g_{\mu-1}$ を $p_{\mu-1}^e/p_\mu^e$ に置き換える．次に Δ_a を取り除くため $\pi_c = 1$ を用いる．その結果

$$\pi_m = \left(\sum_{k=a}^{m-1} \frac{1}{g_k p_k^e}\right)\left(\sum_{k=a}^{c-1} \frac{1}{g_k p_k^e}\right)^{-1}$$

となる．これを $\pi_{c,m}$ と書く．

初期状態 m から状態 a に吸収される確率の表現もまったく類似した手続き

によって

$$\pi_{m,a} = \left(\sum_{k=m}^{c-1} \frac{1}{g_k p_k^e}\right)\left(\sum_{k=a}^{c-1} \frac{1}{g_k p_k^e}\right)^{-1}$$

として得られる.$\pi_{m,a} + \pi_{m,c} = 1$ が確認できる.

$g_k = W_{k,k+1}$ と $p_e(k)$ の表現を想起し,臨界点を決定する方程式

$$2\beta \Delta G(b) = \ln \frac{1+b}{1-b}$$

と

$$\beta\left[U\left(\frac{1+n}{N}\right) - U\left(\frac{n}{N}\right)\right] \approx 0$$

を想起すると

$$\tau_{c,a} \approx \mathrm{const}\,\exp[\beta N\{U(b) - U(a)\}]$$

がわかる.N 個の主体が状態 a から状態 c へ移る平均時間は,V を状態 a から状態 b へのポテンシャル壁の高さとして

$$\tau_{c,a} = \mathrm{const}\,\exp(\beta NV)$$

で与えられる.これがとても長期間になる場合もある[42].この結論は第 2 章の簡単な例で捉えられたものと本質的に同じである.

5.12 階層型の動学のマスター方程式

本節では,第 2 章の章末で言及した階層型に構築された状態空間の動学に関する議論を続ける.N 個の主体があるモデルを考える.二値選択の場合,このモデルの状態空間の可能な配置は 2^N である.それぞれの主体には α 個の選択肢がある場合,状態空間には α^N の点がある.2.5.1 項の議論のように,これらの状態を K レベルの樹に組織して,各レベルにおいて選択肢の個数は異なるように,一般化できる.状態空間はまず第 1 のレベル(レベル 1)では m_1 のクラス

ターに分けられる．各クラスターは階層の第2のレベル（レベル2）ではm_2のクラスターにさらに分割される．底辺では全体で$m_1 m_2 \cdots m_K$のクラスターあるいは節がある．

一般にマスター方程式は

$$\frac{dp_a}{dt} = \sum_{b \neq a}[w_{ba}p_b(t) - w_{ab}p_a(t)]$$

で与えられる．ここで$p_a(t)$は系のt時点における，あるクラスターすなわち樹の枝として識別された状態aの（占拠）確率である．また状態aから状態bへの遷移率をw_{ab}と表わす．2.5.3項ではこの簡単な例を議論した．

まず，遷移率w_{ab}は状態aと状態bの樹の上で計った距離のみに依存すると仮定する．節aと節bに共有された共通の節があるまで，根に向けて辿ったときのレベルの最小数である．2つの節の樹上の距離がkであるとき，この2つの節の間の遷移率をw_kと記す．すなわち樹上の距離をdで表わして$d_{a,b} = k$のとき，$w_{ab} \equiv w_k$である．

この距離は対称なので$w_{ab} = w_{ba}$である．言い換えれば詳細釣り合い条件はすべての状態に等しい均衡確率を与える．

2.5.4項では樹構造の状態空間の動学がどのように集計されるかを説明した．このモデルでも状態を同じ方法で集計する．階層の最も低いレベルのクラスターにおける状態確率が（ほぼ）等しいとき，これらの状態はひとまとめにでき，系の状態の数はm_K分の1に減少し，レベル$(K-1)$より上の樹を構成する．

この考えを簡単に説明するため，次の例ではKを2と置く．各クラスターに(j_1, j_2)と添え字を付ける．最初の添え字はレベル1のクラスター，2番目の添え字は階層のレベル2のクラスターを示す．ここで

$$p_{j_1}(t) = \sum_{j_2=1}^{m_2} p_{j_1,j_2}(t), j_1 = 1, \ldots, m_1 \tag{5.30}$$

と定義する．これらの確率は

$$\sum_{j_1=1}^{m_1} p_{j_1}(t) = 1$$

と規格化される．(j_1^*, j_2^*) という節に対して

$$\sum_{j_2 \neq j_2^*} p_{j_1^*, j_2} = p_{j_1^*} - p_{j_1^*, j_2^*}$$

であることに注意する．また

$$\sum_{j_1 \neq j_1^*} p_{j_1} = 1 - p_{j_1^*}$$

である．

この設定ではマスター方程式は

$$\frac{dp_{j_1 j_2}(t)}{dt} = w_2 + (w_1 - w_2)p_{j_1} - [m_1 m_2 w_2 + m_2(w_1 - w_2)]p_{j_1 j_2}$$

となる．ここでは時定数 τ_2 を $1/\tau_2 = m_1 m_2 w_2 + m_2(w_1 - w_2)$ で定義する．

このマスター方程式の 2 番目の添え字に関する和をとると

$$dp_{j_1}(t)/dt = m_2 w_2 - m_1 m_2 w_2 p_{j_1}$$

を得る．ここでもうひとつの時定数 τ_1 を $1/\tau_1 = m_1 m_2 w_2$ で定義する．

この微分方程式の解は

$$p_{j_1}(t) = m_1^{-1} + e^{-t/\tau_1}[p_{j_1}(0) - m_1^{-1}]$$

である．

これを $p_{j_1 j_2}$ の微分方程式に代入して積分すると

$$p_{j_1 j_2}(t) = \frac{1}{m_1 m_2} + m_2^{-1} e^{-t/\tau_1}[p_{j_1}(0) - m_1^{-1}]$$
$$+ e^{-t/\tau_2}[p_{j_1 j_2}(0) - m_2^{-1} p_{j_1}(0)]$$

を得る．

この式は，レベル 1 における均衡からの偏差は時定数 τ_1 で，レベル 2 における均衡からの偏差は時定数 τ_2 で消去されていることを明白にしている．つまり，これらの動学には 2 つの時定数がある．

互いの距離が小さい状態の間の遷移は距離の大きい状態の間の遷移よりも容易である，すなわち $w_1 \gg w_2$ かつ $\tau_1 \gg \tau_2$ と仮定する．なぜなら仮定により，同じクラスター内の2つの状態間の遷移は異なるクラスター内の状態間の遷移よりも起こりやすいからである．時間が $O(\tau_2)$ 経過した後の確率は

$$p_{j_1 j_2}(t) \approx (m_1 m_2)^{-1}$$

となる，すなわちレベル2における同じクラスター内の状態はほぼ同一の確率をもつ．時間が $O(\tau_1)$ 経過した後のレベル1におけるクラスター内の状態の確率はほとんど等しく $1/m_1$ であり，系は均衡にある．

この例では，遷移率が状態間の樹の距離のみに依存すると仮定しているため，すべての状態に対して均衡確率は同じである．もし同じでなければ，U_b を状態 b のポテンシャル，β を非負の定数として，遷移率 w_{ab} を $w_k e^{-0.5\beta(U_b - U_a)}$ と定義し直す．w_{ba} も同様に再定義する．このとき状態 a の均衡確率を $p_e(a)$ と書いて詳細釣り合い条件は

$$p_e(a) = e^{-\beta U_a}/Z$$

で定義される均衡確率を満足する．ここで Z は規格化定数である．これは Gibbs 分布であり，2.5節の例と本質的に同じである．

マスター方程式は

$$dp_a/dt = e^{-\beta U_a} \sum_{b \neq a} w_{ba} p_b(t) - \left(\sum_{b \neq a} e^{-\beta U_b} w_{ab} \right) p_a(t)$$

となる．時定数を

$$1/\tau_1 = w_1 Z$$

と

$$1/\tau_2 = w_2 Z + (w_1 - w_2) Z_{j_1}$$

と再定義する．ここで

$$Z_{j_1} = \sum_{j_2} e^{-\beta U_{j_1 j_2}}$$

そして

$$Z = \sum_{j_1} Z_{j_1}$$

である．より一般的に K-レベルの樹で

$$p_{j_{r+1},\cdots,j_K}(t) = \sum_{j_r=1}^{m_r} p_{j_r,\cdots,j_K}(t)$$

がわかる．このマスター方程式の解は

$$p_{j_1\cdots j_K}(t) = \sum_{r=1}^{K} e^{-t/\tau_r} \left[\frac{p_{j_r,\cdots,j_K}(0)}{N_{r-1}} - \frac{p_{j_{r+1},\cdots,j_K}(0)}{N_r} \right] + 1/N_K$$

である．ここで $w_{K+1} = 0$, $N_i = \prod_{j=1}^{i} m_j$ として

$$1/\tau_r = \sum_{j=r}^{R} N_i(w_i - w_{i+1})$$

である．

すべての i について m_i が等しいとき，自己相関関数は

$$p_0(t) = (m-1)\sum_{r=1}^{K} m^{-r} e^{-t/\tau_r} + m^{-K}$$

で与えられる．ここで

$$1/\tau_r = \sum_{i=r}^{K} m^i(w_i - w_{i+1})$$

である．

遷移率が

$$w_k \approx e^{-\beta \delta_k}$$

であり，δ_k が k に線形で比例定数が δ であるとき，Ogielski and Stein(1985)

は初期状態が時間 t の間に移動する距離 $d(t)$ は

$$\langle d(t) \rangle \approx (\beta\delta)^{-1} \ln t$$

で与えられ，相関は

$$p_0(t) \approx m^{-d(t)} \approx t^{-\ln(m/\beta\delta)}$$

となることを示した．

第 7 章で彼らのモデルを議論する．

5.13 Fokker-Planck 方程式

5.13.1 べき級数展開

本節では 5.3.1 項で議論したマスター方程式のべき級数展開に戻る．マクロの経済変数の項をマスター方程式のべき級数展開から取り除くことで，残余項は $O(N^0)$ の項を最大の項としてもつ方程式

$$\frac{\partial \Pi(\xi,\tau)}{\partial \tau} = -\alpha'_{1,0}(\phi)\frac{\partial(\xi\Pi)}{\partial \xi} + \frac{1}{2}\alpha_{2,0}(\phi)\frac{\partial^2 \Pi}{\partial \xi^2}$$

となる．これは線形 Fokker-Planck 方程式と呼ばれる．

平均値近傍の確率的変動に関しては，モーメントに対して得られた結果を応用する．記法を短くするため，$\alpha_{1,0}$ と $\alpha_{2,0}$ をそれぞれ g と h と書く．たとえば，5.7 節の一般化された出生死亡過程の場合には $g = -\rho_0 + \gamma_0$, $h = \rho_0 + \gamma_0$ である．部分積分を繰り返すと

$$\frac{\partial \langle \xi \rangle}{\partial \tau} = g'(\phi)\langle \xi \rangle$$

そして

$$\frac{\partial \langle \xi^2 \rangle}{\partial \tau} = 2g'(\phi)\langle \xi^2 \rangle + h(\phi)$$

を得る．上では境界条件

第 5 章 相互作用のモデル化 II〈マスター方程式と場の効果〉 199

$$\xi^2 \Pi|_{-\infty}^{\infty} = 0$$

$$\xi \partial \Pi/\partial \xi|_{-\infty}^{\infty} = 0$$

そして

$$\Pi|_{-\infty}^{\infty} = 0$$

を課す．

これらの 2 つから ξ の分散の微分方程式は 2 次モーメント $\langle \xi^2 \rangle$ の微分方程式と同じであることに注意する．

初期条件が

$$\langle \xi \rangle_0 = 0, \langle \xi^2 \rangle_0 = 0$$

で与えられるとする．初期条件がゼロの場合，$g'(\phi)$ が負であれば $\langle \xi \rangle_\tau$ は恒等的にゼロに等しい．これにより n/N の期待値が ϕ に等しいという先の主張が導かれる．

したがって x の 1 次モーメントに対して

$$\frac{\partial \langle x \rangle}{\partial \tau} = g(\langle x \rangle) + O(N^{-1})$$

が成立する．定常状態において $g(\phi^s) = 0$ の局所安定な領域では，相関は

$$\langle x(0) x(t) \rangle = \frac{h(\phi^s)}{2N|g'(\phi^s)|} \exp[-|g'(\phi)|\tau]$$

で与えられる．van Kampen (1992, p.259) を参照されたい．

局所不安定な領域が存在する場合，確率集合が単峰という仮定はもはや成立しない．

特性方程式

$$G(k, \tau) = \langle e^{ik\xi} \rangle$$

に対する偏微分方程式は，表記を簡潔にするため $\alpha'_{1,0} = a, \alpha_{2,0} = b$ として

$$\frac{\partial G(k,\tau)}{\partial \tau} = ak(\partial G/\partial k) - \frac{1}{2}bk^2 G$$

で与えられる．この線形偏微分方程式は特性法 (method of characteristics) によって解くことができる (たとえば Sommerfeld 1949 を参照されたい)．

特性根 (characteristics) は

$$dk/d\tau = -ak$$

で決定され，特性根 $k = ce^{-a\tau}$ に沿って，関数 G は

$$\frac{d\ln G}{d\tau} = -\frac{1}{2}bk^2$$

となる．

ゆえに ξ の特性方程式は正規確率変数の特性方程式であり，その分布は最初の2つのモーメントで決定されることがわかる．これらのモーメントは先に計算したものと同じである．よってこの Fokker-Planck 方程式の解は正規分布であると結論できる．

Fokker-Planck 方程式はしばしば

$$\frac{\partial P(x,t)}{\partial t} = \frac{\partial [K(x)P(x,t)]}{\partial x} + (\epsilon/2)\frac{\partial^2 [Q(x)P(x,t)]}{\partial x^2}$$

のように書かれる．これらの係数が

$$K(x_0) = \lim_{t\downarrow 0}\langle x(t) - x_0\rangle/t$$

そして

$$\epsilon Q(x_0) = \lim_{t\downarrow 0}\langle x(t) - x_0\rangle^2/t$$

と x_0 における単位時間あたりの x の平均変位と単位時間あたりの平均2乗変位と解釈されることは先にみた．係数 $K(x)$ はドリフト項，$Q(x)$ は拡散項と呼ばれる．確率フロー関数

$$I(x,t) = K(x)P(x,t) - (\epsilon/2)\frac{\partial [Q(x)P(x,t)]}{\partial x}$$

を定義することで, $|x|$ が無限大に近づくとき $I(x,t) = 0$ を境界条件として Fokker-Planck 方程式は

$$\frac{\partial P(x,t)}{\partial t} = -\frac{\partial I(x,t)}{\partial x}$$

と表現できる.

右辺をゼロと置いて境界条件の下で $I(x) = 0$, すなわち

$$K(x)P_e(x) = (\epsilon/2)(\partial/\partial x)[Q(x)P_e(x)]$$

を解いて, Fokker-Planck 方程式の定常解 $P_e(x)$ が得られ

$$P_e(x) = \text{const}\, Q(x)^{-1} \exp\left[\frac{2}{\epsilon} \int \frac{K(y)}{Q(y)} dy\right]$$

と書ける.

5.13.2 久保の方法

5.3.2 項で導いた特性方程式の変換式の逆をとると

$$p(x,t) = \frac{1}{2\pi}\int Q(\xi,t)e^{-i\xi x}d\xi = \frac{1}{2\pi}\int \exp\left[\frac{1}{\epsilon}\psi(i\epsilon\xi,\epsilon,t) - i\xi x\right]d\xi$$

が導かれる. この方程式はわれわれがここで用いたような漸近的な形を正当化するために Kubo et al. (1973) によって使われた.

w の関数形を特定化することでマクロ変数の変動と動きを評価できる. t_0 から t の時間間隔における x_0 から x への遷移確率密度は

$$p(x,t|x_0,t_0) = \frac{1}{2\pi}\int \exp\left[\frac{1}{\epsilon}\psi(i\epsilon\xi,t|x_0,t_0) - i\xi x\right]d\xi$$

で与えられる.

この積分の漸近的な評価から表現

$$p(x,t|x_0,t_0) = [2\pi\Delta(x,t|x_0,t_0)]^{-1/2}\exp\left[\frac{1}{\epsilon}\phi(x,t|x_0,t_0)\right]$$

が得られる. ここで Δ は $O(\epsilon)$ である.

$x(t)$ の平均を

$$\langle x_t \rangle = E[x(t)] = y(t) + \epsilon u(t) + O(\epsilon^2)$$

と書くと，$y(t)$ は $O(1)$ までの精度で $x(t)$ の最も尤度の高い経路であり，分散

$$\langle [x(t) - \langle x_t \rangle]^2 \rangle = \epsilon v(t) + O(\epsilon^2)$$

と $y(t)$ からの平均経路の偏差はキュムラントの1次モーメント $c_1(y)$ の非線形性から生じる．これらは

$$dy(t)/dt = c_1(y)$$
$$dv(t)/dt = 2c_1'(y)\sigma + c_2(y)$$

そして

$$du(t)/dt = c_1'(y)u + \frac{1}{2}c_1''(y)\sigma$$

で与えられることが示される．

最も単純な場合は

$$c_1(y) = -\gamma y$$

と

$$c_2(y) = c = \text{constant}$$

と置くブラウン運動の場合である．$y(t) = y_0 e^{-\gamma t}$，および $v_e = c/2\gamma$ として

$$v(t) = v_e + (v_0 - v_e)e^{-2\gamma t}$$

となる．

均衡確率密度関数は正規分布

$$p_e(x) = (2\pi\epsilon v_e)^{-1/2} \exp(-x^2/2\epsilon v_e)$$

である．

　非均衡確率密度の平均は $y_0 e^{-\gamma t}$，標準偏差は $\sigma(t)$ である．ここで y_0 は $p_e(x,0)$ の平均である．

　相関は $t_2 \geq t_1$ に対して

$$\langle x(t_1)x(t_2)\rangle = \langle x(t_1)^2\rangle \exp[-\gamma(t_2-t_1)]$$

で与えられる．

　遷移確率に戻って，詳細釣り合い条件が満たされると仮定する．このとき $P_e(X)$ を均衡確率密度とすると

$$P_e(X)W(X'|X) = P_e(X')W(X|X')$$

である．遷移確率を

$$W(X'|X) = \bar{W}(X|X')[P_e(X')/P_e(X)]^{1/2}$$

と表現することができる．ここで，この表現は確かに詳細釣り合い条件を満たすので，$\bar{W}(X|X') = \bar{W}(X'|X)$ である．

　$P_e(X)$ は指数型

$$P_e(X) = \text{const} \exp[\Psi_e(x)]$$

であるから，

$$W(X'|X) = \bar{W}(X|X')\exp\{(1/2)[\Psi_e(X') - \Psi_e(X)]\}$$

を得る．

　さらに

$$(1/N)\Psi_e(X) = -\beta f(x)$$

と仮定する．このとき，規格化された遷移率は

$$w(x,r) = \bar{w}(x,r)\exp[-(1/2)\beta r(\partial/\partial x)f(x) + O(\epsilon)]$$

である．ここで

$$\bar{w}(x,r) = \bar{w}(x+\epsilon r,-r) = \bar{w}(x,-r) + O(\epsilon)$$

と置く．

$\bar{w}$ の奇数モーメントは

$$c_n(x) = 2\int dr r^n \bar{w}(x,r) \sinh[-(1/2)\beta \partial f(x)/\partial x] + O(\epsilon).$$

偶数モーメントは

$$c_n(x) = 2\int dr r^n \bar{w}(x,r) \cosh[-(1/2)\beta \partial f(x)/\partial x] + O(\epsilon)$$

と評価される．ここで積分範囲は $r \geq 0$ である．

均衡状態 x_e は

$$c_1(x_e) = 0$$

で定義される．ここで均衡は x_e が定数であることを意味している．$\Delta \phi$ を $\phi - \phi_e$ などと定義し

$$\gamma_e = -\partial c_1(x)/\partial x$$

を x_e で評価すると

$$\frac{d}{dt}\Delta \phi = -\gamma_e \Delta \phi + O(\Delta \phi)$$

である．偏差 Δx は平均ゼロ

$$\upsilon_e = (1/2)c_2(x_e)/\gamma_e$$

として分散 $\epsilon \upsilon_e$ の正規分布にしたがう．

遷移率が上述の式で与えられるならば

$$\gamma_e = \beta f''(x) \int_{r \geq 0} dr r^2 \bar{w}_0(x_e, r).$$

そして

$$c_2(x) = 2\gamma_e/\beta f''(x_e) + O(\Delta x^2)$$

であり,

$$v_e^{-1} = \beta f''(x_e)$$

を得る.

複数均衡の場合については 5.10 節で議論する.

系の時間経路が時間発展の途中で不安定均衡を通過しないかぎり,最もあり得る決定論的な経路 $\phi(t)$ を中心としたときの経路の偏差は正規分布によって記述される (不安定均衡に関する議論については 5.11 節を参照されたい).

ϕ, u, σ についての 3 つの式を短い時間スパン Δt にわたって積分すると

$$y(t+\Delta t|x,t) = x_t + c_1(x_t)\Delta t + O(\Delta t^2)$$
$$v(t+\Delta t|x,t) = c_2(x_t)\Delta t + O(\Delta t^2)$$

そして

$$u(t+\Delta t|x,t) = O(\Delta t^2)$$

と表わせる.

多段階確率分布に対して経路積分としての表現

$$p(x_1,t_1,\ldots,x_n,t_n) = \int \exp\left\{-\int_{t_1}^{t_n} \frac{1}{2\epsilon c_2(x_t)}[dx_t/dt - c_1(x_t)]^2 dt\right\} dD$$

を得る.ここで dD はすべての引数に関する積分を意味する.そしてこの右辺は

$$\frac{1}{2\epsilon}\sum \frac{1}{2c_2(x_t)}[x_{t+\Delta t} - x_t - c_1(x_t)]^2 \Delta t + O(\Delta t^2)$$

となる.

5.14 拡散型マスター方程式

マクロ方程式においては $\alpha_{1,0}$ あるいは $c_1(y)a$ はゼロではないと暗黙に仮定

してきた．もしゼロであれば対応するマクロ経済方程式が存在しなくなる．さらにモーメントの関係式から分散項は線形に

$$\langle \xi^2 \rangle = \alpha_{2,0}(\phi)\tau$$

と成長することがわかる．

デルタ関数を初期分布とすると，$O[N/\alpha_{2,0}(\phi)]$ の時間が経過した後は，変動はマクロの経済変数と同じオーダーである．

ここで示量変数 X が示強変数 $x = X/N$ と幅，すなわち $O(N)$ の変動をもつと仮定する．マスター方程式を $1/N$ で展開し，確率分布は特定の X で鋭いピークをもつという仮定を落とす．このときべき級数展開から

$$\frac{\partial P(x,\tau)}{\partial \tau} = -\frac{\partial(\alpha_{1,1}P)}{\partial x} + \frac{1}{2}\frac{\partial^2[\alpha_{2,0}(x)P]}{\partial x^2}$$

が導かれる．ここで再スケールした時間 τ を

$$\tau = N^{-2}f(N)t$$

で定義している．ここでは先のようにピークについて $\alpha_{i,j}$ を近似しないが，これを x の非線形関数としておく必要がある．この方程式はマスター方程式の拡散近似と呼ばれる．van Kampen (1992, Chap.XI) を参照されたい．

拡散過程は(強)マルコフ性をもつ連続時間確率過程であり，(ほとんど常に)連続な時間経路をもつ．その状態空間は $(-\infty, \infty)$ 全体も含めて実軸上の 1 区間である．経済過程には，本節で記述するように拡散過程でモデル化，あるいは近似的にモデル化できるものがある．

$X(t), t \geq 0$ を拡散過程[43]，$\Delta_h X(t) = X(t+h) - X(t)$ とする．存在すると仮定される最初の 2 つの微小モーメントは

$$\lim_{h \downarrow 0}(1/h)E[\Delta_h X(t)|X(t) = x] = \mu(x,t)$$

で定義されるドリフトパラメータと

$$\lim_{h \downarrow 0}(1/h)E\{[\Delta_h X(t)]^2|X(t) = x\} = \sigma^2(x,t)$$

で定義される拡散パラメータである．

これより高次のモーメントは通常ゼロである．

ベクトル値の拡散過程はこれらの微小な関係式から類推することができる．多くの離散時間確率モデルの分析は類似の拡散モデルで近似することができる．これをいくつかの例で示す．

5.14.1　Ornstein-Uhlenbeck モデル

ブラウン運動過程と Ornstein-Uhlenbeck 過程はよく知られている拡散過程であり，実軸全体を状態空間としている．ドリフトパラメータと拡散パラメータはそれぞれ

$$\mu(x) = -\alpha x$$

と

$$\sigma^2(x) = \sigma^2 = \text{constant}$$

である．ブラウン運動では α はゼロである．

Ornstein-Uhlenbeck 過程の離散版が Ehrenfest の壺モデルである．全部で $2N$ 個の(区別できない)玉が入った2つの壺 A と B がある．壺 A に i 個の玉があるとき，次の時点(すなわち瞬間 Δt だけ後)に $i+1$ 個の玉がある確率は $1-i/2N$ であり，$i-1$ 個の玉がある確率は $i/2N$ である．これは t 時点に壺 A にある玉の数を $X_N(t)$ と書くと

$$P[\Delta X_N = \pm 1 | X_N(t) = x] = 1/2 \pm (N-x)/2N$$

のように表現できる．

この過程を時間と状態空間について

$$Y_N(\tau) = \frac{X_N([N\tau]) - N}{\sqrt{N}}$$

で再スケールする．ここで $[N\tau]$ は $N\tau$ の整数部分である．積は $\Delta t = 1/N$ と固定したまま $N \to \infty$，$\Delta t \to 0$ とする．

上では分子の N は中心化のための定数であり, $1/\sqrt{N}$ は状態変数をスケールし, $N\tau$ の N が時間を再スケールする. $\Delta t = 1/N$ であるから, Y_N 過程の単位時間は元の X_N 過程の N 遷移におおよそ等しい.

ΔY を $Y_N(\tau + 1/N) - Y_N(\tau)$ と定義する. このとき $Y_N(\tau) = y$ は $X_N([N\tau]) = N + y\sqrt{N}$ であることに注意して

$$P[\Delta Y = \pm 1/\sqrt{N}|Y_N(\tau) = y] = (1/2) \mp y/2\sqrt{N}$$

を得る.

上を用いて Y_N 過程の最初の2つの微小パラメータを

$$(1/\Delta t)E[\Delta Y_N|Y_N(0) = y] = -y$$

と

$$(1/\Delta t)E[(\Delta Y_N)^2|Y_N(0) = y] = 1$$

と計算でき

$$(1/\Delta t)E[(\Delta Y_N)^4|Y_N(0) = y] = 1/N$$

が確認できる. これは $N \to \infty$ のとき 0 に近づく.

この最後の条件は標準過程と呼ばれる過程の存在のために十分であり, これも拡散過程である (詳細は Karlin and Taylor 1981, Chap.15 を参照されたい).

5.14.2 Wright-Fisher モデル, 二値選択モデル

この例は Karlin (1966, pp.197-200) の一般的モデルを経済学の用語で言い換えたもので, 出生死亡過程の一例でもある. このモデルは2つのタイプの主体からなる集団の記述に用いることができる. N 個の主体があり, 主体はタイプ a とタイプ b に分けられるとする. これらのタイプはいろいろなものが考えられる. たとえば, 楽観対悲観という期待の状態, 2つの宣伝戦略のどちらを採用するか, 生産か投資かの選択, 特定の資産あるいは情報を購入するか否か, 雇

第 5 章 相互作用のモデル化 II 〈マスター方程式と場の効果〉

用されているか失業して職探しをしているか，などである．

示量マクロ変数はタイプ a の主体の数である．示強変数は $y = X/N$ である．この例は最初は X の項で記述され，後に y の項に変換される．X の値はこのモデルの状態を記述する．状態は離散時間の各瞬間に任意に選択された主体がそのタイプを非ゼロの確率で変えることによりその値を変える．$X(t) = j$ と仮定する．このときランダムに選択された主体は確率 j/N でタイプ a であり，確率 $1 - j/N$ でタイプ b である．α をタイプ a が次の瞬間にタイプ b に変化する確率，β をタイプ b が次の瞬間にタイプ a に変化する確率とする，このとき

$$p_j = (j/N)(1 - \alpha) + (1 - j/N)\beta$$

はランダムに選択した主体がタイプ a である確率である．

過程 $X(t)$ は要素

$$p_{ij} = {}_N C_j p_i^j (1 - p_i)^j$$

の遷移確率行列に支配されたマルコフ連鎖として時間発展する．

α と β は $\alpha N \to \kappa_1$，$\beta N \to \kappa_2$ のようにゼロに近づくと仮定する．$Y_N(\tau) = X([N\tau])/N$ と定義し，$\Delta t = 1/N$ とする．したがって

$$\Delta Y_N(\tau) = Y_N(\tau + 1/N) - Y_N(\tau)$$

の最初の 2 つの微小パラメータは

$$\lim_{h \downarrow 0^+} (1/h) E[\Delta Y_N(\tau) | Y_N(\tau) = y] = -\alpha y + (1 - y)\beta$$

と

$$\lim_{h \downarrow 0^+} (1/h) E\{[\Delta Y_N(\tau)]^2 | Y_N(\tau) = y\} = y(1 - y)$$

である．4 番目の微小モーメントは極限では消えることが示される．

2 つの選択肢の一方がより望ましいということを示す効果を含めて p_j の定義をする方がよい場合もある．たとえば，タイプ a が生存する方がタイプ b が生

存するよりいくらか望ましい場合には，タイプ a とタイプ b の主体が次の時点に生存している比率を $1+s$ と仮定することでこの要因を含めることができる．このとき p_j を

$$p_j = \frac{(1+s)[i(1-\alpha)+(N-i)\beta]}{(1+s)[i(1-\alpha)+(N-i)\beta]+[i\alpha+(N-i)(1-\beta)]}$$

と再定義する．

Karlin and Taylor (1981) は s を σ/N と設定し，ドリフトパラメータが

$$\mu(y) = \sigma y(1-y)$$

拡散パラメータが

$$\sigma^2(y) = y(1-y)$$

であることを示した．

タイプ a の主体はタイプ b の主体が死亡したときのみ増加するので，$X(t) = j$ を与えられたとき $X(t+) - X(t) = 1$ である条件付き確率は

$$(1-j/N)[(j/N)(1-\alpha)+(1-j/N)\beta]$$

である．同様に $X(t) = j$ を与えられたとき $X(t+) - X(t) = -1$ である条件付き確率は

$$(j/N)\{(1-j/N)[1-\beta+(j/N)\alpha]\}$$

である．

このとき時間間隔 $(t, t+h)$ に状態が変化する確率が $\lambda h + o(h)$ であると仮定すると，0 から N までの j に対して，最初の条件付き確率に λ を掛けて λ_j を，2番目の条件付き確率に λ を掛けて μ_j を得られる．

$N \to \infty$ のときの定常分布に何が起こるかを調べるためには α と β は $\alpha N \to \kappa_1$，$\beta N \to \kappa_2$ のようにゼロに近づくと仮定する．このとき，Karlin and Taylor (1981) にしたがって，$k = [xN]$ を xN 以下の最大の整数と定

義して

$$\pi_k \sim c\kappa_2 N^{\kappa_2-1} x^{\kappa_2-1}(1-x)^{\kappa_1-1}$$

を得る．

ここで

$$\pi_k \Big/ \sum_i \pi_i \sim \frac{x^{\kappa_2-1}(1-x)^{\kappa_1-1}dx}{\int_0^1 x^{\kappa_2-1}(1-x)^{\kappa_1-1}dx}$$

である．

5.14.2.1 失業率モデル

上の例におけるタイプ a を失業と考えて，$X(t)$ をサイズ N の集団の中の失業者数とすることができる[44]．このとき示強変数 $Y_N(t)$ はこの集団の失業率である．$s = \sigma/N$ として因子 $1-s$ を用いて失業者が被雇用者に比べて生存する（あるいは職探しを継続する）上で不利益を被るという効果を組み入れる．上と同じ手続きにしたがって，最初の微小パラメータは σ 掛ける2番目の微小パラメータに比例するだけ減少する

$$\mu(y) = -\kappa_1 y + \kappa_2(1-y) - \sigma y(1-y)$$

ことがわかる．

2番目の微小パラメータはそのまま

$$\sigma^2(y) = y(1-y)$$

である．

伊藤拡散と拡散の生成子の関係式を用いる．Øksendal(1989, Chap.VII)を参照されたい．これらの微小パラメータをもつ伊藤確率微分方程式は

$$dy_t = \mu(y)dt + \sqrt{y(1-y)}dW_t$$

である．ここで W_t は標準ブラウン運動である．

ドリフトと拡散のパラメータを $y_{t_0} = y_0$ の周りで展開し，$u_t = y_t - y_0, a =$

$\kappa_2(1-y_0) - \kappa_1 y_0 - \sigma y_0(1-y_0), b = \kappa_1 + \kappa_2 + \sigma(1-y_0) - \sigma y_0, c = \sqrt{y_0(1-y_0)}, e = (1-2y_0)/[2\sqrt{y_0(1-y_0)}]$ として，近似的な確率微分方程式

$$du_t = (a - bu_t)dt + (c + eu_t)dW_t$$

を考える．

この微分方程式を解くために Itoh [伊藤] の定理(Arnold 1974, p.90)と Arnold (1974, p.136) の結果を再び用いる．解 u_t は $f(x,y) = e^x y$ として

$$u_t = f(Y_t, Z_t)$$

と書ける．ここで

$$Y_t = \ln \phi_t$$

$$\frac{d\phi_t}{\phi_t} = -bdt + edW_t$$

そして

$$Z_t = \int_{t_0}^{t} \phi_s^{-1}(a - ce)ds + \int_{t_0}^{t} \phi_s^{-1} c dW_s$$

である．

$\gamma = b + e^2/2$ として，

$$\phi_s = \exp(-\gamma t + eW_t)$$

に注意する．したがって解は

$$u_t = \exp(-\gamma t + eW_t)\left[u_0 + \int_{t_0}^{t}(a - ce)\exp(\gamma s - eW_s)ds \right.$$
$$\left. + c\int \exp(\gamma s - eW_s)dW_s\right]$$

である．この場合は初期条件 u_0 はゼロであるが，一般的にはゼロではない場合もある．

次に失業率の条件付き期待値 $E(u_{t+s}|u_t)$ を計算し，モデルのパラメータを変化させたときのこの期待値への影響をみる．以下の事実が必要となる．
$Z_t = \exp(at + bW_t)$ とする．このとき

$$E(Z_t) = \exp(a + b^2/2)t$$

である．

これをみるため，伊藤の補題を Z_t に適用して

$$dZ_t = aZ_t dt + bZ_t dW_t + (b^2/2)Z_t(DW_t)^2 = (a + b^2/2)Z_t dt + bZ_t dW_t$$

これを積分すると

$$Z_t - Z_0 = (a + b^2/2)\int_0^t Z_s ds + b\int_0^t Z_s dW_s$$

を得る．上の（時点 $t = 0$ におけるシグマ代数の条件付き）期待値をとると，$E(\int^t Z_s dW_s) = 0$ を想起して，結果は

$$EZ_t = Z_0 + (a + b^2/2)\int_0^t EZ_s ds$$

であり，t に関して微分すると

$$dEZ_t/dt = (a + b^2/2)EZ_t$$

である．つまり，これを t に関して積分したものが求める結果である．

ここでこの結果を u_t を条件とした u_{t+s} の期待値に応用する．すると γ の定義から

$$E(u_{t+s}|u_t) = e^{-bs}u_t + (a - ce)\int_0^s e^{-bv}dv$$
$$= e^{-bs} + [(a - ce)/b](e^{-bs} - 1)$$

である．$s \to \infty$ のとき，これは $(ce - a)/b$ に近づく．元のモデルのパラメータでは

$$\frac{(1-2y_t)/2 + \kappa_1 y_t - \kappa_2(1-y_t) + \sigma y_t(1-y_t)}{\kappa_1 + \kappa_2 + \sigma(1-2y_t)}$$

である.

y_t は小さく,最大でも $O(0.1)$ なので,これを

$$\frac{0.5 - \kappa_2}{\kappa_1 + \kappa_2 + \sigma}$$

で近似できる.

5.14.3 ロジスティック・モデル

このモデルにおいては集団の大きさは N_1 から $N_2(N_2 \geq N_1)$ の間にある.出生率,死亡率が集団の大きさに比例する場合がほとんどである.与えられた集団の大きさ $X(t)$ に対して

$$\lambda = \alpha[N_2 - X(t)]$$

$$\mu = \beta[X(t) - N_1]$$

と仮定する.

この例でも「出生」と「死亡」という用語には数多くの解釈が可能である.集団の大きさが n であるとき,n 個の主体はそれぞれ微小な出生率 λ をもっており,$\lambda_n = \alpha n(N_2 - n)$ とする.同様に関係式 $\mu_n = \beta n(n - N_1)$ が得られる.ここで

$$\pi_{N_1+m} = \frac{\prod_0^{m-1} \lambda_j}{\prod_1^m \mu_i}$$

は

$$\frac{N_1}{N_1 + m} {}_{N_2-N_1}C_m (\alpha/\beta)^m$$

と単純化されることに注意する.

したがって和によって規格化すると,定数 c を適当にスケールすれば

$$p_{N_1+m} = \frac{c}{N_1 + m} {}_{N_2-N_1}C_m (\alpha/\beta)^m$$

である．

注

1) Friedman（1993）によると，生物学モデルにおいては生育環境と集団内の別の行動習性（あるいは行動様式）の流行は特定の生物学的習性（あるいは行動様式）に影響を及ぼす．
2) Friedman（1991）の概観を参照されたい．
3) どの方程式ひとつをとっても同じ最終状態がすべての項に入る．Cox and Miller（1965, p.152）によるとこれが後ろ向き方程式の一般的な特徴である．我々の後ろ向きの使い方は彼らの特徴づけと整合的である．読者には「後ろ向き」という用語の別の説明として 4.2 節もみてほしい．
4) マスター方程式に関しては多くの文献がある．van Kampen（1992, p.92）には「マスター」という用語の由来が説明されている．Kubo（1975）あるいは Weidlich and Haag（1983）もみよ．
5) 有限時間内に無限個の状態を通過する過程を除外する．
6) Kelly（1979）では Kolmogorov の基準はマルコフ連鎖やマルコフ過程が反転可能である必要十分条件であることが示されている．確率過程 $X(t)$ は，すべての $t_1, t_2, \ldots, t_n$ と τ に対して $X(t_1), X(t_2), \ldots, X(t_n)$ と $X(\tau - t_1), X(\tau - t_2), \ldots, X(\tau - t_n)$ が同一の確率分布をもつとき，反転可能という．Kolmogorov の基準は，与えられた初期点に対して完全にそれ自身に戻ってくる状態空間のどんな経路も，経路を逆方向にたどったとき同じ確率をもたなければならないことを意味している．言い換えれば，反転可能なマルコフ連鎖は状態空間内では閉路をもたない．反転可能性に対する簡単な必要十分条件については Kelly（1979, p.25）を参照されたい．
7) Kurtz（1971, 1978），Kubo, Matsuo and Kitahara（1973），Kubo（1975）もこれらの性質に言及している．
8) この割合は示強変数の例である．
9) 本節では N を固定しているので，この仮定は無害である．N の固定された関数は時間単位にも吸収され得る．N を変動させた場合，遷移率が x だけでなく N にも依存するという状況が起こり得る．N の確率分布を導入し，N を固定したときの結果を平均し，N を変化させることができる．4.5.5 項にこのひとつの例がある．
10) これらの項がゼロであれば $O(N^{-2})$ の項までの項は残す．このときマスター方程式の拡散方程式近似を得る．拡散近似は 5.14 節で議論される．
11) $O(N^{-1})$ あるいは $O(N^{-1/2})$ の大きさの項はなんの影響もなく 2 つの項のどちらにでも変えられるので，初期条件についてはあまり正確である必要はない．言い換えれば，分布のピークは $O(N^{1/2})$ である分布の幅よりも正確には定義できない．
12) 密度のパラメータは密度の表現において独立変数として扱わないという一般的な慣例に基づき，代入されたときに明示的に表記しない．

216　第 II 部　相互作用のモデル化

13) 読者に注意しておくが，最初に読む際はこの小節をとばしても議論の主要な流れには差し支えない．
14) この経路が対数線型モデルを作る非線形な動学の変分解析における参照経路と類似していることに注意せよ．これらのモデルは一般的に参照経路についての変分解析モデルであるマクロ経済学において用いられる．たとえば，Aoki (1981, p.14) を参照されたい．ここではモデルは確率的であるため，参照経路が変動する．
15) Kubo et al. (1973) は

$$H(x,q,t) = \int dr(1-e^{-rq})w(x,r,t) = \sum_{n=1}^{\infty} \frac{(-1)^{n-1}q^n}{n!} c_n(x,t)$$

を導き，式 (5.7) の右辺は

$$-H[x, \epsilon(\partial/\partial x), t]p(x,t)$$

と簡潔に表現できることを示した．

16) van Kampen (1992, p.199) を参照されたい．
17) $\frac{\partial}{\partial \xi}[\alpha_{1,0}(x)\Pi] = \alpha_{1,0}(x)\frac{\partial \Pi}{\partial \xi} + N^{-1/2}\alpha'_{1,0}(x)\frac{\partial}{\partial \xi}(\xi\Pi) + O(N^{-1})$
に注意せよ．
18) 階層や樹を集計することでマクロ経済の関係を導くことができるが，これに関連した方法は第 7 章で議論される．
19) 飛躍型マルコフ過程は無限小条件すなわち遷移率の特定化により構築できる．Breiman (1968, p.332) を参照されたい．
20) 1995 年，プリンストン大，Dixit との私信．
21) 交換可能な確率変数に関する議論については付録をみよ．
22) 付録をみよ．
23) 静学的分析の例は Buchanan and Stubblebine (1962) に見出すことができる．
24) 経済学における Ising モデルの詳細な解説は Ellis (1985) を参照されたい．物理学の多くの初歩的な教科書もこの強磁性のモデルを扱っている．Brock (1993) とそこで Ising モデルの経済学への応用として引用されている文献を参照されたい．
25) 相互作用がマルコフランダム場を利用してモデル化されるときについてはすでに多くの先行研究がある．たとえば Kindermann and Snell (1980) を参照されたい．Brock and Durlauf (1995) は最近の経済学の例である．
26) 飛躍型マルコフ過程では，主体の意思が変化する時間間隔は指数分布にしたがっている．したがって複数の主体の選択が同時には起こることはない．
27) 平均場の概念は物理学の文献，主として強磁性モデルに関連して長い間用いられてきた．Griffiths, Wang, and Langer (1966) を参照されたい．Fukao (1987) はこの概念をシステムの文献におそらく最初に紹介した．

第 5 章　相互作用のモデル化 II〈マスター方程式と場の効果〉　217

28) これらの関数がどのように特定化されるかは 2 つの選択肢からなる状況のより完全なミクロ経済的記述に依存する．便益が評価されるホライゾンはモデルの特定化や政策変数などにも依存するかもしれない．これらのその他の因子は固定されていると仮定する．

29) オッズ比の対数は $\beta \Delta G$ である．Anderson et al.（1993）で言及された Strauss のモデルはまったく同じである．Brock（1993）もこの関係を示唆している．

30) $n = 0$ と $n = N$ の両端では明らかな変更が必要である．

31) これは確率分布が指数族に属することを意味している．その指数はポテンシャル関数と呼ばれる．つまり確率分布は constant $\exp -V(x)$ の形であり，$V(x)$ はポテンシャル，すなわちハミルトニアンである．これは x の関数で x に至る経路には依存しない．

32) Feller（1957, p.421）あるいは Karlin and Taylor（1981, p.142）を参照されたい．これらの遷移確率をもつ壺のモデルはこの単純な出生死亡過程と同等であり，Ehrenfest モデルとして知られている（Whittle 1992, p.192 を参照されたい）．

33) この節は一部 Aoki（1995a, b）に基づいている．Aoki and Yoshikawa（2007, p.99）も参照されたい．

34) 在庫の問題を避けるためにこのように仮定している．同じ生産技術を用いる企業が物理的に同じであると仮定することも一案である．ただしこの場合，企業管理の特性と能力は異なり，独立に決定を下すとする．

35) 混雑，学習あるいは x に依存するその他の外部性をモデル化する方法は他にもある．これは最も単純なものと思われる．このモデルは Jeong（1993）のものに似ている．しかしながら分析の性質と方法論は異なる．Jeong は平均だけを調べ，複数均衡をもつモデルを議論していない．

36) ここで一期間の利益関数を使用するのはただ例証するためであり，より一般的には各企業がその独自の計画ホライゾンにわたってさまざまな利益を計算する．

37) $\kappa = a^{1/b}(1-b)^{(1-b)/b}b$

38) 別の案としては F を確率変数と考えることもできる．

39) マクロ経済の動学のゼロ点の位置は原点に関して対称である．

40) この関数は同じ 4 乗の項をもつ 4 次式 π_1 と π_2 から生じる．

41) 5.9 節と 5.10 節の例では x は -1 から 1 までの範囲にある．この場合に積分の下限を -1，上限を 1 と置き換えることができる．

42) Ceccatto and Huberman（1989）はいくらか違った文脈で同様の結論に達している．

43) 拡散過程がランダム時間に終了する可能性があるとき，死亡ありの拡散と呼ばれる．

44) このモデルは Aoki（1989b）に基づく．

第6章 相互作用のモデル化III〈対および複数対の相互作用〉

　これまでは場の効果の外部性に従うミクロの経済主体の大集団のモデル化に集中してきた．ミクロの経済主体の遷移率を詳細釣り合い条件を満足するように規定できることを示し，有限次元のマルコフ連鎖の均衡分布として Gibbs 分布を確率した．そしてマクロ経済の動学に対する複数均衡のもつ意味を調べた．
　本章では対の外部性(pairwise externality)，すなわちミクロの経済主体間の相互作用をモデル化することで Gibbs 分布が生じるもうひとつの状況を議論する．場の効果とは異なり，経済主体 i は j と相互作用すると仮定する．j は i の近傍のひとつとして特定化してもよいし，Cornell and Roll(1981)におけるように匿名(顔のみえない)でもよい．相互作用の中に 2 つ以上の対が含まれるとき，複数対の相互作用となる．過去の相互作用のパターンは現在の相互作用の係数に影響を及ぼし，時間発展する複雑な相互作用のパターンが生じることがある．

6.1 対あるいは複数対の相互作用

6.1.1 Ising モデル

　1925 年に相転移(phase transitions)と自発磁化(spontaneous magnetization)をモデル化するために，Ising は隣接する場所に位置する磁力双極子間の相互作用(interaction among magnetic dipole)を用いた．Ellis(1985, p.131)を参照されたい．Ising は d 次元正規格子に磁力双極子(magnetic dipoles)を配置した．後にこの整然とした格子構造は緩和され，グラフの節に双極子(dipoles)が位置するグラフ構造が導入された．このタイプの隣接相互作用は後にマルコフ

ランダム場モデルとして定式化され，大きな研究成果をもたらした．マルコフランダム場モデルには物理学以外にも社会学や経済学を含む多くの応用がある．Spitzer（1975）と Kindermann and Snell（1980）を参照されたい．

Ising による重要な貢献は次の 2 つである．(1) 隣接する場所の間の相互作用の概念はハミルトニアンによって定式化されるが，その際，双極子変数（dipole variables）の 2 次の項は近傍でのみ合計されている．(2) 確率は Gibbs 分布としてスピン双極子の配置に割り当てられる．

Ising モデルは局所的，つまり短距離の相互作用（short-range interaction）の最もよく知られた例である．与えられた位置あるいは主体に対してはっきりと定義されたその近傍に位置する主体のみが対の相互作用をすると仮定される．種々の研究分野において局所的相互作用を扱うために Ising モデルの仕組みをさまざまな装いで適応させた多くの例がある．与えられた主体は短距離の力（short-range forces），あるいはある種の効果でその他の経済主体と相互作用する．あるいはある距離の定義の下で同様の特性をもつ主体と相互作用する．このとき基本の主体の大集団の振る舞いはある集団強化（group reinforcement），あるいはその他の集合効果（collective effect）（あるいは集団効果（mass effect））を示す．すなわちあるタイプの隣接相互作用による外部性を示す．社会学（あるいは経済学）における政治的（あるいは経済的性質の）意見，選好，あるいはネットワーク構成，そして魚の群れがどのようにして同じ方向に泳ぐかという問題さえも（Callen and Shapero 1974 を参照）基本的には Ising モデルという同一の数学的構造をもつモデルを用いて説明されてきた．

Weidlich は Ising モデルを社会学における分極化（つまり二分化）現象の説明に用いたおそらく最初の研究者である（Weidlich 1974, Weidlich and Haag 1983）．同じ品質と同じ価格帯のいくつかのブランドのなかからひとつの特定のブランドが市場を支配するという事実は，Ising モデルに起源をもつ自発磁化（spontaneous magnetization）と似た臨界現象または相転移の振る舞いとして説明される[1]．

経済学では技術革新の拡散を説明するために，隣接する企業の相互作用の結果として新技術の採用過程をモデル化する際に，Ising モデルが採用されてきた．しかしながらこうした経済学への応用においては近傍の概念がいくらか強

引（あるいは人工的）である．Föllmer (1973) は Hildenbrand (1971) に導入された枠組みを用いて，Ising モデルを一般均衡の経済学に導入した．この設定において彼はある種のエルゴード性の効果を必要とした．ただし第 5 章でみたように，このエルゴード性の性質はエルゴード分解の枠組みを必要とするため，複数均衡をもったより興味深い経済学上の問題においては成立しない．Föllmer 以来，Ising モデル，あるいは Curie-Weiss モデルと呼ばれるその一般化版を模倣した経済学モデルがいくつかあった．なかでも Brock (1993) と Durlauf (1991) を参照されたい．

6.1.1.1 長距離の対の相互作用

Curie-Weiss モデルは Ising モデルの簡単な修正である．N が大きくなるにつれて $1/N$ の率で減少する一定の強さで系のすべての主体が互いに相互作用する．系のすべての対が同一の強さで相互作用するため長距離相互作用である．

スピングラス・モデルは Curie-Weiss モデルを修正し主体の対の相互作用がランダムであり得る．これらのモデルはより高次の複数主体間の相互作用の項を含むように一般化することができる．そのような例のひとつは van Hemmen, van Enter, and Canisius (1983) にある．

6.2 対の外部性のモデル

第 5 章では，離散的あるいは不可分の調整規則を用いて相互作用するミクロの経済主体の集団をモデル化するために一般化された出生死亡過程を用いた．そこでは外部性は場の効果の一種であり特別な対の相互作用，あるいは経済主体間の相互関係パターンは仮定されなかった．

本節では Ising モデルからさらに先に進み，対の相互作用をもつミクロの経済主体の集団のモデルを作り出すためにニューラルネットワークの研究における最近の成果を利用する．離散的選択集合をもつミクロの経済主体の大集団の動学と神経細胞（ニューロン）の大集団の動学の間に存在する類似性を指摘する．神経細胞 i の細胞膜の電位は信号伝達の上流に接続されている神経細胞の活

動の結果として形成される．神経細胞集合の状態は個々の神経細胞の電圧の集合で完全に記述される．神経細胞の細胞膜の電位がその閾値を超えると電気信号を発信し，細胞膜電位は休眠水準に低下する．符号が異なる以外，在庫減少過程と細胞膜電位形成の過程は統計的に類似のものとして記述できる．逆に電位上昇は注文による在庫の減少の符号を逆にしたものと考えることができる．在庫は水準 s に減少すると非連続的に水準 S に上昇する．細胞膜電位は閾値に達すると休眠水準に下落する．

経済学においては，多数の相互作用する経済主体からなるモデルにおいて均衡状態が達成される動学をどのように導くかという問題が未解決である．本来の動学を回避するために，競売人が仲立ちする模索過程や代表的な経済主体など非現実的な想定が従来経済学ではなされてきたが，きわめて不満足な方法である．これが相互作用の動学を記述するために飛躍型マルコフ過程を用いることを提案する主な理由である．

ニューラルネットワークの動的振る舞いと均衡を記述するときに同種の非決定性が存在する．経済学のモデルと異なり，ニューロンのネットワークの動学をモデル化する際の手がかりとして生物学的要因に注意が向けられる．より具体的には Little (1974) と Hopfield (1982) は2つの人工ニューラルネットワークの動的構造を考案した．ここでは Little モデルについて述べるが，これは彼の成果が本書における基本的な動学方程式であるマスター方程式を基礎としており，非2次 (non-quadratic) そして他形式のハミルトニアンを導いているからである．本節では後でこの Little モデルを経済学のモデルに関連づける．

6.2.1 ポテンシャルと均衡確率分布

第5章では均衡 Gibbs 分布の指数としてポテンシャルを導入し，ポテンシャルが2つの構成要素の和であることをみた．ひとつは費用や効用のような目的関数を表現する項であり，もうひとつは同じマクロ経済的配置 (macroeconomic configuration) を達成する複数の組合せを測定するエントロピー項である．ここでは Gibbs 分布の指数におけるポテンシャルをさらに特定化する．

多くの経済主体からなる大集団をモデル化することが目標であるが，われわれ

のモデルにおいてポテンシャルがどのように導かれたかを見直すことから始めよう．ひとたびポテンシャルが見つかればモデルの均衡を Gibbs 分布で記述することができるため，まずポテンシャルについて考察することが有益なのである．一般論として言うならば，経済学のモデルにおいてはポテンシャルとなる明らかな示量数は存在しない．ここでは詳細釣り合い条件を満たすマルコフ過程である反転可能なマルコフ系に焦点を当てる．この場合にはポテンシャルを構築することができる．定常マルコフ過程は詳細釣り合い条件が満たされるとき，そしてそのときにかぎって反転可能であることを想起しよう[2]．Gibbs 分布の指数部分は Kolmogorov 基準により経路に独立となる，つまりこれはポテンシャルであり，物理学者によってハミルトニアンと呼ばれる．Peretto(1984)を参照せよ．Gibbs 分布が得られると，第 5 章におけるマスター方程式の議論で導入した巨視的に調整していく動学のすべての道具立てが利用できる．

マルコフ系において差し当たり離散時間の定式化を採用すると，ある状態の占拠確率は

$$P(Y, n+1) = \sum_X W(Y|X) P(X, n)$$

によって進展する．ここで x, y, z あるいは i, j, k と小文字で表記される個々の主体の状態と区別するため，主体の集団の状態は X, Y, Z と大文字で記す．状態 X から状態 Y への 1 ステップ遷移確率は $W(Y|X)$ で表わされる．この過程は斉時的である，すなわち遷移確率は時間に独立であると仮定する．より詳細には $P(X, n)$ でモデルが時点 $n\Delta$ に状態 X である確率を表わす．ここで Δ は小さな正の時間単位であり，1 ステップの遷移確率 $W(Y, \Delta|X, 0)$ を短く $W(Y|X)$ と書く．これらの遷移確率を行列 W で表現する．この行列は，X を固定して $W(Y|X)$ を Y のすべての可能な配置にわたってとったものを列ベクトル $\mathbf{X}$ とする．したがって各列の要素の和は 1 である．

Perron-Frobenius の定理よりこの行列 W のすべての固有値は絶対値が 1 以下であり，すべての $\mathbf{X}$ に対して，その左固有ベクトルのすべての要素が 1 に等しい，すなわち $v(X) = 1$ となる固有値 $\lambda_1 = 1$ が一意に存在する．この固有値の右固有ベクトルの構成要素を $u(Y)$ と書く．

ある関数 $H(X)$ に対して定常あるいは均衡確率分布が

$$p_e(X) = \Xi^{-1} e^{-\beta H(X)}$$

という形で存在することがわかる．この関数は詳細釣り合い条件が満たされている，すなわち

$$w(Y|X) e^{-\beta H(X)} = w(X|Y) e^{-\beta H(Y)}$$

のとき，そのときにかぎりポテンシャルあるいはハミルトニアンと呼ばれる示量数である．3.3節を想起せよ．

均衡確率の極限表現を

$$P_e(Y) = \lim_{n \to \infty} P(Y, n)$$

と書くことができる．W の極分解(polar decomposition)[3] を用いて最大固有値 $\lambda_1 = 1$ の左および右固有ベクトルだけが極限において残ることがわかる．つまり $n \to \infty$ のとき

$$P(Y, n) = \sum_Y W(Y|X)^n P(X, 0) \to \sum_Y v(X) u(Y) P(X, 0)$$

である．すべての X に対して $v(X) = 1$ であり，$P(X, 0)$ は合計 1 であることから

$$P_e(Y) = u(Y)$$

を得る．

したがって $u(Y)$ がすべての Y に対して正であれば[4] ポテンシャルあるいはハミルトニアンを

$$H(Y) = H_0 - (1/\beta) \ln[u(Y)]$$

そして

$$P_e(Y) = \Xi^{-1} e^{-\beta H(Y)}$$

と定義できる．ここで $\Xi = \sum_X e^{-\beta H(X)}$ は有限であると仮定されている．

連続時間の記述に戻ると確率は

$$\frac{\partial P(X,t)}{\partial t} = \sum_{Y \neq X} [w(X|Y)P(Y,t) - w(Y|X)P(X,t)] \tag{6.1}$$

で与えられるマスター方程式に従って時間発展する．ここで $w(X|Y)$ は状態 Y から状態 X への斉時的な遷移率であり，第4章で導入され，第5章などで示量的に用いられた．ここでマルコフ連鎖は定常と仮定する．

Kolmogorov の基準が満たされていることが示される (Kelly 1979, p.21 および Exercise 1.5.2)．X をその他すべての状態への遷移が可能な状態とする，すなわちすべての状態 $S \neq X$ に対して $W(S|X)$ は正である．このとき他のどの2つの状態 Y と Z に対しても

$$W(X|Z)W(Z|Y)W(Y|X) = W(X|Y)W(Y|Z)W(Z|X) \tag{6.2}$$

が成り立つ．

6.2.2 経済主体と神経細胞の類似

第5章の例とわずかに異なる例として，在庫保有についてよく知られた (s, S) 政策を用いる多数の経済主体からなる経済学の動学的な系と，Little モデルの動学の類似性を説明する．ここでは上下限の s と S は経済主体ごとに異なる．例としてある商品(中間財)を貯蔵し販売する店主を考えてもよい．その商品はモデル内の他の店主により購入されるか，または供給される．さらに外部の消費者(最終需要)とも売買を行なう．消費者(他の店主も含む)は彼らが取引相手とする店主がいるときランダムな時刻にランダムな量を注文する．したがって，店主 i の在庫水準が閾値(下限 s) θ_i に達して店主 i が上限 S まで注文を出すときまで，店主 i の在庫水準は Little モデルにおける(負の)細胞膜電位のように振る舞う．ただしランダムな時刻にランダムな量だけ細胞膜電位が上昇する代わりに，ランダムな時刻にランダムな量だけ在庫が減少する．このとき店主 i の平均在庫水準は先に

$$\bar{a}_i = \sum_j C_{ij} s_j$$

で記述した平均細胞膜電位 $\bar{a}_i$ に類似している.ここで s_j は店主 j の状態 (注文しているか否かなどの) を意味する.これら店主の注文行動は店主が商売をしている他の経済主体の間に広がり,その数量はランダム係数 C_{ij} で捉えられる.正直なところこれは粗い.しかし,任意の与えられた時間に注文している経済主体の割合に注目してこのタイプの相互作用のマクロ経済学的特徴を捉える (同期版の) マルコフ連鎖モデルあるいは (非同期版の) 連続時間マルコフ連鎖モデルを特徴づけるには十分である.

この基本的枠組みに,過去の取引あるいは政策行動の履歴の係数あるいは閾値関数を作ることで過去の経験あるいは政策行動の効果を組み込むことができる.6.4 節で相互作用のパターンの時間発展と,これらのモデルのパラメータの正確な特定化にそれらがどのように影響されるかを議論するときにこれについて説明する.

Kelly (1979) と Whittle (1986) は社会的集団の相互作用や動学を議論している.出生,死亡,移住,あるいは様々なサイズの集団の形成と崩壊を特徴づけるいくつかのパラメータを内生化することによって,経済学的相互作用に動学を導入できるように,社会的相互作用にも動学を導入することができる.Pollett (1986) は,相互作用する詳細釣り合い条件を満たす定常マルコフ過程は,全過程が詳細釣り合い条件を満たす積型の不変測度によって依然として記述できるという枠組みについて議論した.したがってこれらの過程はこれまで議論した種類を超えたミクロの経済主体の相互作用をモデル化する有用な道具を提供する.4.5 節における議論をみよ.たとえば異質的信念をもつ経済主体を対象としたモデルでは,外生的な情報源からの新情報の到来の比率は究極的に集団の動学 (collective dynamics) に影響を及ぼす.このような例としては Aoki (1975b) と Friedman and Aoki (1992) を参照されたい.

6.3 情報交換均衡分布の例

これは遷移率を導き出す方法の説明である．さらに言えば説明を簡単にするため，また離散時間の定式化を用いているため，この場合は遷移確率である．ここでは互いに情報を交換する多数の経済主体の遷移確率と均衡分布を導き出すために Little のモデル[5]を採用する．基本的な仕組みは Weidlich and Haag (1983) の意見形成モデル (opinion formation model) の仕組みに似ている．ここではこれを閾値水準あるいは留保水準 (reservation level) を導入することで修正する．経済主体 i が他の主体と情報を交換するとする．主体 i は受け取った信号の最終的な効果がその主体の留保水準を超えたときのみ考えを変える．

この基本的枠組みはいくつかの方法で解釈が可能である．経済主体が強気あるいは弱気，金融への応用において市場内あるいは市場外，意思決定において追加的情報を購入するか否か，あるいはより一般的に楽観的か悲観的かなどである．閾値水準は主体 i の疑念あるいは雰囲気などと呼ぶことができる．したがって各主体は状態変数 $s_i = \pm 1$ で表わされる2つの状態の内の1つにいる．モデルの状態は配置とも呼ばれ，大文字で X, Y, Z などと表わされる．ここで $X = \{s_1, s_2, \ldots, s_N\}$ であり，N はモデルにおける主体の総数である．配置の総数は 2^N である．

この系全体の配置が X のとき，これらの相互作用の最終的な効果は経済主体 i が受け取った最終的なランダム信号 $a_i(X)$ により表現されるとする．$s_j(X)$ を配置が X のときの主体 j の状態としてこの信号は平均

$$\bar{a}_i(X) = \sum_j C_{ij} s_j(X) \tag{6.3}$$

の正規分布にしたがう．分散はすべての経済主体に対して同一であり ϕ と表記される．説明を簡単にするため係数 C_{ij} は定数とする[6]．これは主体 j の情報の正確さあるいはある意味における主体 j との接触の頻度を反映しているかもしれない．主体 i の留保水準は θ_i により表記される．

現在の配置 X（すなわち離散時間の定式化における遷移確率）を与えられたとき主体 i が次の期において市場に存在する確率は

で与えられる．ここで $p(\cdot)$ を平均 $\bar{a}_i$，分散 ϕ の Gauss 密度としたとき

$$P(a_i \leq \theta_i) = \int_{-\infty}^{\theta_i} p(a_i) da_i$$

である．積分変数を $y = (a_i - \bar{a}_i)/\sqrt{2}\phi$ と変換する．このときこの確率は誤差関数（error function）を用いて

$$(1/2)\left\{1 - \mathrm{erf}\left[\frac{h_i(X)}{\sqrt{2\phi}}\right]\right\}$$

と表わされることがわかる．ここで $h_i(X)$ は

$$h_i(X) = -\bar{a}_i + \theta_i$$

で定義される[7]．ここで誤差関数は

$$\mathrm{erf}(x) = \frac{2}{\sqrt{\pi}} \int_0^x e^{-y^2} dy$$

によって定義される．

$W[s_i(n+1) = -1|X(n)] = 1 - W[s_i(n+1) = 1|X(n)]$ に注意する．

$s_i = \pm 1$ であることと誤差関数が奇関数（odd function）であることに注意すると，両方の場合を

$$W[s_i(n+1) = 1|X(n)] = (1/2)\{1 - \mathrm{erf}[s_i(n+1)u_i]\} \tag{6.4}$$

とまとめて書くことができる．ここで $u_i = h_i[X(n)]/\sqrt{(2)}\phi$ である．θ_i が大きくなるほど遷移確率 $W(s_j|X)$ が小さいことを意味する．分散が大きくなるほど遷移確率は $1/2$ に近づく．

$\kappa = 4/\sqrt{\pi}$ として近似[8]

$$(1/2)[1 - \mathrm{erf}(u_i)] \approx (1 + e^{\kappa u_i})^{-1}$$

を用いて主体が与えられた配置に対して独立に行動すると仮定することにより，

第 6 章 相互作用のモデル化 III〈対および複数対の相互作用〉

配置 X から配置 Y への 1 ステップ遷移確率を, Y を $s_i(n+1)$ からなるとして

$$W(Y|X) = \prod_{i=1}^{N} W[s_i(Y)|X] = \prod_i \frac{e^{\beta s_i(Y) h_i(X)}}{e^{\beta s_i(Y) h_i(X)} + e^{-\beta s_i(Y) h_i(X)}} \quad (6.5)$$

のように書くことができる. ここで $\beta = \sqrt{2/\pi}\phi^{-1}$ であり, $s_i[Y(n+1)]$ を $s_i(Y)$, $s_i[X(n)]$ を $s_i(X)$ と書く.

式 (6.5) の分子は

$$H(Y|X) = -\sum_i s_i(Y) h_i(X) = \sum_{ij} C_{ij} s_i(Y) s_i(X) - \sum_i \theta_i s_i(Y) \quad (6.6)$$

として $\exp[-\beta H(Y|X)]$ と書くことができる. 分母はすべての配置にわたって分子を合計したものに等しく, 規格化定数である. 分母を明示的に書くために, 配置 Z は $\sigma_i = \pm 1, i = 1, \ldots, N$ からなるとして, すべての z_i の系列に対して $\prod_{i=1}^{N}(e^{z_i} + e^{-z_i}) = \sum_Z \exp(\sum_{i=1}^{N} \sigma_i z_i)$ に注意する[9]. 分母は $\prod_i 2\cosh[\beta s_i(Y) h_i(X)]$ と書ける. cosh は双曲線余弦である. この分母の表現は cosh が $s_i(Y) = \pm 1$ の偶関数 (even function) であるため $2\cosh[\beta h_i(X)]$ とも書ける.

したがって配置 X から配置 Y への遷移確率の表現

$$W(Y|X) = \frac{e^{-\beta H(Y|X)}}{\sum_Z e^{-\beta H(Z|X)}} = \frac{e^{-\beta H(Y|X)}}{\prod_i 2\cosh[\beta h_i(X)]} \quad (6.7)$$

を得る. ノイズ水準が高くなるほど分散 ϕ は大きくなり, パラメータ β は小さくなる.

Kelly (1979, pp.5, 21, Exercise 1.5.2) から, 詳細釣り合い条件が成立するとき, そのときにかぎり Gibbs 分布はある関数 $H(X)$ に対して均衡分布

$$P_e(X) = \Xi^{-1} e^{-\beta H(X)}$$

として存在することがわかる. ここで Ξ は規格化定数である. 詳細釣り合い条件は Kolmogorov の基準が満たされるとき, そのときにかぎり成立する. 次に

これらの遷移確率は Kolmogorov の基準を満たすこと，したがって詳細釣り合い条件が満たされることを示す．ここで式 (6.2) で与えられた形の基準を用いて，任意の縮約不可能なマルコフ連鎖の任意の3つの配置 X, Y, Z に対して

$$W(X|Y)W(Y|Z)W(Z|X) = W(X|Z)W(Z|Y)W(Y|X)$$

である．

説明を簡単にするため，これよりすべての i に対して θ_i はゼロであると仮定する．式 (6.5) をこの関係式に代入すると左辺の表現は

$$\prod_{X,Y,Z} \frac{\exp[\beta \sum_{ij} C_{ij} s_i(X) s_j(Y)]}{\prod_i 2\cosh[\beta \sum_{ij} C_{ij} s_j(Y)]}$$

であり，右辺も同様である．とくに両辺の分母が同一であることに注意する．分子は $C_{ij} = C_{ji}$ のときのみ等しい．これが成立すると仮定し，比 $W(X|Y)/W(Y|X)$ を考える．式 (6.5) から分母の cosh の表現を用いて

$$\frac{W(X|Y)}{W(Y|X)} = \frac{\exp[\beta \sum_{ij} C_{ij} s_i(X) s_j(Y)] \prod_i 2\cosh[\beta \sum_j C_{ij} s_j(X)]}{\exp[\beta \sum_{ij} C_{ij} s_i(Y) s_j(X)] \prod_i 2\cosh[\beta \sum_j C_{ij} s_j(Y)]}$$

を得る．C_{ij} が対称であればこの比は表現しやすく

$$F(X) = \prod_i \cosh\left[\beta \sum_j C_{ij} s_j(X)\right]$$

として

$$W(X|Y)/W(Y|X) = F(X)/F(Y)$$

である．したがって詳細釣り合い条件から均衡分布は指数

$$H(X) = -(1/\beta) \ln F(X)$$

の Gibbs 分布である．これは対称的に相互作用するミクロの経済主体の集合のポテンシャル (ハミルトニアン) である．

β が小さい場合 (ノイズ水準が高い場合)，近似表現

$$\ln\cosh\beta x \approx \ln(1+\beta^2 x^2/2) \approx \beta^2 x^2/2$$

を用いることができる．つまりハミルトニアンは $K_{i,j} = \sum_k C_{i,k} C_{k,j}$ として近似的に

$$H(X) = -\frac{\beta}{2}\sum_{i,j=1}^{N} K_{i,j} s_i(X) s_j(X)$$

で与えられる．

β が大きい場合（ノイズ水準が低い場合），関係式

$$\ln\cosh\beta x \approx \beta|x|$$

を用いて

$$H(X) \approx -\sum_{i=1}^{N}\left|\sum_{j=1}^{N} C_{i,j} s_j(X)\right|$$

である．

興味深いことに2次のハミルトニアンは大きなノイズのかぎられた場合にみられ，小さなノイズの場合にはハミルトニアンは2次ではない．

小さな β に対して式 (6.5) は分母が近似的に $\sum_Z [1-\beta H(Y|X)] \approx \sum_Z 1 = 2^N$ に等しいため

$$W(Y|X) \approx [1-\beta H(Y|X)]/2^N$$

によって近似できる．これは小さな β に対しては各配置が近似的に等確率になることを示している．$\sum_Z s_i(Z) = 0$ であれば分母は正確に 2^N である．

上の導出の基礎となっている Little のモデルは離散的モデルであるため，主体が横並びの方式で決定する．ミクロの経済主体による決定を非同期的に扱い，その動学が連続時間飛躍型マルコフ過程によって支配されるように扱うことが望ましい[10]．

6.4 相互作用のパターンの時間発展

過去の経験がどのように相互作用係数に組み込まれるか，これらがどのよう

にミクロの経済主体の間の相互作用の時間発展に影響を及ぼすかを説明する．そこでは，Little(1974)のモデルを用い，Little and Shaw(1978)にしたがい，特定の形の相互作用係数 C_{ij} に対して相互作用のパターンがどのように時間発展するかを記述する．

$s_i(X)$ は

$$\sum_X s_i(X)s_j(X) = 2^N \delta_{i,j}$$

であるように扱う．

この仮定はミクロの経済主体の状態がすべての可能な配置にわたって平均されるとき，それらが無相関であることを意味する．2^N 次元の列ベクトル

$$S^i = [s_i(C_1), s_i(C_2), \ldots, s_i(C_{2^N})]'$$

によりすべての可能な系の配置における主体 i に対する状態ベクトルを導入すると後の操作は簡単になる．ここで1から 2^N 個の配置を $C_1, \ldots, C_{2^N}$ で記し，行列 $S = (S^1, \ldots, S^N)$ を定義する．ここで規格化されたベクトル ψ^i を導入する．これはすべての可能な配置にわたる構成要素

$$\psi'_X = 2^{-N/2} s_i(X)$$

からなるミクロの経済主体 i の状態ベクトルである $2^N \times N$ の行列

$$\Psi = (\psi^1, \psi^2, \ldots, \psi^N)$$

を定義する．ここで $\Psi'\Psi = I_N$ に注意する．

まず，すべての i に対して θ_i はゼロであると仮定する．遷移確率は

$$W(Y|X) \approx \frac{1 - \beta \sum_j C_{ij} s_i(Y) s_j(X)}{2^N}$$

である．ここで係数 C_{ij} は相互作用の過去の経験から

$$C_{ij} = \left[\sum_{A,B} U_{A,B} s_i(A) s_j(B)\right] b_i b_j$$

によって決まると仮定する．ここで $U_{A,B} = U_{B,A}$, b_i はすべて非負である．相互作用の過去の履歴の効果は行列 U に埋め込まれている．経済主体 i と j は異なる配置にあるかもしれないが，過去の相互作用はすべての配置にわたって平均されることをこれは意味する．要素 $b_i b_j$ は相互作用のある種の偏向を示唆しているかもしれない．異なる特定化の効果も同様に考えることができる．

これらの行列を用いて $H(Y|X)$，したがって $W(Y|X)$ を簡単に表現することができる．まず

$$T_{A,B} = \sum_i s_i(A) s_i(B) b_i$$

を定義し，$2^N \times 2^N$ の行列 $T = (T_{A,B})$ を定義する．行列 T は表現しやすく，

$$T = SBS'$$

である．ここで $B = \mathrm{diag}(b_1, \ldots, b_N)$ であり，

$$H(Y|X) = \sum_{A,B} U_{A,B} T_{X,A} T_{Y,B} = (TUT')_{Y,X}$$

である．

行列 T は先に導入された ψ を固有値としてもつ．N 個の非ゼロの固有値しかなく，残りはすべてゼロである．非ゼロの固有値は $i = 1, 2, \cdots, N$ に対して

$$\lambda_i = 2^N b_i$$

である．

非ゼロの θ_i に対して比 $\theta_i / \sum_j C_{ij}$ はすべての i に対して等しいと仮定することができる．この共通の値を c と記す．このとき

$$H(Y|X) = -\sum_i s_i(Y) \sum_j C_{ij} [s_j(X) + c]$$

である．ここで

$$C_{ij} = \sum_{A,B} U_{A,B} s_i(A) [s_j(B) + c] b_i b_j$$

と仮定すると

$$H(Y|X) = -\sum_{A,B} U_{A,B} \left[\sum_i b_i s_i(Y) s_i(A)\right] \left[\sum_j b_j [s_j(X)+c]\right] [s_j(B)+c]$$

である．

ここでは $T_{A,B} = \sum_i [s_i(A)+b][s_j(B)+b]$ と定義して前と同様に進める．この新たに定義した行列 T は1つの大きな固有値 $(b^2 N+1)2^N$ と $N-1$ の多重性のある固有値 2^N をもち，残りのすべての固有値はゼロである．これはひとつの行動パターンがこのモデルのその他のすべてを支配することを意味している．

注

1) Arthur (1989) はこのような歴史的事例のいくつかを記述している．Weidlich の研究を知らないらしく，単一のブランドによる市場支配を説明するために場当たり的に非線形の壺モデルを提案している．Liebowitz and Margolis (1994) は Arthur の歴史的説明にいくらか批判的である．
2) 反転可能なマルコフ過程については本書の第4章，あるいは Kelly (1979), Pollett (1986) を参照せよ．
3) 極分解については Aoki (1989, p.10) をみよ．
4) 詳細釣り合い条件を満たすマルコフ過程もこの条件を満たす．
5) Little (1974).
6) この係数がある過去の相互作用の履歴の平均である Little and Shaw (1978) の研究については後で言及する．
7) 個々の主体の楽観あるいは悲観のようないくつかの集計あるいは外生信号による主体に対する外生的影響は主体の閾値水準に影響を及ぼすために含まれるかもしれない．
8) Ingber (1982) はこれが実際に良い近似であることを示している．
9) たとえば $N=2$ として $(e^{z_1}+e^{-z_1})(e^{z_2}+e^{-z_2}) = \sum_{\sigma_1=\pm 1, \sigma_2=\pm 1} e^{\sigma_1 z_1 + \sigma_2 z_2}$ を得る．
10) 離散時間マルコフ連鎖の横並び的動学ではなく，遷移間の時間が指数分布する連続時間マルコフ連鎖を導入できることもよく知られている．第4章をみよ．発散的な振る舞いを排除するためのいくつかの技術的な条件を除けば何も新しいことは生じない．条件については Karlin and Taylor (1981, Sec.14.4) を参照されたい．これに代わり非同期的だが与えられた時間間隔内の事象を時間集積して離散時間過程を作ることもできる．

第 III 部
階層の動学と臨界現象

第7章 ゆっくりとした動学と階層型状態空間

本章は，階層型の構造をもつ状態空間上の動学を検討する．2.5.3項と5.12節の例が示すように，階層型の状態空間をもつ動学は，通常の動学に現れる指数関数的な減衰よりもずっと緩慢な調整反応を示すことがある．

本章では，階層型の状態空間に，集計の方法として，つまり，樹形階層の分岐レベルを刈り込む手続きとして，「繰り込み群」という概念を導入する．この集計の基本的アイデアは，第5章でマスター方程式を通じて導入したものとは異なるものであり，潜在的に有益ではあるが，マクロ経済学の文献においては標準的になってはいない．

またマクロモデルは，ミクロの経済主体の特定化の詳細に対してどれくらい敏感に反応するかという問題を取り上げる．いくつかの例を通して，階層型システムでは動学的反応はゆっくりであるが，このゆっくりさは，ミクロモデルの詳細な記述に対しては頑健であること，つまり敏感に反応しないということを示す．

7.1 階層型状態空間のいくつかの例

階層型構造のモデルのいくつかの例を第2章で提示した．ここではさらにいくつか例を挙げて，マクロ経済のモデル化にあたって，階層型構造をもったモデルが適切であることを示す．

超計量（ultrametrics）の概念，および遷移率（遷移確率）が超計量の関数であるときの動学について，次節でさらに議論する．

7.1.1 マクロ経済活動の相関パターン

N 個のミクロの経済主体から構成される動学モデルが M 個の局所安定な均衡点をもつとする．例えば，$x_i^\mu, i = 1, \ldots, N$ および $\mu = 1, \ldots, M$ のように，上付きの添え字を用いて，均衡点を表わすとしよう．さらに，これらの均衡点における状態変数の対ごとの相関（pairwise correlations）の大きさによって，それらの均衡点を有限個のカテゴリーに分類するとしよう．たとえば，μ と ν という 2 つの局所的均衡点の間の相関は

$$q_{\mu,\nu} = (1/N) \sum_{i=1}^{N} x_i^\mu x_i^\nu$$

によって計算できる[1]．

$M = 24$ として，$s_i, i = 1, \ldots, 24$ で表わされる 24 個の局所均衡点が，3 層の樹に分類でき，B_i を節 i から出ている枝の数とすれば，$B_1 = 3$, $B_2 = 2$, $B_3 = 4$ である樹になるとしよう．レベル 3（樹の最下層）において，それぞれの葉は，このマクロ経済モデルにおける $3 \times 2 \times 4 = 24$ の局所均衡点のどれかひとつに対応する．

樹を刈り込んで，レベル 3 にある 4 つの葉を 1 枚の葉にまとめて，2 層の樹に還元することにしよう．こうすると，2 層の樹のそれぞれの葉は，元の 3 層

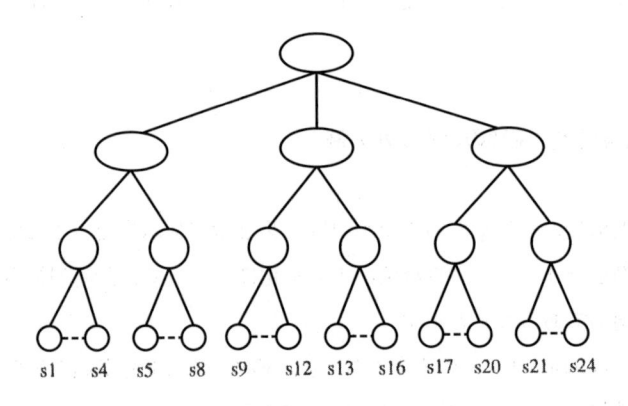

図 7.1 3 層の樹（A three-level tree）

の樹の 4 枚の葉を含むことになり，最下層には 3×2 枚の葉（クラスター）が存在し，それぞれの葉が，モデルの 4 つの局所安定な均衡点を含むことになる．たとえば，レベル 2 の節 1 は，s_1 から s_4 の均衡点を含み，節 6 は，s_{21} から s_{24} の均衡点を含んでいる．

さらにレベル 2 の同じ節に含まれている均衡点は，対ごとの相関が同一であると仮定し，これを ρ_1 で表わす．均衡点 s_i と s_j の間の相関を $q_{i,j}$ で表わせば，$q_{1,2} = q_{17,20} = \rho_1$ となる．2 つの異なるクラスターに属していて，レベル 1 で共通の節をもつ均衡点同士の対ごとの相関を ρ_2 で表わす．たとえば，$q_{3,8} = q_{20,21} = \rho_2$ であり，$q_{1,9} = q_{1,13}$ のように，根（ルート）を唯一の共通の節とする 2 つの状態の間の相関は ρ_3 である．ここで，$\rho_1 \geq \rho_2 \geq \rho_3$ である（図 7.1 を参照されたい）．ここで仮定されたような特徴をもつ分岐過程の例を，7.1.9 項で挙げる．

このような方法で，局所均衡点を樹構造に分類することが可能である．x をベクトルとすれば，ベクトルの各要素の相関を別々に計算して，複数の相関ベクトルを得ることができる．しかし，次の例が明らかにするように，これらのベクトルをいくつかのクラスターに一意的に分類することには困難が伴うかもしれない．

7.1.2　無限次元空間におけるベクトル

超距離の概念は第 2 章で紹介した．超距離空間の簡単な例として，M 個の N 次元ベクトルからなる 1 組の集合を考える．各ベクトルの各要素は，有限母平均が v で，2 次のモーメントが s^2 である分布から独立に選ばれる．ベクトルは上付きの添え字で区別される．ベクトル x^a と x^b の間の相関は

$$\lim_{N \to \infty} (1/N) \sum x_i^a x_i^b = v^2(1 - \delta_{ab}) + s^2 \delta_{ab}$$

である．ここで，δ_{ab} はクロネッカーの δ である．

この空間における距離 $d_{a,b}$ を上述のように定義すれば，任意の 3 点からなる三角形は，すべて，正三角形，すなわち特別な二等辺三角形になる．この空間はすべての三角形が二等辺三角形になってしまうという超距離空間の一例であ

る（Schikhof 1984, p.47）．

7.1.3 超距離としての費用障壁

上述の例は，超距離の概念が最適化問題において，自然に浮かび上がってくることを示す．いくつかの——実際には多数の——次元のひとつの状態ベクトルをもつ，不特定の動学体系のための決定論的（deterministic）な費用最小化問題を考察する．費用の指標で測って，いくつかの局所的な最小点が存在すると仮定する．言い換えれば，最小化すべき関数が複雑な費用ランドスケープをもつとする．

$C_{a,b}$ は，ある極小点 a から別の極小点 b へ，この2点を結ぶいくつかの経路を通っていくときの最大の費用を表わす．費用ランドスケープにおいては，障壁が極小点 a が存在する引き込み領域（basin）と極小点 b が存在する引き込み領域を隔てているという特徴をもっている．明確にするために，経路とは一連の状態ベクトルであり，1つのベクトルは1つの配置を規定するのだが，連続した2つのベクトルはベクトルのただ1つの要素でのみ異なっていると想定する．このタイプのマイクロ状態間の遷移は多くの最適化問題で生じる．例えば，道路が碁盤の目のように走っているとき，市内の点 A から点 B へと移動するときに，A から B へは，まっすぐにはいけず，市街のブロックに沿っていってから，方向を変えざるを得ない．同様に，モデルがいくつかのミクロの経済主体から構成され，それぞれの主体が2値をとるミクロの状態変数をもっているときには，同期間内に複数の主体がミクロ状態を変化させる確率が高次の微小量になるように，1期間の長さを十分小さくとれば，ある主体 i がその状態変数を変えることで配置の変化が生じることになる．

定義により，局所的に安定な状態 a を b から隔てている障壁は，最大費用のうちの最小のものである．

$$C_{a,b} = \min_{a \to b}[\max C]$$

ここで，$a \to b$ は a から b へのすべての経路を表わしており，最大化は a から b へのすべての経路に関してとられている．

この障壁が超計量（ultrametric）になるのは強い三角不等式

$$C_{a,b} \leq \max_c [C_{a,c}, C_{c,b}]$$

を満足するからである．

より一般的には，最小完全樹の方法（the minimal spanning tree method）[2] を用いて，サブドミナント超計量（subdominant ultrametric）と言われる特定の種類の超計量を構築できる．Jardine and Sibson（1971）や Rammal and Toulouse（1986）を参照されたい．

7.1.4 複数の選択肢についての投票者の選好パターン

この例では，N 人の投票者が 3 つの選択肢，A, B, および C について，意見が分かれていて，3 つの選択肢への順序づけによって 6 つの集合に分割されると仮定しよう．すなわち，$A \succ B \succ C$, $A \succ C \succ B$, $B \succ A \succ C$, $B \succ C \succ A$, $C \succ A \succ B$, および $C \succ B \succ A$ の 6 つである．ただし，記号「$\succ$」は，選好の順序を表し，「$A \succ B$」は「B よりも A を選好する」という意味である．簡便化のため，これらの選好パターンに 1 から 6 までの番号を振る．投票者がこれらの 6 つの集合へどう振り分けられるかは，2 層の樹に系統立てて，まとめることができる．レベル 1 は，3 つに分類され，最優先の選択肢が何かを示している．C_1 は B や C よりも A を好む投票者を含む．C_2 は B を他のどの選択肢よりも選好する者を含み，C を最も好む投票者は C_3 に属する．最優先の選択肢を所与として，これらの集合のそれぞれは，2 番目に何を選ぶかによって，さらに 2 つの部分集合に分割される．（図 7.2）N_i, $i = 1, \ldots, 6$ を部分集合 i に属する投票者の人数としよう．Berg（1985）が議論しているように，投票者の選好の同質性に関していくつかの仮定を置くと，この 6 つの数値の結合分布は，Bose-Einstein 統計量によって与えられることになる[3]．

ここで，6 つのパターン相互間の距離を導入する．時間の経過に伴ない，投票者が，1 つの順序付けから他の順序付けへと選好をランダムに変更させる可能性があると仮定することで，モデルに動学を導入できるのだが，これは，6 つのパターンからなる状態空間上にマルコフ連鎖を構築することであると言って

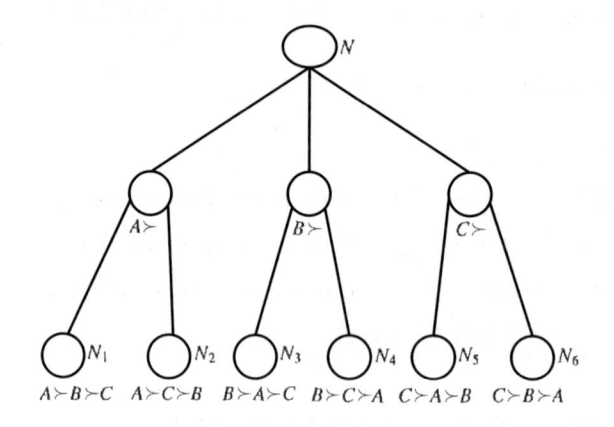

図 7.2 6個の選好パターンをもつ2層の樹

よい．おそらくは，パターン同士の間の距離に依存するものとして，遷移確率が導入されるだろう．第4章と第5章には，このタイプの樹上の動学の例を挙げた．

　対称性を考慮すると，$d_{1,2} = d_{3,4} = d_{5,6}$ である．これらの距離を1とする．対称性から，$d_{1,3} = d_{2,5} = d_{4,6}$ と，$d_{1,6} = d_{2,4} = d_{3,5}$ も成立する．たとえば，最優先の選択肢を A から B に変更した投票者は，パターン1からパターン3へと移動する．また最優先選択肢を A から C に変更した投票者はパターン1からパターン6へと移動することになる．他の場合も同様である．これらの移動距離は，1より大きくなるはずである．なぜなら変更したのは2番目に選好される選択肢でなく，1番目の選択肢であるからだ．$d_{1,6} = d_{2,4}$ と仮定できるのは，両方とも2番目の選好を不変に保ちながら，1番目と3番目の選択肢の順番が入れ替わっているからである．このことは，これらの変更がすべて同じ距離の移動であることを意味しているが，ここでは距離2の移動としよう．このように距離を割り当てることで，樹の節全体に超距離 (ultrametric distances) を明確に導入したことになる．

7.1.5 Champernowne の所得分布モデル

所得を大きさの順に並べたときに，所得が r 番目のカテゴリーを超える人の数は $r^{-\rho}$（ρ は 1 に近い）の分布にしたがうことを発見したのは，一般的にはパレート（Pareto）の功績であるとされる（Zipf 1949, Chaps.9,10）．

ここで超距離をもつ階層システムの一例として，均衡所得分布がパレートタイプになる，Champernowne（1953）の所得分布モデルを説明する．

彼は，個人所得を，最低所得水準 $\underline{i}$ から始まって 1 より大きい定数 a に対して $a\underline{i}, a^2\underline{i}$ というように，比例的に同一な幅をもつカテゴリーに分類した．すなわち，カテゴリー g は，所得が $a^{g-1}\underline{i}$ から $a^g\underline{i}$ まで（$g = 1, 2, \ldots$）の範囲をカバーする．次に彼は所得カテゴリー g に属する人が，次の（離散）時刻にカテゴリー h に移る確率，つまり遷移確率 $p_{g,h}$ を導入し，これが $g - h$ だけに依存すること，すなわち遷移確率が斉時的（time homogeneous）であることを仮定した．

この遷移確率をどのように設計し，また理解するかを，超距離をもつ階層という観点からみることにする．しかしその前に，カテゴリー g に属する人は，いまや次の期に自分の所得はおよそ

$$\sum_h p_{g,h} i_h = \sum_{g-h} a^{g-h} i_g = \text{const } i_g$$

になると予想することに注意しよう．すなわちこの予想値は，カテゴリー g に属する人の現在の所得の平均値——これを i_g で示す——にある定数を乗じたものになっているが，それは，カテゴリー g に属する人々の平均所得は，カテゴリー h の平均所得にほぼ a^{g-h} を乗じたものだからである．大きな正の数 n に対して，$p(n)$ が十分に小さければ，この定数は 1 より小さいと仮定できる．

この遷移確率の構造が階層型であることを理解するために，図 7.3 を参照されたい．ここでは，葉がレベル 1 にくるように樹が描かれている（上下が逆さになっていて根が頂点にくるような樹にしない方がわかりやすい）．最も左にある節（葉）はカテゴリー 1 に対応する．すなわち

$$C_1 = \{i : \underline{i} \leq i \leq a\underline{i}\}$$

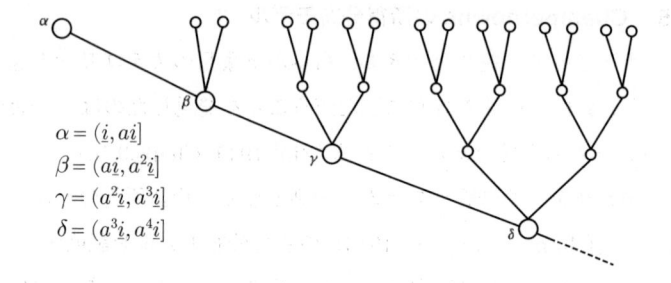

$\alpha = (\underline{i}, a\underline{i}]$
$\beta = (a\underline{i}, a^2\underline{i}]$
$\gamma = (a^2\underline{i}, a^3\underline{i}]$
$\delta = (a^3\underline{i}, a^4\underline{i}]$

図 7.3 樹構造としての Champernowne の対数目盛り所得

である．左から 2 番目と 3 番目の節はカテゴリー 2 の所得階層に対応し

$$C_2 = \{i : a\underline{i} \leq i \leq a^2\underline{i}\}$$

となる．具体的に，$a = 2$ の場合を考える．C_2 の幅は C_1 の幅の 2 倍であるから，C_2 を表示するのに 2 枚の葉を用いるのが自然である．同じように C_3 は合計 4 枚の葉で表わすというようにする．

　図 7.3 に示されているように，C_2 をレベル 2 の節，C_3 をレベル 3 の節，というように解釈することが可能である．一般的にカテゴリー C_g は，この樹のレベル g の節になる．このようにカテゴリーは樹の節に対応する．この樹の節は互いに他の節から，樹の超距離だけ離れているということに注意しよう．そしてこの超距離は，Champernowne が仮定したような関数であり，ある関数 ϕ に対して C_g と C_h の間の距離は $\phi(g-h)$ に等しくなっている．

7.1.6　対数目盛り上のランダムウォーク

　ランダムウォークのステップ x の確率密度関数，$p(x)$ が長い裾野 (long tail) をもつとき，すなわちたまに遠くに飛んで，しかも $p(x)$ の 2 次のモーメントが無限大になるとき，階層構造が自然発生的に形成される．上述の条件は，ジャンプの標準的長さを測る妥当な尺度が存在しないことを意味する．後に説明するように，あらゆる大きさのジャンプや歩行 (walks) が発生し，(文字通りの幾何学的な意味ではなく) 確率的な意味で自己相似のクラスターの集合体を形成する．

この節では，Champernowne の所得分布のモデルを用いる．このモデルの所得は対数目盛りの上をランダムウォークにしたがって動いていると解釈できる．モデルはまた階層上のランダムウォークと考えることもできることを示す．また後で，一般的には，階層がどのように出現するかを Montroll and Shlesinger (1984) にしたがって議論する．ここで取り上げるのは，樹上のランダムウォークの簡単な例であり，単に遷移確率を超距離の関数にするだけである．すなわち

$$p_{i,j} = \rho(d_{i,j}) = p_0/(a^{d_{i,j}-1})$$

ここで，$a \geq 1$ で，$d_{i,j}$ は節 i と節 j の間の樹距離 (tree distance) である．図 7.3 で，距離 $d_{1,2} = 1$ であり，遷移確率 $p_{1,2} = p_0$ である．一方，節 1 と節 4 の距離は 3 であり，対応する遷移確率は p_0/a^2 である．

さて樹の構造を少し変えて，$1, 2, 4, 16, 256$ の葉に状態を定義する．つまり，葉 1 から始めて，2^{2^k} ($k = 0, 1, \ldots$) 番目の葉を状態と定義するのである．このとき，葉 1 から出発して，状態 2，状態 3，... までの距離は，2 の累乗で増加する．すなわち，$d_{1,2} = 1, d_{1,3} = 2, d_{1,4} = 4, d_{1,5} = 8$ のようになる．

ランダムウォークに期待値がゼロになるような対称性を与えるため，葉の鏡像 (miror image) を x 軸の負の方向に拡張する．所与のジャンプ x の確率は

$$p(x) = \frac{a-1}{2a} \sum_{j=0}^{\infty} a^{-j} (\delta_{x,2^j} + \delta_{x,-2^j})$$

になる．$a \leq 4$ に対して，2 次のモーメント

$$\langle x^2 \rangle = \frac{a-1}{a} \sum_{j=0}^{\infty} (4/a)^j$$

は拡散する．Montrall and Shlesinger (1984, p.81) で説明されているように，このモデルにおいては，ランダムウォークのクラスターのフラクタル次元は

$$F = \frac{\ln a}{\ln 2}$$

になり，有効次元数は，$e = 1 + (2 - F)$ になるが，これは，a が 4 より小さいとき，2 より大きくなる (Montroll and Shlesinger 1984, p.86 を参照)．ランダ

ムウォークがこの有効次元数をもつことは，歩行が出発点にもどる確率が 1 より小さくなることを保証する．$\langle x^2 \rangle = \infty$ と $e \geq 2$ という 2 つの条件が，ランダムウォークの軌跡が自己相似クラスターの集合を発生させる必要条件である．Huges, Montroll, and Shlesinger（1982）も参照されたい．

7.1.7 ランダムな多成分費用

2 をどれも 1 より小さくない 3 つの要素，$\alpha^i, i = 1, 2, 3$ の積で書き表わすとしよう．この 3 つの数字がどれも $2^{1/3} =$ 約 1.26 に等しいときがその一例である．$N = 20$ ならば $2^{N/3} = 101.59$ なので，近似的に 10^2 とみなせる．したがって $N = 20$ のとき，およそ 10^6 の配置は，それ自体，約 10^4 の配置を含む 10^2 のクラスター，または部分集合に分割できる．さらにこのクラスターのそれぞれが，100 のクラスターに再分割でき，この小さいクラスターはおよそ 100 の配置を含む．このクラスター構造は，2 層（根は階層として勘定に入れない）の樹で表現できる．この樹のそれぞれの葉はおよそ 100 の配置をレベル 2，つまり樹の最下層に含んでいる．

主体の数が 100 個のとき，主体の数が 20 の場合のように，3 つの等しい要素を用いて，配置の総数は，それぞれが 10^{20} の配置を含む 10^{10} のクラスターに分割できる．樹の最下層では，各クラスターは約 10^{10} の配置を含むが，このことは 10^{20} の葉が存在することを意味する！　たった 100 個の主体でも，信じがたいほど多数の配置になってしまうのだ．

より具体的な例として，主体に 2 つの成分からなる活動の費用が生じていると想像しよう．最初の成分，c_1 はモデルのすべての主体で分担する一般的な費用を表し，2 番目の成分，c_2 は，主体に固有の費用を表わす．c_i が費用のランダムな乖離部分となるように，費用をある基準点から測定することとする．c_i がすべて独立でそれぞれの期待値はゼロと仮定する．7.1.8 項では，これらの変数がマーティンゲールとして特徴づけられている．

このモデルの各主体はこのように分解された費用をもつと仮定する．各主体にとって，総費用は 2 つの部分の合計

$$c = c_1 + c_2$$

になり，経済全体の平均費用は，この費用をすべての主体について平均したものになる．単純化のために，たとえば $c_1 = \pm\alpha$ および $c_2 = \pm\beta$ のように，各成分は 2 値をとると仮定しよう．

3 個の主体しかいないと仮定した小規模な例を用いて説明する．3 個の主体にとって，それぞれの成分の費用負担の発生の仕方は，$2^3 = 8$ 通りあるから，合計 8^2 通りの配置が生じる．この配置の集合は，8 個の部分集合に分割され，それは樹のレベル 1 にある 8 つの節で表示される．つまり，それぞれの節は，3 個の主体の c_1 の実現値の組を所与としたときの，すべての可能な 2 番目の成分の実現値の組み合わせを含むことになる．これらの部分集合のそれぞれがさらに 8 つの部分集合に分割される．その各部分集合は，ただひとつの配置を含むが，それは 3 個の主体の 2 番目の費用成分の特定の実現値の組み合わせである．すなわちレベル 2 では，レベル 1 の各節に対応する配置の集合が，c_2 の実現値が β か $-\beta$ かによって，さらに 2 つの部分集合に分割されるのである．

より一般的な設定の下で，企業や家計などの経済主体による企業経営や経済活動を行なうときの費用が K 個の成分や要因に分解できる場合を扱うことができる[4]．N 個の主体がいれば，全部で 2^{NK} 個の配置が存在することになる．これらの配置が最初の成分のパターンに基づいて分割されるなら，レベル 1 には 2^N 個のクラスターがあり，それぞれのクラスターが $2^{N(K-1)}$ 個の配置を含むことになる．レベル 1 の各クラスターは，さらに 2^N 個のサブクラスターに分割され，それがさらに分割され，というように，レベル K で，葉の 1 枚がただひとつの配置しか含まなくなるまで分割が続く．

整数 K は，モデルをどの程度まで細分化するかによって決まるが，当然，個々のモデル化の文脈と必要性に応じて，さまざまの値になる．典型的には，それは，システム中の主体の数 N よりも，ずっと小さくなる．それでも，たとえば $K = O(N^a)$（a は 1 より小さい数値）のように，かなり大きな数値になり得る．

7.1.7.1 2 層の樹の例

次に，費用の成分が正規分布をしていると仮定して，配置 1 と配置 2――樹

のレベル K の2枚の葉である——が，それぞれ c_1 と c_2 をもつ結合確率を計算する．

2つの配置が同じ葉に属していたレベルのうち，レベル K に最も近い共通のレベルを r とする．費用は共通の部分と固有の部分に分離できるとする．すなわち

$$c_i = \phi + \phi_i \qquad i = 1, 2$$

ここで

$$\phi = \sum_{j=1}^{r} c_j^i$$

と

$$\phi_i = \sum_{j=r+1}^{K} c_j^i \qquad i = 1, 2$$

である．費用が基準からの乖離であり，互いに独立であるという仮定から，ϕ と ϕ_1 および ϕ_2 が独立な確率変数になることがわかる．これらの c の分散を2つの成分に分割する．すなわち，0と1の間の数値をとる，ある v に対して var $hi = NJ^2 v/2$ と var $\phi_i = NJ^2(1-v)/2$ である．3つの独立な確率変数 ϕ, $c_1 - \phi_1$, $c_2 - \phi_2$ の結合密度を書いて，ϕ を積分により外に出し

$$P(c_1, c_2) = \text{const } \exp\left[-\frac{(c_1+c_2)^2}{2N(1+v)J^2} - \frac{(c_1-c_2)^2}{2N(1-v)J^2}\right]$$

を導出する．

確率変数 c_k ($k = 1, \ldots, K$) は，すべて母平均ゼロ，母分散 σ_k の正規分布に従うが，以下でさらに細かく特定化する．これらの仮定から費用表現の部分和はマーティンゲールになり，樹の葉に自然な形で結びつけることが可能であることに注意しよう[5]．

主体数 N が妥当な大きさならば，K は全状態数よりはかなり小さい数値になるので，多数の状態が，互いにほぼ同じ大きさの費用をもつことになる．ある状態を所与として，その状態と同じレベル r の節に属すが，レベル $r+1$ で

は，異なるクラスターに属する状態の個数は

$$\left(\prod_{j=r}^{K} \alpha_j\right)^N - \left(\prod_{j=r+1}^{K} \alpha_j\right)^N$$

で与えられる．

u という数値を定義するためにこの表現を e^{Nu} で表す．N が無限大にいくとき，それは

$$u \to \sum_{j=r}^{K} \ln \alpha_j$$

に近づく[†訳者注]．

これは費用水準の確率密度を定義するのに用いられる．$(\alpha_K)^N$ は大きな N に対しては大きくなり得るので，最下層のクラスターのそれぞれが，ミクロ経済の状態のひとつの集合を表わし，その均衡は，これらの配置の費用の平均値になる，と考えることができる．第5章でみたように，所与のクラスターにおける状態（states）は Gibbs 分布にしたがうと考えられる．

7.1.8 マーティンゲール

第2章での樹距離とマーティンゲールの議論を思い出していただきたい．前と同様に，樹の根から樹の特定の節に至る経路（枝）を表示するために，その樹の節を上付きの添え字で示す．たとえば，上付き添え字 $\mu = (\mu_1, \ldots, \mu_r)$ は根からレベル r 上のひとつの節までの経路を表示する．ここで，μ_j は（左から数えて）レベル j 上の μ_j 番目の節を示している[6]．

2つの上付き添え字，μ と ν とを連結することによって，上付き添え字 μ で表示される経路に，ν で表示される経路が続くという結合経路を表示することができる．

したがって μ と ν が異なるとき，上付き添え字の組 (ρ, μ) と (ρ, ν) の2つの経路は，ρ で示される同じ経路を共有して，それから μ と ν で表わされる異なる経路に分岐することになる．

2つの成分に分解できる費用をもつ3個の主体から構成されるシステムの例で，

レベル1の節を左から順に $\mu_1 = (1,1,1)$, $\mu_2 = (1,1,-1)$, $\mu_3 = (1,-1,1)$ のように番号を付けることにする．ここで，±1は，3個の各主体にとって，c_1 が，±α であることを意味する．たとえば，$(1,-1,1)$ は，c_1 が主体1と3にとっては α で，主体2にとっては $-\alpha$ であることを意味する．この記法によれば，$C^{(2)}$ はレベル1の左から2番目のクラスターであるから，主体3にとっては $c_1 = -\alpha$ で，主体1と2にとっては α になる．このクラスターには8つの配置がある．$C^{(1,3)}$ は，すべての主体にとって $c_1 = \alpha$ であるが，主体1と3にとっては $c_2 = \beta$ で，主体2にとっては $c_2 = -\beta$ であることを意味する．

さて，K 層の樹の任意の2つの経路，$C^{(1)}$，$C^{(2)}$ と，それに付随する費用を考えよう．費用がなんらかの平均からの乖離を表示した変数であると考え，さらに，追加的費用の部分が独立になっていると仮定すれば，条件付き期待値の等式

$$E[C^{(\rho,\mu)}|C^\rho] = C^\rho$$

が成り立つ．すなわち乖離的な費用はマーティンゲールになっている．経路が分岐する直前の共通経路に対応する節に付随する費用を所与としたときの，この異なる2経路に対応する条件付き費用は，互いに独立になっていることに注意しよう．言い換えれば，共通の節がレベル r にあれば，樹の根からレベル r のその節までの経路に対応する費用，$\sum_{i=1}^{r} c_i$，を所与として，そのレベルから経路の最後のレベルまでの追加的な費用は，条件付き独立性を満たし，条件付き期待値はゼロになる．このような方法で，樹のそれぞれの節にマーティンゲールの確率変数を関連づけることができる．さて，共通の節から分岐した任意の2つの経路，(ρ,μ) と (ρ,ν) を考える．次式が成り立ち，

$$E[C^{(\rho,\mu)}C^{(\rho,\nu)}|C^\rho] = (C^\rho)^2$$

再び期待値をとって

$$E[C^{(\rho,\mu)}C^{(\rho,\nu)}] = E(C^\rho)^2$$

となる．

これは，上で構築した樹がただの樹ではなく，ある特徴をもった樹であることを示している．すでに指摘したように費用がマーティンゲールであるから，最も近接した共通の節までの部分的な累積費用を所与にしたときという条件付きの下で同一の節に含まれていれば，どの2つの費用をとっても，相互の相関が等しくなるという特徴をもっているのである．

上で述べた樹分類は，対ごとの相関係数がどれも等しくなるような，すべての配置をひとつの節にまとめている．Feigelman and Ioffe(1987)の反例ですでに見たように，この相関を用いた分割が常に可能というわけではない．上でみた樹分類で，分割が可能だったのは，マーティンゲールの特性を費用に組み込んだためである．7.1.9項をみよ．

7.1.9 分岐過程

$y_k, k = 1, \ldots, K$ を遷移確率 $P_k(y_k|y_{k-1}, \ldots, y_1)$ で生成されている K ステップのマルコフ連鎖としよう．ここで，y_k は説明の便宜のため離散値をとるとする．数値 K は，階層の水準 (the level of hierarchy) を決定する．y_k, $k = 1, \ldots, K$ の取り出しは，独立に B 回(B は樹の分岐の数)繰り返して行なわれる．最終的に(階層構造の底辺で)B^K 個の分岐に対応して B^K 個の y_K の実現値をもつことになる．それらを K 次元ベクトル $\alpha = (\alpha_1, \ldots, \alpha_K)$ を用いて，y^α と呼ぶ．$s_i^\alpha = \text{sgn}(y_i^\alpha)$ と定義して，この過程を N 個の主体のすべてに独立に繰り返すことによって，2値をもつ確率変数 $s_i^\alpha, i = 1, \ldots, N$ を関連付けることができる[7]．

あるベクトルの集合を階層構造に分割することを考えよう．i 番目のステップで，樹は $(i-1)$ 番目のレベルまで生成されている．それぞれの分岐の終端に，クラスター，つまり分割された部分集合が存在している．節ごとに B 個の分岐がある場合には，確率ベクトルのひとつの要素 y_j^i を——その枝のすでに取り出されたベクトル(祖先—the ancestors), $y_j^{i-1}, y_j^{i-2}, \ldots, y_j^1$ によって条件付けられた確率分布にしたがって——B 回取り出す．この分岐過程は，分布 $P_i(y^i|y^{i-1}, \ldots, y^1)$ によって定義される．樹の各レベルで，この条件付き分布は特定される．

2つのベクトルの間の相関は，その祖先にのみ依存し，互いの祖先が近いほど，大きくなる．樹の無限レベルの極限では，このベクトルの集合は超計量となる．条件付き確率密度の乗法定理（chain rule）から

$$p(a,b|c) = p(b|c)p(a|b,c)$$

であり，その積分から

$$p(a|c) = \int p(b|c)p(a|b,c)db$$

となる．$j \geq k$ に対して，結合密度を条件付き密度の積として表わし

$$p(y^1, y^2, \ldots, y^j) = p(y^{k+1}, y^{k+2}, \ldots, y^j|y^k, y^{k-1}, \ldots, y^1)$$
$$= \prod_{l=k+1}^{j} p(y^l|y^{l-1}, \ldots, y^1)$$

が得られる．一般的に

$$E[y^{(\mu,\nu)}y^{(\mu,\nu')}] = E[E[y^{(\mu,\nu)}y^{(\mu,\nu')}|y^{(\mu)}]]$$

となる．条件付き独立性の仮定から，上の値は $E[(y^{(\mu)})^2]$ に等しい．

例示のため $K = 3$ とし，遷移確率を $P_k(y_k|y_{k-1})$ とする．このとき経路 $\alpha = (\alpha_1, \alpha_2, \alpha_3)$ と $\beta = (\alpha_1, \alpha_2, \beta_3)$ に対して最大の相関は，（各 y を連続量と扱って）次式の q_3 で与えられる．

$$q_3 = \int P_1(y_1)dy_1 \int dy_2 P_2(y_2|y_1)\left\{\int P_3(y_3|y_2)[\text{sgn}(y_3)]^2 dy_3\right\} = 1$$

経路が $\beta = (\alpha_1, \beta_2, \beta_3)$，すなわち α と β が α_1 を共有するだけのときには

$$q_2 = \int P_1(y_1)dy_1 \int dy_2 P_2(y_2|y_1)[P_3(y_3|y_2)(\text{sgn}(y_3))]^2$$

を得る．最後に，経路 α と経路 β が樹の根を共有するだけならば

$$q_1 = \int dy_1 P_1(y_1)\left[\int P_2(y_2|y_1)dy_2 \int P_3(y_3|y_2)[\text{sgn}(y_3)dy_3\right]^2$$

となる．

ここで述べたものと同じ樹で同じ相関を生成するマルコフ過程は数多く存在する．その識別には，より高次の相関が必要とされる．上述の例では，階層のレベル 2 で，局所的状態変数を次のように定義する．

$$m(y_2) = \int P_3(y_3|y_2)\mathrm{sgn}(y_3)dy_3$$

$m_i(\alpha)$ を位置が i で配置が α のときのミクロ状態の局所的平均値とする．2 つのマクロ状態，または，配置である α と β の重複度 (overlap) を

$$q(\alpha,\beta) = N^{-1}\sum_{i=1}^{N} m_i(\alpha)m_i(\beta)$$

で定義する．位置間での相互作用がランダムであれば，まず相互作用のパターンを固定して重複を計算し，次にランダムな相互作用に関して平均をとればよい．

巨視的な 3 つの状態，たとえば α, β, γ を扱おう．3 つの重複の測定値，$q(\alpha,\beta)$, $q(\beta,\gamma)$ および $q(\gamma,\alpha)$ のうち超計量位相をもつ巨視的状態空間では，少なくとも 2 つが等しくなる．任意の q の値に対して相関が q 以上のすべてのマクロ状態をまとめることで，全巨視的空間を分割できる．この過程は分割した部分集合のどれに対しても繰り返すことができるから，マクロの状態空間は，階層構造をもつということがわかる．

7.2 階層型状態空間上の動学

多数の主体からなるモデルを作成したり分析したりするために，状態空間，または配置空間として，主体の (離散的な) ミクロ状態のすべての可能な配置の集合や主体の (離散的な) ミクロ経済の状態変数，および選択変数や主体のタイプ集合など幅広くとることができる．この配置空間上になんらかの評価関数 (performance index) や費用関数 (cost index) を導入して，どの配置が他の配置より好ましいかといった，配置間の選好順序を表現することが可能である．このようにして，物理学で用いられるエネルギーランドスケープに対応する評価ランドスケープ，

あるいは，費用ランドスケープという概念を導入できる．

もしモデルが状態空間においてただひとつの局所的に安定な均衡しかもたないならば，話しは簡単である．一般に，ランドスケープはたくさんの局所的に安定な，あるいは準安定 (metastable) な，そしていくつかの局所的に不安定な均衡を含んでいる．決定論的な動学の場合には，これらの定常状態は，引き込み領域に高さの変動する障壁によって，互いに離れて存在している．したがってストレンジアトラクターの動学は考えずに，引き込み領域だけを相手にすればよい．確率動学 (stochastic dynamic) では，第5章でみたように，状態は必ずしもひとつの引き込み領域にとどまらずに，異なる引き込み領域の周りを動き回ることがある．

距離——すなわちどれだけ似ていないかの尺度——を用いて，状態空間を階層構造，または樹構造に分割したり，系統立ててまとめたりすることができる．予備的に，第2章と第5章で，いくつかの例をみてきた．本節では，状態を樹や階層に系統立てて，マルコフ連鎖を構築し，分析する手法をさらに詳しく説明する．飛躍型過程としての大規模なマルコフ連鎖の代替的な扱いについては第4章と第5章で述べた．

7.2.1 超計量と階層的距離

距離 d がすべての $x, y, z \in X$ について通常の三角不等式でなく，強い三角不等式

$$d(x, z) \leq \max[d(x, y), d(y, z)]$$

を満たすならば，超距離空間と呼ばれる．

超距離空間はいくつかの変わった性質をもっている．たとえば三角形は二等辺三角形である．つまり，距離，$d(x, y)$, $d(y, z)$ および $d(z, x)$ の内，少なくともひとつの対が相等しい (Schikhof 1984, Prop.18.2)．半径 r で中心 $a \in X$ の閉球を集合

$$B_a(r) = [x \in X : d(a, x) \leq r]$$

として定義し，≤ を厳密な不等号で置き換えたものを開球と定義する．超距離空間 X においてはどの球も開球であり，同時に閉球である（Schikhof 1984, Prop.18.4）．

系統立てた分類をするという課題にとって重要なことは，次の事実である．

事実: B_1 と B_2 を X の球とすれば，この 2 つの球は，包含関係で順序付けられる．すなわち，$B_1 \subset B_2$ か $B_2 \subset B_1$ のどちらかが成り立つか，あるいは，両者が分離しているかのどちらかである．後者の場合には，すべての $x \in B_1$ と $y \in B_2$ に対して，$d(x,y) = d(B_1, B_2)$ である．

Schikhof(1984) Prop.18.5 をみよ．

ここでいう球は，今まで述べてきたクラスター，あるいは，樹の節に対応する．もうひとつの特異な事実は，球のすべての点を中心として扱えるということである．

超距離は階層に関連付けられているが，その逆も言える．Rammal and Toulouse（1986）をみよ．超計量をもつ樹では，同じ節に属する点やパターンは同一の相関尺度をもつのに対して，通常の距離空間の樹にはこの特性はない．

超距離をもつ点の集合は，重複のないクラスターに分割される集合をもち，距離の長さ d が所与のとき，2 つの状態が同じクラスターに属しているならその距離は d であり，2 つの状態が 2 つの分離したクラスターに属しているなら距離は d より大きくなる．$d' \leq d$ とすれば，d' によって帰納されるクラスターは，d の大きさのクラスターのサブクラスターである．

次に，超距離空間の近似について述べる．近似に関する重要な概念は，球型完備性という概念である．超距離空間は，入れ子になった球のどの列も，空でない共通集合をもつとき，球型完備的（spherical completeness）であると言う．このとき，X の部分集合 Y は最善の近似 $a \in X$ を Y のなかにもち，$d(a,b) = d(a,Y) = \inf[d(a,y) : y \in Y]$ となる．Schikhof(1984, Sec.21) をみよ．本書のサブドミナント超計量の利用と，Rammal and Toulouse（1986）に議論されている超計量測度（the measure of ultrametricity）も参照されたい．

要約すれば，パターンの集合を分割したり，分割した部分集合をさらに再分割したりするためには，超計量という強力な概念を必要とするのである．異なるクラスターに属する点同士に比べて，同一のクラスター内部の点同士は，互いにより近くに存在する．こういった状況を定量化するために超距離の概念を用いるのである．

マーティンゲールをどのようにして樹に導入するか，また，相関をいかに自然に超計量の構造にもちこむかということをすでに示した．このことはランダム費用モデルの例にもあてはまった．

マクロ経済には，数えきれないほどの状態数が存在する．マクロ経済の状態はさまざまであり，実質GNPの成長率や，資本財への投資，失業の変化，在庫の増加や減少，貨幣ストックの成長，財政赤字の変化，短期金利の変化，株価指数など，多数の指標によって測られる．これらの経済状態を計測した実現値は局所安定なものとして考えることができる．つまり同じような健康状態にある経済は，これらの指標で計測すれば，やがては同じ均衡や長期的状態に至るだろう．

それゆえマクロ経済は，多数の起こりうる均衡の近くにとどまり得る．きわめて好調なときから厳しい不況まで，また多数の中間的な状態へと変化し得る．マクロ経済は，このような多数の状態，またはその近くのひとつにある，あるいはひとつの均衡から他の均衡へと移行している過程にあると考えることができる．したがって均衡の集合は，連想記憶装置に蓄えられたパターンがそうであるように，局所安定なパターンの集合になるのである．分類可能な情報は，まずおおまかな特徴によって分類し，さらにより細かく分類していくのだが，このような情報の集まりを，表現し蓄積するのに階層構造が有用である．この点では，計算機科学やニューラルネットワークにおける連想記憶装置が樹構造を使うのとまったく同じである．

上述したランダム費用モデルがこのアイデアを例示している．そこで述べたような方法で，均衡点の集合を階層，つまり樹に系統立ててまとめることができる．樹は均衡点の集合を重複のない部分集合に分割する．一連のマクロ経済指標を用いてマクロ経済の状態を分割するためには，近似や相違の尺度として

超距離を採用することがポイントである．

　K 個の指標や特性の集合によって，ひとつのパターンや均衡を特定化する．あるいは K ビットの単語によって，均衡点をエンコードすると考える．つまり各特性は，「投資の成長率はプラスですか？」といった質問に対する「ハイ」または「イイエ」の答えを表わすのである．この答えの集合を 2 層の樹に組織化するために，まず最初の座標，つまり特性に基づいてこれらの均衡点を 2 つの集合に分類する．それから各部分集合が 2 番目の特性によってさらに分割される．以下同様である．

　同じ節やクラスターに属している均衡点は同じ度合いの相関や重複をもつことになる．このことは，すでに第 2 章と 7.1 節で，(マーティンゲールになる) 確率変数の集合を樹の節に対応付けることで確認した．

　2.5.1.3 で，3 つのパターンの分類の例を取り上げたが，もしパターンを 4 ビットの単語によってエンコードされるものとみなせば，3 つのパターンのすべては最初の 2 つのレベル (ビット) では同一の節に属し，レベル 3 でパターン ξ^2 は他のものと分離し，レベル 4 で ξ^3 が第 1 パターンと分離する．したがって，3 つのパターンを，はじめの 2 つの属性に基づいて 2 つの集合に分割するものとすれば，3 つのすべてのパターンは同一の集合に属することになる．この集合を，3 番目の属性によってさらに分割するならば，ξ^2 は他の 2 つのパターンとは分離して異なる部分集合に属することになる．2 つの異なる節に属する 2 つの均衡点は，同じ節に属する 2 つの均衡点よりも重複する部分が少ない．2 つの均衡点に共通な節に辿り着くまでに，樹の根に向かって，分岐を最小限，何階層か遡らなくてはいけない．重複の大きさは，この階層レベル数の関数になる．この距離によって 2 つの均衡点の間の超距離を定義する．

　少なくとも 2 つのタイプの樹構造がマクロ経済のモデル化に有用である．ひとつは (準) 均衡点の集合を系統立ててまとめるのに，もうひとつは，多数の異なる均衡や引き込み領域における主体の集合を集計するのに役立つ．第 2 章と 7.1 節で，両者を例を用いて説明した．

7.2.2 Ogielsky-Stein モデル

Ogielski and Stein（1985）が対象としたのは，階層構造をした状態数が有限なマルコフ連鎖で，超距離をもつ対称的な樹の上のランダムウォークであった．彼らは，そのマスター方程式を解析的に解明した[8]．

マルコフ連鎖の状態を n 層をもつ 2 分木（binary tree）の最下層に位置する葉に対応させることができる．$P_i(t)$ を系が時間 t に状態 i にいる確率とする．どの 2 つの状態間の遷移確率もこの 2 つの状態間の超距離にしか依存しないと仮定する．距離が i のときの遷移確率を ϵ_i と書く．たとえば，距離が 1 の状態間の遷移確率は ϵ_1 で，階層的距離 2 の状態間の遷移確率は ϵ_2 といったようにである．幸いなことに，この遷移確率行列の固有値と固有ベクトルは解析的に計算できる．

マスター方程式は

$$\frac{dP}{dt} = WP$$

であるが，行列 W は対称的で次の構造をしている．

$$\begin{pmatrix} W_1 & W_2 & & W_3 & & \cdots \\ W_2 & W_1 & & & & \\ & & W_3 & W_1 & W_2 & \cdots \\ & & & W_2 & W_1 & \\ & \cdots & & \cdots & \cdots & \end{pmatrix}$$

この中の部分行列は

$$W_1 = \begin{pmatrix} \epsilon_0 & \epsilon_1 \\ \epsilon_1 & \epsilon_0 \end{pmatrix}$$

と書き表わせる．ただし ϵ_0 は，W の各行の要素の和がゼロになるように指定する．すなわち $\epsilon_0 = -\sum_i 2^{i-1} \epsilon_i$ であり，$W_2 = \epsilon_2 e_2 e_2'$, $W_3 = \epsilon_3 e_4 e_4'$ というように続く．ここで e_k はすべての要素が 1 になっている k 次元の $k \times 1$ ベクトル，すなわち $e_k = [1, \ldots, 1]'$ である．

W の各行の要素は，遷移確率を表わしているから，すべての行の行和はゼロになる．たとえば $n=3$ のとき行列 W は 8×8 になり

$$\epsilon_0 + \epsilon_1 + 2\epsilon_2 + 4\epsilon_3 = 0$$

となる．

n レベルの 2 分木構造においては 2^n 個の状態が存在し，それは底辺の葉の数になっている．$k=1,\ldots,2^{n-1}$ に対して状態 $2k-1$ と状態 $2k$ は，次のレベル以上ではまとめられている．たとえば，状態 5 は状態 6 から距離 1 で離れているが状態 7, 8 からは距離 2 離れているし，状態 1, 2, 3, および 4 からは，距離 3 だけ離れている．混合状態，あるいは上位状態 (superstate) $(1, 2)$ ——状態 1 と状態 2 を組み合わせたもの——は上位状態 $(3, 4)$ から距離 1 だけ離れているし，上位状態 $(5, 6)$ や $(7, 8)$ とは距離 2 だけ離れている，といったようになっている．

行列 W の固有ベクトルはベクトルを 2^k 次元の部分ベクトルにベクトルをグループ化するという構造をもっている．具体的に説明するために，8 個の状態をもつ樹を説明しよう．系の状態数が 8 個のとき，1 番目の固有ベクトルは e_8 で，2 番目の固有ベクトルは $(e_4', -e_4')'$, 3 番目は $(e_2', -e_2', z_4')'$, 4 番目は $(z_4', e_2', -e_2')'$, 5 番目は $(1, -1, z_6')'$, 6 番目は $(0, 0, 1, -1, z_4')'$ で，最後の 2 つは $(z_4', 1, -1, 0, 0)'$ と $(z_6', 1, -1)'$ である．ここに z_k は，すべての要素が 0 の k 次元ベクトルである[9]．

この例では，W は対称行列なので互いに異なる固有値をもつ固有ベクトルは直交している．同じ固有値をもつ固有ベクトルについても直交ベクトルを選ぶことができ，すべての固有ベクトルが互いに直交するようにできることに注意しよう．非対称な樹と非対称行列 W を伴なう動学の例についても後述する．

1 番目の固有ベクトルは固有値 0 に対応しているが，これはこの固有ベクトルが，系のすべての状態が等確率で生起するという長期均衡であることを示している．2 番目の固有ベクトルは固有値 $\epsilon_0 + \epsilon_1 + 2\epsilon_2 - 4\epsilon_3$ (この値は，$-8\epsilon_3$ に等しい) に対応しているが，これは，ある 4 個の隣り合う状態からなるクラスターから，もうひとつの 4 個の隣り合う状態をもつクラスターへの脱出確率

レート (escape probability rate) に対応する．3番目の固有値ベクトルは固有値 $\epsilon_0 + \epsilon_1 - 2\epsilon_2$ に対応している．この固有値の多重度は 2 である．なぜなら，4番目の固有ベクトルもまたこの固有値をもつからである．この固有値は 2 つの隣接する状態から構成されるひとつのクラスターから，別の隣接した 2 つの状態からなるクラスターへの脱出確率レートになっている．固有値 $\epsilon_0 - \epsilon_1$ は多重度 4 をもち，5 番目から 8 番目の固有ベクトルに対応している．これらの固有値はひとつの状態からの脱出確率であり，すべて負である，すなわち，動学は漸近的に安定である．

動学を別の角度からみよう．W を次のように極分解した形式で表わすことができる．

$$W = \sum_i \lambda_i u_i u_i'$$

ここで u_i は規格化されており，$\langle u_i, u_j \rangle = \delta_{i,j}$ (δ は，クロネッカーのデルタ) である．

こうすると，マスター方程式は

$$\frac{dP}{dt} = \sum_i \lambda_i \langle u_i, P \rangle u_i$$

と書き直すことができる．言い換えれば動学モードは分離し，マスター方程式は単純になって 8 本の 1 次微分方程式に分解する．

$$\frac{d\langle u_i, P \rangle}{dt} = \lambda_i \langle u_i, P \rangle, \quad i = 1, \ldots, 8$$

上の式を積分して，次の動学モードの表現を得る．

$$\langle u_i, P \rangle(t) = \langle u_i, P \rangle(0) e^{\lambda_i t}, \quad i = 1, \ldots, 8$$

また，確率ベクトルは

$$P(t) = \sum_i \langle u_i, P(t) \rangle u_i$$

と書ける．

u_i, $i = 1, \ldots, 8$ を基底ベクトルとする座標系で, 確率ベクトルの要素 i は, 固有値 λ_i によって規定される指数関数的な減少率でゼロに回帰していくが, 上の方程式はこのことを示している. 初期条件 $P_1(0) = 1$ から出発して, $P_1(t)$ の自己相関は

$$P_1(t) = 2^{-3} + 2^{-1}e^{-\lambda_1 t}v_1 + 2^{-2}e^{-\lambda_2 t}v_2 + 2^{-3}e^{-\lambda_3 t}v_3$$

によって与えられる. ここで v_1 の最初の 2 つの要素は 1 と -1 で, 他のすべての要素はゼロであり, v_2 の最初の 2 つの要素は 1 で, 次の 2 つの要素は -1 で, 他のすべての要素はゼロである. また v_3 の最初の 4 つの要素はすべて 1 で, 他の要素はすべて -1 である.

ここで, これらの ϵ_i を特定して, 合併したクラスター (combined clusters) 間の脱出障壁 (barriers of escape) が距離とともに増加するようにする. ある β と δ に対して, $R = e^{\beta\delta}$ とし, $2^{k-1}\epsilon_k$ を R^k で示す. この数値は所与の位置から距離 k だけ離れた 2^{k-1} 個の位置のうち任意の位置へとジャンプする確率レートである. この仮定は, 距離とともに脱出確率障壁 (escape probability barrier) が線形的に大きくなることを意味している. この系は R, R^2 および R^3 の時間的なスケールをもつが, これは隣接する状態間の移動と, 距離 1, 距離 2, および距離 3 だけ離れた状態へと移動するのに必要な時間的視野に対応している. 長期均衡においては, すべての 8 つの位置は同じ確率 $1/8$ で占拠される.

このとき $O(R)$ の時間内に, すべての隣接する状態が均衡に到達して区別できなくなる. したがって, 時間スケールに R^{-1} の倍率を掛けることにより, 底辺レベルを集計して, レベルがひとつの少ない階層構造に転換できる. このことは超距離が 1 つ小さくなったことを意味する. これが 7.3 節で説明した繰り込み群理論の議論のエッセンスである. これは大きな t に対して, 次の形をした自己相関係数を導く.

$$\lim_{t \to \infty} \langle d(t) \rangle \sim (\ln t)/\beta\delta$$

2.4.2 項と 2.5.4 項の例を想起されたい.

遷移確率行列は, 特定の仕方に若干の変更を加えることで, 超距離はもたない

が，ここで述べた例と同じように時間スケールが倍数になるという特徴をもつようにすることができる．そのような例は，Huberman and Kerszberg (1985) にある．

7.2.2.1 階層型の動学の集計の例

繰り込み群理論を用いて階層型システムをどのように集計するかについては，すでに提示した．これから述べる例のような単純な場合には，遷移確率行列の規則的な構造を利用して，状態を直接集計することが可能である．8個の状態をもつモデルでその方法を説明しよう．

このモデルが4個の相異なる固有値，$\lambda_1 = 0 \geq \lambda_2 \geq \lambda_3 \geq \lambda_4$ をもつことはすでに示した．また底辺レベルの2つの状態は $1/\lambda_4$ に比例する時間経過後に，ひとつの状態に融合することも示した．

上述したように，固有ベクトル8個はすべて正規直交化するものに選ぶことができる．最速の動学モード——固有値 λ_4 によるもの——を取り除くために，確率ベクトルを1番目から4番目までの固有ベクトルが張る部分空間上に射影する．これは，5番目から8番目の固有ベクトルは λ_4 に対応しているからである．もともとの固有ベクトルについて集計を論じることもできるが，次のように処理する方がより便利である．

行列 S を

$$S = \begin{pmatrix} S_1 & 0 \\ 0 & S_1 \end{pmatrix}$$

と定義する．ただし部分行列は

$$S_1 = \begin{pmatrix} 1 & 1 & 0 & 0 \\ 0 & 0 & 1 & 1 \end{pmatrix}$$

である．状態を集計すると元の遷移確率行列に対応する行列 W^* は

$$SW = W^* S$$

と定義できる．ここで $W^* = (1/2)SWS'$．このとき $q = SP$ すなわち

$q' = (P_1 + P_2, P_3 + P_4, P_5 + P_6, P_7 + P_8)$ とすれば，集計した系のマスター方程式は，

$$\frac{dq}{dt} = W^* q$$

となる．

この集計した行列は，

$$W^* = \begin{pmatrix} W_1^* & W_2^* \\ W_2^* & W_1^* \end{pmatrix}$$

である．部分行列 W_1^* の対角要素は $\epsilon_0 + \epsilon_1$ で，非対角要素は $2\epsilon_2$ であり，部分行列 W_2^* のすべての要素は $2\epsilon_3$ である．

この行列の行和はすべてゼロであるので，遷移確率行列になっていることがわかる．上述したように，この行列の固有値は，λ_1，λ_2 および λ_3 であり，これは容易に確かめることができる．固有ベクトルは e_4, $(e_2', -e_2')'$, $(1, -1, 0, 0)'$ および $(0, 0, 1, -1)'$ である．

$O(1/\lambda_3)$ の時間を経過すると，この集計した階層型の均衡状態は，さらに2つの状態に融合していく．いまやマスター方程式は

$$\frac{dr}{dt} = W^{**} r$$

となる．ここで $r = Tq = TSP$ は集計したベクトルで，

$$T = \begin{pmatrix} 1 & 1 & 0 & 0 \\ 0 & 0 & 1 & 1 \end{pmatrix}$$

である．

行列 TS の要素をみると，r の第1要素がベクトル P の初めの4要素の合計になっており，第2要素が P の最後の4要素の合計になっていることがわかる．行列 W^{**} の $(1,1)$ 要素は $\epsilon_0 + \epsilon_1 + 2\epsilon_2$ であり，これは $(2,2)$ 要素でもある．W^{**} の $(1,2)$ 要素と $(2,1)$ 要素は $4\epsilon_3$ になっている．この行列の固有値は λ_1 と λ_2 である．

$1/\lambda_2$ に比例した時間が経過した後では，元の 8 個の均衡点すべてが崩れて，ひとつの均衡点に落ち着く．言い換えれば，系全体が均衡になり，すべての 8 個の状態が集計されたひとつの状態になる．

7.2.2.2 非対称な樹

次に単純で非対称な樹で表される階層を説明する．3 個の均衡状態をもった 2 層の階層で例示しよう．遷移確率行列は，次で与えられる．

$$W = \begin{pmatrix} -(\epsilon_1+\epsilon_2) & \epsilon_1 & \epsilon_2 \\ \epsilon_1 & -(\epsilon_1+\epsilon_2) & \epsilon_2 \\ \epsilon_2 & \epsilon_2 & -2\epsilon_2 \end{pmatrix}$$

固有値は $\lambda_1 = 0, \lambda_2 = -3\epsilon_2$ および $\lambda_3 = -(2\epsilon_1+\epsilon_2)$ である．対応する固有ベクトルは $(1,1,1)$，$(1,1,-2)$ および $(1,-1,0)$ である．1 レベルの集計をすれば，確率ベクトルは集計行列

$$S = \begin{pmatrix} 1 & 1 & 0 \\ 0 & 0 & 1 \end{pmatrix}$$

で与えられる．この集計したベクトルのマスター方程式は，$q = SP$ として

$$\frac{dq}{dt} = W^* q$$

と書け，遷移確率行列は

$$W^* = \begin{pmatrix} -\epsilon_2 & 2\epsilon_2 \\ \epsilon_2 & -2\epsilon_2 \end{pmatrix}$$

で与えられるが，これは $O(1/\lambda_3)$ の時間を経過した後では固有値 λ_1 と λ_2 を継承している．

7.2.3 Schreckenberg のモデル

上述した樹上のランダムウォークのモデルでは最も近い近傍にしか遷移は許されていなかったのに対して，Schreckenberg (1985) は，他のすべての状態へ

の遷移が可能であるランダムウォークを吟味した．

合計 N 個のミクロ状態が存在している．ここでは階層は下から上へと数えることが便利である．$K+1$ 層の樹の根では，N 個のミクロ状態をもったクラスターがひとつ存在している．$m_{K+1} = N$ としよう．ひとつ下のレベルでは，それぞれが m_K 個のミクロ状態をもった N/m_K 個のクラスターが存在している．一般的に言って，$l+1$ のレベルには N/m_l 個のクラスターがあり，それぞれが m_l 個のミクロ状態を含んでいる．レベル 1 の最下層では，それぞれがひとつのミクロ状態を含んでいるだけの N 個のクラスターが存在する．すなわち

$$N = m_{K+1} \geq m_K \geq \cdots \geq m_1 \geq m_0 = 1$$

最下層のひとつのミクロ状態を固定し，それを状態 a と呼ぶ．状態 a からちょうど超距離 k だけ離れているミクロ状態の集合を定義する．

$$S_k = [x : d(a, x) = k]$$

$|S_k| = m_k - m_{k-1}, k = 1, \ldots, K$ であることに注意されたい．状態 a から任意の状態 $x \in S_k$ に遷移する確率は，ϵ_{k-1} になる．

たとえば a から ϵ_0 の遷移確率で，遷移できるミクロ状態は $m_1 - 1$ 個ある．遷移確率は超距離だけの関数である．次の関係が成り立つ．

$$\epsilon_0 \geq \epsilon_1 \geq \cdots \geq \epsilon_K \geq \epsilon_{K+1} = 0$$

$P_l(t)$ を，時間ゼロに状態 a を出発したミクロ状態が時間 t にレベル $l+1$ にあるクラスターに属する確率としよう．この事象を x_t で示せば

$$P_0(t) = P(x_t \in C_1)$$

となる．ここで C_1 はレベル 1 にあるクラスターで，そのマスター方程式は次のように書ける．

$$\frac{dP_0(t)}{dt} = -\sum_{i=0}^{K}(m_{i+1} - m_i)\epsilon_i P_0(t) + \sum_{i=0}^{K}\epsilon_i Q_i$$

ここで，

$$Q_i = P_{i+1} - P_i = P[x_t : d(a, x_t) = i+1]$$

レベル $l+1$ には，クラスターあたり m_l 個のミクロ状態がある．したがって P_l/m_l に関するマスター方程式は

$$\frac{d(P_l/m_l)}{dt} = -\sum_{i=l}^{K}(m_{i+1} - m_i)\epsilon_i(P_l/m_l) + \sum_{i=l}^{K}\epsilon_i Q_i$$

と書ける．

あるクラスターのなかのミクロ状態はどれも等確率で起きると仮定する，つまり Bose-Einstein 統計量におけるのと同じく各ミクロ状態は見分けがつかない．このマスター方程式は

$$\frac{d}{dt}(P_{l+1}/m_{l+1} - P_l/m_l) = -\sum_{i=l}^{K}(m_{i+1} - m_i)\epsilon_i(P_{l+1}/m_{l+1} - P_l/m_l)$$
$$+ (m_{l+1} - m_l)(\epsilon_i P_{l+1}/m_{l+1}) - \epsilon_l Q_l$$

と書き直せる．

Q_l の定義式を代入して，次を得る．

$$\frac{d}{dt}(P_{l+1}/m_{l+1} - P_l/m_l)$$
$$= -\left[\sum_{i=l}^{K}(m_{i+1} - m_i)\epsilon_i + m_l\epsilon_l\right](P_{l+1}/m_{l+1} - P_l/m_l)$$

時定数 (time constant) τ_l を次により定義する．

$$\tau_l^{-1} = \sum_{i=l}^{K}(m_{i+1} - m_i)\epsilon_i + m_l\epsilon_l$$

時間ゼロでは，どのレベルにおいても状態 a はあるひとつの節に属している．したがって，一様な初期条件 $P_i(0)/m_i = 1/m_i$ が得られる．$P_{K+1}(t) = 1$ を想起すれば，マスター方程式の解は

と書くことができる．次の等式にも注意しよう．

$$\frac{Q_l}{m_{l+1}-m_l} = \sum_{i=l}^{K}(1/m_i - 1/m_{i+1})e^{-t/\tau_i} - (1/m_l)e^{-t/\tau_l} + 1/N$$

単純なケースを考察するために，ひとつの節からの分岐の数は，どのレベルをとっても同一であると仮定する．つまり m_{i+1}/m_i は定数 m である．したがって $m_l = m^l$ となる．さらに，時定数は小さい定数 κ に対して

$$\tau_{l+1}^{-1} = \kappa \tau_l^{-1}$$

と仮定する．これは遷移率 $\epsilon_{l+1}/\epsilon_l$ がおおよそ κ/μ となることと矛盾しない．定数 α と β に対して，次の式を得る．

$$P_0(t) = (1-1/m)\sum_{l=0}^{\infty}(1/m)^l e^{-(\alpha/\beta)t}$$

Schreckenberg(1985) は t が大きければ，この式は

$$P_0(t) \sim (1-1/m)h[\ln(\alpha t)](\alpha t)^{\ln(m/\ln\beta)}$$

となるが，h はすべての x に対して $h(x+\ln\beta) = h(x)$ となる周期関数である．

異なった階層のレベルが自己相似性をもつので，振動が生じるのである．時間スケールを β 倍しても，時定数の集合は不変である．

7.3 樹の刈り込み〈階層型の動学の集計〉

N をモデル中の経済主体の数として，マスター方程式を $O(1/N)$ まで，べき級数展開したときに得られる第1項とマクロ経済方程式が一致することを第5章でみた．Ogielski and Stein のモデルを説明するときに，樹構造の状態空間をもつマルコフ連鎖に関してもうひとつの集計の仕方を紹介した．この節で

は，この方向での理論の発展と繰り込み理論によるマルコフ連鎖の集計に関する2つの具体的な例を述べる．

7.3.1 繰り込み群理論

自由度が多く，フラクタルにおける自己相似構造のモデルと同様な意味で規則的構造をもったモデルにおいて，繰り込み群理論は，経済主体の相互作用的な，または協調的な行動を研究するのにきわめて有用である．

この方法は，時間と状態変数のスケールが変化するという状況下での経済モデルの行動を研究することである．主体数が $2N$ のモデルをどのように集計して，主体数が N のモデルを構築すればよいかを論じるために，Collet and Eckmann (1978) と Idiart and Theumann (1990) を例に挙げて解説する．実際，数多くの階層をもった樹のモデルを扱うのに繰り込み群理論が導入されると，集計は確固とした基盤を与えられる．それは，フラクタルの断片が自己相似的であるのとほとんど同じ意味で，モデルのレベルごとの構造が似通っているからである．そのような自己相似構造のモデルに対して繰り込み群理論は，ミクロ変数を集計してもっと目の粗い変数やマクロ変数を得る——言い換えれば，下位のレベルの変数を置き換えるために，その適切な加重平均を作る——には，変数と時間の尺度をどう変更すればよいかを正確に教えてくれる．2.5.4項の樹系の動学の集計の議論を想起されたい．

物理学の文献において Jona-Lasinio (1975) が強調したように，理論の適用の基礎的方法は，確率論で安定則を構築するものと似ている．かなりの程度，極限での振る舞いは，前提となっている確率分布の詳細とは独立である．

ここでは単純な場合をスケッチするにとどめる．次のハミルトニアンを考える．

$$H = \frac{-1}{2|\Lambda|}\Big(\sum_{i \in \Lambda} s_i\Big)^2$$

ここで，$S(\Lambda)$ を総和 $\sum_i s_i$ と定義すれば，確率密度関数は

$$p_\Lambda(s_1,\ldots,s_{|\Lambda|}) = \text{const}\exp\Big[\frac{\beta}{2|\Lambda|}S(\Lambda)^2\Big]$$

で与えられる．

$\sum_i s_i = m$ の場合を考え，$Y(\Lambda) = S(\Lambda)/|\Lambda|^{\rho/2}$ と定義する．このとき，確率密度は

$$p[Y(\Lambda) = y] = Z_\Lambda^{-1} {}_{|\Lambda|}C_m \exp\left[\frac{\beta}{2} y^2 |\Lambda|^{\rho-1}\right]$$

で与えられる．ここで，

$$Z_\Lambda = \sum_{k=0}^{|\Lambda|} {}_{|\Lambda|}C_k \exp\left[\frac{\beta k^2}{2|\Lambda|}\right]$$

であり，また，$|\Lambda| - 2m = y|\Lambda|^{\rho/2}$ である．

スターリングの公式を用いて，β が 1 でないならば，$|\Lambda|$ が ∞ にいくと，ρ が 1 でないときにのみ，自明でない極限を得る．

$$\lim_{|\Lambda| \to \infty} p(y) = \text{const} \ \exp\left[\frac{(1-\beta)}{2} y^2\right]$$

$\beta = 1$ ならば，$\rho = 2/3$ の場合には，極限値は

$$\lim_{|\Lambda| \to \infty} p(y) = \text{const} \exp(-y^4/2)$$

となる．

より一般的には，$m = m_1 + m_2$ として，

$$|\Lambda|C_m = \sum_{m_1, m_2} {}_{|\Lambda|/2}C_{m_1} {}_{|\Lambda|/2}C_{m_2}$$

に注意すれば，次の確率密度関数についての式が求まる．

$$p_{|\Lambda|}(m) = \sum_{m_1, m_2} p_{|\Lambda|/2}(m_1) p_{|\Lambda|/2}(m_2) \exp\left[-\frac{2\beta}{|\Lambda|}(m_1 - m_2)^2\right]$$

$u = (m_1 - m_2)/|\Lambda|^{\rho/2}$ としよう．このとき，y についての確率密度関数を

$$p_{|\Lambda|}(y) = \text{const} \int \exp(-|\Lambda|^{\rho-1} u^2) p_{|\Lambda|/2}[y/2^{1-\rho/2} + u]$$
$$\times [p_{|\Lambda|/2}[y/2^{1-\rho/2} + u] du$$

と表わすことができる.

$|\Lambda|$ が無限大に行く極限では,この密度関数は

$$p_\infty(y) = [p_\infty(y/2^{1-\rho/2})]^2$$

を満足する.

したがって,次の変換の不動点の 2 母数の族 (two parameter family) が存在する.

$$\exp(-\lambda|y|^\mu)$$

ここで $\mu = 1/(1-\rho/2)$ で,λ は,任意の定数である.

Dyson(1969)は,ハミルトニアンを次のように定義して,確率場に階層構造を導入した.

$$H(\sigma) = -\sum_{i,j \in S} U_{i,j} \sigma_i \sigma_j$$

ここで S は格子で,$U_{i,j}$ は $d(i,j)^{-a}$, $a > 0$ として選ばれており,階層的距離,つまり超距離は i と j が等しくなければ,

$$d(i,j) = 2^{n(i,j)-1}$$

と定義され,$d(i,i) = 0$ である.ただし $n(i,j)$ は i と j が属している同一のクラスターのうちの最小のレベル n である.Dyson (1969) が,最初に提唱した階層型の動学モデルの分析については Bleher and Major (1987) を参照されたい.なお Dyson のモデルは,Collet and Eckmann (1978) も議論している.

7.3.2 Collet-Eckmann モデル

Collet and Eckmann (1978) は,M 層で $N = 2^M$ 個の位置もしくはミクロ経済主体をもつ単純な階層型モデルを論じている.ハミルトニアンは

$$H_{N,f} = H_N + \sum_{j=0}^{N} f(s_j)$$

で与えられる．ここで，
$$H_N = -\frac{1}{2}\sum_{k=1}^{M}(c/4)^k \sum_{j=0}^{2^{M-k}-1} S_{j,k}^2$$

であり，
$$S_{j,k} = \sum_{l=1}^{2^k} s_{j2^k+l}$$

である．その構造からわかるように，変数 $S_{j,k}$ は同じクラスターに属するすべての s_i の総和になっている[10]．

ハミルトニアン H_N はこれらの変数の間の相互作用を表わしている．変数 s_i と s_j の両方が属しているクラスターの最小のレベルを k とすれば，この2つの変数の間の相互作用は，$-(c/4)^k$ になる．言い換えれば，相互作用は超距離の関数である．彼らのモデルにおいては，底辺からレベルを数えている．レベル1では2つの位置が集計されて，$S_{j,1}$ を形成している．レベル k ，$k=1,\dots,M$ には，2^{M-k} 個のクラスターが存在しており，それぞれのクラスターは 2^k 個の点，もしくは当初の位置変数を含んでいる．

S をすべての s_i ，$i=1,\dots,N$ の総和とし，Gibbs 分布を $P_{N,f}(S)$ で表わすことにする．$t_j = (s_{2j-1}+s_{2j})\sqrt{c}/2$ ，$j=1,\dots,N$ と定義して，彼らは積分

$$\int ds_1 \cdots ds_{2N} F\left(\sum_{j=1}^{2N} s_j\right) \exp[-\beta H_{2N,f}(s_1,\dots,s_{2N})]$$

が

$$\int dt_1 \cdots dt_N F\left(2c^{-(1/2)}\sum_{j=1}^{N} t_j\right) \exp[-\beta H_{N,g}(t_1,\dots,t_N)]$$

と書き表わせることを示した．ただし，関数 g は

$$g(t) = -t^2/2 - \beta^{-1}\ln(2/\sqrt{c}) - \beta^{-1}\int du \exp[-\beta f(tc^{-0.5}+u) - \beta f(tc^{-0.5}-u)]$$

と定義される．

上の式は，f から g への変換を定義する．Gibbs 分布は

$$P_{2N,f}(S) = (c^{1/2}/2)P_{N,g}[(c^{1/2}/2)S]$$

によって変換される．

彼らは，2^N 個の経済主体のシステムにとっての確率分布を，スケールの変更とハミルトニアンの変換によって，N 個の経済主体のシステムに対応させることができることを示した．

7.3.3 Idiart-Theumann モデル

ここで，Idiart and Theumann (1990) のモデルを説明する．このモデルはニューラル・ネットワークの連想記憶のモデルとして提唱されたのだが，十分に一般的なものなので，経済主体(企業)を技術的，その他の類似性によってクラスターにグループ化し，さらにマクロ経済モデルのように，より大きなクラスターにグループ化したモデルとして再解釈することが可能である．彼らのモデル内の位置(sites)は，ミクロの経済主体と解釈する．

階層型モデルのレベルの総数を r とする．最下層，つまり，最も細分化されているレベルでは，$N = N_l 2^{r-1}$ 個の位置があり，それぞれが N_l 個の位置から構成されている 2^{r-1} 個の重複のないクラスターにまとめられている．

それぞれのクラスターについて，(中間的なマクロ変数である)ひとつのクラスター変数を次のように定義する．

$$S^{\mu}_{1,l_1} = \sum_{N_1(l_1-1)+1}^{N_1 l_1} w^{\mu}_1 \sigma_i$$

ここで，l_1 は 1 から 2^{r-1} まで変動する．

ここで，σ_i は主体 i の状態変数である．最も単純な場合には数値は 2 値で，1 または -1 である．ウェイト w^{μ}_i はパラメータ μ に依存するが，μ は彼らのモデルではパターンを指しているのだが，経済学的な文脈では局所均衡点を標示していると解釈できる．その数値は 1 から p まで変動する．

ここで定義したクラスター変数は，Ellis (1985, p.170) におけるブロック・

スピン変数に対応しているが，これが関心の対象となる中間変数である．多くの企業を部門別に集計し，さらに，いくつかの部門を国レベルのマクロ経済モデルに集計して階層を構築することができるが，なんらかの経済的数量の部門平均がここで述べた中間変数の例にあたるだろう．次に，相互作用ポテンシャル，すなわちクラスター諸変数のなんらかの関数がレベル1の配置

$$H(1) = -(J/N)g^{r-1} \sum_{\mu=1}^{p} (S_{1,l_1}^{\mu})^2$$

によって最小化されていると仮定する．ここでgはレベル間の任意のカップリング変数である．

レベル2では，2つの隣接するクラスターが結合して，$2N_l$個の状態から構成されるより大きなクラスターを形成する．同様にして，レベル$k-1$の隣接する2つのクラスターの変数を，レベルkで足し合わせることでk番目のクラスター変数を定義する．すなわち，l_kが1から2^{r-k}まで変動するとして

$$S_{k,l_k}^{\mu} = S_{k,2l_k-1}^{\mu} + S_{k,2l_k}^{\mu}$$

k-レベルの相互作用エネルギーは

$$H(k) = -(J/N)g^{r-k} \sum_{l_k} \sum_{\mu} (S_{k,l_k}^{\mu})^2$$

となる．総相互作用ポテンシャルは，kを1からrまで動かしたときの$H(k)$の総和である．

これは，

$$H = \sum_{k} g^{r-k} \sum_{l_k} \sum_{i=j} J_{i,j}(l_k) \sigma_i \sigma_j$$

と書くことができる．ただし

$$J_{i,j}(l_k) = -(J/N) \sum_{\mu} w_i^{\mu} w_j^{\mu}$$

である．

より便利なハミルトニアン表現の再定式化は

$$H = -(J/N) \sum_{\mu} \sum_{l,n} a_{l,n}(r) S_l^\mu S_n^\mu$$

である．ここで 1 から l までの下付き添え字を省いて S_{1,l_1}^μ を S_l^μ と単純化した．要素 $a_{l,n}(r)$ をもつ行列 A は特殊な構造をもっているので，固有値と固有ベクトルを解析的に計算することができる．この行列は Ogielski and Stein (1985) と Dyson (1969) モデルに出てくる遷移確率行列によく似た構造をしている．

注

1) 当面は，曖昧さなしに均衡点の分類が可能であると仮定する．第 2 章で，このような分類がいつもうまくできるとはかぎらないことを示唆する例をみた．
2) たとえば，Murtagh (1983) を参照．
3) Bose-Einstein 配分の議論については，第 3 章と付録を参照されたい．
4) 同様にして，主体に対する政策の効果またはインパクトについても経済全体に対する影響，部門別影響，主体に固有な影響に分解することができる．
5) この仮定は，最初にこれを読んだときに感じるほど恣意的なものではない．N 個の主体のすべてが，費用の分解式の各項に寄与していることを想起すれば，主体の費用の独立性を所与として，分散が N に比例するという仮定は自然である．
6) 2 値をとる樹の構成は，2.5.1 節で述べたコイン投げの空間と同じである．
7) Moore and Snell (1978) と Rammal and Toulouse (1986) が指摘したように，k タイプの粒子や主体をもつ分岐過程にも樹構造は関連してくる．根から k タイプの主体の 1 個がある確率で生成される．樹のレベルは，分岐過程の世代に対応する．所与のタイプの 1 個の主体は次の世代のすべてのタイプの主体を，たとえば，確率 $p_{a,b}(i)$ で生み出せる．この確率は，a タイプの主体 1 個がタイプ b の主体 i 個を生む確率である．K レベルが生成されると根に戻ってこの過程を N 回繰り返し，N 主体の樹を生成する．
8) 関連する研究が物理学の文献にある．たとえば，Bachas and Huberman (1987) を参照．彼らは非対称の樹を扱い，樹の全体の輪郭（silhouette）の重要性を示したが，それは根から階層のレベルを辿って，いかに速く分岐の数が増大するかを示すために定義された．
9) 非対称の樹では，所与のレベルですべての節からの分岐の数が同じではない．この場合，固有ベクトルの式はもっと複雑になるが，解析的に記述可能である．たとえば，Bachas and Huberman (1987) を参照．
10) これらの変数は Ising モデルの文献に登場するブロック・スピン変数に対応する．

† 訳者注）

$$e^{Nu} = \left(\prod_{j=r}^{K} \alpha_j\right)^N \left(1 - \alpha_{r+1}^N\right)$$

から，

$$Nu \to \ln\left(\prod_{j=r}^{K} \alpha_j\right)^N$$

第8章　経済モデルにおける自己組織的およびその他の臨界現象

　行動パターン，経済システムの応答等においては，しばしば大きな，または抜本的な質的変化が起こることがある．こういった変化が，経済を取り巻く環境や政治的パラメータのわずかな変化によって引き起こされることもよくある．このような応答反応を便宜的に「臨界現象」と呼び，環境の変化や政治的要因に極端に敏感に反応する経済現象を意味するものとしよう．

　ここで2つのタイプのこうした例を挙げよう．ひとつ目は構造が突然変化する場合である．あるモデルパラメータが臨界値を通過するとき平衡点に突然分岐が起こる．組織的な市場が何もないところに突然出現したり，またはその反対にそれまで存在したものが突然消えたりする．こういった臨界現象の性質をもつ例は多数存在する．

　もうひとつのタイプの例もまた，よく知られたものである．こちらのほうは，堆積現象(piling-up phenomena)，と呼ぶ．これらの現象はしばしば一時の集団熱狂に似た様相を伴なう．経済主体の大半が突然同じ意見をもったり，同じ選択をしたり，またはそれほどでない場合にも，経済主体が，異なる状態間に均等に分布している状態から，突然の変化を引き起こす要因が存在しないにもかかわらず，経済主体が皆ほとんど同じ構成や状態をもつように変化する（ここで状態というのは，経済状況や期待される条件，あるいはその両方を意味する）．他に良い言い方がないのでこれを経済主体の堆積，または経済主体による高密度状態占拠と呼ぶことにする[1]．

8.1 急激な構造変化

経済モデルに関連した，急激な構造変化というのには2つの意味がある．そのひとつは，馴染みの深いものである．簡単に言えば，ある種のパラメータがいわゆる臨界値の近くで僅かに変化する際に，システムのある性質や特徴，またはモデルに不連続，あるいは大きな変化が引き起こされる，というものである．このような例は経済学の内にも外にも沢山ある．経済学以外では，水がある臨界温度で蒸気になったり氷になったりする場合や，または電気伝導度や磁化の性質が，臨界温度近くでの温度の変化や外磁場の変化に反応して急激に変化したりすることなどがある．経済学の領分では，経済主体の自己組織化(self-organization)現象がこれに属する．例を示せば，Whittleの農民と商人に適用された双役割モデルがある．このモデルでは，一定のテクニカルな条件のもとで，旅商人しかいないところに市場が突然に出現するのである(Whittle 1986, p.381)．Vriend(1994)にはこの種の自己組織化の別の例が出ている．階層型組織をもつ動的な系はもうひとつの自己組織化の例であり，そこでは突然の構造変化が起こる．物理学の文献においては，臨界点は繰り込み群変換という，ミクロな粒子からその集合体への粗視化に関連した変換の固定点に関連したものである．Dyson(1969)はこのようにしてIsingスピンの樹構造を議論し，それは後に数学者Moore and Snell(1979)によって，もっと近年にはBleher and Major(1987)によって引き継がれた．パーコレーション・モデルでは臨界点は無限に大きな集合体の出現に対応する．これについてはGrimmett(1989, Chap.1.4)をみよ．明らかにこれらは，階層型の動学に関するわれわれの議論に関連したものである．

別の例としては，「焼き鈍し法のシミュレーション」を適用して解かれる最適化問題がある．このテクニックは，多数の局部極小値をもつ評価関数の大局的最小値を探索する際に，局部極小値にひっかかることを避ける目的に使われる．パラメータ β によって制御される正値確率を用いて，「焼き鈍し法」アルゴリズムは最小値でない極小値の周りの，極小値より悪い評価値をもつ場所を，極小値から逃れる目的で探索するのである．

β がゼロのとき，これは高温に対応するが，ひとつだけ解が存在する．β が

増加するにつれ温度は下がり，平衡点が2つまたはそれ以上に分岐する β の臨界値が存在する．あるいは1つの集合体が2つまたはそれ以上の部分に分裂する．このとき臨界点とそれに関連した状態のクラスターや平衡点が続けざまに現れることもある．例として Rose, Gurewits, and Fox(1990) をみよ．そこではこのような相転移に対する点がクラスターになり，それによって元のデータ点が1つのクラスターに対応していたのが次々と部分クラスターに対応するものに分かれることを論じている．

2つ目の意味としては1つ目のそれに比べてあまり知られていないが，経済モデルに深い意味をもつ，構造変化に関するものである．自然界によくみられるカオス的振る舞いは人工システムにも起きるものであるが，自然界に存在する複雑な巨視的創造物は，しばしばカオスと非カオスの境界，つまり臨界点の近くにある．このことは地球物理や自然環境学(生態学)にもみられる．その例として，Kauffman(1991, 1993)のようなセルオートマトンの文献がある．自己組織化にこれ以上立ち入ることは我々の目的を超えるのでこのあたりにしておこう．

8.2 同一状態への堆積，または高密度占拠

歴史上の多くの資料が示すように，価格の投機的バブル(speculative bubble)といったような熱狂が国中あるいは地域中を席巻してしまうということがよくあるものである[2]．こういったことは人口の大部分が同じ信念や見方や予想を共有したり，人々の集団の多くが同一の選択をしたりというような場合に起こる．言い換えれば経済主体の大半が同一状態を占拠する，または，ひとつの状態に皆が集中するという場合である．深刻な不況や極端なインフレ，または通常の経済活動が長い間，大規模にわたって行なわれなくなるといった不安定な状況は，本質的に，経済主体がひとつの経済状態や予測に集中することが原因であろうと思われる．

第4章と第5章では，こういった現象をどのようにモデル化するかという問題を扱った．集団感情や集団からの圧力といった，いわゆるバンドワゴン効果

(bandwagon effects) と言われるものが要因となって，離散マルコフ過程の遷移確率が決まるようなモデル化を分析したのである．

上述の現象が生起する本質的な要因は，不確定さがある一定の閾値を超えることであるように思われる．このような経済現象は，物理学や化学における臨界現象に類似した点がある．そこでは温度や圧力，その他の重要な変数が閾値を超えるときに相転移が起きるのであるが，それを経済学の用語に置き換えてみようというわけである．

本節では，相互作用する主体の群の大多数があるひとつの特別な経済状態あるいは期待される状態に集中しているという特別な場合に注目したい[3]．

ここで n_s を状態 s にいる経済主体の数としよう．s はモデルが決める状態のひとつである．状態数は高々有限個であるとする．ここに言う状態とは経済学的なものでもよいし，予測に関するものでもよく，またその両方でもよい．経済主体の総数は $N = \sum_l n_l$ とする．n_l は負でない整数なら何でもよい．

ここでマクロ経済学変数 Y に対して，その集団的偏りに関する答えがわかっていると仮定し，それを $Y = \sum_l n_l y_l$ とする．ここで状態 l は y_l という値をもつとする．また，$Y_l = n_l y_l$ と定義しておこう．

ここで特別なひとつの状態 s，を考える．そこには n_s 個の経済主体がいてその一個一個が出力 y_s を出すのである．(n_s, Y_s) という出力が実現される確率は，系から s を除いた部分のとり得る場合の数である多重度，つまり縮退度に比例する．これを $W(N - n_s, Y - Y_s)$ と書き，各状態が等しい確率で生起すると仮定すれば，$\ln[W(N, Y)]$ は主体数が N で出力が Y であるような系のエントロピーに比例する．

系が平衡状態にあればマクロな状態は等確率で生起し，系全体は (n_s, Y_s) という部分系と，$(N - n_s, Y - Y_s)$ という残りの系から作られることに注意しよう．このとき，(n_s, Y_s) という部分系がとり得る確率 $P(n_s, Y_s)$ は，分配関数 $W(N - n_s, Y - Y_s)$ に比例することになる．これを Taylor 級数に展開して次式を得る[†訳者注]．

$$\ln[W(N - n_s, Y - Y_s)] \approx \ln[W(N, Y)] + \beta\mu n_s - \beta Y_s$$

ここで以下のように β を導入した.

$$\beta = \partial \ln(W)/\partial Y$$

これは W が Y の増加関数であることにより正である.またもうひとつのパラメータ μ は,N で微分して

$$\partial \ln(W)/\partial N = -\beta\mu$$

となる.W は N の増加関数であるから,μ は負である.

よって確率 P は $\beta(\mu n_s - Y_s)$ の指数関数に比例して増大する.

$$P(n_s, Y_s) \propto \exp[\beta(\mu n_s - Y_s)]$$

この式をその右辺の n_s と Y_s に関する和[4]によって規格化して

$$P(n_s, Y_s) = \frac{1}{\Xi} \exp[\beta(\mu n_s - Y_s)]$$

を得る.指数部分は $\beta \sum_l n_l (\mu - y_l)$ と書けるので

$$\Xi = \prod_l \Xi_l$$

と書ける.ここで[5]

$$\Xi_l = \sum_{n_l} e^{\beta n_l (\mu - y_l)} = \left[1 - e^{\beta(\mu - y_l)}\right]^{-1}$$

この式が意味をもつためにはすべての l に対して $y_l \geq \mu$ でなくてはならないが,μ が負でかつ y_l がすべての状態について正であることによりこの不等式は満たされる.この表式は,Bose-Einstein 統計量の確率母関数(probability generating function)と解釈できる.この点に関しての母関数の説明はたとえば Whittle (1992) の p.112 をみよ.

n_l 個の主体が状態 l にいる確率は次式で与えられる.

$$P(n_l) = e^{\beta \mu n_l} Z(n_l)/\Xi$$

ここで $Z(n_l)$ は本章の注 4) で定義したものである．l 状態にいる主体の平均数は次式で与えられる．

$$\langle n_l \rangle = \frac{1}{\beta}\frac{\partial}{\partial \mu}\ln \Xi_l = \left(e^{\alpha+\beta y_l} - 1\right)^{-1}$$

ここで $\alpha = -\beta\mu$ と定義している．また状態にいる主体数の平均値の周りの分散は次式で与えられる．

$$\mathrm{var}(n_l) = \frac{1}{\beta^2}\frac{\partial^2}{\partial \mu^2}\ln \Xi_l = \langle n_l \rangle (1 + \langle n_l \rangle)$$

ここで Bose-Einstein 型の配置をとる場合には平均が 1 より大きいので[6]，標準偏差（ゆらぎを表わす）が平均値と同じ程度の大きさであることを注意しておこう．主体の数は負になることはないので，$\alpha \geq 0$ となる．この条件は β や μ の符号についてのわれわれの仮定で保証されている．

ゼロ出力状態と正の出力状態とを分離して次のように書く．

$$N = \frac{1}{e^{\alpha}-1} + \sum_{s=1}^{\infty}\frac{1}{e^{\alpha+\beta y_s}-1}$$

右辺の第 1 項を N_0 と書き，生産力ゼロの企業の数とする．α がゼロに近い場合を考えることにしよう．和は積分にした方が便利である．出力が $(y, y+dy)$ の区間にくるような状態の密度を $d(\eta)$ と定義しよう．すると出力の総数は

$$Y = \int_0^{\infty} \frac{\eta d(\eta)}{e^{\alpha+\beta\eta}-1} d\eta$$

主体の数は

$$N = \frac{1}{e^{\alpha}-1} + \int_0^{\infty} \frac{d(\eta)}{e^{\alpha+\beta\eta}-1} d\eta \tag{8.1}$$

ここで η の密度が次の形であると仮定する．

$$d(\eta) = c\eta^s$$

ここで c は定数，$s \geq 0$ である．この N は主体の数をゼロ出力の分だけ低く見積もりすぎていることに注意しなければならない．ゼロ出力の部分は連続な状

態密度を用いた積分には含まれていないからである．

積分を実行するために次のように定義される Appell 関数を使う．

$$\phi(s,\xi) = \frac{1}{\Gamma(s)} \int_0^\infty \frac{x^{s-1}}{\xi^{-1}e^x - 1} dx$$

ここで $\xi = e^{-\alpha} \leq 1$ とするのである．被積分関数を ξ のべきに展開すると

$$\phi(s,\xi) = \sum_{k=1}^\infty \frac{\xi^k}{k^s}$$

この関数は ξ の単調増加関数である．次の関係がある

$$\int_0^\infty \frac{\eta^s}{e^{\alpha+\beta\eta} - 1} d\eta = \Gamma(s+1)\phi(s+1,\xi)\beta^{-s-1}$$

以下の式で β の臨界値，β_c を次式で定義する．

$$N = \Gamma(s+1)\phi(s+1,1)\beta_c^{-s-1}$$

こうして式 (8.1) は次のように書ける．

$$N = \xi/(1-\xi) + N(\beta/\beta_c)^{-s-1}\phi(s+1,\xi)/\phi(s+1,1)$$

ξ の β/β_c 依存性を次のようにして求める．上式の両辺を N で割って書き換え，次式を得る．

$$\frac{\xi}{N(1-\xi)} = 1 - \frac{\beta^{-s-1}\phi(s+1,\xi)}{\beta_c^{-s-1}\phi(s+1,1)}$$

$\beta \leq \beta_c$ のとき，この式は両辺ともに ξ 軸切片をもつ．つまり

$$N_0/N = 0$$

$\beta \geq \beta_c$ のときは ξ が 1 の近くで両辺が交わり，近似的に次式が成り立つ．

$$N_0/N = 1 - (\beta/\beta_c)^{-s-1}$$

これは N が大きいとき N_0 は非常に大きくなりうることを示している．

こうして，β が臨界点より上か下かでその産業の振る舞いは大きく異なるの

である．

$\beta \leq \beta_c$ となる領域では，2つのマクロ変数が2つのパラメータ α と β を決めることになる．

8.3 Ising 樹モデルにおける相転移

階層を表すのに樹構造を用いていることにより，Ising 樹モデルについて知られている事実を Spitzer (1975)，Sawyer (1978)，Moore and Snell (1979)，Kindermann and Snell (1980, Chap.V)[7]，等の文献から抜粋してまとめておこう．本書では根を含むすべての節が2つの枝に分かれるような，2分枝だけを議論する．

ω で表せるようなひとつの状態(配置)とは，樹の節ごとに $+1$ と -1(あるいは単に $+$ と $-$ と言ってもよいのだが)を割り当てたものである．ハミルトニアンは通常の Ising 樹と同じく次のように定義される．

$$H = \frac{J'}{2} \sum_{|i-j|=1} x_i x_j - h' \sum_i x_i$$

ここで結合定数 $J_{i,j}$ を $|i-j|=1$ のときは J' とし，それ以外は0とした．間違える心配のないときには，H が x_i や ω に依存することをいちいち明記しないことにする．

対応する Gibbs 分布は次のようになる．

$$P(\omega) = e^{-\beta' H}/Z$$

ただし Z は分配関数

$$Z = \sum_\omega H(\omega)$$

である．この確率分布関数は次のようにも書ける．

$$P(\omega) = e^{-\beta n_0(\omega) + hM(\omega)}$$

ここで $\beta = \beta' J'$, $h = hJ'$, さらに $n_0(\omega)$ は構成 ω の奇数ボンドの数である．$M(\omega) = \sum_i x_i(\omega)$ は磁化と呼ばれる．

Z_n を n 層の樹の分配関数とすると

$$Z_n = Z_n^+ + Z_n^-$$

Z_n^+ は根が + 状態のものの和 Z_n^- は − 状態のものの和である．次のような比を定義しておく．

$$U_n = Z_n^-/Z_n^+$$

樹構造の根がどの状態にあるかが確定すると，レベル1には識別可能な状態が3つ，つまり，レベル1にある2つの節の微細状態として可能な $(+,+),(+,-),(-,-)$ が存在することになる．したがって根の2つの状態それぞれに対応する分配関数の部分和は

$$\begin{aligned} Z_n^+ &= e^{-2\beta+h}\left(Z_{n-1}^-\right)^2 + 2e^{-\beta+h}Z_{n-1}^+ Z_{n-1}^- + e^h\left(Z_{n-1}^+\right)^2 \\ &= e^h\left(e^{-\beta}Z_{n-1}^- + Z_{n-1}^+\right)^2 \end{aligned}$$

および

$$Z_n^- = e^{-h}\left(Z_{n-1}^- + e^{-h}Z_{n-1}^+\right)^2$$

となる．

先程定義した比 U_n は

$$U_n = f(U_{n-1})$$

という漸化式にしたがう．ここで

$$f(x) = \frac{\left(x + e^{-\beta}\right)^2}{e^{2h}\left(e^{-\beta}x + 1\right)^2}$$

ここで n を1と置くと

$$U_1 = e^{-2\beta-2h}$$

となる．これはすべての葉を $+$ においた場合である．なぜなら Z_n^+ はすべての節が $+$ であるような樹についての和を表し，Z_n^- は負の根と2つの正の葉をもつものの和を表わすからである．葉が全部負であるようなときには $U_1 = e^{2\beta - 2h}$ となる．

葉がどんな状態でもよいような場合には，根だけをもつ樹を考える．この場合 $n = 0$ である．よって $U_0 = e^{-2h}$ となる．

β が正の場合，U_n は n を無限大にした場合の極限値としての定数 U をもち，この極限値は

$$U = f(U)$$

を満たす．

写像 f の形を調べると，高々3個以下の固定点が存在することがわかる．

Ising 樹モデルを用いることの利点はすべての配置の生起確率を遷移行列 Q

$$Q = \begin{pmatrix} s & 1-s \\ 1-t & t \end{pmatrix}$$

を用いて評価できることである．この行列の意味するところは，負の節がさらなる負の節を確率 s で生起し，正の節が負の節を確率 $1-t$ で生起する，等々である．

負の根を ω_- と書くことにすると，1段目に $(+, -)$，2段目に $(+, +, -, +)$ をもつような2層の樹が生起する確率は

$$\omega_-(1-s)\,\text{stts}\,(1-s) = \omega_-(1-s)^2 s^2 t^2$$

となる．

これから導出される指標はマルコフランダム場であり，有限樹の形から得られる指標は円筒形の集合にも適用できる．円筒指標が始点の位置に依存しないことを確かめることができる．この性質は格子モデルの定常性に類似したものである．この樹構造モデルについては，$P(\omega_m | \omega_n = +)$ と $P(\omega_m | \omega_n = -)$ が任意の n に対して m を無限大にした場合に等しくなるというような意味にお

ける長距離相関は存在しない．なぜならこの指標は，遷移行列 Q をもつ通常の 2 状態マルコフ連鎖に等価だからである．

8.3.1 ランダムコスト・モデルにおける相転移

経済学における相転移として，もうひとつの例は，Derrida (1981) によって議論されたランダムエネルギー・モデルである．これは先に本書の 7.1.7.1 で取り上げたランダムコスト・モデルをエネルギーに焼き直したものである．端的に言えば，問題とする系には N 個の経済主体がおり，それぞれが 2 状態のいずれかをとれるようなものである．

この系がとり得る全状態 2^N に対応して同じ数だけのコスト状態があるとする．これらのコストの分布は平均値が 0 で分散が N に比例するような正規分布をしていると仮定しよう．コストは，とある基準値から測るものとしよう．ランダムコストは普通，主体間に相関をもっている．しかしながら，経済主体同士が独立であるとしてもこのモデルの本質的な性質は変わらない．ゆえにここでは経済主体間のコストは独立であると仮定することにしよう．

コストが $(c, c+dc)$ の区間にあるような配置の状態密度を $n(c)dc$ と定義しよう．技術的な理由から，$dc = O(N^\alpha)$ とし，α は 0 と 1 の間の値をとるものとしておく．

配置の個数の平均値は

$$\langle n(c) \rangle = 2^N \left(\pi N J^2\right)^{-1/2} e^{-c^2/NJ^2}$$
$$= \exp\left\{N\left[\ln 2 - (c/NJ)^2\right] + O(\ln N/N)\right\}$$

これより

$$c_0/N = J\sqrt{\ln 2}$$

が臨界点を定義していることがわかる．なぜなら，この値より上では $c\langle n(c) \rangle = o(1)$ であり，この値より下では多くの配置があるために $\ln\langle n(c) \rangle = O(N)$ だからである．

$n(c)$ の標準偏差が $O\left[\langle n(c) \rangle^{1/2}\right]$ であることにより，次のような近似式を得

る．$c \leq c_0$ に対し

$$n(c) \approx \langle n(c) \rangle$$

エントロピー項(Boltzmann エントロピー)は N が無限大に近づくにつれて次のような極限値に近づく．

$$S(c)/N \sim \ln 2 - (c/NJ)^2$$

次式によってパラメータ β を定義する．

$$\frac{dS(c)}{dc} = \beta$$

これはちょうど熱力学における温度の定義に倣ったものである．つまり β をなんらかの経済活動のレベルを表わすものと考えるのである．次のような式が導かれる．

$$c/NJ = -\beta J/2$$

あるいはエントロピー項の別の形

$$S(c)/N \sim \ln 2 - (\beta J/2)^2$$

の右辺が正の場合には導かれる．β の値で

$$\beta_c = 2(\ln 2)^{1/2}/J$$

は臨界値であり，物理や化学で臨界温度の逆数と言われるものに，大まかな意味で対応する．

経済主体一個あたりの自由エネルギーは，β が臨界値より小さい場合には次のように定義できる．

$$f(\beta) = -(1/\beta)S(c)/N = -(1/\beta)\ln 2 + \beta J^2/4$$

β の大きいときは，$\langle n(c) \rangle$ が非常に小さいため，エントロピー項は無視でき

るほど小さい．よって次式を得る．

$$f(\beta) = -c_0/N = -J(\ln 2)^{1/2}$$

8.4 2層のモデルの例

2層の樹があるとして，全コストが C に等しい場合にこの系がどんな配置構成をとれるか調べてみることにしよう．ここで $2 = \alpha_1 \alpha_2$ を分割して，2という積に分解して書こう．レベル2において樹構造は α_1^N 個のクラスターをもつ．各クラスターのコストは平均値ゼロ，分散 $NJ^2 a_1/2$ をもつランダム分布をしている．すると各クラスターの内部でそれぞれの配置あたりのコストも，規格化条件 $a_1 + a_2 = 1$ の下で次のような正規分布をする．

$$P(C,c) = \left(\pi N J^2 a_2\right)^{-1/2} \exp\left[-(C-c)^2/NJ^2 a_2\right]$$

次に，コストが $(c, c+dc)$ の範囲にあるようなクラスターの数の評価に移ろう．この量を $N_1(c)dc$ と表わすこととする．クラスターの数は全部で α_1^N 個であり，それぞれが正規分布するコスト密度だから，指数が正であるという条件の下で平均値は

$$N_1(c) \approx E[N_1(c)] \sim \exp\left\{N\left[\ln \alpha_1 - a_1^{-1}(c/NJ)^2\right]\right\}$$

となるが，この条件はまた

$$|c|/NJ \le \sqrt{a_1 \ln \alpha_1}$$

とも書ける．さらに条件が満たされないときには $N_1(c)$ は事実上ゼロに近い．

$N_1(c)$ の期待値は大きいので（N の大きいモデルを考えているのである），また $N_1(c)$ のゆらぎは期待値の平方根と同程度の大きさであるから，$N_1(c)$ の代表的な値をその期待値だとすると（Derrida 1981, 参照），コストが C であるような配置の密度は次のように計算される．

$$q(C) \sim \int N_1(c) \exp\left\{N\left[\ln \alpha_2 - a_2^{-1}\left(\frac{C-c}{NJ}\right)^2\right]\right\} dc$$

ここで積分の上限と下限は $\pm NJ(a_1 \ln \alpha_1)^{1/2}$ である．

もし指数の部分が正であれば，$N_2(c)$ の変数の典型的な値は上式の $q(C)$ に比例する．つまり

$$\ln \alpha_1 + \ln \alpha_2 \geq a_1^{-1}(c/NJ)^2 + a_2^{-1}[(C-c)/NJ]^2$$

が満たされていることが条件であり，そうでないときはほとんどゼロに近い．大きな N に対してはこの式は分配関数の平均値にほぼ等しく，ゆえに

$$N^{-1} \ln N_2(C)$$

は単位エントロピー，$S(C)/N$ にほぼ等しい．ここで S はエントロピーを表わす．N が無限大に近づくにつれて，ラプラスの方法が使えて大偏差原理 (large deviation principle) が成立し，その極限値として以下を得る．

$$\sup\left\{\ln \alpha_1 + \ln \alpha_2 - a_1^{-1}(c/NJ)^2 - a_2^{-1}[(C-c)/NJ]^2\right\}$$

ここで c についての sup は $\pm NJ(a_1 \ln \alpha_1)^{1/2}$ の範囲にある．このとき，この表式を $\psi(C)$ と書くことにしよう．そうでないときは，極限値は $-\infty$ となる．

大括弧の中身の表式は c について最大値をとるように選ばれ，その値は $a_1 C$ に等しいことが規格化条件 $a_1 + a_2 = 1$ を思い出すとわかる．定数 c がこの値をとるとき，大括弧の中身に代入すると，$\psi(C)$ が消失するとき，C の臨界値のひとつが導かれることがわかる．これを C' と書くと，

$$C' = NJ(\ln \alpha_1 + \ln \alpha_2)^{1/2}$$

である．c が $N_1(C)$ の平均がゼロになるようなときに C の他の値は

$$c = a_1 C'' = NJ(a_1 \ln \alpha_1)^{1/2}$$

すなわち

$$C'' = NJ(\ln \alpha_1/a_1)^{1/2}.$$

C の臨界値は 2 つ存在する．$C' \geq C''$ の場合と，$C' \leq C''$ の場合とでモデ

ルは異なった振る舞いをする．このことはクラスターの分割と焼き鈍しの場合の平衡との関連について論じたときとまったく同じ状況にある．次式が成立するときには前者が成立し

$$a_1/\ln\alpha_1 \geq a_2/\ln\alpha_2.$$

その反対の不等式が成立するときには後者が成立する．

C' が C'' より大きくないときにはモデルは縮退 (degenerate) し，2 つの層 (準位) は 1 つにつぶれてしまう．モデルのエントロピー (自由エネルギー) は 1 層 (準位) のモデルの場合に等しくなる．このモデルは Derrida (1980) がランダムエネルギー・モデルと呼んだものに等しい．

8.5 ランダムコスト・モデル

本書の 7.1.7.1 の例にあるように，C_1 と C_2 に共通の部分 ϕ があり，それがコストの分散の部分である v の説明となっていた．本節では，全部で 2^N 個ある配置についてのコストについて，各配置のコスト同士が互いに独立であるという仮定を置いて簡単化した上で考えよう．言い換えれば，異なる配置に対応するコスト同士の間にある相関を無視するという仮定を置くわけである．

ランダムコスト・モデルを次のように定義する．考えている系は全部で 2^N 個の配置をもち，2^N 個のコスト準位 (cost level) が存在する．そのコスト c_i は平均値がゼロ，分散は N に比例するような，たとえば $NJ^2/2$ であるような正規乱数である．

配置は Gibbs 分布をもち，2^N 個のコスト準位の分配関数は

$$Z(\{c_i\}) = \sum_{i=1}^{2^N} \exp(-\beta c_i)$$

平均自由エネルギーは

$$F = -\beta^{-1}\langle \ln Z \rangle$$

で与えられる．$\langle \cdot \rangle$ は期待値を表わす．平均操作は異なるエネルギー準位につい

て行なう．

$$\langle \ln Z \rangle = \int \prod_i p(c_i) \ln Z(\{c_i\}) dc_i$$

c と $c+dc$ の間にあるコスト準位の数を $n(c)dc$ で表わす．こうすると平均値は

$$\langle n(c) \rangle = \text{const} \times 2^N \exp(-c^2/NJ^2) = \text{const} \times \exp\left\{N\left[\ln 2 - (c/NJ)^2\right]\right\}$$

この式からコスト準位の臨界値 $c_0 = NJ(\ln 2)^{1/2}$ が存在することがわかる．つまり c がこの臨界値より上では $\langle n(c) \rangle$ が非常に小さく，この値より下では1よりずっと大きい値をとるということである．

独立性の仮定によって，$n(c)$ のゆらぎはほとんどすべてのサンプルに対して $O\left[\langle n(c) \rangle^{1/2}\right]$ であり，それゆえに次式を得る．

$$n(c) \sim \langle n(c) \rangle$$

配置あたりのエントロピーはしたがって次式で与えられることになる．$c \leq c_0$ に対して

$$S(c)/N \sim \ln\langle n(c) \rangle /N = \left\{\ln 2 - (c/NJ)^2\right\}$$

経済活動の程度を表わすために β というパラメータを導入する．これは熱力学では温度の逆数に対応するものである．

$$\beta = \frac{dS(c)}{dc}$$

こうすると

$$c/NJ = -\beta J/2$$

あるいは

$$S(c)/N \sim \ln 2 - (\beta J/2)^2$$

ただし右辺が正であることが条件である．

よって $\beta \geq \beta_c$ に対しては次の値をとり

$$\beta_c = 2 \left(\ln 2\right)^{1/2} / J$$

したがって

$$f = F/N = -c_0/N = -J \left(\ln 2\right)^{1/2}$$

そして $\beta < \beta_c$ に対しては次式を得る．

$$f = \beta^{-1} S\left(c\right)/N = \beta^{-1} \ln 2 - \beta J^2 /4$$

注

1) ここで考えているのは物理の文献において凝縮現象と呼ばれているようなものである．
2) Montroll and Badger（1974）および Kindleberger（1989）にはこういった歴史的出来事についてのいくつかの話題が載せられている．
3) ここでは物理における Bose-Einstein 凝縮を説明するやり方に倣って話を進める．これは臨界温度より低い温度において，大多数の粒子が基底状態（最もエネルギーの低い状態）にいるという現象である．
4) この和を 2 段階に分けて計算する．第 1 段階では n_s を固定して，Y_s についての和をとり，

$$Z\left(n_s\right) = \sum_s e^{-\beta Y_s}$$

と定義する．第 2 章で扱った例のなかのラプラス変換のときの議論を思い出してほしい．この議論に沿って一般的な場合に拡張しよう．N 個の主体からなる系の分配関数は N を固定して次のように定義される．

$$Z_N = \sum_{\sum n_s = N} \exp\left(-\beta \sum_s n_s y_s\right)$$

N についての和をとって次式を得る．

$$\Xi = \sum_N e^{\beta \mu N} Z_N = \prod_s \sum_{n_s=0}^{\infty} \exp\left[\beta \sum_s n_s \left(\mu - y_s\right)\right]$$

5) 第 2 章の例で使ったようにここでは $g_s = 1$ と仮定する．
6) ここ Maxwell-Boltzmann 配置の場合は平均値は 1 より小さく，ゆらぎは平均値の平方根と同じ程度の大きさとなる．

7) Kindermann and Snell (1980) は格子点上の集合で定義された Ising モデルに対するいくつかの結果も基本的性質は導くのが困難だと注意している．しかし樹構造，つまり階層構造に対しては容易である．

† 訳者注）　$n_s \ll N, Y_s \ll Y$ を仮定している．

補遺 E 研究の発展と将来の方向性

本書でこれまで議論してきた主題を発展させ，潜在的に非常に有益で重要な問題へさらに進んでいこうとする読者のために，いくつかの研究を紹介しよう．これまで一貫して確率過程としての動学を考えてきたが，本章でも同じような考え方を続けることとする[1]．

本書の主な目的のひとつは，経済主体のもつ相互作用のパターン (patterns of interactions) の時系列的な変化の結果の考察である．このようなパターンを，各時点で経済主体が属するタイプやカテゴリの分布とみなしてきた．そして経済主体間の相互作用のパターンの分布に定常均衡を見出すよう努めてきた．

分類のパターン (patterns of classification) の均衡分布は，モデルの安定した創発特性 (stable emergent properties) を表現するものだ．第4章と第5章では，簡単で示唆に富む例を検討してきた．

タイプや選択肢やクラスの数が少ないモデルでは，第5章で発展させた方法で十分である．クラスの数が大きくなってくるにしたがって，マスター方程式の（数値）解は扱いにくいものとなってくる．このような場合，均衡分布を直接求めにいくという魅力的な選択肢もある．この方法については，集団遺伝学や人口統計学の文献を引用しながら A.2 節で説明しよう．

数多くの経済主体からなるいくつかのタイプの間での相互作用は，整数の集合の交換可能なランダム分割上 (exchangeable random partitions of a set of integer) のマルコフ過程としてモデル化されるときがある．Aldous (1985) は J. Pitman のプロセスを「中華料理店過程」と名付けた．初期時点で多くの空席があるレストランで，客がやってくるにつれ次第にどのように席が埋まっていくかがモデル化されている．席に着いたテーブルで客を分類するとなると，多く

のタイプの，多くの経済主体がいることになる．テーブルを箱として，客を互いに区別できない玉として解釈すれば，古典的な占拠問題と結びつき，同様に，経済主体のタイプやクラスの分布を決定する問題とも結びつくのである．Aldousはランダム分割の一例としてランダムマップを挙げた．この手法は，パターンを玉（主体）の集合を分割すること（分割）とみなそうという手法であり，これはKingman (1978b) と同じ手法である．同じ種類のランダムマップが Derrida and Flyvbjerg (1987a, b) でも議論されているが，彼らは明らかに Aldous の結果を知らなかった．ここでは A.4 節でこのような分析を紹介し，その問題点と Ewens 分布が同じクラスの分布にしたがうことを示そう．A.3 節で議論するのだが，つまり両分布は周波数スペクトル関数をもっており，それは同じクラスの関数なのである．

　これまでは純粋死亡過程を議論してこなかった．純粋死亡過程は Kingman (1982b) によって導入された重要な確率過程であり，「合着（coalescent）」と呼ばれる過程だ．すなわち階層のあるマルコフ連鎖なのである．純粋死亡過程の応用は有益であり，金融機関のネットワークのなかで起きる倒産の連鎖を説明するような場合が例として挙げられる．Ball and Donnelly (1987)が指摘しているように，線形確率モデルでは観察対象の変化を十分に説明できない．純粋死亡過程の変化を説明する場合，非線形モデルのほうが優れていることを彼らは示し，系列 $\{\mu_k/k\}$ が k の増加関数（減少関数）であり，μ_k を k 個の主体から $k-1$ 個の主体（死亡）への遷移率とする場合，主体の状態には負の（正の）相関があるということを証明した．

　またこれまで，数多くの経済主体の集積的な動学的行動のシミュレーション研究についても議論してこなかった．確率的オートマタのネットワークによる Kauffman モデルのようなシミュレーション研究は非常に有益である．そのようなモデルの状態空間では多くの谷，つまり多くの局所的均衡が存在するのである．確率動学において，引き込み領域のもつ吸引力の相対的な規模を統計的に記述する方法は，本書の巻末で紹介することとしよう．引き込み領域の吸引力の大きさは物理学の分野で研究されており，自動装置（オートマタ）のネットワークの状態空間が多くの谷をもつといった構造がある場合，無限区間におけ

るスピングラス(相互作用係数をもつ Ising モデル)と共通した特徴があるのだ. 第 7 章で議論した階層型の動学もまた, 階級のランダムな均衡やランダム分割の動学を議論する際に生じてくる. 合併のプロセスは Kingman (1982b) で導入され研究されている. そのような統計的な研究は, 大規模な確率動学(large stochastic dynamic systems)のシミュレーション研究にとって有益な研究である. ランダムな動学(random dynamics)をもつ引力の相対的な大きさがしたがう統計分布を研究する際, Kingman (1978a, 1982a) による Poisson-Dirichlet 分布が役に立つ. この方向に関しては A.1 節の後半で触れることにする.

E.1 経済モデルにおける Zipf 分布

経済学の文献では, Lebesque 測度による単位区間の点や部分集合を代表的な経済主体として捉えるといった方法がよくみられる. たとえば, 単位区間内に経済主体が均一に並べられているといった仮定だ. しかし, 経済主体の集合にある分布を導入する方法とは, 経済学の分野で通常仮定されるような方法を指すのだろうか? 一様分布にしたがうと仮定することによって見落としてしまっている興味深い経済現象は無いのだろうか?[2]

本節ではなんらかの特徴をもった経済主体の分布や, なんらかの経済変数の分布を Hill (1970, 1974, 1982), Hill and Woodroofe (1975), Chen (1980) に基づき考察することにしよう. ここではさまざまな分布が導入され, とくに Zipf 分布が興味深い.

最も簡単な場合として, N 個の主体(物体, ユニットあるいは量子)がいて, それらが空集合ではない M 個のクラスやカテゴリに配分されているものとしよう. この M 個のクラスやカテゴリは, Feller (1957, p.39)の議論でよく知られている壺に相当する. たとえばこの状況は, どのカテゴリも空ではないという制約の下での占拠問題である. $(L_1, L_2, \ldots, L_M)$ を占拠している数のベクトルとし, 大きい順に並べられているものとしよう. r 番目に大きい占拠数 $L^{(r)}$ の r に対する分布について考えよう. もう 1 つの興味として $g(s)/M$ という比率があり, $g(s)$ は s 個の主体が分類されたカテゴリの数である.

N と M を適当に解釈すれば，上で挙げた興味のある問題のいくつかを表現することができる．よく知られた例としては，Simon and Bonini (1958), Ijiri and Simon (1964), Steindl (1965), Lucas (1978)などの企業の規模の分布や所得分布の例が挙げられる．その他の例としては Pareto による独創的な研究のほかに，都市の規模や単語の使用頻度などに適用されている．Zipf (1949)にも多くの例が示されている．Hill (1970)で使われた主な仮定が満たされる場合，その他多くの応用が可能であり，そのうちのいくつかを示すことにしよう．ここでは「主体」という用語を，さまざまな内容を含む用語として利用するものとする．

以前紹介した，2層の樹を発展させて3層の階層 (three level hierarchies) を用意しよう．Hill (1974) は K 個の地方について考えたが，いずれのケースも2層の樹による分類方法である．$\sum_i^K M_i = M$, $\sum_i^K N_i = N$ としよう．それぞれの都市は各地方の人口で分類され，地方はある国のレベル1のカテゴリである．ここでは K 個の地方があり，地方 i には全人口 N_i の都市 M_i がある ($i = 1, 2, \ldots, K$)．ここでもう1つ例を挙げておこう．ある小さな十分基礎的な経済主体の生産量 (量子による生産量) を計測し，生産量は正の整数として測るものとし，それが K 個の部門に配分されるというような例だ．部門 i の生産量は M_i 個の産業で構成されており，それぞれの産業には N_i 個の企業が含まれている．この例は，企業の生産量の3層の樹 (three level classification) による分類である．

Hill (1975) が説明したように，比率 $\theta_i = M_i/N_i$ が漸近的に独立な確率変数でかつ同一の分布にしたがうという仮定が非常に重要なのである．この仮定の下で，N と M を無限大に近づけた極限分布を Hill は推測した．ここで目新しいのは，カテゴリ数がランダムとして扱われているという事実である．

E.1.1 Bose-Einstein の配分

経済主体を配分したり配列したりする一連の問題をモデル化する際，同一確率で起こりうる配分のタイプを決めるという本質的な問題が起こる．この問題に対処するひとつの方法は，各主体を区別しないとする方法である．つまり主

体がもつレベルの順列が，たとえば交換プロセスなどを通じて，一様のままであるとする方法である．このとき，階層を決めるカテゴリ間の主体の分布や階層を決める階級間における主体の分布は，Bose-Einstein 配分にしたがっている[3]．一方，主体を識別できないものと仮定するなら，Maxwell-Boltzmann 分布が利用できる．

N 個の主体が M 種類のカテゴリあるいはクラスに次のような方法で配分されているものとしよう．どの M クラスも空ではない場合，N 個の識別不能あるいは交換可能な主体を M 個のカテゴリまたは箱に配置する場合の数は ${}_{N-1}C_{M-1}$ 通りある．この理由は次の通りだ．どの箱 M も空ではないから，まず M 個の箱に M 単位を配置する．残りの $N-M$ 個はなんの制約もなく M 個の箱に配置できるから，その通りの数は ${}_{N-M+M-1}C_{N-M} = {}_{N-1}C_{N-M} = {}_{N-1}C_{M-1}$ となる．言い換えればこのように多くの配置が可能なのであり，空ではない M 個のカテゴリの中に N 個の識別不可能な主体が存在するようなモデルにおいては，その配置のそれぞれが，あるミクロ状態を決定していると言えるのである．このようなミクロ状態それぞれが同様の確率で生じ得るとみなせる場合は，主体を Bose-Einstein 分布で配置すべきである．Gnedenko（1962, p.33）および Feller（1957, p.39）を参照せよ．

モデルのあるミクロ状態は占拠数のベクトル $L = (L_1, L_2, \ldots, L_M)$ である．L_i が交換可能であれば，つまり L_i らの任意の順列が等しい確率で生じるとすれば

$$P(L|M, N) = {}_{N-1}C_{M-1}{}^{-1}$$

交換可能性により

$$E(L_i|M, N) = M^{-1} E\left(\sum_i L_i \Big| M, N\right) = N/M$$

すなわち，L_i/N の平均が $1/M$ となる．

Maxwell-Boltzmann 配分では，M 個の主体を非空のカテゴリとなるように配置してから，残りの $N-M$ 個の主体を識別できる主体として，M 個のカテゴリに配置する．すると同じミクロ状態の確率が

$$P(L|M,N) = \frac{(N-M)!}{\prod_{i=1}^{M}(L_i-1)!M^{N-M}}$$

となる．ここで L_i-1 の主体は，任意の試行での成功確率が $1/M$ という下で，$N-M$ 回の試行を行なった場合の2項分布にしたがうことになる．したがって L_i/N の平均は同じであり $1/M$ である．しかしながら，両者の分布の分散は異なっており，Maxwell-Boltzmann 分布は，Bose-Einstein 分布に比べると，L_i/N に関してより多くの情報をもっていると言うことができる．

以下では，Bose-Einstein 配分の場合を主に議論することにしよう．これは主体が交換可能なケースであるが，上の2つの分布(Bose-Einstein 分布と Maxwell-Boltzmann 分布)が，場合によっては異なる結果をもたらす可能性があるためである．

E.1.1.1 2層の階層

まず単純な場合を示すために，Hill (1970) にしたがい2層の階層を議論することにしよう．L_i をカテゴリ i にいる主体の数とし，$L_i \geq 1$, $i=1,\ldots,M$ であるとした場合，もちろん $\sum_i L_i = N$ である．L_i が交換可能である，すなわち任意の L_i らの順列が等しい確率で生じるとする．

ちょうど s 個の主体を含んでいる箱の数は，$g(s)$ と表わすことにすると

$$P(G|M,N) = \frac{M!}{\prod_{s=1}^{\hat{s}}g(s)!} {}_{N-1}C_{M-1}^{-1}$$

ここで $\hat{s} = N-M+1$, $G = [g(1), g(2), \ldots, g(\hat{s})]$ とし，定義から $\sum_s g(s) = M$ と $\sum_s sg(s) = N$ が成り立つことに注意されたい．また G は Aoki (2002) で分配ベクトル (partition vector) と呼ばれている．

ここで指標関数(indicator function)$\chi_j(s)$ を利用しよう．$\chi_j(s)$ は箱 j がちょうど s 個の主体を含んでいる状況を表わす．これを使えば $g(s)$ を $\sum_{j=1}^{M}\chi_j(s)$ として表わせ，

$$M^{-1}E[g(s) \mid M,N] = {}_{N-s-1}C_{M-2}/{}_{N-1}C_{M-1}$$

および

$$E[g(s)g(t) \mid M, N] = M(M-1)_{N-s-t-1}C_{M-3}/_{N-1}C_{M-1}$$
$$+ \delta_{s,t} E[g(s) \mid M, N]$$

という期待値を得ることができる．

M と N を無限大に近づけた場合その比率 M/N は θ に近づく．ここで Hill (1970) は

$$g(s)/M \to \theta(1-\theta)^{s-1}$$

と比率が確率収束することを示した．Maxwell-Boltzmann 分布の場合，同じ比率が

$$g(s)/M \to e^{-\lambda}\lambda^{s-1}/(s-1)!$$

に収束する．ただし $\lambda = (1-\theta)/\theta$ である．

また $F_N(x) = P(M/N \le x|N)$ が $F(0) = 0$ を満たすある分布関数 $F(x)$ に収束し，$P[g(s)/M \le x \mid N]$ が分布関数 $P[h_s(\theta) \le x]$ に収束することも Hill は示した．ここで θ は F にしたがって分布しており，$h_s(\theta)$ は

$$h_s(\theta) = \theta(1-\theta)^{s-1}$$

A.1.2 節での Dirichlet 多項分布の議論と，さらに詳細を知りたければ本節末を参照されたい．Hill (1974) は，M がランダムならば $F_N(x) = P[M/N \le x \mid N]$ が厳密な連続関数 $F(x)$ に収束し

$$P\left[L^{(r)}\big/\ln N \le a|N\right] \to P\left(\Theta \ge 1 - e^{-1/\alpha}\right)$$

という極限値が得られることを示した．ただし Θ は分布 F にしたがう確率変数である．

E.1.1.2　3 層の階層分類

s 個の主体を含む箱の比率は

$$g(s)/M = \frac{\sum_{i=1}^{K}(N_i/N)(M_i/M)(g_i(s)/M_i)}{(M/N)}$$

と書ける．2層の樹における議論から，右辺は近似的に次のようになる．

$$\frac{\sum_i (N_i/N)\theta_i^2(1-\theta_i)^{s-1}}{\sum_i (N_i/N)\theta_i}$$

Hill and Woodroofe (1975) は

$$\ln M_i = c + \delta \ln \theta_i + e_i$$

が e_i が独立の下で，任意の i について成り立つならば，$x \to 0$ で $F_N(x)$ が x^γ に比例する関数形に漸近する場合，比率 $G(s)/M$ が $s^{-(1+\delta+\gamma)}$ に漸近することを示した．Hill and Woodroofe(1975)では，2層の分類(a two level classification)からさらに3層の階層(a three level hierarchy)へ一般化しており，そのなかでも興味ある結果を次に示そう．

第1層に分類(the first level classification)される数を k と置き，カテゴリ i における主体の数を $N_i(k)$, $i=1,\ldots,k$ と置く．ここではこの最も荒い分類をカテゴリ(たとえば生物学的分類に基づく家族など)と呼ぶことにしよう．$\beta_i(k) = N_i(k)/\mathrm{E}[N_i(k)]$ と定義すると

$$\theta_i(k) = M_i(k)/N_i(k)$$

ここで $M_i(k)$ は2層の階層の M_i に対応し，ここでは k を増加させることに興味があるので，M_i が k の関数となっているのである．さらに

$$g(s;k) = \sum_{i=1}^{k} g_i(s;k)$$

を定義し，$M(k) = \sum_{i=1}^{k} M_i(k)$ と置けば

$$g(s;k)/M(k) = \frac{\sum_i \beta_i(k)\theta_i(k)[g_i(s;k)/M_i(k)]}{\sum_i \beta_i(k)\theta_i(k)}$$

と書くことができ，この確率収束値は

$$\int_0^1 t^2(1-t)^{s-1} dH^*(t) \Big/ \int_0^1 t\, dH^*(t)$$

のように求められる．ここで $H^*(t) = \lim_k E[\beta_1(k)I_k(t)]$ であり，またここ

では

$$[M_1(k), N_1(k)], \ldots, [M_k(k), N_k(k)]$$

が三角行列を形成しており，それぞれの列が交換可能な過程であると仮定し，さらにその他の技術的な条件を仮定している．

一方，彼らは $M_i(k) = X_i(k)\theta_i(k)^\gamma$ と $X_i(k)/E[X_i(k)]$ が漸近的に $\theta_i(k)$ と独立，すなわち $k \to \infty$ で系列 $X_i(k)/E[X_i(k)]$ が収束値をもち，かつ分散がゼロに収束する，という条件下では

$$E\{M_i(k)\,I_k(t)/\mathrm{E}\,[M_i(k)]\} \approx \int_0^t y^\gamma dF(y) \Big/ \int_0^1 y^\gamma dF(y)$$

となり，t が F のある連続点だとすると，$G(s;k)/M(k)$ は

$$\int_0^1 t^{1+\gamma}(1-t)^{s-1}\,dF(t) \Big/ \int_0^1 t^\gamma dF(t)$$

に確率収束することを示した．

次に，上で述べた結果のいくつかを Chen (1980) にしたがって示すことにしよう．

E.1.2　Chen による Dirichlet 多項モデル

ある主体がカテゴリ i に配置される確率を p_i とし，そのような確率ベクトル $\mathbf{p}$ が与えられている場合，多項分布 $MN(N, M; \mathbf{p})$ は，確率

$$\frac{(N-M)!}{\prod_{i=1}^M \Gamma(L_i)} \prod_i p_i^{L_i-1}$$

を $(L_1, L_2, \ldots, L_M)$ に配分する．この配分では，M 個のそれぞれのカテゴリないし箱に少なくとも1単位が配分されることになる．

次に，確率 p_i が，1つのパラメータ β をもつ $(M-1)$ 次元の対称な Dirichlet 分布にしたがっているものと仮定しよう[4]．

$$f(p_1, p_2, \ldots, p_M) = \frac{\Gamma(M\beta)}{\Gamma(\beta)^M} \prod_{i=1}^M p_i^{\beta-1}$$

ただし $p_i \geq 0$, $\sum_i p_i = 1$ である．

Chen (1978) は，ある Dirichlet 多項分布 $DM(N, M, \beta)$ を定義した．この分布が $L = (L_1, L_2, \ldots, L_M)$ と配分する確率は，次の通りである．

$$P(L|N, M, \beta) = \int P(L|N, M, \beta, P) f(P) dp_1 \cdots dp_{M-1}$$

ここで積分区間はシンプレックスであり，積分を実行すれば

$$P(L|N, M, \beta) = \frac{(N-M)! \Gamma(M\beta)}{\Gamma(N-M+M\beta) \Gamma(\beta)^M} \frac{\prod \Gamma(L_i + \beta - 1)}{\prod_i \Gamma(L_i)}$$

となる[5]．この確率は，β が 1 の場合 Bose-Einstein 分布モデルの確率となり，β が無限大の場合 Maxwell-Boltzmann 分布の確率になることを注意されたい．

Dirichlet 多項分布と負の 2 項分布の確率変数には，Chen が指摘したように重要な関係がある．パラメータ p および β の負の 2 項分布 $NB(p, \beta)$ にしたがう非負の整数である確率変数を X としよう．

$$P(X = k) = {}_{k+\beta-1}C_k p^k (1-p)^\beta, k = 0, 1, \ldots \beta \geq 0, 0 \leq p \leq 1$$

ここで ${}_{k+\beta-1}C_k = \Gamma(k+\beta)/[\Gamma(k+1)\Gamma(\beta)]$ である．β がなんらかの正の整数値であれば，成功および失敗といった事象の確率と解釈でき，ここでは k 回目の成功がちょうど $k+\beta$ 回目の試行において生じる確率と解釈することができる．たとえば Feller (1957, p.155) を参照せよ．言い換えれば，$Y_1, Y_2, \ldots, Y_M$ がそれぞれ独立に，パラメータ p をもつ同一の幾何分布にしたがう系列であるとき，系列の和 $\sum_i Y_i$ は負の 2 項分布にしたがう．

$$P\left(\sum_i Y_i = S\right) = {}_{S-1}C_{r-1} p^r (1-p)^{S-r}, S = r, r+1, \cdots$$

ここで $\beta = S - r$ とすれば，$NB(p, \beta)$ に等しくなることに注意せよ．同一の $NB(p, \beta)$ に互いに独立にしたがう X_i が所与の場合，$\sum_{i=X_i}^M$ は $NB(p, M\beta)$ にしたがう．またこのことは，積率母関数および確率母関数で計算すれば，容易に確かめることもできる (Whittle 1992, p.62)．

互いに独立同一の $NB(p, \beta)$ にしたがう X_i について，その和が所与という

条件付き確率は，負の二項分布のパラメータ p の値と独立であり，L_i の分布に等しくなることが簡単に確かめられる．

$$P\left(X_i = a_i, i = 1, \ldots, M | \sum_{i=1}^{M} X_i = N - M\right)$$
$$= \frac{P(X_i = a_i, i = 1, \ldots, M)}{P\left(\sum_{i=1}^{M} X_i = N - M\right)}$$
$$= P(L_i = a_i + 1, i = 1, \ldots, M | N, M, \beta)$$

交換可能な主体の 2 層あるいは 3 層の樹の分布について議論するには，次のような事実が必要となる．同一の分布 $NB(p, \beta)$ に互いに独立にしたがう系列を $X_i, i = 1, \ldots, M$ としよう．N/M が θ に収束するように N, M を無限大に近づけよう．ここで $\theta = (1-p)/(1-p+\beta p)$ あるいは $p = (1-\theta)/(1-\theta+\theta\beta)$ であり，$0 \leq \theta \leq 1$ であることに注意しよう．このとき任意の K, $K \leq M$, $a_i \geq 0$, $i = 1, \ldots, K$ について，

$$\lim_{N \to \infty} P\left(X_i = a_i, i = 1, \ldots, K | \sum_{i=1}^{M} X_i = N - M\right) = \prod_{i=1}^{K} P(X_i = a_i)$$

となる．ここで N, M は無限大に近づき，このとき比率はある一定値 θ に近づく．X の系列は漸近的に互いに独立である (Chen 1980, Lemma 2)．

この漸近的独立性は格子分布における局所的極限定理の結果として得られる (Gnedenko 1962, p.295; Breiman 1968, Sec.10.4; Chung 1968, p.161)．

$$P\left(\sum_{i=1}^{M} X_i = N - M\right) = \left(2\pi M \sigma^2\right)^{-1/2} [1 + o(1)]$$

そして

$$P\left(\sum_{i=K+1}^{M} X_i = N - M - \sum_{i=1}^{K} a_i\right) = \left[2\pi (M-K) \sigma^2\right]^{-1/2} [1 + o(1)]$$

ここで $\sigma = \text{var}(X_1)$ である．

局所的極限定理から

$$\lim_{N\to\infty, M\to\infty} \frac{_{N-M-a+(M-K)\beta}C_{(M-K)\beta}}{_{N-M+M\beta}C_{M\beta}} = p^a(1-p)^{K\beta}$$

が成立する．ここで $a = \sum_{i=1}^{K} a_i$, $p = (1-\theta)/(1-\theta+\theta\beta)$ である．

$g(s)$ は s 個の主体を含むカテゴリ数であり，2層の階層では M 個のカテゴリがあるから，$g(s)/M$ は s 個の主体を含むカテゴリの比率である．そして $G = [g(1), g(2), \ldots, g(\hat{s})]$ と置き，$\hat{s} = N - M + 1$ を任意のカテゴリを含むことのできる主体の最大の数を表わすものとしよう．

比率 $g(s)/M$ の分布を得るために，$L_j = s$ の場合は 1，その他の場合は 0 と反応する指標 $\chi_j(s)$ を定義しよう．このとき交換可能性から，比率の期待値に関して

$$E[g(s)/M|N, M, \beta] = E\left[(1/M)\sum_{j=1}^{M}\chi_j(s)|N, M, \beta\right]$$
$$= E[\chi_1(s)|N, M, \beta] = P[L_1 = s|N, M, \beta]$$
$$= P\left(X_1 = s - 1 \Big| \sum_i X_i = N - M\right)$$

を得る．ここで最後の等号は Chen（1980, Lemma 1）による．Chen の補題 2 から，この確率は，M と N が比率 M/N を θ に保ったまま無限大に近づくとき，漸近的に $P(X_1 = s-1)$ に近づくことがわかる．すなわち

$$E[g(s)/M \mid N, M, \beta] \to {}_{s+\beta-1}C_{s-1}p^{s-1}(1-p)^\beta$$

β が 1 の場合，Hill（1970）によって，この期待値は $\theta(1-\theta)^{s-1}$ に近づく．これが主体の交換可能性を仮定した場合の比率の期待値である．主体が識別される場合は Maxwell-Boltzmann 分布を利用し，β を無限大にもっていけば比率の期待値が得られ，$\lambda = (1-\theta)\theta$ として $[1/\Gamma(s)]\lambda^{s-1}e^{-\lambda}$ となる．これは Bose-Einstein 分布の結果とまったく異なる結果である．

Chen（1980）は分散が漸近的にゼロに収束することも示した．

$$\text{var}[g(s)/M \mid N, M, \beta] \to 0$$

したがって $g(s)/M$ は上記で示した期待値に確率的に収束することがわかる．

s が 1 から $\hat{s} = N - M + 1$ の範囲のとき，G が所与の場合 $L = (L_1, \ldots, L_M)$ の配分数が $M!/\prod_s g(s)!$ であることに注意すれば，G の同時分布を得ることもできる．添え字 s を使って式（A.1）を再掲すれば

$$P(L|N,M,\beta) = \frac{(N-M)!\Gamma(M\beta)}{\Gamma(N-M+M\beta)\Gamma(\beta)^M} \prod_{s=1}^{\hat{s}} \left[\frac{\Gamma(s+\beta-1)}{\Gamma(s)}\right]^{g(s)}$$

となり，したがって G の分布は

$$P[g(1), g(s), \ldots, g(\hat{s}) \mid N, M, \beta] = \frac{M!}{\prod_s g(s)!} \times (A.2)$$

と得ることができる．ここで $\sum_{s=1}^{\hat{s}} sg(s) = N$ であり，その他はゼロである．

3 層の階層に対しては，確率変数の三角行列を利用して Chen は以下を示した．

$$\phi(s) \sim As^{-(1+\alpha)}, \quad s \to \infty$$

これは Zipf の弱法則である．α は次のようなパラメータである．M を分布 $F_N(x) = P[M/N \le x \mid N, \beta]$ にしたがう確率変数としよう．この $F_N(x)$ は，x がゼロに近づく場合 $F(0) = 0$ で

$$F(x) \sim cx^\alpha$$

という $F(x)$ に弱収束すると仮定される．

E.1.3 応 用 例

対称な Dirichlet 多項モデルはすべて Zipf の法則にしたがう（例外は Maxwell-Boltzmann 分布だけである）．これは，Bose-Einstein 分布が頑健であることを意味する．A.1.1 項の初めに述べたように，この結果を応用した例をいくつか示すことができる．M_i を産業 i に属する企業数とし，N_i を産業 i で従事する労働者数としよう．$1/\theta_i$ は 1 企業あたりの平均労働者数である．M_i が部門 i の産出，N_i が部門 i の労働者数としてもよいし，M_i が部門 i の賃金率としてもよい．

資産市場をモデル化する際も同じような解釈を適用できる．

いくつかのタイプに分類される主体の大集団を扱う計量分析を行なう場合のいくつかのポイントを挙げておこう．応用によっては，母集団と標本を分けて扱うことが重要になる場合もあるだろう．例として，多くの主体が存在する経済を考え，この主体は K タイプ（選択）のうちの 1 つのタイプに属しているものとしよう．相対的なタイプの比率は $X_1,\ldots,X_K$ であるとし，これは未知であるとしよう．主体の数も多数であるということ以外は未知であるとする．この場合主体にラベルをつけて識別するといったことは実行不可能なので，X_j は交換可能な確率変数であるとする．ここでは，標本の大きさ n の経済を考えてみよう．各タイプの構成 $n_i,\ i=1,\ldots,K,\ \sum_{i=1}^{K} n_i = n$ はわかっているものとする．n_i は多項分布にしたがうものと仮定する．

$$P(n_1,\ldots,n_K|X) = \frac{n!}{\prod_i n_i!} \prod_i X_j^{n_i}$$

次に，X が対称な Dirichlet 分布にしたがうものとする．

$$\phi(x_1,\ldots,x_K) = \frac{\Gamma(K\alpha)}{\Gamma(\alpha)^K}(x_1\cdots x_K)^{\alpha-1}$$

この分布の 1 次の条件付き分布の平均をとると

$$P(n_1,\cdots n_K) = \frac{n!}{\prod_i n_i!} \frac{\Gamma(K\alpha)\Gamma(\alpha+n_1)\cdots\Gamma(\alpha+n_K)}{\Gamma(\alpha)^K \Gamma(K\alpha+n)}$$

となる．

次に，標本の大きさ n において，K 個のタイプは k 個だけ標本中に存在するものとしよう．n_j を大きい順に並べ，$n_{(1)} \geq n_{(s)} \geq \cdots \geq n_{(k)}$ といった順序統計量を考える．これらの系列の同時分布は

$$P[k;n_{(1)},\ldots,n_{(k)}] = \frac{n!}{\prod_i [n_{(i)}!]a_i} \frac{\Gamma(K\alpha)\Gamma[\alpha+n_{(1)}]\cdots\Gamma[\alpha+n_{(k)}]}{\Gamma(\alpha)^k \Gamma(K\alpha+n)} M$$

となる．ここで M は，順序統計量 $n_{(1)} \geq \cdots \geq n_{(k)} \geq 0, 0, \ldots, 0$ が K タイプ間に配分される組み合わせの数である．すなわち

$$M = \frac{K!}{(K-k)!} \frac{1}{a_1! a_2! \cdots a_n!}$$

また a_i は, n_j が j に等しい数, つまり $\sum_{j=1}^{n} j a_j = n$ であり, $\sum_{i=1}^{n} a_i = k$ である.

$K\alpha$ を一定値 θ に保ったまま K を無限大に近づけると

$$\frac{K!}{(K-k)!\Gamma(\alpha)^k} \to \theta^k$$

となり

$$P[k; n_{(1)}, \ldots, n_{(k)}] = \frac{\theta^k \Gamma(\theta)}{\Gamma(\theta+n)} \frac{n!}{\{\prod_i n_{(i)}\} a_1! a_2! \cdots a_n!}$$

という極限の漸近表現を得る. この表現は次のような表現でも代用することができる. David and Barton (1962, p.15) および Watterson (1974) を参照せよ.

$$n_{(1)} n_{(2)} \cdots n_{(k)} = 1^{a_1} 2^{a_2} \cdots n^{a_n}$$

この代用表現は Kingman によるランダム分割 (random patition) の概念につながっている. 任意の正の整数 n はいくつかの方法で分割することができる. たとえば $5 = 4+1 = 3+2 = 3+1+1 = 2+1+1+1 = 1+1+1+1+1$ といったような具合だ. Kingman (1978b) は同等の階級の集合 $\{1, 2, \ldots, n\}$ を導入し, 整数 n の分割を導入した. 標本分布に対する代用表現については Ewens (1990) を参照されたい. 集団遺伝学の文献において Ewens の名前は著名であるが, この分布は遺伝学の文献以外でも応用され, Aoki (1995c) や Kingman (1982b) では, 本書で利用してきたような階層間の関係を利用するために, 離散状態のマルコフ過程として n 個の合着 (coalescent) という概念を導入している. 樹の根から考えていき, ある節は樹のより低いレベルの節によって分割されていくことになる. Hoppe (1986, 1987) でも同じような方法を採用している.

Keener, Rothman, and Starr (1988) は, Maxwell-Boltzmann, Bose-Einstein および Dirichlet 分布などパラメタに依存する分布を 2 つのパラメタをもつ分布族としてまとめている.

E.2 残差配分モデル

ここでは Hoppe (1987) にしたがい，さまざまなタイプの主体が有限数存在するようなモデルを考えよう．この場合の大規模母集団 (large polulations size) の極限における標本特性は，Ewens の標本抽出公式 (Kingman 1977) によって示されている．

確率密度 $\theta(1-u)^{\theta-1}$, $0 \leq u \leq 1$ をもつ，独立同一な分布にしたがう U という確率変数を考えよう．そして，確率変数 $Q_1 = U_1$, $Q_i = U_i \prod_{j=1}^{i-1}(1-U_j)$, $j \geq 2$ を定義する．このような確率は，主体をさまざまなタイプに識別する確率として解釈することができる．K という有限な数のタイプがある場合に，$U_K = 1$ と定義するものとする．

母集団の中から1個の主体を最初に抽出し，残りの同じタイプに属する V_1 主体を母集団から排除するといった操作を行なえば，標本の大きさに偏りが生まれる順列 (size-biased permutation of sample) が形成される．このようにして，残りの $N - V_1$ から別の主体をまたランダムに選択し，同じタイプの V_2 の主体を排除する．母集団のすべての主体が完全に排除され，それらが K タイプに配分されるまでこのような操作を続けていく．このとき $V_1 + V_2 + \cdots + V_K = N$ である．

Hoppe (1987, Theorem 4) は

$$V_1 = 1 + \text{Bin}(N-1, Z_1)$$

と

$$V_i = 1 + \text{Bin}(N-1-V_1-\cdots-V_{i-1}, Z_i)$$

を示した．ここで Z_i は，U がしたがう確率密度関数と同じ分布に，独立同一にしたがう確率変数であり，$\text{Bin}(r, Z)$ は成功確率 Z の試行を r 回行なう二項確率変数である．r と Z はランダムである．

ここでは，ある有限の主体数 N を K 個のタイプにランダムに配分する．このランダムな配分を行なう手続きは，累積値だけが与えられているという，以

前述べた方法によるものである．$i-1$ の中にタイプ 1 からタイプ $i-1$ の主体が $n_1, n_2, \ldots, n_{i-1}$ といるものとしよう．このときタイプ i の個数は

$$n_i = R_i \left(N - \sum_{j=1}^{i-1} n_j \right)$$

となり，ここで $R_i(n)$ は 0 から n の整数値をとる確率変数である．Ewens 分布の場合は

$$R_i(n) = 1 + \text{Bin}(n-1, Z_i)$$

の表現を利用することができる．

Hoppe が示したように，このような配分は次のような確率をもっている．

$$P(n_1 = x_1, \cdots, n_K = x_K) = E\left[\begin{pmatrix} N \\ \mathbf{x} \end{pmatrix} \prod_{i=1}^{K} Q_i^{x_i} \right]$$

ここで，$\mathbf{x} = (x_1, \cdots, x_K)$ であり，右辺の最初の項は多項分布の係数 $N!/(x_1! \cdots x_K!)$ を示す．

変数 $y_0 = 0$, $y_i = x_1 + x_2 + \cdots + x_i$ と変換すると，右辺は

$$E\left[\prod_{i=1}^{K} \begin{pmatrix} N - y_{i-1} \\ x_i \end{pmatrix} U_i^{x_i} (1-U_i)^{N-y_i} \right]$$

と書き換えることができる．なぜなら要素 $1-U_i$ は，Q_j, $j \geq i+1$ のうち，指数 $x_{i+1} + \cdots + x_K = N - x_1 - \cdots - x_i = N - y_i$ 乗を伴なって現われるからである．

標本の大きさ N 中のタイプ i の主体数を $S_i(N)$ と置くと，この確率は

$$P[S_1(N) = i] = \int_0^1 {}_{N-1}C_{i-1} x^{i-1}(1-x)^{N-i} \theta(1-x)^{\theta-1} dx$$

であり，同時確率は

$$P[S_1(N) = x_1, \cdots, S_K(N) = x_K]$$

$$= \prod_{i=1}^{K} {}_{N-1-y_{i-1}}C_{x_i-1} \int_0^1 u^{x_i-1}(1-u)^{N-y_{i-1}-x_i}\theta(1-u)^{\theta-1}du$$

と得られる．

積分を実行すれば，確率は

$$\frac{\theta^K N!\Gamma(\theta)}{\Gamma(N+\theta)}\prod_{i=1}^{K}\frac{1}{t_i}$$

となる．ここで $t_i = N - y_i = x_i + x_{i+1} + \cdots + x_K$ である．

N を無限大に近づけると，$(V_1/N, V_2/N, \cdots, V_K/N)$ は，二項確率変数の大数の強法則から $\{Z_1, Z_2(1-Z_1), \ldots, \prod_{i=1}^{K-1}(1-Z_i)\}$ に確率 1 で収束することになる．

E.3 周波数スペクトル

前節では順列 $\{P_i\}$ の size-biased permutation を定義した．その方法は，母集団からランダムに主体を抽出し，その頻度ないし比率を P_1^s と記述し，母集団から同じタイプの主体をすべて排除し，さらに別の主体を抽出する，といった方法であった．この2番目の主体のタイプは P_2^s といったふうに置いていく．任意の正の整数 i について，別の添え字 $\sigma(1), \sigma(2), \ldots, \sigma(i)$ を割り振ると

$$P[P_j^s = P_{\sigma(j)}, j=1,\ldots,i \mid \{P_k\}] = P_{\sigma(1)}\prod_{j=2}^{i}P_{\sigma(j)}\left(1-\sum_{k=1}^{j-1}P_{\sigma(k)}\right)^{-1}$$

ここで $Q_1 = P_1^s$ と置こう．このとき区間 $[0,1]$ という制限付きの任意の可測な関数 f について

$$\sum_i f(P_i)P_i = E[f(Q_1) \mid \{P_k\}] = \int_0^1 f(x)\theta(1-x)^{\theta-1}dx$$

ここで x が 0 から t でゼロであり，t 以上の x については $1/x$ となる特別な関数 f に特定化した場合

$$E[\text{比率が} t \text{を超えるタイプの数}] = \int_t^1 \theta x^{-1}(1-x)^{\theta-1}dx$$

となる.

この関係は，被積分関数 $\theta x^{-1}(1-x)^{\theta-1}$ が周波数スペクトルであることを示している．Kingman (1980)，Aldous (1985)，Hoppe (1987)を参照せよ．

E.4 引き込み領域の相対的な領域の大小に関する統計分布

局所的に安定な均衡を多くもつモデルもある．それぞれの局所的に安定な均衡は各均衡相応の引き込み領域をもっている．確率動学 (stochastic dynamics) では，ある状態というのは，必ずしもその引き込み領域にとどまる必要はない．2つの引き込み領域を隔てる障害を乗り越えた場合，その引き込み領域から局所安定な均衡となるような吸引力をもつ引き込み領域へ移っていく可能性が生じるのである．van Kampen (1992, Chap.XIII) を参照せよ．

引き込み領域の相対的な領域の大小に関する情報や，2つの状態が同じ引き込み領域に落ち込む場合の確率や，2つの別々の引き込み領域に落ち込む場合といった確率の分布特性は，多数の局所的極値をもつような動学を分析する際に，非常に役に立つ．3つの方法について簡単に説明する．ひとつはその確率である (van Kampen 1992 が分割確率 (splitting probabilities) と呼んだ確率)．一連の局所的に安定な均衡が与えられれば，ある状態がそれぞれの均衡がもつ引き込み領域の引き込み領域に落ち込む確率を計算することができるのだ．この手法を第5章で利用した．

2番目の手法として，一連の点のランダムマップを分析することである．この点は状態空間 Ω 上に一様に分布しているものと仮定し，状態空間 Ω は N 個の点で構成されているものと仮定する．ここではランダムマッピングと呼ばれる Ω の関数を考えよう．Katz (1955) および Harris (1960) を参照せよ．この関数はランダムに選ばれるが，ひとたび選ばれると，その関数は固定的な関数として通常は扱われることになる．この結果，Derrida and Flyvbjerg (1987) は，N_s を引き込み領域に落ち込む点の数として，重み $W_s = N_s/N$ を利用した．彼らは，区間 $(W, W+dW)$ 内の重みをもつような引き込み領域に引きつけた点の平均数の分布を計算した．ランダムに選ばれた配分が，重み W とい

う引力をもつ引き込み領域に落ち込む確率は

$$f(w) = \frac{1}{2}w^{-1}(1-w)^{-1/2}$$

と

$$g(w) = wf(w)$$

となることを示した．ここで $f(w)$ は，相対的な領域の大小の大きさ (relative size) が w である引き込み領域をもつ確率密度を表わし，$g(w)$ は，ランダムに選ばれた状態がこの引き込み領域に落ち込む確率密度を表わしている．2つの状態が，相対的な領域の大小 w_1 および w_2 の引き込み領域に落ち込むような確率密度は

$$\begin{aligned}g(w_1, w_2)dw_1 dw_2 =& g(w_1)w_1\delta(w_1-w_2)dw_1 dw_2 \\ &+ g(w_1)(1-w_1)g\left(\frac{w_2}{1-w_1}\right)dw_1 d\left(\frac{w_2}{1-w_1}\right)\end{aligned}$$

と求まる．右辺第1項は，両方の状態が，相対的な領域の大小 w_1 である同じ引き込み領域に落ち込む確率を表わしている．第2項を解釈するには，ひとつの状態が相対的な領域の大小 w_1 の引き込み領域に落ち込むならば，状態空間 Ω のうちこの引き込み領域に落ち込む点が Nw_1 だけあることに注目すればよい．ここでランダムマップに，残りの $N(1-w_1)$ の点がこの引き込み領域に落ち込まないという制約を課す．この制約下のランダムマップにおいて，相対的な領域の大小 w の吸引力をもつ引き込み領域を見つける確率は再び $f(w)$ である．制約下でのマップの下での相対的な重み w を，制約のないマップの下での相対的な重みで表現すれば，$(1-w_1)w$ に等しい．このアイデアは，A.2節で考えた残差配分のモデルのアイデアとまったく同じなのである．

Kauffman モデルではランダムマップ・モデルが一般化されている．状態空間の N 個の点から K 個の入力変数がランダムに選ばれており，ある Boolean 関数がランダムに選ばれ，選ばれた後は固定的な関数とされている．

3番目の接近法は，Poisson-Dirichlet 分布を利用した厳密な統計的手法であ

り，Kingman (1975, 1977) が導入した．

多数の局所的な極値をもつ大規模な確率動学のシミュレーション研究では，引き込み領域の領域の大小の分布に関して，統計的な特性を与えることが重要になる．ここでは，Watterson and Guess (1977) および Kingman (1978b, 1980) にしたがって，シミュレーション研究の概要をまとめることにしよう．このような分析道具は，まったく異なった分野——集団生物学の分野——で開発された道具である．Derrida and Flyvbjerg (1987) の結果は，Watterson and Guess (1977) の特別なケースとして捉えることができるのである．

ここでの応用例では，K を引き込み領域の数を表わす正の整数とする．θ は，以下で述べる基本的な確率変数の確率密度関数のパラメータであり，また Kingman (1980, 1982a,b) が導入したように，この θ はランダム分割 (random partition) ないし均衡間の関係にかかわる遷移率とも解釈できるのである．

まず Dirichlet 分布の一般化で，Kingman が Poisson-Dirichlet 分布と呼んだ分布への一般化から始めることにしよう．Kingman (1978b) は，このような分布が生まれるには 4 通りの方法があると述べた．その 4 通りのうちの 1 つ，Patil and Taillie (1977) が貢献した方法が，ここでその概略を述べる方法であり，施しの問題 (alms problem) と呼ばれるものである．この問題では，ランダムに配分されるマネーの初期量を，マネーの所有者が物乞いに出くわすにつれ，マネーを物乞いに施していくという問題である．以下で示す確率密度に，独立同一にしたがう確率変数を V_i, $i = 1, 2, \ldots$，と置こう．

$$h(v) = \theta(1-v)^{\theta-1}$$

ここで θ は正であり，v は 0 から 1 の値をとるものとする．ここで，

$$U_1 = V_1; \quad U_2 = V_2(1-V_1); \quad \ldots, \quad U_j = V_j \prod_{k=1}^{j-1}(1-V_k), \quad \ldots$$

と定義しよう．U_j はそれぞれの物乞いが施しをいただく量とする．

このとき，U_j を大きい順に並べた順序統計量は同時 Dirichlet-Poisson 分布にしたがう．ここで Watterson and Guess (1977) にしたがい，順序統計量の

密度の微分について説明を加えることにしよう．ここでは順序統計量を W_i, $W_1 \geq W_2 \geq \ldots$, と置き，これに基づき U_j を大きい順に並べるものとしよう．また，引き込み領域の相対的な領域の大小について，和が 1 となるように規格化して考えることにしよう．Watterson and Guess(1977)は

$$f(w_1) = \theta w_1^{-1}(1-w_1)^{\theta-1}$$

が，最も大きな引込み領域の相対的な領域の大小を表現する周波数スペクトルであることを示した[6]．$wf(w)$ をランダムに選ばれた状態が最も大きな相対的な領域をもつ引き込み領域に属する確率として解釈する（Ewens,1990 参照）．

ここでは，$\sum_{i=1}^{K} w_i = 1$ の下で，$w_1 \geq w_2 \geq \cdots \geq w_K$ が密度 $\phi(w_1,\ldots,w_k)$ で分布されるものとしよう．U_j が交換可能であるからこの ϕ は，交換可能な確率変数がしたがう Dirichlet 分布である．

$$\phi(w_1, w_2, \ldots, w_K) = \frac{\Gamma(K\alpha)}{\Gamma(\alpha)^K}(w_1 w_2 \cdots w_K)^{\alpha-1}$$

したがってこの密度は対称である．規格化された引き込み領域の大きさ $W_1, \ldots, W_K$ のうち，密度 $p(w_1)$ が最初の順序統計量であるとしよう．

$$p(w_1) = \int \cdots \int \phi(w_1, w_2, \ldots, w_K) dw_2 dw_3 \cdots dw_{K-1}$$

積分は上で述べた領域に対して行なわれ，w_j の和が 1 となる条件によって w_K が除外されている．つまり $w_K = 1 - w_1 - \cdots - w_{K-1}$ である．特に，$w_1 \geq w_K \geq 1 - w_1 \geq 0$ すなわち $1 \geq w_1 \geq 1/2$ であることに注意されたい．

ここで，新しい変数 $y_j = w_j/w_1$, $j = 2, \ldots, K-1$ を導入しよう．特に，$w_K = 1 - w_1 - w_1(y_2 + \cdots + y_{K-1})$ である．この新しい変数を使えば密度は次のように表現できる．

$$p(w_1) = \frac{K\Gamma(K\alpha)}{\Gamma(\alpha)^K} w_1^{(K-1)(\alpha-1)} I$$

ここで I は

$$I = \int \cdots \int (y_2 \cdots y_{K-1})^{\alpha-1}(1-w_1-w_1z)^{\alpha-1}dy_2 \cdots dy_{K-1}$$

である．ここで $z = y_2 + \cdots + y_{K-1}$ であり，$A_1 - A_2$ という領域で積分される．

$$A_1 = \left(0 \leq y_i \leq 1, i = 2, \ldots, K-1; 0 \leq z \leq \frac{1-w_1}{w_1}\right)$$

と

$$A_2 = \left(0 \leq y_i \leq 1, i = 2, \ldots, K-1; z \leq \frac{1-2w_1}{w_1}\right)$$

である．A_i の領域の積分を I_i, $i = 1, 2$ と書き，$I = I_1 - I_2$ であることに注意せよ．

積分 I_1 を計算するため，ここでは確率変数 $Y_2, \ldots, Y_{K-1}$ が次に示す密度に独立同一にしたがうと仮定しよう．その密度とは区間 $[0,1]$ の

$$q_1(y) = \alpha y^{\alpha-1}$$

である．このとき I で $(y_2 \cdots y_{K-1})^{\alpha-1}$ と表現された部分は，α^{K-1} を掛ければ，これらの変数と確率密度の積となる．確率変数 $Z = \sum_{i=2}^{K-1} Y_i$ は，$q_1(\cdot)$ の $K-2$ 重のたたみ込みの密度にしたがい，これを q_{K-2} と書こう．このとき積分 $I = I_1 - I_2$ は次のように表現される．

$$I_1 = \alpha^{-(K-2)} \int_0^{(1-w_1)/w_1} q_{k-2}(z)(1-w_1-w_1z)^{\alpha-1}dz$$

と

$$I_2 = \alpha^{-(K-2)} \int_0^{(1-2w_1)/w_1} q_{k-2}(z)(1-w_1-w_1z)^{\alpha-1}dz$$

Dirichlet 分布では

$$\theta = K\alpha$$

の積の値を一定に保ったまま K を無限大に近づける．この θ は連続時間にお

けるマルコフ過程の遷移率と解釈することができる．Kingman(1980)を参照せよ．Watterson and Guess(1977)では，q_K が，K が無限大に近づくときの極限分布にしたがうことが示されている．ここではこの極限分布を q と書こう．α はゼロに漸近するから，被積分関数は $z = (1 - w_1/w)$ という値で極値をもつことがわかり，これが積分 I_1 の上限を示すが，I_2 の方はこの極値に影響されない．つまり

$$I_1 \approx \alpha^{-(K-1)} w_1^{-1} q\left(\frac{1 - w_1}{w_1}\right)$$

と

$$I_2 \approx o[\alpha^{-(K-1)}]$$

Dirichlet 分布の制約は

$$\Gamma(K\alpha) \approx \Gamma(\theta)$$

と

$$\Gamma(\alpha)^K = \left[\frac{\Gamma(1+\alpha)}{\alpha}\right]^K$$

と表現できる．これは K の大きな値に対して，漸近的に

$$\frac{[\Gamma(1) + \alpha\Gamma'(1)]^K}{\alpha^K} = \left(\frac{1 - \gamma\alpha}{\alpha}\right)^K \approx e^{-\gamma\theta} \alpha^{-K}$$

と等しい．ここで $\gamma = -\Gamma'(1)/\Gamma(1)$ はオイラー定数である．

次にラプラス変換によってたたみ込みの密度を計算しよう．

$$E(e^{-sZ_k}) = [E(e^{-sY_1})]^{(K-1)}$$

ここで $Z_K = Y_2 + \cdots + Y_K$ である．

$$\int_0^1 e^{-sy} \alpha y^{\alpha-1} dy = 1 + \alpha \int_0^1 (e^{-sy} - 1) y^{\alpha-1} dy$$

に注意して K を無限大に近づけると

$$E(e^{-sZ}) = \exp\left[\theta \int_0^1 (e^{-sy} - 1)y^{-1} dy\right]$$

となる．K を無限大に近づけることと，確率変数 Z_K の極限値 Z をラプラス変換することは同じことなのである．

指数の積分を使えば，別の表現も可能である（Abramovitz and Stegun 1968, Sec.5.1.1 を参照）．

$$E_1(s) = \int_s^\infty \frac{e^{-x}}{x} dx$$

ただし

$$\int_0^1 (e^{-sy} - 1)y^{-1} dy = \sum_{n=1}^\infty \frac{(-s)^n}{nn!} = -\gamma - \ln s - E_1(s)$$

に注意せよ．

この指数積分を解くことによって，よく知られた形

$$p(w_1) = \Gamma(1+\theta)e^{\gamma\theta} q\left(\frac{1-w_1}{w_1}\right) w_1^{\theta-1} = \theta w_1^{-1}(1-w_1)^{\theta-1}$$

が得られ，このようにして極限密度

$$q(z) = \frac{z^{\theta-1}}{\Gamma(\theta)e^{\gamma\theta}}$$

が得られる．

より一般的には，最も大きな引き込み領域を r に規格化した同時密度が，この極限密度の表現を使って以下のように得ることができる．

$$p(w_1, w_2, \ldots, w_r) = \theta^r \left(\prod_{i=1}^{r-1} w_i^{-1}\right)(1 - w_1 - \cdots - w_r)^{\theta-1}$$

これは $w_1 + \cdots + w_{r-1} + 2w_r \geq 1$ という領域における同時密度である．

対数級数の分布と Dirichlet 分布を結びつけるには，Aoki(1995c) の議論を参照されたい．

E.5 過渡的分布

タイプの数を無制限にしたい場合，無限次元の順序シンプレックス

$$\Delta_\infty = \left\{ \mathbf{x} = (x_1, x_2, \ldots) : \quad x_1 \geq x_2 \geq \cdots \geq 0; \quad \sum_{i=1}^{\infty} x_i = 1 \right\}$$

における拡散過程は，離散確率モデルにおけるいくつかの系列の極限分布として示される．Griffiths (1979a, b) および Ethier and Kurtz (1986, Sec.10.4) を参照せよ．

Griffiths(1979b)は Ewens 分布が過渡的分布に対する定常分布であることを示し，とくに大規模標本では，任意の時点の非定常なタイプ数の期待値が，定常分布におけるタイプ数の期待値とほとんど差がないと結論づけている．ここでいう定常分布とは，$K\alpha \to \theta$ となるように K が無限大，Dirichlet 分布の α がゼロに近づく場合の極限分布を指している．

注

1) 確率的なモデルと決定論的なモデルを関連づけるには，モデル内の主体数を可能な限り制限なく増加させるという方法がある．第 5 章ではこの方法でマクロ経済モデルを構築した．第 4 章で説明したように，飛躍型マルコフ過程によって記述されるモデルは常微分方程式で記述される決定論的モデルと関連づけられる．Kurtz (1970) を参照されたい．確率的なモデルのほうが決定論的なモデルよりも解析が容易になるときがあり，Kendall and Saunders (1983) にそのような例が示されている．
2) Hill (1968, 1970, 1975) を参照．
3) 物理学の文献では，Bose-Einstein 統計量と呼ばれている．Gnedenko (1962, p.33) およびその他の文献によれば，ここで意味する統計量という用語は統計学の分野からすると特異な使われ方なので，代わりにここでは配分という用語を使うことにした．
4) Dirichlet 分布は $P(p_1, \ldots, p_M) = [\Gamma(\sum_j \alpha_j)/\prod \Gamma(\alpha_j)] \prod_i p_i^{\alpha_i - 1}$ で与えられる．Kingman (1975) を参照せよ．
5) 変数変換による積分については，Copson (1955, p.213) を参照せよ．他方，一般的な Dirichlet 分布で表現すれば，積 $\prod_j p_j^{\beta-1}$ を $(M-1)$ シンプレックスで積分すれば $\Gamma(\beta)^M/\Gamma(M\beta)$ に等しくなる．
6) 周波数スペクトルとは，単位区間で $\int_0^1 x f(x) = 1$ と定義される正の関数である（Kingman 1980, p.32 を参照）．

付録 A

A.1 ラプラスの方法

積分値は 1 つ,またはそれ以上のパラメータの大きな,または小さな値によって決まるので,その漸近表現が必要になることが多い.ラプラスの方法はそのような積分の漸近表現に利用される.

簡単なケースとして,ある正値のパラメータ ν をもつ積分

$$w(\nu) = \int_\alpha^\beta g(x) e^{-\nu h(x)} dx$$

を考え,そして ν の値を無限大にした場合の積分値を求めよう.

まず x^* で $h(x)$ が最小値をとるものとする.この値が $[\alpha, \beta]$ の内部の点にある場合は,$w(\nu)$ の計算は明白である.$h''(x^*) \geq 0$ と仮定し,積分変数を $v = (x - x^*)\sqrt{\nu h''(x^*)}$ と変数変換する.そうすれば $w(\nu)$ は次のように求まる.

$$w(\nu) = \frac{e^{-2h(x^*)} g(x^*) \sqrt{2\pi}}{\sqrt{\nu h''(x^*)}} \left[1 + O\left(\nu^{-1}\right)\right]$$

積分区間のいずれかの境界値で h が最小となるとき,そして h が区間 $[\alpha, \beta]$ において連続かつ 2 階微分可能な関数である場合,Polya and Szego(1925, Vol.1) による積分値の漸近値を計算する簡単な方法がある.この計算方法は Copson (1965, p.36) が引用した方法であり,ここでは Copson によるわかりやすい説明を示そう.一般性を失うことなく,積分区間の下限 α で $h(x)$ が最小をとるものと仮定する.すなわち

$$h'(\alpha) = 0$$

と

$$h''(\alpha) \geq 0$$

そして微小な区間 $[\alpha, \alpha+\eta]$ 内の x について，次式の右辺は非負であるのである正の τ について $[0, \tau)$ 上で次のような新しい変数 t を導入する．

$$t^2 = -h(\alpha) + h(x) \geq 0$$

このとき積分は

$$\int_\alpha^{\alpha+\eta} g(x) e^{-\nu h(x)} dx = \int_0^\tau g(x) e^{-\nu h(\alpha) - \nu t^2} \frac{2t}{h'(x)} dt$$

のように書き直すことができる．
ここで十分小さな η に対して

$$\frac{2t}{h'(x)} = \frac{[2h''(\xi)]^{1/2}}{h''(\zeta)} \approx \frac{[2h''(\alpha)]^{1/2}}{h''(\alpha)}$$

となる．なぜなら平均値の定理を適用すれば区間 $[\alpha, \alpha+\eta]$ のある変数 ξ に対して

$$t^2 = -h(\alpha) + h(x) = (1/2)(x-\alpha)^2 h''(\xi)$$

となる．同様にして，区間 $[\alpha, \alpha+\eta]$ のある変数 ζ に対して

$$h'(x) = (x-\alpha) h''(\zeta)$$

となる．
そして積分を実行すると次の漸近値が得られる．

$$w(\nu) \approx g(\alpha) e^{-\nu h(\alpha)} \left[\frac{\pi}{2\nu h''(\alpha)}\right]^{1/2}$$

正確な有界 (bounds) に関しては Copson (1965) を参照されたい．Barnborff,

Nielsen, and Cox (1989, Sec.3.3) は，複数のパラメータをもつ積分展開のいくつかの関連技法を紹介している．この方法を利用したいくつかの例について，次項で紹介することにする．

A.1.0.1 誤差積分への適用例

次式に $y = z + x$ という単純な変数変換を行なうと，誤差積分の有界値を計算することができる．

$$e(z) = \frac{1}{\sqrt{2\pi}} \int_z^\infty e^{-y^2/2} dy = \frac{1}{\sqrt{2\pi}} e^{-z^2/2} \int_0^\infty e^{-xz} e^{-x^2/2} dx$$

ここで，$z \to \infty$ の部分積分(integrations by parts)を繰り返すことによって得られる次式を利用している．

$$w(z) = \int_0^\infty e^{-zx} g(x) dx = \frac{g(0)}{z} + \frac{g'(0)}{z^2} + \frac{g''(0)}{z^3} + \cdots$$

A.1.0.2 スターリングの公式の例

ガンマ関数の積分をラプラスの方法で計算すると，結果的にスターリングの公式がもたらされる．まずガンマ関数の定義から出発する．

$$\Gamma(\nu + 1) = \int_0^\infty x^\nu e^{-x} dx$$

ここで被積分関数に，ラプラスの方法を適用するために積分の変数を $vt = x$ と変換する．したがって積分は

$$\Gamma(\nu + 1) = \nu^{\nu+1} \int_0^\infty e^{-\nu h(t)} dt$$

となる．ここで $h(t) = -\ln t + t$ であり，この $h(t)$ は $t = 1$ で一意な最大値をとる．$t = 1$ でテーラー展開すると，

$$\Gamma(\nu + 1) \approx \sqrt{2\pi\nu} \nu^\nu e^{-\nu}$$

というスターリングの公式を得る．

ラプラスの方法をさらにうまく利用した応用例があり，たとえば Varadhan による応用例が挙げられる．この応用例では，Gibbs 分布にしたがう分配関数を

計算する際に,ラプラスの方法を利用している(Deuschel and Strook 1989, p.43, あるいは Ellis 1985, p.38).

A.1.0.3 分配関数への適用例

X_i, $i = 1, \ldots, n$ を同一の分布にしたがう確率変数とし,互いに独立に二値 (1 と -1) をとるとしよう.その算術平均を

$$m_n = \frac{1}{n} \sum_{i=1}^{n} X_i$$

と書く.この配置のポテンシャル(エネルギー)は,

$$H_n(m_n) = -\frac{n}{2} m_n^2$$

である.X_i のうち k 個が 1 のとき,その平均値 m_n は $[k - (n-k)]/n$ である.

この系の分配関数は

$$Z = \frac{1}{2^n} \sum_x e^{-\beta H_n(x)} = \int_{-\infty}^{\infty} q(x) \exp\left(\beta n x^2 / 2\right) dx$$

として与えられる.ここで $q(x)$ は次に求める m_n の確率密度関数,そして $dx = 2/n$ であることに注意しよう[1].

1 と -1 の値が等しい確率で生じるとすれば,

$$Z = \sum_{k=0}^{n} {}_nC_k \left(\frac{1}{2^n}\right) \exp\left(\frac{\beta n x^2}{2}\right)$$

となる.ここでは ${}_nC_k$ は 2 項係数である.$m_n = x$ のとき k は $[n(1+x)]/2$ と表現でき,3.1 節で利用したスターリングの公式を使えば,m_n の確率密度関数は次式のように近似できる.

$$q(x) \approx \exp[-n c^*(x)]$$

ここで,$|x| < 1$ について

$$c^*(x) = (1/2)[(1+x)\ln(1+x) + (1-x)\ln(1-x)]$$

である．結局，分配関数の近似値として

$$Z \approx \int_{-\infty}^{\infty} \exp\left[n\left(\frac{\beta x^2}{2} - c^*(x)\right)\right] dx$$

を得る．

ここでラプラスの方法を適用して n を無限大に近づけると，

$$\lim_{n \to \infty} (1/n) \ln Z = \sup_x \left[\beta x^2/2 - c^*(x)\right]$$

右辺のカッコ内が $|x| < 1$ において連続かつ 2 回微分可能であるので，上式が成り立つ．

カッコ内を微分すれば，

$$\beta x = 1/2 \ln \frac{1+x}{1-x}$$

となる．この式はまた

$$x = \tanh(\beta x)$$

と書くことができる．この方程式は β が 1/2 よりも大きい場合，かつそのときにかぎって，原点以外に 2 つの非ゼロの解をもつ．この関数に関連する議論は Ellis（1985, p.101）を参照されたい．

A.1.1 レート関数

さらに精巧にラプラスの方法を適用した例として，Varadhan の応用例がある（Deuschel and Strook 1989, p.43, Ellis 1985, p.51 を参照）．ここでは Varadhan 積分の公式を紹介しよう（Varadhan 1984）．

まず X を完備かつ可分な距離空間とする．そして P_n を X の Borel σ フィールド上での確率測度の系列であるとしよう．経済学における応用例では，X が R^d, P_n が確率変数ベクトル z_n の分布であると想定されることが多い．実数空間 X に属する実数 x の関数 $I(x)$ のうち，次の条件を満たす関数をレート関数と呼ぶ．

1. $I(x)$ は非負.
2. $I(x)$ は下半連続である. もし加えるなら有効なレート関数(good rate function) と呼ばれる.
3. レベル集合 $x : I(x) \leq c$ は, すべての c に対して X のコンパクト集合となっている.

確率測度の系列が次の条件を満たす場合, レート関数 $I(\cdot)$ を伴なった大偏差原理にしたがうと言う.

1. X のすべての閉集合 F について, n を無限大に近づけたとき
$$\lim_{n\to\infty} \sup \frac{1}{n} \ln P_n(F) \leq - \inf_{x \in F} I(x)$$
2. X のすべての開集合 G について, n を無限大に近づけたとき
$$\lim_{n\to\infty} \inf \frac{1}{n} \ln P_n(G) \geq - \inf_{x \in G} I(x)$$

とくに, Borel 集合 A が A の内点上のレート関数の下限であり, A の閉包(closure) 上のレート関数が同一である場合

$$\lim_{n} \frac{1}{n} \ln P_n(A) = - \inf_{x} I(x)$$

のような極限値が存在する.

P_n が大偏差原理を満たす場合, ラプラスの方法による積分の漸近値に関する1つの結果は

$$\lim_{n\to\infty} \frac{1}{n} \ln \int \exp[ng(x)] dP_n(x) = \sup_{x}[g(x) - I(x)]$$

である. ここで g は有界かつ連続な X の関数である. この式が Varadhan 積分の補題として知られる関係式である. Varadhan(1984, Theorem 2.1) を参照されたい.

ここでは X の確率測度 P_n が, レート関数 $I(x)$ の大偏差原理を満たすものとする. このとき X とは異なる完備かつ可分な距離空間 Y を考えて, X から Y への写像を f としよう. この場合, $Q_n = P_n \cdot f^{-1}$ が Y に誘導された測度

となる．この Q_n は，新たなレート関数 $I'(\cdot)$ の大偏差原理を満たすことになり

$$I'(y) = \inf_{x:f(x)=y} I(x)$$

と定義できる．また，そのような x が存在しない場合，この $I'(y)$ は ∞ の値をとるものとする（Varadhan 1984, Theorem 2.3 を参照）．

A.1.1.1 分配関数の漸近値の計算例

ここでは分配関数の平均

$$\Xi_N = \sum_m e^{-\beta H_N(m)}$$

を積分した値を近似する．ここで m は次に示すような確率密度関数にしたがっているものとする．

$$P(m) \approx e^{-Nc^*(m)}$$

関数 $F(m)$ は有界かつ連続であるので

$$-\beta f(\beta) = \sup_m [F(m) - c^*(m)]$$

のとき Varadhan 積分の補題を利用すれば

$$-\beta f(\beta) = \lim_{N \to \infty} \frac{1}{N} \ln \int N \exp[F(m) - c^*(m)] dm$$

上式では，$-\beta H_N = NF(m)$ という関係式を用いて関数 F を定義する．

A.2 初到達時間

本節では，第 5 章で利用した初到達時間や吸収されるまでの時間について，いくつかの事実をまとめることとしよう．

A.2.1 離散時間のマルコフ連鎖

まず $X_n, n = 0, 1, \ldots,$ を離散時間のマルコフ連鎖であるとしよう．可算な

状態集合 (a denumerable set of states) は，正の整数の集合 (a set of positive integere) をとるものとする．初期状態にいずれは確率1で戻ってくるという状態 i を，ここでは再帰的な状態と呼び

$$P(X_n = i, \text{for some } n \geq 1 \mid X_0 = i) = 1$$

と定義できる．また，初期状態に戻ってくる確率が1未満の場合は，その状態 i を非再帰的な状態 (transient) と呼ぶことにする．

この場合，状態集合は非再帰集合 T と再帰集合に分解できる．というのは再帰的な状態の集合は閉じているからだ．つまりひとたび再帰的な状態の集合に含まれてしまえば，その集合から外に遷移する確率はゼロなのである．

マルコフ連鎖の最初の n 回の再帰の中で状態 j が占拠する時間を $N_j(n)$ とし，状態 j が占拠する総時間は

$$N_j = \lim_{j \to \infty} N_j(n)$$

とする．さらに次式を非再帰状態から再帰状態の集合に吸収されるまでの時間という．

$$N = 1 + \sum_{j \in T} N_j$$

非再帰状態からの期待の吸収時間は，次の条件付き特性関数の平均値から計算できる．

$$\phi_j(u) = E\left(e^{iuN} | X_0 = j\right)$$

この表現は

$$\phi_j(u) = \sum_k p_{jk} E(e^{iuN} \mid X_1 = k)$$
$$= \sum_{k \in T^c} p_{jk} e^{iu} + \sum_{k \in T} p_{jk} [e^{iu} \phi_k(u)]$$

を満たしている．状態 j からの平均吸収時間は

$$m_j = E(N \mid X_0 = j)$$

と表わすことができる.上式を u で微分して u をゼロと置けば, T に属するすべての状態 j に対して

$$m_j = 1 + \sum_{k \in T} p_{jk} m_k$$

が得られる.この方程式群が,再帰状態のクラスの平均初到達時間を決定する.それぞれの平均初到達時間を列ベクトル $\mathbf{m}$ とし,すべて 1 である列ベクトルを $\mathbf{1}$, T に属する任意の j,k について $p_{j,k}$ の行列を $\mathbf{Q}$ と置くと,

$$\mathbf{m} = \mathbf{1} + \mathbf{Q}\mathbf{m}$$

となり,これを $\mathbf{m}$ について解けばよい.

また,特性方程式を u について 2 回微分し,$E(N^2 \mid X_0 = j)$ を $m_j^{(2)}$ と書くことにすると,

$$m_j^{(2)} = 2m_j - 1 + \sum_{k \in T} p_{jk} m_k^{(2)}$$

を得る.

A.2.2 ランダムウォークの例

ここで状態集合を $\{1, 2, \ldots, K\}$ とし,K を吸収状態,残りの状態を非再帰状態としよう.平均初到達時間の方程式は

$$m_j = 1 + q_j m_{j-1} + r_j m_j + p_j m_{j+1}$$

である.ここで $p_j + r_j + q_j = 1, j = 2, 3, \ldots, K-1$ である.$j=1$ と $j=K$ の状態については,この方程式に適当な修正を加える必要がある.

次に実際にこの方程式群を解いてみよう.$d_j = m_j - m_{j-1}, j = 2, 3, \ldots,$ $K-1$ と置く.これは次の 1 階の差分方程式を満たす.

$$p_j d_{j+1} = q_j d_j - 1$$

$j = 2, \ldots, K-1$ において，この差分方程式の解は以下のように求まる．

$$d_{j+1} = \frac{q_j q_{j-1} \cdots q_2}{p_j p_{j-1} \cdots p_2} d_2$$
$$- \frac{1}{p}\left(1 + \frac{q_j}{p_{j-1}} + \frac{q_j q_{j-1}}{p_{j-1} p_{j-2}} + \cdots + \frac{q_j \cdots q_3}{p_{j-2} \cdots p_2}\right)$$

A.2.3 連続時間のマルコフ連鎖

A.2.3.1 単純なランダムウォーク

ここで $S_0 = 0$, $S_n = \sum_{i=1}^{n} X_i$ と置く．X_i を独立同一の分布にしたがう確率変数とし，確率 p および $q = 1-p$ で $X_i = \pm 1$ の2値をとるとする．T を区間 $(-a, b)$ からの初退出時間 (the first exit time) とし，a, b はともに正とする．すなわち $T = \min\{n : S_n \leq -a \text{ or } S_n \geq b\}$ と表わされる．ここで $Y_0 = 0$ とし，$n \geq 1$ に対して

$$Y_n = \frac{e^{tS_n}}{M(t)^n}$$

となる．ここで，$M(t) = \text{E}(e^{tX_1})$ とする．$F_n = \sigma(X_1, X_2, \ldots, X_n)$ と置けば，上式はマルチンゲール過程 $\{Y_n, F_n\}$ を定義している．

T が，$n < T$ において $|S_n| \leq c$ (c は定数) となるような，有限の平均値をもつ初退出時間の場合，$M(t) \geq 1$ ならば常に

$$E\left[\frac{e^{tS_n}}{M(t)^n}\right] = 1$$

となる．Grimmett and Stirzaker (1992, p.467) および Whittle (1992, p.256) における Wald の不等式を参照せよ．単純なランダムウォークの場合，T の平均が有限値であることが示される．この等式を，$M(\theta) = 1$ なる θ で $t = \theta$ と変数変換すると，$\text{E}(e^{\theta S_T}) = 1$, あるいは

$$\eta_a P(S_T = -a) + \eta_b P(S_T = b) = 1$$

となる．ここで $\eta_a = E(e^{\theta S_T} \mid S_T = -a) = e^{-\theta a}$, 同様に $\eta_b = e^{\theta b}$ である．$P(S_T = -a) + P(S_T = b) = 1$ より

$$P(S_T = -a) = \frac{e^{\theta b} - 1}{e^{\theta b} - e^{-\theta a}}$$

を得る．

n ステップでランダムウォークが最初に地点 b に至る確率を $f_b(n)$ とし，0 からスタートするとすれば，$n \geq 1$ でこの確率は

$$f_b(n) = \frac{|b|}{n} P(S_n = b)$$

である．単純なランダムウォークの場合は，$P(S_n = b) = {}_nC_b p^{(n+b)/2} q^{(n-b)/2}$ である．

A.2.4 標準ウィナー過程

$W_t, t \geq 0$ を標準ウィナー過程，すなわち平均 0，分散 t の正規分布にしたがうものとする．

実数軸上の地点 x に到達する初到達時間を

$$T(x) = \inf\{t : W_t = x\}$$

と置き

$$M_t = \max\{W_s : 0 \leq s \leq t\}$$

と置こう．

x が正の場合 $P[W_{T(x)} = x] = 1$ となる．なぜならウィナー過程の単純な経路は，確率 1 で連続であり $M_t \geq x$ の場合，またその場合に限って，事象 $T(x) \leq t$ が生じるからだ．このとき定義 $W_t \leq M_t$ より

$$P(M_t \geq x) = P(M_t \geq x, W_t \geq x) + P(M_t \geq x, W_t \leq x, W_t \neq x)$$
$$= 2P(M_t \geq x, W_t \geq x) = 2P(W_t \geq x)$$

となる．したがって

$$P[T(x) \leq t] = P[M_t \geq x] = P[|W_t| \geq x] = \frac{1}{\sqrt{2\pi t}} \int_x^\infty e^{-\frac{u^2}{2t}} du$$

となる．Grimmett and Stirzaker（1992, p.500）を参照せよ．

W_t は対称だから，上式の最後の確率は

$$P(|W_t| \geq x) = 2P(W_t \geq x)$$
$$= \left(\frac{2}{\pi t}\right)^{1/2} \int_x^\infty e^{-u^2/2t} du = 1 - \text{erf}\left(\frac{x}{\sqrt{2t}}\right)$$

と表現することができ，$y = x^2 t/u^2$ を代入すると

$$P[T(x) \leq t] = \int_0^t \frac{|x|}{\sqrt{2\pi y^3}} e^{-x^2/2y} dy$$

となる．

すなわち，x に到達する初到達時間の確率密度は，上式の確率を t（すべての $t \geq 0$）で微分することによって得ることができる[†訳者注]．

$$f_{T(x)}(t) = \frac{|x|}{\sqrt{2\pi t^3}} e^{-x^2/2t}$$

この密度は逆ガウス密度として知られている．Seshadri（1993, Chap.1）参照．

A.2.5 吸収障壁への初到達時間

次にドリフト率 μ をもつウィナー過程を仮定しよう．この場合，W_t は平均 μt，分散 t の正規分布にしたがう．正数 d を考えて $W_0 = d$ とし，原点に障壁が存在するものと仮定しよう．つまりすべての $t \geq 0$ で原点 0 にいる確率密度はゼロであり，初期時点では d にいるものとする．

初期地点 x からスタートする同じドリフト率 μ，分散率 1 をもつ任意のウィナー過程の，確率密度は

$$g(y, t \mid x) = \frac{1}{\sqrt{2\pi t}} \exp[-(y - x - \mu t)^2/2t]$$

となる．

そのような 2 つの確率密度を線形結合すれば

$$f(y, t) = g(y, t \mid d) - e^{-2\mu d} g(y, t \mid -d)$$

となり，線形結合 f は，障壁に課された制約条件を満たし[2]，かつ f は初期条件も満たす．

障壁に到達する初到達時間 T の確率密度は上式から得ることができる．時点 t でウィナー過程が障壁に到達したとする，あるいは時点 t でウィナー過程によるステップの位置が $f(y,t)$ によって与えられた確率密度をもっているものとする．すなわち

$$P(T \leq t) = 1 - \int_0^\infty f(y,t)dy$$

とする．

この確率を t で微分すれば，障壁に到達する初到達時間の確率密度関数を得ることができる．

$$f_T(t) = \frac{d}{\sqrt{2\pi t^3}} \exp[-(d+\mu t)^2/2t]$$

ウィナー過程が原点からスタートする場合は，障壁が原点から正の距離 d の位置にあるものと考えれば，ここでの考え方を利用することができる．この場合

$$f(y,t) = g(y,t \mid 0) - e^{-2\mu d} g(y,t \mid 2d)$$

が妥当な確率密度である．

A.3 交換可能なプロセス

経済学のモデルでは，その他の分野のモデルと同じように，ある集団のメンバーやその集団内のいくつかのカテゴリに属するメンバーが，互いに識別できないと仮定される．経済学の代表的な経済主体の枠組みのようにそのようなメンバーを同一のもとして扱うよりも，また彼らの特性を独立同一の分布にしたがう確率変数として扱うよりも，彼らを交換可能であると仮定したほうがむしろ適切なのである．Johnson and Kotz (1977, Sec.2.9) における Galambos や Kingman (1978a)，Diaconis and Freedman (1981) らの指摘を参照されたい．交換可能な確率変数に対する中心極限定理は Chernoff and Teicher (1958) およ

び Loève (1963, p.365) を参照されたい．また，Koch and Spizzichino (1982) ではいくつかの応用例が示されている．Rényi (1970) 参照．

ここでは，Galambos と Kingman の説明にしたがって，入門となる考え方を示すこととしよう．まず，n 個の添え字，$1 \leq j_1 \leq j_2 \leq \cdots \leq j_n$ の任意の選択肢に対して，同時確率 $P(A_{j_1} \cap A_{j_2} \cap \cdots \cap A_{j_n})$ が n だけに依存して決まり，実際の添え字には依存しないような場合，有限な，あるいは可算無限な (countably infinite) 事象の系列 $A_1, A_2, \ldots$，を交換可能であると呼ぶ．確率変数の系列 $X_1, X_2, \ldots$ の場合では，事象 $\{X_1 \leq x_1\}$ が交換可能ならば，彼らは交換可能と呼ぶことができる．すなわち $(1, 2, \ldots, n)$ のすべての順列を π として，確率変数の系列 $(X_1, X_2, \ldots, X_n)$ の同時分布が，確率変数 $(X_{\pi_1}, \ldots, X_{\pi_n})$ の同時分布と等しいならば，確率変数の系列の集合 $\{X\}$ は交換可能であると呼ぶ．したがって，任意の $Z = \phi(X_1, \ldots, X_n)$ に対してそのような $E(Z)$ が存在し，かつ $(X_1, \ldots, X_n)$ が交換可能ならば

$$E(Z) = \frac{1}{n!} \sum_{\pi} \phi(X_{\pi_1}, \ldots, X_{\pi_n}) = E[\psi(X_1, \ldots, X_n)]$$

とすることができる．ここで

$$\psi(x_1, \ldots, x_n) = \frac{1}{n!} \sum_{\pi} \phi(x_{\pi_1}, \ldots, x_{\pi_n})$$

である．

確率変数の無限系列 $(X_1, X_2, \ldots,)$ は，任意の $n \geq 2$ に対して最初の n 個の確率変数が交換可能な場合に，交換可能と呼ぶことができる．

これに関連して n 次対称性についても述べておく．最初の n 個の変数をいかなる方法で並び替えたとしても X の系列の関数が変化しない場合に，その確率変数は n 次対称であると呼ぶ．たとえば $X_1 + X_2 + 5X_3$ は，2 次対称であるが 3 次対称ではない．

すべての n 次対称な確率変数が可測であるために，ここでは F_n を最小な σ 代数 (σ-algebra) とする．σ 代数は n の増加関数ではないことに注意されたい．そしてその極限は

$$F_\infty = \bigcap_{n=1}^{\infty} F_n$$

として定義できる．

f が可測関数である場合，$|E[f(X_1)]|$ は有限値であり，$Y = g(X)$ を有界な n 次対称な確率変数であるとすれば，X の系列の交換可能性から

$$E[f(X_j)g(\mathbf{X})] = E[f(X_1)g(\mathbf{X})]$$

が成り立つことに注意されたい．g を変化させずに X_j と X_1 を交換することができるからである．ここで $\mathbf{X}$ は X の系列を示す．

g を Y と表わし，j について和をとり n で割れば

$$E\left[\frac{1}{n}\sum_{j=1}^{n} f(X_j)Y\right] = E[f(X_1)Y]$$

となることがわかる．

さて，Y を F_n 内の任意の集合 A の指示関数（indicator function）としよう．このとき上の関係は

$$\int_A \left(\frac{1}{n}\right) \sum_{j=1}^{n} f(X_j) d\mathrm{P} = \int_A f(X_1) d\mathrm{P}, \quad \forall A \in F_n$$

となる．

左辺の被積分部分は n 次対称であり，ゆえに F_n は可測だから，この部分は次のように書くことができる．

$$\frac{1}{n}\sum_j f(X_j) = E[f(X_1) \mid F_n]$$

Doob の「前向き」収束定理（"forward" convergence theorem）(Doob 1953, Theorem 4.3; Williams 1991, Sec.11.5) を使うと，次のように交換可能な系列に対する大数の強法則を得ることができる．

$$\lim_{n\to\infty} (1/n)\sum_j f(X_j) = \mathrm{E}[f(X_1) \mid F_\infty]$$

特別な場合は f を $(-\infty, x_r]$ の指示関数とすることで得ることができる．上式は

$$\lim_{n\to\infty} \frac{1}{n} |(j \leq n; X_j \leq x)| = F(x)$$

のように特定化される．ここで

$$F(x) = P(X_1 \leq x \mid F_\infty)$$

であり，$F(x)$ は確率分布関数(random distribution function)である．

同じ理由で，上述の式を k 個の確率変数の同時分布関数として規格化できる．まず

$$\frac{1}{n(n-1)\cdots(n-k+1)} \sum f(X_{j_1},\ldots,X_{j_k}) E[f(X_1,\ldots,X_k) \mid F_n]$$

に注意されたい．ゆえに大数の強法則は

$$E[f(X_1,\ldots,X_k) \mid F_\infty]$$
$$= \lim_{n\to\infty} [n(n-1)\cdots(n-k+1)]^{-1} \sum f(X_{j_1},\ldots,X_{j_k})$$

という形となる．ここで右辺は，1 から n までの和をとれば，各インデックスと独立に取り替えることが可能である．

$$\lim_{n\to\infty} \frac{1}{n^k} \sum_{j_1=1}^{n} \sum_{j_2=1}^{n} \cdots \sum_{j_k=1}^{n} f(X_{j_1},\ldots,X_{j_k})$$

$O(n^{k-1})$ の効果は極限では消えてしまう．

$f_r(x_r)$ を $(-\infty, x_r]$ の指示関数として，$f(x_1, x_2, \ldots, x_k) = \prod_{r=1}^{k} f_r(x_r)$ とすると，確率 1 で

$$P(X_1 \leq x_1, \ldots, X_k \leq x_k \mid F_\infty) = \prod_r F(x_r)$$

となる．

Kingman (1978a) は，仮に上式を以下の式に置き換えたとしても，上述の式

が成立することを示した．

$$P(X_1 \leq x_1, \ldots, X_k \leq x_k \mid \zeta) = \prod_r F_\zeta(x_r)$$

ここではζがある1個の確率変数であり，分布関数はζに依存する形となっている．

A.4　低周波での振る舞い

1980年代におけるマクロ経済学の時系列分析に関する文献では，いくつかのマクロ経済指標の低周波での振る舞いが単位根をもっている，としばしば指摘されている．経済学の文献では，そのようなマクロ経済指標が1あるいは1に近い根をもつ理由をさまざまなモデルや道具で説明しており，たとえば実物的景気循環論（real business-cycle models）における外生的な技術進歩や，時系列分析における非整数ブラウン運動などが挙げられる．Montroll and Shlesinger (1984)は，対数正規分布と低周波のある範囲内の$1/f$のノイズがいかに似ているかを示した[3]．Marinari et al.(1983)は，ランダムウォークを基にして$1/f$ノイズのモデルを提案した．そこでは，大偏差に対して，スケーリング特性をもつポテンシャル関数を想定している．

マクロ経済学では，たいていの変数が対数変換され，その変数が直接正規分布にしたがうと仮定するか，正規分布にしたがう変数と線形結合されて，結局その変数も正規分布にしたがうことになると仮定することが多い．したがってMontroll and Shlesinger(1984)の対数正規分布を利用したアプローチは自然な流れであり，ここではまず彼らの流れにしたがうこととし，その後でMarinari et al.(1983)にコメントを加えることとしよう．

まず，$\ln(x/\bar{x})$が正規分布にしたがうものと仮定し，その密度を

$$F[\ln(x/\bar{x})] = (2\pi\sigma^2)^{-1/2} \exp\left\{-[\ln(x/\bar{x})]^2 \big/ 2\sigma^2\right\} d[\ln(x/\bar{x})]$$

と置く．$y = x/\bar{x}$と変換して上式の左辺を$g(y)dy$と定義し，$z = \ln(y)$という新たな変数を導入する．$g(y)$の対数をとると

$$\ln[g(y)] = -z - (1/2)(z/\sigma)^2 - (1/2)\ln(2\pi\sigma^2)$$

が得られる．もし

$$(1/2)(z/\sigma)^2 \leq \theta|z|$$

が成り立つ場合，定数の項を除けば，$\ln[g(y)]$ がある比率 θ 以下の z に関して線型となることがわかる．σ が大きくなるほど z に関して線型という近似精度は高まる．

パワースペクトルがいかに $1/f$ と似ているかを示すために，Montroll and Shlesinger は時定数が常に対数正規分布にしたがうという自己相関関数を利用した．基本となる自己回帰係数を次のように定めよう．

$$c(t,\tau) = e^{-t/\tau}$$

τ は時定数とか緩和時間（relaxation time）と呼ばれる．この時定数の約 4 倍の時間が経過すれば，$e^{-4} = 0.0183$ だから，自己相関係数はほとんどゼロになる．

このパワースペクトルは，$\omega = 2\pi f \bar{\tau}/\tau$ とすれば次の通りである．

$$S(f,\tau) = 4Re \int_0^\infty e^{-t/\tau} e^{2\pi i f t} dt = \frac{4\tau}{1+(\omega\tau/\bar{\tau})^2}$$

次に，τ が密度 $\rho(\tau)$ をもつとして，$S(f,\tau)$ の平均は

$$S(f) = \int_0^\infty S(f,\tau)\rho(\tau)d\tau$$

となる．

その密度 ρ を対数正規として特定化し

$$\rho(\tau/\bar{\tau}) = \frac{\exp-\{\ln(\tau/\bar{\tau})s^2/2\sigma^2\}}{\sqrt{2\pi\sigma^2}} d[\ln(\tau/\bar{\tau})]$$

$u = \ln(\tau/\bar{\tau})$ と置き，$S(f)$ を $S(\omega,\sigma)$ と書き換えれば

$$S(\omega,\sigma)/4\bar{\tau} = \frac{1}{\omega(2\pi\sigma^2)^{1/2}} \int_{-\infty}^\infty \frac{e^{-u^2/2\sigma^2}}{\omega e^u + (\omega e^u)^{-1}} du$$

を得る．この段階で σ を大きくしていけば

$$S(\omega,\sigma) \sim (2\pi\sigma^2)^{-1/2} \int_0^\infty \frac{du}{1+(\omega u)^2} = \frac{(\pi/2)^{1/2}}{2\omega\sigma}$$

となることがすでにわかる．

Montroll and Shlesinger は積分関数を $|\ln(\omega)/\sigma|$ のべきで展開している．このべきが 2σ 以下である場合は積分が実行でき，スペクトルが実際 $1/\omega$ のように振る舞うことを彼らは示しているのである．

一方 Marinari らによる研究は，概念的にさらに込み入っている．というのは彼らがスケーリング則を利用しているからだ．有限次元の状態ベクトルをもつ系を考え，この系がある拡散プロセスを通じて変化していくものとしよう（最も近傍への遷移がポテンシャルの差の指数関数に比例する格子上のランダムウォークに限られる）．均衡では確率束は $\exp[-\beta V(x)]$ に比例するものとし，$V(x)$ は，大きな $|x|$ に対して少なくとも $V(\lambda x) = \lambda^\alpha V(x)$ となるある α が存在すると仮定する．

このようなポテンシャル関数によって作られるランドスケープだと，ある引き込み領域から近くの引き込み領域へ移るには，$x(t)$ が∃を通り抜けなければならないことが生じるのではないか，と予想するであろう．山を通り抜ける確率束は，$g(1)\exp[-\beta V(x)]$ から $g(\lambda)\exp[-\beta\lambda^\alpha V(x)]$ として決まる．ここで $g(\lambda)$ は λ の多項式であり，量的な規格化と，通り抜け経路の幅が変化することを示す項である．

この拡散方程式は単純な時間微分を含むので，時間スケールは

$$g(1)/g(\lambda) \times \exp[\beta(\lambda^\alpha - 1)V(x)]$$

を掛け合わせたものになる．

逆に時間と τ の掛け算は，距離と $\lambda(\tau)$ の掛け算に対応している．大きな τ に対して β を $V(x)$ に組み込めば

$$\lambda(\tau) = [V^{-1}\ln\tau + 1 + O[\log\log(\tau)]]^{1/\alpha}$$

となり，この $\lambda(\tau)$ は，ある定数 τ_0 に対する $\log(\tau/\tau_0)$ と近似的に等しい．

$x(t)$ のパワースペクトルの密度は次のように与えられる．

$$S(f) = \lim_{T \to \infty} \left| \int_0^\infty e^{ift} x(t) dt \right|^2$$

ポテンシャルのもつスケーリングの特性は，次のように x のスケーリングに変形できることに注意されたい．

$$S(f/\tau) = \tau \lambda(\tau)^2 S(f)$$

上式で f を 1，τ を $1/f$ と置けば，小さな値の f に対して

$$S(f) = S(1) \lambda (1/f)^2 \Big/ f$$

となることがわかる．

分子を除けば，パワースペクトルの密度は $1/f$ に比例している．Marinari らのシミュレーション結果を見ると，この一定ではない分子がほとんど重要ではないことが示されている．

A.5 Lyapunov 関数

物理の系では，(自由)エネルギーを，実現可能な多くの配置のうちで最小化されるべき基準として扱うのが通常である．すなわち，最も小さい(自由)エネルギーをもった配置へと系が落ち着いていくのである．

物理学以外の分野の決定論的な系では，Lyapunov 関数が同じような役割を果たしている．ある所与の動学に対して Lyapunov 関数が決められると，Lyapunov 関数は単調な非増加関数であるので，その系がどのような経路に乗って均衡に向かっていくかを理解することができる．系が現在の状態のベクトルであるという条件の下で Lyapunov 関数の期待値が時間とともに単調減少する確率的な系についても同様のことが言える．たとえば Aoki (1989, Sec.2.6) での議論を参照せよ．本節では自由エネルギーが Curie-Weiss モデルにおける Lyapunov 関数であることを確認し，さらに Kullback-Leibler 距離もまた Lyapunov 関数であることを確認しよう．

ミクロユニットの各状態が 1 か −1 の値を互いに独立にとると仮定し，各ミクロユニットがとる変数 x_i が 1 をとる確率が

$$P(x_i = 1) = \frac{1}{\sqrt{2\pi}\sigma} \int_{\theta_i}^{\infty} \exp\left[\frac{-(x-m_i)^2}{2\sigma^2}\right] dx$$
$$\approx \frac{1}{2}\left[1 + \mathrm{erf}\left(\frac{\bar{x}_i - \theta_i}{\sqrt{2}\sigma}\right)\right]$$

で与えられているものと仮定する．ここで erf は 6.3 節で導入した誤差関数である．この確率は

$$P(x_i) \approx \frac{e^{\beta h_i x_i}}{e^{\beta h_i} + e^{-\beta h_i}}$$

で近似できる．ここで $\beta^{-1} = 2\sqrt{2}\sigma$ であり，$J_{i,j} = J_{j,i}$ を仮定し

$$h_i = \sum_{j \neq i} J_{i,j} x_j$$

であり，すべての配置について和をとるものとする．

X を，x_i が固定されている下での配置の集合(マクロの状態変数)としよう．また，x_i が $-x_i$ に変化したときの配置の集合を Y と呼ぶことにしよう．仮定から，各ミクロ状態の変数独立であるため

$$w(Y|X)/w(X|Y) = P(-x_i)/P(x_i) = \exp(-2\beta h_i)$$

となる．

マクロ変数 X のハミルトニアンは

$$H(X) = -\frac{1}{2}\sum_{j \neq i} J_{i,j} x_i x_j = -\frac{1}{2}\sum h_i x_i$$

となる．$H(Y)$ も同様にして得ることができる．

配置 X と配置 Y は第 i 要素の状態変数が互いに異なっているだけである．次のように詳細釣り合い条件が満たされると仮定する．

$$W(Y \mid X)e^{-\beta H(X)} = W(X \mid Y)e^{-\beta H(Y)}$$

この均衡分布は次の Gibbs 分布となる．

$$P_e(X) = \frac{\exp[-\beta H(X)]}{Z}$$

ここで

$$Z = \sum_Y \exp[-\beta H(Y)]$$

である．

ポテンシャル（自由エネルギー）を

$$\beta F = \beta H - S$$

と定義する．S は Boltzmann のエントロピーであり，所与の H における配置の数の対数に比例する．ポテンシャルの平均は

$$\beta F(\{P\}) = \beta H(\{P\}) + \sum_X P_e(X) \ln P_e(X)$$

と定義できる．ここで

$$H(\{P\}) = \sum_X P_X H(X)$$

である．

この確率分布（質量関数）に対するマスター方程式は，時間単位を適当に選択して

$$\frac{dP(X)}{dt} = \sum_{Y \neq X} [w(X|Y)P(Y) - w(Y|X)P(X)]$$

として与えられる．

それぞれの配置のハミルトニアンは固定されており，$\sum_X dP(X)/dt = 0$ であるから，自由エネルギーの時間変化は

$$\frac{dF}{dt} = \sum_X \frac{dP(X)}{dt} H(X) + \frac{1}{\beta} \sum_X \frac{dP(X)}{dt} [H(X) + \ln P(X)]$$

となる．

上式にマスター方程式を代入して確率の時間微分を書き換えると

$$\beta \frac{dF}{dt} = (1/2) \sum_X \sum_Y w(Y|X) e^{-\beta H(X)} [e^{\beta H(Y)} P(Y) - e^{\beta H(X)} P(X)]$$
$$\times [\beta H(X) + \ln P(X) - \beta H(Y) - \ln P(Y)]$$

となる．上式は確率の時間微分にマスター方程式を代入して得られる．また右辺の 2 つのダミー変数 X と Y を入れ替えた 2 つの式を平均することでも得られる．最後のカッコ内の 2 つの式が互いに異符号になっていることに注意しよう．すなわち自由エネルギーの時間微分値は非正であり，したがって F は分布が均衡に到達するまで単調減少することになる．

次に，Kullback-Leibler 情報測度も時間とともに増加することのない関数でありLyapunov 関数であることを示そう．(X_t) を離散的な状態 $j \in S$ のマルコフ連鎖であるとし，任意の $j \in S$ に対して

$$u_j(t) = P(X_t = j)$$

とする．

確率のマスター方程式は

$$\frac{du_j(t)}{dt} = \sum_k [u_k(t) w_{kj} - u_j(t) w_{jk}]$$

であり，w_{ij} は確率の遷移率を表わしている．

任意の厳密な凹関数 $h(\cdot)$ に対して，次のような負の Kullback-Leibler 距離を定義することができる．

$$H = \sum_j \pi_j h \left[\frac{u_j(t)}{\pi_j} \right]$$

ここで確率分布 π は均衡条件

$$\sum_k (\pi_k w_{kj} - \pi_j w_{jk}) = 0$$

を満たす分布である．

$u_j(0) = \pi_j$ である場合

$$H(t) = H(0) = \sum_j \pi_j h(\pi_j/\pi_j) = \sum_j \pi_j h(1)$$

となる．

$\tau \geq 0$ を固定して

$$p_{jk} = P(X_{t+\tau} = k | X_t = j)$$

と置く．

よって

$$u_k(t+\tau) = \sum_j u_j(t) p_{jk}$$

となる．

次に

$$a_{kj} = \frac{\pi_j p_{jk}}{\pi_k}$$

と置く．この a_{kj} は正であり，j について和をとると 1 となる．

このとき

$$\frac{u_k(t+\tau)}{\pi_k} = \sum_j \frac{u_j(t) p_{jk}}{\pi_k} = \sum_j a_{kj} \frac{u_j(t)}{\pi_j}$$

が成立する．

$h(\cdot)$ の凹性から，すべての j に対して x_j が一定ではないかぎり

$$h\left(\sum_j a_{kj} x_j\right) \geq \sum_j a_{kj} h(x_j)$$

が成り立つ．

したがって

$$H(t+\tau) = \sum_k \pi_k h\left[\frac{u_k(t+\tau)}{\pi_k}\right] \geq \sum_j \sum_k \pi_k a_{kj} h\left[\frac{u_j(t)}{\pi_j}\right]$$
$$= \sum_j \sum_k \pi_j h\left[\frac{u_j(t)}{\pi_j}\right] = H(t)$$

という不等式が成り立つことがわかる．特殊な場合として $h(\cdot)$ を $-x\ln x$ と特定化すると，

$$H(t) = -\sum_j u_j(t) \ln\left[\frac{u_j(t)}{\pi_j}\right]$$

となる．これは u と π の 2 つの分布の間の Kullback-Leibler 測度である．

A.6 Fokker-Planck 方程式と詳細釣り合い条件

A.6.1 Fokker-Planck 方程式と確率動学

Fokker-Planck 方程式は伊藤や Stratonovich の確率微分方程式によって決定される系の状態ベクトルの確率密度を表わしている．ここでは，$i = 1, \ldots, n$ に対する伊藤の確率微分方程式

$$dx_i(t) = K_i[x(t)]dt + \sum_j g_{i,j}[x(t)]dw_j(t)$$

によって記述される動的方程式が，どのようにして Fokker-Planck 方程式を生み出すのかを明らかにしよう．

$u(\cdot)$ をマクロ経済の状態ベクトル x の任意の関数とする．$u(\cdot)$ の微分を $o_p(dt)$ の項を残した形で書く．

$$du = \sum_i \frac{\partial u}{\partial x_i} dx_i + \frac{1}{2}\sum_{i,j} \frac{\partial^2 u}{\partial x_i \partial x_j} dx_i dx_j$$

伊藤の確率微分方程式の dx に先ほどの方程式を代入するということになる．

$\langle dw_j \rangle = 0$, $\langle dw_i dw_j \rangle = \epsilon dt \delta_{i,j}$ という関係 (このカッコ内の項は x についての平均を示す) を利用すれば

$$\langle u(x) \rangle = \int u(x) p(x,t|x_0,t_0) dx$$

とその時間微分

$$\frac{d\langle u \rangle}{dt} = \int u(x) \partial p(x,t|x_0,t_0)/\partial t \, dt$$

が次のように書き換えられることに注意されたい．

$$\begin{aligned}\frac{d\langle u(x) \rangle}{dt} &= -\sum_i \int u(x) \frac{\partial}{\partial x_i}[K_i(x)p] dx \\ &+ \frac{\epsilon}{2} \sum_{i,j} \int u(x) \frac{\partial^2}{\partial x_i \partial x_j} \left(\sum_m g_{i,m} g_{j,m} p \right) dx\end{aligned}$$

u は任意であったので，この関係式は次式のような Fokker-Planck 方程式を生み出すことになる．

$$\frac{dp}{dt} = -\sum_i \frac{\partial}{\partial x_i}[K_i(x)p] + \frac{\epsilon}{2} \sum_{i,j} \frac{\partial^2}{\partial x_i \partial x_j}(Q_{i,j} p)$$

ここで行列 Q を次式で定義する．

$$Q_{i,j} = \sum_m g_{i,m} g_{j,m}$$

A.6.2 詳細釣り合い条件と Fokker-Planck 方程式

すでに Fokker-Planck 方程式の定常的な解として Gibbs 分布が出現することは示した．ここでは，Gibbs 分布の背景をもう少し述べ，どのようにしてポテンシャル関数が導入されるのかということを示そう．

時間の流れが逆になったとしても符号が変化しないような変数を偶変数と呼ぶ．時間の流れを逆にした場合に符号が逆転する変数は，奇変数である．この定義によれば，経済変数の水準は偶変数，経済変数の変化率は奇変数，ということになる．ここで，次式のような行列 Θ を導入しよう．

$$\Theta = \text{diag}(\theta_1, \ldots, \theta_n)$$

ここで θ_k は，k 番目の変数 x_k が偶変数ならば 1，奇変数なのば -1 をとるも

のとする．

　n 次元の x^1 と x^2 という 2 つのマクロ経済の状態変数が与えられれば，動学における詳細釣り合い条件は

$$w(x^1, t \mid x^2, 0) p_e(x^2) = w(\Theta x^2, t \mid \Theta x^1, 0) p_e(x^1)$$

と書くことができ，この p_e が Fokker-Planck 方程式の定常解であり

$$\frac{\partial p}{\partial t} = -\sum_i \frac{\partial I_i}{\partial x_i}$$

と書くことができる．ここで

$$I_i = K_i(x) p - \frac{\epsilon}{2} \sum_j \frac{\partial}{\partial x_j} (Q_{i,j} p)$$

である．

　ベクトル x の各成分の確率密度とその偏微分に正則条件（$\|x\|$ を無限大に近づけると確率密度と偏微分がともにゼロに近づくという条件）を仮定すれば，次の条件を満たすときのみ，p_e が定常解となる．

$$\sum_i I_i = \sum_i K_i(x) p_e - \frac{\epsilon}{2} \sum_i \sum_j \frac{\partial}{\partial x_j} [Q_{i,j}(x) p_e(x)] = 0$$

すべての i について $I_i = 0$ となる場合，上式はすべての i について

$$\frac{\epsilon}{2} \sum_j Q_{i,j}(x) \frac{\partial p_e(x)}{\partial x_j} = p_e(x) \left[K_i(x) - \frac{\epsilon}{2} \sum_j \frac{\partial Q_{i,j}}{\partial x_j} \right]$$

とまとめることができる．

　行列 $Q(x)$ の逆行列が存在すると仮定すれば，上式を次式のように解くことができる．

$$\frac{\partial \ln p_e(x)}{\partial x_j} = \frac{1}{\epsilon} \sum_k \left[2 K_k(x) - \epsilon \sum_j \frac{\partial Q_{k,j}}{\partial x_j} \right]$$

右辺のカッコ内を $Z_i(K, Q, x)$ と定義する．

左辺は勾配ベクトルだから,右辺がすべての i と j の対に対して次の条件を満たす場合にかぎって p_e が定常解となる.

$$\frac{\partial Z_i}{\partial x_j} = \frac{\partial Z_i}{\partial x_i}$$

このとき定常解 p_e は

$$p_e(x) = \exp\left\{-\frac{\phi(x)}{\epsilon}\right\}$$

となり,ここで

$$\phi(x) = -\int^x Z(K,Q,x')dx'$$

であり,これがポテンシャル関数である.

上式において

$$\sum_i \frac{\partial r_i(x)}{\partial x_i} = 0$$

を満たすならば,関数 K_i を

$$K_i(x) = d_i(x) + r_i(x)$$

と書くことができる.

そして

$$Z_i^* = \sum_k \frac{1}{Q_{i,k}}\left[2d_k(x) - \epsilon \sum_j \frac{\partial Q_{k,j}}{\partial x_j}\right]$$

とさらに簡単に書くことができる.そしてポテンシャル関数が存在するための条件も Z ではなく Z^* に置き換えればよい.この定常的な確率密度関数は

$$p_e(x) = \exp\left(-\frac{\phi^*(x)}{\epsilon}\right)$$

であり,ここで

$$\phi^*(x) = -\int^x Z^*(K,Q,x')dx'$$

である．

注

1) 積分区間の境界値における積分値の極限値は当然 -1 から 1 である．
2) $f(0,t) = 0$ が妥当な制約条件であることは直感的に理解できる．Grimmett and Stirzaker（1992, p.506）あるいは Cox and Miller（1965, p.220）を参照せよ．
3) 変動を伴う自然現象は，パワースペクトルをもち，低周波の $1/f$ に似た振る舞いを示すものが多い．ただし積分値が発散してしまうので，ゼロから無限大の全範囲の周波数に対して $1/f$ が正しいというわけではない．

† 訳者注）この密度は逆ガウス密度（inverse Gaussian density）として知られている．

日本語版への付録 N

1990 年代半ば位から，マクロ経済学の約束ごと，というか，仕組みについての疑問が積み重なり，自分なりのマクロ経済への新しい接近法を模索し出し，自分なりのマクロ経済学への新しい接近法を記述した本を 1996 年に出版した．これは 2002 年に出版した本へと自然発展をしたが，いずれも，もともとから経済学を学んだことのない素人が，いろいろな学友，知人，先輩に助けられて書いた，と言っても過言ではない．

今回，1996 年に出した本の日本語訳を出していただけることとなり，1996 年と 2002 年の本の補足というか，最近の発展について加筆する機会が与えられ，感謝している次第である．

私なりの考えで，(i) べき乗(Power)法則と，(ii) クラスター分析，および (iii) 経済での non-self averaging 現象を含めた最近のエコノフィジストの研究のマクロ経済学への応用について補足することにした．いずれも，フランス，イタリー，ドイツなどの学者の仕事に教えられることの多い分野で，今後の応用，発展が期待される分野だと思っている．

N.1 べき乗法則と対数正規分布

非負の確率変数 X の分布が

$$P(X \geq x) \sim cx^{-\alpha}, c > 0, \alpha > 0 \tag{N.1}$$

という形をしている場合，X がべき乗分布をもつという．これはまた

$$P(X \geq x) = (\frac{x}{k})^{-\alpha}, X \geq k$$

という形でも知られている．これはパレート分布と呼ぶ．

確率密度は分布を微分して

$$f(x) = -\frac{dP(X \geq x)}{dx} \sim x^{-1-\alpha}$$

という形になる．式 (N.1) の両辺の対数をとると

$$\ln P(X \geq x) = -\alpha \ln x + 定数$$

または，

$$\ln f(x) \sim -(1+\alpha) \ln x$$

だから $\ln - \ln$ のグラフで $-\alpha$ のまたは $-1-\alpha$ の勾配をもった直線になる．

この分布に似たものとして分散が大きい対数正規 (lognormal) 分布がある．x の対数 $\ln x$ が平均 μ，分散 σ の正規分布をしている場合

$$f(x) = \frac{1}{\sqrt{2\pi}\sigma x} \exp\left(-(\ln x - \mu)^2 / 2\sigma^2\right) \qquad \text{(N.2)}$$

となる．ここで $y = \ln x$ と置いて

$$g(y)\,dy = f(x)\,dx$$

とすると $dy/dx = 1/x$ だから

$$f(x) = g(y) \frac{dy}{dx} = \frac{1}{x} g(y)$$

となり，$1/x$ という項が掛かる．(N.2) の対数をとって σ^2 が大きいと仮定すると

$$\ln f(x) = -\ln x - \ln \sqrt{2\pi}\sigma - \frac{(\ln x - \mu)^2}{2\sigma^2}$$

$$= \frac{-(\ln x)^2}{2\sigma^2} + (\frac{\mu}{\sigma^2} - 1)\ln x - \ln\sqrt{2\pi}\sigma - \frac{\mu^2}{2\sigma^2}$$

$$\approx -\ln x + 定数$$

だからべき乗分布に似ていることがわかる．

べき乗分布は，色々なモデルで出現する．とくに最近は金融関連の論文に多く見受けられる．

対数正規分布と，べき乗分布を分けるひとつの因子は，確率掛算過程 (stochastic multiplicative process) に下限があるか否かだと言える．掛算過程とは

$$X_{t+1} = F_t X_t, \ t = 0, 1 \cdots \tag{N.3}$$

という確率過程のことで，X_0 がある確率系の初期の大きさと考える．対数をとると $\ln X_{t+1} = \ln X_t + \ln F_t$ だから，この形はランダム・ウォーク・モデルになる．経済学の文献で知られている Gibrat の法則もこの一例である．中心極限定理を $\ln F_t$ の和を適当に規格化できる場合には，X_t は対数正規分布に収斂する．このモデルに反射壁があって $\ln X_t$ がこの下限で反射されるようにするとべき乗分布になる．この下限の存在が重要である．たとえば (N.3) を

$$p(x) = \int \phi(b) p(x/b) db$$

と書くと $\int \phi(b) b^\alpha d\alpha b < \infty$ であるかぎり $p(x) \sim x^{-\alpha}$ がその解になる．

べき乗法則が出てくるモデルの別例として，クラスターの大きさが問題になる現象がある．たとえば，最近インターネットで Mitzenmache のサーベイ論文に示されたような類似のモデルが研究されているが，ここでは最近の Costantini et al. (2005) によるクラスターの大きさの研究を紹介しよう．Newman (2005) の論文も類似のモデルを扱っている．クラスターについては，集団遺伝学での Ewens の分布と Hoppe の壺モデルが有名だが，Costantini et al. (2005) は，Ewens の分布が当て嵌まらない例としてサイモンのモデルを挙げている．

Ewens の分布は，θ というパラメータが1個で，n 人がそれぞれタイプ別に

分類された場合，サイズ i のクラスター数を a_i として，その期待値は

$$E(a_i) \simeq \frac{\theta}{i}\left(1 - \frac{i}{n}\right)^{\theta-1}$$

となる．ここで，$n = \sum_1^n i a_i(n)$ がサンプルの総数である．θ が充分大きい場合には，

$$E(a_i) \simeq \frac{\theta}{i} e^{-i\theta/n} \approx \theta/i$$

だから，べき乗にはならない．

ここで，u が新しい一員が外部からモデルに参入する確率とすると，$Ea_i(n) = z_i(n)$ と置いて

$$z(n+i) - z_i(n) = (1-u)\left[\frac{(i-1)a_{i-1}(n)}{n} - \frac{ia_i(n)}{n}\right] \qquad \text{(N.4)}$$

$$z_1(n+1) - z_1(n) = u - (1-u)\frac{\eta_1(n)}{n} \qquad \text{(N.5)}$$

これは，確率 $(1-u)$ でサイズ $(i-1)$ のクラスターのひとつから一員がサイズ i でのクラスターのひとつに参加すると，サイズ $(i+1)$ のクラスター数がひとつ増え，サイズ $(i-1)$ のクラスター数が 1 個減少し，また，サイズが i のクラスターの一員がサイズ $(i+1)$ に参加するとサイズ $(i+1)$ のクラスターがひとつ増加，i のそれが 1 個減少することを示している．ここで，u は外部からの新規参入の確率である．

式 (N.4) と (N.5) は $z_1(n+1)/(n+1) = z_i(n)/n$ という定常解をもつ．式 (N.4) より定常解として

$$z_i(n) = \frac{i-1}{p+i} z_{i-1}(n), \ \rho = \frac{1}{1-n} > 1$$

という解が求まる．

$$f_i := \frac{z_i(n)}{nu} = \rho B(i, p+1)$$

ここで

$$\rho B(i, p+1) = \frac{(i-1)!p!}{(p+i)!}$$

は $\sum_{1}^{\infty} f_i = 1$ である．$i \gg p$ の場合

$$f_i \sim i^{-(\rho+1)}$$

というべき乗分布をもつ．

(N.4) と (N.5) に類似なモデルは，次のように理解できる[1]．

$$P(X_j 増加) = \frac{uX_{j-1}}{t} + \frac{(1-u)(j-1)X_{j-1}}{t} \tag{N.6}$$

$$P(X_j 減少) = \frac{uX_j}{t} + \frac{(1-u)jX_j}{t} \tag{N.7}$$

(N.6) − (N.7)：

$$\frac{dX_i}{dt} = \frac{u(X_{j-1} - X_j) + (1-u)((j-1)X_{j-1} -_j X_j)}{t}$$

$$\frac{dX_0}{dt} = 1 - \frac{uX_0}{t}$$

定常状態で $X_j(t) = c_j t$ とすると

$$\frac{dX_0}{dt} = C_0 = 1 - uC_0 \Rightarrow C_0 = \frac{1}{1+u}$$

$$\frac{C_j}{C_{j-1}} = 1 - \frac{2-u}{(1+u) + j(1-u)} \sim 1 - \frac{2-u}{1-u}\frac{1}{j}$$

$$C_j \sim C_j^{-\frac{2-u}{1-u}}$$

$$C_k^* = \sum_{j \geq k} C_j \sim \int_{j=k}^{x} C_j^{-\frac{2-u}{1-u}} dj \sim C_k'^{-\frac{1}{1-\alpha}}$$

N.2 Kullback-Leibler 測度とべき乗分布

$X_1, X_2 \ldots X_n$ が i.i.d. ベルヌーイ確率度数というのは，$P(X_i = 1) = p = 1 - P(X_i = 0)$ とすると，$S_n = X_1 + \cdots + X_n$ は

$$P(S_n = j) = \frac{n!}{j!(n-j)!} p^j (1-p)^{n-j}$$

として，その値が j の確率が書ける．

ここで $a > p$ として $P(S_n \geq an)$ という確率を計算しよう．$a > p$ だから $P(S_n \geq an)$ というのは "まれ" なる事象と言える．1996 年の小生の本では Chernoff の不等式として次の手順を説明した．

ある $\theta > 0$ を用いて，マルコフ不等式から

$$P(S_n \geq a_n) = P(e^{\theta S_n} \geq e^{a\theta n}) \leq e^{a\theta n} E(e^{aS_n}) = e^{-\theta n} M(\theta)^n$$

ここで $M(\theta) = E(e^{\theta X_i}) = e^\theta p + 1 - p$ である．

右辺を θ について最小になるようにすると

$$e^{\theta^*} = \frac{a(1-p)}{p(1-a)}$$

となり，これを代入して

$$P(S_n \geq a_n) \leq e^{-nD(p,a)}$$

ここで

$$D(p,a) = a \ln \frac{a}{p} (1-a) \ln \frac{1-a}{1-p}$$

は Kullback-Leibler 測度となる．つまりパラメータ p とパラメータ a のベルヌーイ変数の距離である．

ここで

$$e^{-\theta^*} = \frac{p}{1-p} \Big/ \frac{a}{1-a} := r$$

はオッズ比 (odds ratio) と呼ばれている．$a > p$ だから $0 < r < 1$ である．

次に

$$P(S_n = j) = \frac{n!}{j!(n-j)!} P^j (1-p)^{nj} \tag{N.8}$$

$$Q\left(S_n = j\right) = \frac{n!}{j!\left(n-j\right)!} a^j \left(1-a\right)^{n-j} \tag{N.9}$$

という2つの確率モデルを使って $P(S_n = a_{n+j})$ を計算する．(N.8) と (N.9) の比を尤度比と呼ぶ．オッズ比を用いると

$$\frac{dP}{dQ}(j) = \frac{p_j(1-p)^{n-j}}{a_j(1-a)^{n-j}} = e^{-nH} r^{j-k}$$

と書ける．これは $a_n = k$ と置いて

$$nH = k \ln \frac{p}{a} + (n-k) \ln \frac{1-a}{1-p}$$

だから

$$e^{-nH} = \left(\frac{p}{a}\right)^k \left(\frac{1-p}{1-a}\right)^{n-k}$$

と書けることに注目すれば直ちに求まる．

したがって

$$P\left(S_n \geq a_{n+k}\right) = \sum_{0 \leq i \leq n-k} \frac{dP}{dQ}(k+i) Q\left(S_n = a_{n+i}\right)$$

$$= e^{-nH} \sum_{0 \leq i \leq n-k} r^i Q\left(S_n = a_{n+i}\right)$$

また

$$P\left(S_n = a_{n+i} | S_n \geq a_n\right) \to r^i (1-r), i = 0, 1, 2, \ldots$$

も求まる．

ここで

$$P\left(S_n \geq a_n\right) \sim \frac{1}{1-r} \frac{1}{\sqrt{2\pi a(1-a)^n}} e^{-nH}$$

は局所極限定理（local limit theorem）と呼ばれている（Durret 2005, p.129）．

N.3 出生・死亡過程のクラスター形式

経済主体の集まりをそれぞれタイプ別に分け，i 個の経済主体の部分集合に

合流する割合を λ_i という出生率で記述し，このクラスターを去る割合を μ_i という死亡率で書くことにする．

出生率と死亡率の間に

$$\frac{\lambda_{i-1}}{\mu_i} = 1 - \frac{a}{i} + \delta\left(\frac{1}{i^2}\right)$$

という関係があると定常状態でのクラスターの大きさがべき乗法則にしたがうことを示せる．

N 個の主体からなる集合のマスター方程式は

$$\frac{dP_1}{dt} = -\lambda_1 \frac{dP_1}{dt} + U_2 \frac{dP_2}{dt} + v$$
$$\frac{dP_i}{dt} = \lambda_{i-1}P_{i-1} + \mu_{i+1}P_{i+1} - (\lambda_i + \mu_i)P_i, \ i = 2, \cdots N-1$$
$$\frac{dP_N}{dt} = \lambda_{N-1}P_{N-1} - M_N P_N$$

となる．ここで v は外部からの参入率である．

クラスターの総数を $F_N = \sum P_i$ と書く．

大きさが i のクラスターの割合は

$$a_i(n) = P_i/F_N$$

この式を解くと $a_i \sim i^{-a}$ となる．つまり，クラスターが a をべきとする形で減少していくことがわかる．

Ewens 分布では新規のタイプの参入確率は，現在の全体の主体が $n-1$ の場合，$\theta/(\theta+n-1)$ で与えている．つまり $u = \theta/(\theta+n-1)$ だから $\theta = u(n-1)/(1-u)$ に対応する．

N.4 エントロピー最大化とべき乗法則

ボルツマンのエントロピーを

$$s_i = -\ln \Omega_i(x)$$

と定義する．ここで $\Omega_i(x)$ は i 番目のサブシステムで状態が x のときの配置の数である．i について平均をとったものを

$$s = \sum_i P_i(\Omega(x)) s_i(\Omega(x)) - \sum_i P_i(\Omega(x)) \ln \Omega(x)$$

として定義する．ここで $P_i(\Omega(x))$ は系全体の配置が $\Omega(x)$ のときのサブシステム i の「重み」である．ここでシャノンエントロピーを，ボルツマンエントロピーの平均値を一定にした条件の下で最大化する．

$$L = -\sum p_i(\Omega_i(x)) \ln p_i(\Omega_i(x)) - \lambda \left[\sum p_i(\Omega_i(x)) \ln \Omega_i(x) - \langle s \rangle\right] - u\left[\sum_i p_i(\Omega_i(x)) - 1\right]$$

と

$$\frac{\partial L}{\partial p_i(\Omega_i(x))} = -1 - \ln p_i(\Omega_i(x)) - \lambda \ln \Omega_i(x) - u = 0$$

の方程式より

$$p_i(\Omega_i(x)) = e^{-1-u} \Omega_i(x)^{-\lambda}$$

が求まり，$\sum p_i(\Omega_i(x)) = 1$ という規格化条件の下で，

$$e^{-1-u} = \frac{1}{\sum \Omega_i^{-\lambda}} := \frac{1}{Z}$$

ここで Z は，分配関数を用いて

$$P_i(\Omega_i(x)) = \frac{1}{Z} \Omega_i(x)^{-\lambda}$$

が求まる．これはサブシステムの「重みづけ」による確率がべき乗になっていることを示している．ここで λ の値が何であるかは，個々の系による．Dover (2004) はこの方式を都市人口と Zipf の法則との関連を考慮している．

N.5 Langevin 方程式と株式市場のリターンのべき乗分布

Richmond (2001) は Langevin 方程式の解析解を求めた．スカラー変数があ

る金融変数の瞬間リターンとして

$$\frac{d\phi}{dt} = F(\phi(t)) + G(\phi(t))\eta(t)$$

ここで $\eta(t)$ は $E\eta(t) = O, E\eta_t\eta_{t'} = 2D\delta(t-t')$ がその方程式とする．この変数の確率密度分布は，次の Fokker-Planck 方程式の解である．

$$\frac{\partial P}{\partial t} = D\frac{\partial}{\partial \phi}\left[G\frac{\partial}{\partial \phi}(GP)\right] - \frac{\partial}{\partial \phi}(FB)$$

この方程式の定常解は

$$P(\phi) = \frac{1}{Z|G(\phi)|}\exp[\Psi(\phi)]$$

ここで Z は規格化用の定数，

$$\Phi = -\frac{1}{D}\int^{\phi}\frac{F}{G^2}d\phi$$

一番簡単な例として，$F(\phi) = -J(\phi), G(\phi) = -J\phi, J > 0$ と置くと

$$P(\phi) = \frac{1}{Z}(\phi)^{-1-J/D}$$

つまり確率密度はべき乗の形をとる[2]．

この解析を N 個の主体がそれぞれ $w_i, i = 1,\ldots,N$ という資源をもっているとしよう．経済システム全体では

$$u(t) = \sum_j b_j w_j, \ b_j \geqq 0, \ \sum b_j = 1$$

とする．w_i の動きは $dw_i = G_i(t)\sigma_i w_i(t) + a_i u(t)$ と仮定する．$x_i(t) = w_i(t)/u(t)$ という端数を用いて

$$dx_i = dw_i\Big/u(t) - \frac{w_i}{u^2}du$$

この Langevin 方程式の定常解は

$$P(x_i) = \frac{1}{(\sigma x_i)^2}\exp\left[2\int\frac{-ax_i}{(\sigma_i x_i)^2}dx_i\right] \simeq x_i^{-1-\alpha_i}$$

ここで $\alpha_i = 1 + 2q/\sigma_i^2$ となる．

Richmond and Solomon (2001) によるシミュレーションを参照されたい．

N.6　消費率モデル

さて，実体経済の消費の伸び率はどうであろうか？　Huang and Solomon (2002) の論文を紹介しておこう．

N 個の消費財または N 個のタイプの消費者がいるとして，全体の消費は

$$C(t) = c_1(t) + \cdots + c_N(t)$$

とする．時間 t から $t+1$（これは四半期，1カ月または1年などとする）の伸び率を

$$r(t) = \frac{C(t+1) - C(t)}{C(t)}$$

とする．実際にはこの $[t, t+1]$ という期間内に $c_i(t), i = 1 \cdots N$ のどれかが増加，減少するという"基本(elementary)"事象(events)がいくつか確率的に起こる現象だが，話を簡単にするために基本事象は非確率的とする．また，2つまたはそれ以上の i が同時に変化しないと仮定する．

ある基本事象が $c_i(t)$ に起こると，その変化は

$$c_i'(1+g) - c_i$$

ここで，

$$g = \pm\gamma$$

とする．これも簡単化の仮定で $(1-\gamma, 1+\gamma)$ の間に λ が均一分布をしているとしても同様の結論が出る．

$r(t; \tau)$ で全体 τ 回の基本事象が起こったとする．

$$r(t; \tau) = \sum s_{i,k}$$

ここで

$$s_{i,k} = (c_i(t,k+1) - c_i(t,k))/C(t) = \pm\gamma c_i(t,k)/C(t)$$

ここで $c_i(t,k+1)$ は c_i の $[t,t+1]$ 間での $(k+1)$ 番目の増加現象とする．仮定として $c_{av}(t) = C(t)/N$, $c_{min}(t) = qc_{av}(t)$, $q > 0$ という下限を設ける．

c_i を c_{av} で割って

$$y_i(t) = c_i(t)/c_{av}(t)$$

とする．この変数は，まず

$$\bar{y} = \frac{1}{N}\sum y_i = \int_q Cp(c)\,dc = 1$$

という規格化条件を満たす．

次に

$$y_i = \ln y_i$$

と変数変更して

$$y_i' = y_i + \ln\lambda$$

ここで y' は y の基本事象後の値である．

マスター方程式は

$$P(y'(t)) - P(y(t)) = \frac{1}{N}\left[\int P(\lambda)\,P(y - \ln\lambda, t)\,d\lambda - P(y,t)\right]$$

で与えられる．ここで $P(\lambda)$ は λ の確率密度である．

この非定常方程式の定常解が存在することは，Choquet(1960), Choquet and Deny(1960) により証明された定理により保障されている (Levy and Solomon 1996, 参照)．

$$P(y) \sim e^{-\alpha y}$$

つまり

$$P(y) = ky^{-1-\alpha}$$

という解が求まる．この α と q の間には，上述の規格化条件によって

$$N = \frac{\alpha-1}{\alpha}\left[\frac{(q/N)^{\alpha}-1}{(q/N)^{\alpha}-(q/N)}\right]$$

の関係が成り立たねばならない．

$N \gg e^{1/q}$ の場合には

$$\alpha \approx \frac{1}{1-q}$$

と N に独立に α が求まる．例えば $q=1/4$ なら $\alpha \approx 4/3$ である．

変数 $R(r;\tau)$ で τ 事象があった場合の伸び率 r の確率分布関係を示す．

$$\bar{R}(s_i t) = 1 - R(s_i t)$$

を用いて伸び率が $s \geq r$ の確率を示す．

また，$S(s) = R(s,1), \bar{S}(s) = 1 - S(s)$ を導入する．マスター方程式の定常解より

$$\bar{S}(s) \sim \left(s/s_{\min}\right)^{-\alpha}, s_{\min} = qc_{av} = q\gamma/N$$

伸び率 r は，N 個の部門のそれと色々な関連をもっている．たとえば，$k=2,3$ で k 個のセクターでそれぞれ r/k の伸び率，その他のセクターは，全体で 0 の伸び率とか，各セクターが r/N ずつの伸び率などである．

どういう伸び率が尤度が高いかという問題で，たとえば

$$r = 2k \times \frac{r}{2} = kr$$

という事象は確率

$$\bar{R}(r=k\gamma,2) \approx \tau^{2k}\left[\bar{S}(\gamma/2)\right]^2 k = \left[\left(\frac{N}{2q}\right)^{\alpha}\frac{1}{\tau^2}\right]^{-r/\gamma} \tag{N.10}$$

である．

$$\tau_{\max} = (N/2q)^\alpha$$

として $\tau < \tau_{\max}$ なら（N.10）は指数関数であるが，$\tau > \tau_{\max}$ だと指数分布にはならない．

また b が小さい正の整数の場合

$$\tau_{\max}(b) \approx (N/q)^\alpha$$

で

$$f(r,b) = \frac{b}{\gamma} \exp -\frac{br}{\gamma}(\tau_{\max}(k))$$

となる．

注

1) この方程式は差分方程式を t が連続とみなして求めているが，その正当性は Kurtz (1981) または Wormald (1995) により証明されている．
2) $F(\phi)$ が 3 次形 $-J + b\phi^2 = \phi^3$ のときは，$P(\phi)$ に $\exp(2b\phi - c\phi^2)/D$ という項がかかる．

参 考 文 献

Abramovitz, M., and I. A. Stegun (1968). *Handbook of Mathematical Functions* (Dover Publications, Inc., New York).
Agliardi, E. (1993). "Essays on the Dynamics of Allocation under Increasing Returns to Adoption and Path Dependence," Ph.D. dissertation, University of Cambridge, Cambridge, England.
Agliardi, E., and M. S. Bebbington (1994). "Self-Reinforcing Mechanisms and Interactive Behavior," Mimeograph, Department of Applied Economics, University of Cambridge, Cambridge, England.
Akerlof, G. A. (1980). A theory of social custom, of which unemployment may be one consequence, *Q. J. Econ.* 94, 749-75.
Akerlof, G. A., and R. D. Milbourne (1980). The short run demand for money, *Econ. J.* 90, 885-900.
Aldous, D. J. (1985). Exchangeability and related topics, in P. L. Hennequin ed., *Lecture Notes in Mathematics*, 1117 (Springer-Verlag, Berlin).
Aldous, D. J. and U. Vazirani (1993). "Introducing Interactions into Randomized Optimization Algorithms," Mimeograph, University of California, Berkeley.
Amemiya, T. (1985). *Advanced Econometrics* (Harvard University Press, Cambridge, MA).
Amit, D. (1989). *Modeling Brain Function* (Cambridge University Press, New York).
Anderson, S. P., A. de Palma, and J.-F. Thisse (1993). *Discrete Choice Theory of Product Differentiation* (MIT Press, Cambridge, MA).
Arnold, L. (1974). *Stochastic Differential Equation: Theory and Applications* (John Wiley and Sons, Inc., New York).
Aoki, M. (1975a). Control of linear discrete-time stochastic dynamic systems with multiplicative disturbances, *IEEE Trans. Autom. Control* AC-20, 388-92.
Aoki, M. (1975b). Customer arrival rate as a signal to economic agents with imperfect information, Paper presented at the Third World Congress of the Econometric Society, Toronto, Ontario, Canada.
Aoki, M. (1976). On fluctuations in microscopic states of a large system, in *Directions in Large-Scale Systems*, edited by Y. C. Ho and S. K. Mitter (Plenum Press, New York).
Aoki, M. (1981). *Dynamic Analysis of Open Economies* (Academic Press, New York).
Aoki, M. (1989a). *Optimization of Stochastic Systems: Topics in Discrete-Time Dynamics, 2nd Ed.* (Academic Press, New York).

Aoki, M. (1989b). Short and longer-run dynamics of the real GNP and unemployment rate of the USA and West Germany, Paper presented at the Meeting of the Far Eastern Econometric Society, Kyoto, Japan.

Aoki, M. (1994a). "New Macroeconomic Modeling Approaches: Hierarchical Dynamics and Mean Field Approximation," *J. Econ. Dynamics and Control* 18, 865-77.

Aoki, M. (1994b). "Group Dynamics When Agents Have a Finite Number of Alternatives: Dynamics of a Macrovariable with Mean Field Approximation," Discussion Paper No. 13, Center for Computable Economics, University of California, Los Angeles.

Aoki, M. (1995a). Economic fluctuations with interactive agents: Dynamic and stochastic externalities, *Jpn. Econ. Rev.* 46(2), 148-65.

Aoki, M. (1995b). "Stochastic Interactive Dynamics: Effects of Multiplicity of Microeconomic States," Working Paper No. 20, University of California, Los Angeles, Center for Computable Economics, presented at the 1995 World Econometric Congress, Tokyo, Japan.

Aoki, M. (1995c). "Statistical description of market shares in emergent markets," Working Paper No. 26, UCLA Center for Computable Economics, Nov.

Aoki, M. (1996). "Shares in emergent markets: Dynamics of classification of agents in evolutionary model," in *Statistical Methods in Control and Signal Processes*, edited by T. Katayama and S. Sugimoto (Marcel Dekker, New York).

Aoki, M., and Y. Miyahara (1993). "Stochastic Aggregation and Dynamic Field Effects," Working Paper No.3 , University of California, Los Angeles.

Aoki, M., and H. Yoshikawa (2007). Reconstracting Macroeconomics (Cambridge University Press, 2007).

Arthur, W. B. (1988). Self-reinforcing mechanisms in economics, in *Economy as an Evolving Complex System*, edited by P. W. Anderson, K. J. Arrow, and D. Pines (Addison-Wesley, Redwood City, CA).

Arthur, W. B. (1989). Competing technologies, increasing returns, and lock-in by historical events, *Econ. J.* 99, 116-31.

Bachas, C. P., and B. A. Huberman (1987). *Complexity and Ultradiffusion*, SLAC-PUB 4077 (Stanford University, Stanford, CA).

Baker, A. J., and R. J. Plymen (1992). *P-adic Methods and Their Applications*, (Clarendon Press, New York).

Baldwin, R., and P. Krugman (1989). Persistent trade effects of large exchange rate shocks, *Q. J. Econ.* 104, 635-54.

Ball, F., and P. Donnelly (1987). Interparticle correlation in death processes with application to variability in compartmental models, *Adv. Appl. Probab* 19, 755-66.

Barndorff-Nielsen, O. E., and D. R. Cox (1989). *Asymptotic Techniques: For Its Use in Statistics* (Chapman and Hall, London).

Becker, G. S. (1974). A theory of social interactions, *J. Political Econ.* 82, 1063-93.

Becker, G. S. (1990). A note on restaurant pricing and other examples of social influences on price, J. Political Econ. 99, 1109-16.

Bellman, R. E. (1961). *Adaptive Control Processes: A Guided Tour* (Princeton University Press, Princeton, N.J.).

Berg, S. (1985) Paradox of voting under an urn model: The effect of homogeneity, *Public Choice* 47, 377-87.

Bernasconi, J., and W. R. Schneider (1983). Diffusion on a one-dimensional lattice with random asymmetric transition rates. *J. Phys. A. Math. Gen.* 15, L729-34.

Bertola G. and R. J. Caballero (1990). Kinked adjustment costs and aggregate dynamics, in *NBER Macroeconomics Annual 1990*, edited by O.J. Blanchard and S. Fischer (MIT Press, Cambridge, MA).

Besag, J.E. (1977). Statistical analysis of non-lattice data. *Statistician* 24, 179-95.

Blanchard, O., and N. Kiyotaki (1986). Monopolistic competition and the effects of aggregate demand, *Am. Econ. Rev.* 77, 647-66.

Bleher P.M., (1982). Construction of non-Gaussian self-similar random fields with hierarchical structure, *Commun. Math. Phys.* 84, 557-78.

Bleher, P. M., and P. Major (1987). Critical phenomena and universal expressions in statistical physics. On Dyson's hierarchical model, *Ann. Probab.* 15, 431-77.

Blinder, A. S. (1981). Retail inventory behavior and business fluctuations, Brookings Papers on Economic Activity No. 2, pp. 443-505.

Blinder, A. S., and L. J. Maccini (1991). Taking stock: A critical assessment of recent research on inventories, *J. Econ. Perspect.* 5, 73-96.

Blum, J., J. Chernoff, M. Rosenblatt, and H. Teicher (1958). Central limit theorem for interchangeable random variables, *Can. J. Math.* 10, 222-9.

Bös, S., R. Künh, and J. L. van Hemmen (1988). Martingale approach to neural networks with hierarchically structured information, *Z. Phys. B Condensed Matter* 71, 261-71.

Breiman, L. (1968). *Probability Theory* (Addison-Wesley, Reading, MA).

Brock, W. A. (1993). "Pathways to Randomness in the Economy: Emergent Nonlinearity and Chaos in Economics and Finance, Working Paper, Social Systems Research Institute, University of Wisconsin.

Brock, W. A., and S. N. Durlauf (1995). "Discrete Choice with Social Interactions I: Theory," Mimeograph, Social Systems Research Institute, University of Wisconsin, Madison.

Buchanan, J. M., and W. C. Stubblebine (1962). Externality, *Economica* 10, 371-84.

Bucklew, J. A. (1990). *Large Deviation Techniques in Decision, Simulation, and Estimation* (John Wiley & Sons, New York).

Caballero, R. J. (1992). A fallacy of composition, *Am. Econ. Rev.* 82, 1279-92.

Caballero, R. J., and E. M. R. A. Engel (1992). Beyond the partial-adjustment model, *Am. Econ. Rev., Papers Proc.* 80, 360-4.

Caballero, R. J., and R. K. Lyons (1990). Internal versus external economies in European industry, *Eur. Econ. Rev.* 34, 805-30.

Caballero, R. J., and R. K. Lyons (1992). External effects in U.S. procyclical productivity, *J. Monetary Econ.* 29, 209-25.

Callen, E., and D. Shapero (1974). A theory of social imitation, *Phys. Today July*, 23-8.

Caplin, A. S., and D. Spulber (1987). Menu costs and the neutrality of money, *Q. J. Econ.* 102, 703-26.

Caplin, A. S., and H. Nalebuff (1991). Aggregation and social choice: A mean voter theorem, *Econometrica* 59, 1-23.

Caplin, A. S., and J. Leahy (1991). State-dependent pricing and the dynamics of money and output, *Q. J. Econ.* 106, 683-708.

Caplin, A. S., and J. Leahy (1995). "Aggregation and Optimization with State-Dependent Pricing, Mimeograph, Department of Economics, Yale University, New Haven, CT.

Carroll, C. D. (1992). The buffer-stock theory of saving: Some macroeconomic evidence, Brookings Papers on Economic Activity, No.2, pp. 61-156.

Carroll, C. D. (1994). Buffer stock saving and the life cycle/permanent income hypothesis, Paper presented at 1994 Annual Meeting of the Society for Economic Dynamics and Control, University of California, Los Angeles.

Ceccatto, H. A., and B. A. Huberman (1989). Persistence of nonoptimal strategies, *Proc. Nat. Acad. Sci.* USA 86, 3443-6.

Champernowne, D.G (1953). A model of income distribution, *Econ. J.* 63, 318-51.

Chen, W-C. (1978). "On Zipf' s Law," Ph.D. dissertation, University of Michigan, Ann Arbor, MI.

Chen, W-C. (1980). On the weak form of Zipf' s Law, *J. Apppl. Probab.* 17, 611-22.

Charnoff, H., and H. Teicher (1958). A central limit theorem for sums of interchangeable random variables, *Ann. Math. Stat.* 29, 118-30.

Cho, J-O., and R. Rogerson (1987). Familty labor supply and aggregate fluctuations, *J. Monetary Econ.* 5, 233-45.

Chow, Y., and H. Teicher (1978). *Probability Theory: Independence, Interchangeability, Martingale* (Springer, New York).

Chung, K. L. (1968). *A Course in Probability Theory* (Harcour, Brace & World, Inc., New York).

Clarke, F. (1992). The Gray code function, in *P-adic Methods and Their Applications*, edited by A. J. Baker, and R. J. Plymen (Clarendon Press, New York).

Collet, P., and J-P. Eckmann (1978). *A Renormalization Group Analysis of the Hierarchical Model in Statistical Mechanics*, Lecture Notes in Physics, No. 74 (Springer, Heidelberg, Germany).

Conlisk, J. (1980). Costly optimizers versus cheap imitators, *J. Econ. Behav. Org.* 1,

275-93.

Constantinides, G. M., and S. F. Richard (1978). Existence of optimal simple policies for discounted-cost inventory and cash management in continuous time, *Oper. Res.* 26, 620-36.

Copson, E. T. (1955). *An Introduction to the Theory of Functions of a Complex Variable* (Clarendon Press, Oxford, England).

Copson, E. T. (1965). *Asymptotic Expansions* (Cambridge University Press, Cambridge, England).

Cornell, B., and R. Roll (1981). Strategies for pairwise competitions in markets and organizations, *Bell J. Econ.* 12, 201-13.

Cover, T., and J. A. Thomas (1991). *Elements of Information Theory* (John Wiley & Sons, New York).

Cox, D. R., and H. D. Miller (1965). The Theory of Stochastic Processes (Methuen, London).

Csiszár, I. T. (1984). Sanov property, generalized I-projection and a conditional limit theorem, *Ann. Probab.* 12, 768-93.

Csiszár, I. T., and J. Körner (1981). *Information Theory: Coding Theorems for Discrete Memoryless Systems* (Academic Press, New York).

Csiszár, I. T., M. Cover, and B.-S. Choi (1987). Conditional limit theorems under Markov conditioning, *IEEE Trans. Inf. Theory* IT-33, 788-801.

David, F. N., and D. B. Barton (1962). Combinatorial Chance (Hafner Publishing Co., New York).

Davis, M. H. A. (1993). Markov Models and Optimization (Chapman & Hall, London).

Davis, S. J., and J. Haltiwanger (1990). Gross job creation and destruction: Microeconomic evidence and macroeconomic implications, in *NBER Macroeconomic Annual 1990*, edited by O. J. Blanchard and S. Fisher (MIT Press, Cambridge, MA).

Dawson, D. A. (1983). Critical dynamics and fluctuations for a mean field model of cooperative behavior, *J. Stat. Phys.* 31, 29-85.

Dawson, D. A. and J. Gartner (1989). *Large Deviations, Free Energy Functional and Quasi-Potential for a Mean Field of Interacting Diffusions* (American Mathematical Society, Providence, RI).

DeLong, J. B., and L. H. Summers (1986). Are business cycles symmetrical? in *The American Business Cycle*, edited by R. J. Gordon (University of Chicago Press, Chicago).

Dempster, A. P., N. M. Laird, and D. B. Rubin (1977). Maximum likelihood from incomplete data via the EM algorithm (with discussion), *J. Roy. Stat. Soc.* B-39, 1-38.

Dembo, A., and O. Zeitouni (1993). *Large Deviations; Techniques and Applications* (Jones and Bartlett Publishers, Boston).

Derrida, B. (1981). Random energy model, *Phys. Rev. B* 24, 2613-26.

Derrida, B., and H. Flyvbjerg (1987a). The random map model: A disordered model with deterministic dynamics, *J. Physique* 48, 971-8.

Derrida, B., and H. Flyvbjerg (1987b). Statistical properties of randomly broken objects and of multivalley structures in disordered systems, *J. Phys. A* 20, 5273-99.

Derrida, B., and H. Flyvbjerg (1986). Multivalley structure in Kauffman's model: Analogy with spin glasses, *J. Phys. A: Math. Gen.* 19, L1003-8.

Deuschel, J. D., and D.W. Stroock (1989). *Large Deviations* (Academic Press, Boston).

Diaconis, P., and D. Freedman (1981). Partial exchangeability and sufficiency, in *Proceedings of the Indian Statistical Institute Golden Jubilee International Conference on Statistics: Applications and New Directions*, Indian Statistical Institute, Calcutta, pp. 205-36.

Dixit, A. (1989a). Entry and exit decisions of firms under fluctuating real exchange rates, *J. Political Econ.* 97, 620-37.

Dixit, A. (1989b). Hysteresis, import penetration, and exchange rate pass-through, *Q. J. Econ.* 104, 205-28.

Dixit, A., and J. Stiglitz (1977). Monopolistic competition and optimum product diversity, *Am. Econ. Rev.* 62, 297-308.

Doob, J. L. (1953). *Stochastic Processes* (John Wiley & Sons, New York).

Doyle, P. G., and J. L. Snell (1984). *Random Walks and Electric Networks* (America Mathematical Association, Providence, RI).

Durlauf, S. N. (1991). Multiple equilibria and persistence in aggregate fluctuations, *Am. Econ. Rev.* 81, 70-4.

Durrett, R. (1991). *Probability: Theory and Examples* (Wadsworth and Brooks/Cole Advanced Books and Software, Pacific Grove).

Dybvig, P. H., and C. S. Spatt (1983). Adoption externalities as public goods, *J. Public Econ.* 20, 231-47.

Dyson, F. J. (1969). Existence of phase transition in a one-dimensional Ising ferromagnet, *Commun. Math. Phys.* 12, 91-107.

Eckstein, Z., and K. I. Wolpin (1989). The specification and estimation of dynamic stochastic discrete choice models, *J. Human Resources* 24, 562-98.

Ellis, R. S. (1985). *Entropy, Large Deviations, and Statistical Mechanics* (Springer, New York).

Ethier, S. N., and T. G. Kurtz (1986). *Markov Processes* (John Wiley & Sons, New York).

Evans, C. L. (1992). Productivity shocks and real business cycles, *J. Monetary Econ.* 29, 191-208.

Ewens, W. J. (1990). Population genetics theory -The past and the future, in *Mathematical and Statistical Developments of Evolutionary Theory*, edited by S. Lessard (Kluwer Academic Publishers, London).

Feigelman, M.V., and L. B. Ioffe (1987). Hierarchical organization of memory, in *Models of Neural Network*, edited by E. Domany, J. L. van Hemmen, and K. Schulten (Springer-Verlag, Berlin).

Feigelman, M.V., and L. B. Ioffe (1991). Hierarchical organization of memory, in Models of Neural Networks, edited by E. Domany et al. (Springer-Verlag, Berlin).

Feller, W. (1957). *An Introduction to Probability Theory and Its Applications*, Vol.I, 2nd ed. (John Wiley & Sons, New York).

Fleming, W. H., and R. W. Rishel (1975). *Deterministic and Stochastic Optimum Control* (Springer-Verlag, New York).

Foley, D. (1994). A statistical equilibrium theory of markets, *J. Econ. Theory* 62, 321-45.

Föllmer, H. (1973). On entropy and information gain in random fields, *Z. Wahrscheinlichkeitstheorie. verw. Geb.* 26, 207-17.

Föllmer, H. (1974). Random economies with many interacting agents, *J. Math. Econ.* 1, 51-62.

Föllmer, H., and S. Orey (1988). Large deviations for the empirical fields of a Gibbs measure, *Ann. of Probab.* 16, 961-77.

Foster, D., and P. Young (1990). Stochastic evolutionary game dynamics, *Theor. Popul. Biol.* 38, 219-32.

Freedman, D. (1983). *Brownian Motion and Diffusion* (Holden-Day, San Francisco).

Freidlin, M. I., and A. D. Wentzell (1984). *Raondom Perturbations of Dynamical Systems* (Springer, New York).

Frenkel, J. A., and B. Jovanovic (1980). On transactions and precautionary demands for money, *Q. J. Econ.* 95, 25-43.

Friedman, D. (1991). Evolutionary games in economics, *Econometrica* 59, 637-66.

Friedman, D. (1993). " On Economic Applications of Evolutionary Games," Mimeograph, University of California, Santa Cruz.

Friedman, D., and K. C. Fung (1994). "International Trade and the Internal Organization of Firms: An Evolutionary Approach," Mimeograph, University of California, Santa Cruz.

Friedman, D., and M. Aoki (1992). Inefficient information aggregation as a source of asset price bubbles, *Bull. Econ. Res.* 4, 251-79.

Fukao, K., and R. Benabou (1993). History versus expectations: A comment, *Q. J. Econ.* 108, 535-42.

Fukao, T. (1987). *Theory of Distributed Systems* (in Japanese) (Sho Ko Do, Tokyo).

Fukao, T. (1990). Stochastization of optimization problems and thermodynamics, *Soc. Inst. Autom. Contr.* 29, 1077-83.

Galambos, J. (1987). *The Asymptotic Theory of Extreme Order Statistics* (Wiley, New York).

Geman, S., and D. Geman (1984). Stochastic relaxation, Gibbs distributions, and the

Bayesian restoration of images, *IEEE Trans. Pattern Anal. Machine Intelligence* PAMI-6, 721-41.

Georgescu-Roegen, N. (1976). *Entropy Law and the Economic Processes* (Harvard University Press, Cambridge, MA).

Geweke, J. (1985). Macroeconometric modeling and the theory of the representative agents, *Am. Econ. Assoc. Papers Proc.* 75, 206-10.

Glance, N. S., and B. A. Huberman (1993). The outbreak of cooperation, *J. Math. Sociol.* 17, 281-02.

Glaeser, E. L., and D. C. Mare (1994). "Cities and Skills," NBER Working Paper No.4728.

Gnedenko, B. V. (1962). *The Theory of Probability* (Chelsea Publishing Co., New York).

Griffiths, R. C. (1979a). A transition density expansion for a multi-allele diffusion model *Adv. Appl. Probab.* 11, 310-25.

Griffiths, R. C. (1979b). Exact sampling distributions from the infinite neutral alleles models *Adv. Appl. Probab.* 11, 326-54.

Grimmett, G. (1989). *Percolation* (Springer, London).

Grimmett, G. R., and D. R. Stirzaker (1992). *Probability and Random Processes* (Oxford University Press, Oxford, England).

Haken, H. (1977). *Synergetics: An Introduction* (Springer, New York).

Hajek, B. (1988). Cooling schedules for optimal annealing, *Math. Oper. Res.* 13, 311-29.

Hamilton, J. D. (1989). A new approach to the economic analysis of nonstationary time series and business cycle, Econometrica 57, 357-84.

Hammermesh, D. S. (1989). Labor Demand and the Structure of Adjustment Costs, *Am. Econ. Rev.* 79, 674-89.

Hansen, L. P., and R. Jagannathan (1991). Implications of security market data for models of dynamic economies, *J. Political Econ.* 99, 225-62.

Harris, B. (1960). Probability distributions related to random mappings, *Ann. Math. Stat.* 31, 1045-62.

Haugen, R., E. Talmor, and W. Torous (1991). The effect of volatility changes on the level of stock prices and subsequent expected returns, *J. Finance* 46, 985-1007.

Head, K., J. Ries, and D. Swenson (1994). "Agglomeration Benefits and Location Choice: Evidence from Japanese Manufacturing Investment in the United States," NBER Working Paper No. 4767.

Henderson, V. (1994). "Externalities and Industrial Development," NBER Working Paper No. 4730.

Hildendbrand, W. (1971). Random preferences and equilibrium analysis, *J. Econ. Theory* 3, 414-29.

Hill, B. M. (1968). Posterior distribution of percentiles: Bayes' theorem for sampling from a population, *J. Am. Stat. Assoc.* 63, 677-91.

Hill, B. M. (1970). Zipf's law and prior distributions for the composition of a population, *J. Am. Stat. Assoc.* 65, 1220-32.

Hill, B. M. (1974). The rank-frequency form of Zipf's law, *J. Am. Stat. Assoc.* 69, 1017-26.

Hill, B. M. (1975). A simple general approach to inference about the tail of a distribution, *Ann. Stat.* 3, 1163-74.

Hill, B. M. (1982). A theoretical derivation of the Zipf (Pareto) law, in *Studies on Zipf' s Law*, edited by H. Guiter and M. V. Arapov (Studienverlag Dr. N. Brockmeyer, Bochum, Germany).

Hill, B. M., and M. Woodroofe (1975). Stronger forms of Zipf' s law, *J. Am. Stat. Assoc.* 70, 212-19.

Hoel, P. G., S. Port, and C. Stone (1972). *Introduction to Stochastic Processes* (Houghton-M fftin, Boston).

Hopfield, J. (1982). Neural networks and physical systems with emergent collective computational abilities, *Proc. Nat. Acad. Sci. USA* 79, 2554-8.

Hoppe, F. M. (1984). Pólya-like urns and the Ewens' sampling formula, *J. Math. Biol.* 20, 91-94.

Hoppe, F. M. (1986). Size-biased filtering of Poisson-Dirichlet samples with an application to partition structures in genetics, *J. Appl. Probab.* 23, 1008-12.

Hoppe, F. M. (1987). The sampling theory of neutral alleles and an urn model in population genetics, *J. Math. Biol.* 25, 123-59.

Huberman, B. A., and M. Kerszberg (1985). Ultradiffusion: The relaxation of hierarchical systems, *J. Phys. A: Math. Gen.* 18, L331-6.

Huges, B. D., E. W. Montroll, and M. F. Shlesinger (1982). Fractal random walks, *J. Stat. Phys.* 28, 111-26.

Idiart, M. A. P., and A. Theumann (1990). Hierarchical model of neural networks, in *Neural Networks and Spin Glasses*, edited by W. K. Theumann and R. Köberle (World Scientific, NJ), pp.224-51.

Ijiri, Y., and H. Simon (1964). Business firm growth and size, *Am. Econ. Rev.* 54, 77-89.

Ingber, L. (1982). Statistical mechanics of neocortical interactions, *Physica D* 5, 83-107.

Iwai, K. (1981), *Disequilibrium Dynamics*, Monograph 27 (Cowles Foundation, Yale University, New Haven, CT).

Jardine, N., and R. Sibson (1971). Mathematical Taxonomy (John Wiley, London).

Jaynes, E. (1957). Information theory and statistical mechanics, *Phys. Rev.* 106, 620-30.

Jaynes, E. (1979). Where do we stand on maximum entropy? in *The Maximum Entropy Formalism*, edited by R. D. Levine and M. Tribus (MIT Press, Cambridge,

MA).

Jaynes, E. (1985). Macroscopic predictions in complex systems-operational approach, in *Complex Systems, Operational Approaches*, edited by H. Haken (Springer-Verlag, Berlin).

Jeong, U. (1993). ''The Aggregate Behavior of a Large Number of Interacting Agents in Dynamic Stochastic Economies, Ph.D. thesis, University of California, Los Angeles.

Johnson, N., and S. Kotz (1977). *Urn Models and Their Application: An Approach to Modern Discrete Probability Theory* (John Wiley & Sons, New York).

Jona-Lasinio, G. (1975). The Renormalization Group: A Probabilistic View, *Nuovo Cimento* 26B, 99-119.

Jones, L. K. (1989). Approximation-theoretic derivation of logarithmic entropy principles for inverse problems and unique extension of the maximum entropy method to incorporate prior knowledge, *SIAM J. Appl. Math.* 49, 650-61.

Jovanovic, B. (1982). Selection and the evolution of industry, *Econometrica* 50, 649-70.

Justesen, J., and T. Hohold (1984). Maxentropic Markov chains, *IEEE Trans. Inf. Theory* IT-30, 665-7.

Kabashima, Y., and S. Shinomoto (1991). Asymptotic dependence of the residual energy on annealing time, *J. Phys. Soc. Jpn.* 60, 3993-6.

Kauffman, S. A. (1991). Antichaos and adaptation, *Sci. Am.* 65 (August) 78-84.

Kauffman, S. A. (1993). *The Origins of Order: Self-Organization and Selection in Evolution* (Oxford University Press, New York).

Karlin, S. (1966). *A First Course in Stochastic Processes* (Academic Press, New York).

Karlin, S., and H. Taylor (1981). *A Second Course in Stochastic Processes* (Academic Press, New York).

Kapur, N. N., C. R. Bector, and U. Kumar (1984). A generalization of the entropy model for brand purchase behavior, *Nav. Res. Logis. Q.* 31, 183-98.

Katz, L. (1955). Probability of indecomposability of a random mapping function, *Ann. Math. Stat.* 20, 512-17.

Kean, M. P., and K. I. Wolpin (1992). The solution and estimation of discrete choice dynamic programming models by simulation: Monte Carlo evidence, Mimeograph.

Keener, R., E. Rothman, and N. Starr (1988). Distributions on partitions, *Ann. Statist.* 15, 1466-81.

Kelly, F. P. (1979). *Reversibility and Stochastic Network* (Wiley, New York).

Kelly, F. P. (1976). On stochastic population models in genetics, *J. Appl. Prob.* 13, 127-31.

Kelly, M. (1990). "Phase Transition in Dynamic Stochastic Economies with Many Interacting Agents." Ph.D. dissertation, Cornell University, Department of Economics, Ithaca, NY.

Kendall, W.S., and I. W. Saunders (1983). Epidemics in competition II: The general epidemic. *J.R. Stat. Soc. B*, 45, 238-44.

Khinchin, A. I. (1949). *Mathematical Foundations of Statistical Mechanics* (Dover Publications, New York).

Kindleberger, C. (1989). *Manias, Panics, and Crashes*: *A History of Financial Crises* (Basic Books, New York).

Kindermann, R., and J. L. Snell (1980). *Markov Random Fields and Their Applications* (American Mathematical Society, Providence, RI).

Kingman, J. F. C. (1969). Markov population processes, *J. Appl. Prob.* 6, 1-18.

Kingman, J. F. C. (1975). Random discrete distributions, *J. R. Stat. Soc.* B-37, 1-22.

Kingman, J. F. C. (1977). The population structure associated with the Ewens sampling formula, *Theo. Popu. Bio.* 11, 274-83.

Kingman, J. F. C. (1978a). Uses of exchangeability, *Ann. Probab.* 6, 183-97.

Kingman, J. F. C. (1978b). Random partitions in population genetics, *Proc. R. Soc. London Ser. A* 361, 1-20.

Kingman, J. F. C. (1980). *Mathematics of Genetic Diversity* (Society for Industrial and Applied Mathematics, Philadelphia).

Kingman, J. F. C. (1982a). On the genealogy of large populations, *J. Appl. Probab.* 19A, 27-43.

Kingman, J. F. C. (1982b). The coalescent, *Stochastic Processes* 13, 235-48.

Kirkpatrick, S., C. D. Gelatt, Jr., and M. P. Vecchi (1983). Optimization by simulated annealing, *Science* 220, 671-80.

Kirman, A. (1992a). Variety: The coexistence of techniques, *Rev. Econ. Ind.* 59, 62-74.

Kirman, A. (1992b). Whom or what does the representative individual represent? *J. Econ. Perspect.* 6, 117-36.

Kirman, A. (1993). Ants, rationality and recruitment, *Q. J. Econ.* 108, 137-56.

Kirman, A. (1994). "Economies with Interacting Agents," Mimeograph, The European University Institute.

Klenow, P. J. (1992). "Multiple Steady States and Business Cycles," Mimeograph, University of Chicago.

Koch, O., and F. Spizzichino (Eds.) (1982). *Exchangeability in Probability and Statistics* (North-Holland, Amsterdam).

Kokotovic, P. V., R. E. O'Malley, Jr., and P. Sannuti (1976). Singular perturbations and order reduction in control theory: An overview, *Automatica* 12, 123-32.

Krugman, P.(1991). History versus expectations, *Q. J. Econ.* 106, 651-67.

Kubo, R. (1975). Relaxation and Fluctuation of Macrovariables, in Lecture Notes in Physics No. 39, edited by H. Araki (Springer, Berlin).

Kubo, R., K. Matsuo, and K. Kitahara (1973). Fluctuation and relaxation of macrovariables, *J. Stat. Phys.* 9, 51-96.

Kullback, S. (1959). *Information Theory and Statistics* (Wiley, New York).

Kullback, S., and R. A. Leibler (1951). On information and sufficiency, *Ann. Math.*

Stat. 22, 79-86.

Kurtz, T. G. (1970). Solutions of ordinary differential equations as limits of pure Markov processes, *J. Appl. Probab.* 7, 49-58.

Kurtz, T. G. (1971). Limit theorems for sequences of jump Markov processes approximating ordinary differential processes, *J. Appl. Probab.* 8, 344-56.

Kurtz, T. G. (1978). Strong approximation theorems for density dependent Markov chains, *Stochastic Proc. Appl.* 6, 223-40.

Langton, C. G. (1991) "Computation at the Edge of Chaos: Transitions and Emergent Computation," Ph. D. dissertation, University of Michigan, Computer and Communication Sciences.

Leijonhufvud, A. (1993). Towards a not-too-rational macroeconomics, *South. Econ. J.* 60, 1-30.

Leijonhufvud, A. (1995). Adaptive behavior, market processes and the computable approach, Working Paper No. 19, UCLA Center for Computable Economics.

Liebowitz, S. J., and S. E. Margolis (1994). Network externality: An uncommon tragedy, *J. Econ. Perspect.* 8, 133-50.

Little, W. A. (1974). The existence of persistent states in the brain, *Math. Biosci.* 19, 101-20.

Little, W. A., and G. L. Shaw (1978). Analytic study of the memory storage capacity of a neural network, *Math. Biosci.* 39, 281-90.

Loève, M. (1963). *Probability Theory, 3rd ed.* (Van Nostrand Reinhold Co., New York).

Lucas, R. E., Jr. (1978). On the size distribution of business firms, *Bell J. Econ.* 9, 508-23.

McCall, J. (1992). Exchangeability and the structure of the economy, in *Thernes in Modern Macroeconornics*, edited by H. Brink (Macmillan Press, London).

Mahler K. (1973). *Introduction to p-adic Nurnbers and Their Functions* (Cambridge University Press, Cambridge, England).

Marinari, E., G. Parisi, D. Ruelle, and P. Windey (1983). On the interpretation of 1/f noise, *Commun. Math. Phys.* 89, 1-12.

Marinari, E., G. Parisi, D. Ruelle, and P. Windey (1987). *Spin Glass Theory and Beyond* (World Scientific, NJ).

Merton, R. C. (1973). The theory of rational option pricing, *Bell J. Econ. Manage. Sci.* 4, 141-83.

Mezard, M., and M. A. Virasoro (1985). The microstructure of ultrametricity, *J. Phys. (Paris)* 46, 1293-1307.

Mezard, M., G. Parisi, and M. A. Virasoro (1986). SK Model: The replica solution without replicas, *Europhys. Lett.* 1, 77-82.

Miyahara, Y. (1990). An essay on the models of disequilibrium dynamics: From microdynamics to macrodynamics (in Japanese), *Oikonomika* 27, 115-23.

Montroll, E. W., and M. F. Shlesinger (1984). On the wonderful world of random

参 考 文 献 377

walks, in *From Stochastics to Hydrodynarnics*, edited by J. L. Lebowitz and E. W. Montroll (North-Holland Physics Publishing, Amsterdam).

Montroll, E. W., and W. W. Badger (1974). *Introduction to Quantitative Aspects of Social Phenornena* (Gordon and Breach Science Publishers, New York).

Montroll, E. W., and B. J. West (1987). On an enriched collection of stochastic processes, in *Fluctuation Phenomena*, edited by E. W. Montroll, and J. L. Lebowitz (North-Holland, Amsterdam).

Montroll, E. W., and J. L. Lebowitz (Eds.) (1987). *Fluctuation Phenomena*, edited by E. W. Montroll and J. L. Lebowitz (North-Holland, Amsterdam).

Moore, T., and J. L. Snell (1979). A Branching Process Showing a Phase Transition, *J. Appl. Probab.* 16, 252-60.

Mortensen, D. T. (1994). The cyclical behavior of job and worker flows *J. Econ. Dyn. Cont.* 18, 1121-42.

Mortensen, D. T., and C. A. Pissarides (1993). The cyclical behavior of job creation and job destruction in *Labor Demand and Equilibrium Wage Formation*, edited by J.C. van Ours, G.A. Pfann, and G. Ridder (Elsevier Science Publishers, Amsterdam).

Murtagh, F. (1983). A survey of recent advances in hierarchical clustering algorithms, *Comput. J.* 26, 354-9.

Neftci, S. N. (1984). Are economics time series asymmetric over the business cycle? *J. of Political Econ.* 92, 307-28.

Øksendal, B. (1989). *Stochastic Differential Equations: An Introduction with Applications, 2nd ed.* (Springer, Berlin).

Ogielski, A. T., and D. L. Stein (1985). Dynamics on ultrametric spaces, *Phys. Rev. Lett.* 55, 1634-7.

Parga, N., and M. A. Virasoro (1986). The Ultrametric Organization of Memories in a Neural Network, *J. Phys. Paris* 47, 1857-64.

Parisi, G. (1987). Spin glasses and optimization problems without replicas, in *Chance and Matter*, edited by J. Souletie, J. Vannimenus, and R. Stora (North-Holland, Amsterdam).

Parzen, E. (1962). *Stochastic Processes* (Holden-Day, San Francisco).

Patil, G. P., and C. Taillie (1977). Diversity as a concept and its implications for random communities, *Bull. Inst. International Stat.* 47, 497-515.

Peck, S. C. (1974). Alternative investment models for firms in the electric utilities industry, *Bell J. Econ.* 5, 420-458.

Peretto, P. (1984). Collective properties of neural networks: A statistical physics approach, *Biol. Cybernetics* 50, 51-62.

Pollett, P. K. (1986). Connecting reversible Markov processes, *J. Appl. Probab.* 23, 880-900.

Pólya, G. and G. Szego (1925). *Aufgaben und Lehrsätzen aus den Analysis* (Springer,

Berlin).

Rammal, R., and G. Toulouse (1986). Ultrametricity for physicists, *Rev. Mod. Phys.* 58, 765-88.

Rohlfs, J. (1974). A theory of interdependent demand for a communications service, *Bell J. Econ.* 5, 16-37.

Rényi, A. (1970). *Foundations of Probability* (Holden-Day, Inc. San Francisco).

Rose, K., E. Gurewitz, and G. C. Fox (1990). Statistical mechanics and phase transitions in clustering, *Phys. Rev. Lett.* 65, 945-8.

Sanov, I. N. (1957). On the probability of large deviations of random variables, *Mat. Sb.* 42, 11-44, (English translation, *Selected Translations in Mathematical Statistics and Probability* 1, 213-44).

Sawyer, S. (1978). Isotropic random walks in a tree, *Z. Wahr. und Verw. Gebiete* 42, 279-92.

Scarf, H. (1960). The optimality of (S, s) policies in the dynamic inventory problem, in *Mathematical Methods in the Social Sciences*, edited by K. Arrow, S. Karlin, and P. Suppes (Stanford University Press, Standford).

Schelling, T. C. (1978). *Micromotives and Macrobehavior* (W. W. Norton & Co., New York).

Schikhof, W. H. (1984). *Ultrametric calculus: An Introduction to p-adic Analysis* (Cambridge University Press, London).

Schreckenberg, M. (1985). Long range diffusion in ultrametric spaces, *Z. Phys. B. Condensed Matter* 60, 483-8.

Seshadri, V. (1993) The inverse Gaussian distribution, clarendon. Oxford.

Sheshinski, E., and Y. Weiss (1977). Inflation and costs of price adjustment, *Rev. Econ. Stud.* 44, 287-303.

Sheshinski, E., and Y. Weiss (1983). Optimum pricing policy under stochastic inflation, *Rev. Econ. Stud.* 50, 513-29.

Shwartz, A., and A. Weiss (1995). *Large Deviations for Performance Analysis* (Chapman & Hall, London).

Simon, H., and C. P. Bonini (1958). The size distribution of business firms, *Am. Econ. Rev.* 48, 607-17.

Sinai, Ya. G. (1976). Self-similar probability distributions, *Theor. Probab. Appl.* 21, 64-80.

Smith, G.W. (1989). Transactions demand for money with a stochastic, time-varying interest rate, *Rev. Econ. Stud.* 56, 623-33.

Sokal, R. R., and P. H. A. Sneath (1963). *Principles of Numerical Taxonomy* (W. H. Freeman and Co., San Francisco).

Sommerfeld, A. (1949). *Partial Differential Equations in Physics* (Academic Press, New York).

Spitzer, F. (1972). A variational characterization of finite Markov chains, *Ann. Math.*

Stat. 43, 303-7.

Spitzer, F. (1975). Markov random fields on an infinite tree, *Ann. Probab.* 3, 387-98.

Srinivasan, T. N. (1967). Geometric rate of growth of demand, in *Investments for Capacity Expansion*, edited by A. S. Manne (MIT Press, Cambridge, MA).

Steindl, J. (1965). *Random Processes and the Growth of Firms: A Study of the Pareto Law* (Hafner Publishing Co., New York).

Stoker, T. M. (1993). Empirical approaches to the problem of aggregation over individual, *J. Econ. Literature* 31, 1827-74.

Strauss, D. (1986). On a general class of models for interactions, *SIAM Rev.* 28, 513-27.

Strauss, D. (1993). The many faces of logistic regression, *Am. Stat.* 46, 321-7.

Stutzer, M. (1994). "The statistical mechanics of asset prices," in *Differential Equations, Dynamical Systems, and Control Science*, edited by K. D. Elworthy, W. N. Everitt, and E. Bruce, *Lecture Notes in Pure and Applied Mathematics No.152* Marcel Dekker.

Stutzer, M. (1995). A Bayesian approach to diagnosis of asset pricing models, *J. Econ.* 68, 367-97.

Suzuki, M. (1978). Thermodynamic limit of non-equilibrium systems: Extensive property, fluctuation and nonlinear relaxation, in *Lecture Notes in Physics No. 38* (Springer, Berlin).

Tijms, H. C. (1994). *Stochastic Models*: An Algorithmic Approach (Wiley, Chichester, England).

Tikochinsky, N., N. Z. Tishby, and R. D. Levine (1984). Alternative approach to maximum-entropy inference, *Phy. Rev. A* 30, 2638-44.

van Campenhout, J. M., and T.M. Cover (1981). Maximum entropy and conditional probability, *IEEE Trans. Inf. Theor.*, IT-27, 483-9.

van Hemmen, J. L., and R. Kühn (1991). Collective phenomena in neural networks, in *Models of Neural Networks*, edited by E. Domany, J. L. van Hemmen, and K. Schulten et al. (Springer, New York).

van Hemmen, J. L., A. C. D. van Enter, and J. Canisius (1983). On a classical spin glass model, *Z. Phys. B Condensed Matter* 50, 311-36.

van Kampen, N. G. (1965). Fluctuations in Nonlinear Systems, in *Fluctuation Phenomena in Solids*, edited by R. G. Gurgess (Academic Press, New York), Chap. V.

van Kampen, N. G. (1992). *Stochastic Processes in Physics and Chemistry* (North Holland, Amsterdam, revised edition).

Vannimeus, X., and M. Mezard (1984). On the statistical mechanics of optimization problem of the traveling salesman type, *J. Phys.* 45, L1145-53.

Varadhan, S. R. S. (1984). *Large Deviations and Applications* (Society for Industrial and Applied Mathematics, Philadelphia).

Vasicek, O. A. (1980). A conditional law of large numbers, *Ann. Probab.* 8, 142-7.

Vriend, N. J. (1994). "Self-Organized Markets in a Decentralized Economy," Working Paper No. 94-03-013, Santa Fe Institute Economics Research Program, Santa Fe, NM.

Watterson, G. A. (1974). The sampling theory of selectively neutral alleles, *Adv. Appl. Probab.* 6, 463-88.

Watterson, G. A., and H. A. Guess (1977). Is the most frequent allele the oldest? *Theor. Popul. Biol.* 11, 141-60.

Weiss, A. (1986). A new technique for analyzing large traffic systems, *Adv. Appl. Probab.* 18, 506-32.

Weidlich, W. (1974). Dynamics of interacting social groups, in *Synergetics - Cooperative Effects*, edited by H. Haken (North Holland, Amsterdam).

Weidlich, W. (1994). Synergetic modelling concepts for sociodynamics with application to collective political opinion formation, *J. Math. Sociol.* 18, 267-91.

Weidlich, W., and G. Haag (1983). *Concepts and Models of Quantitative Sociology: The Dynamics of Interacting Populations* (Springer, Berlin).

Weidlich, W., and M. Braun (1992). The master equation approach to nonlinear economics, *J. Evol. Econ.* 2, 233-65.

Weiss, A. (1986). A new technique for analyzing large traffic systems, *Adv. Appl. Probab.* 18, 506-32.

Whittle, P. (1985). Partial balance and insensitivity, *J. Appl. Probab.* 22, 168-76.

Whittle, P. (1986). *Systems in Stochastic Equilibrium* (John Wiley & Sons, New York).

Whittle, P. (1992). *Probability via Expectation, 3rd ed.* (Springer, New York).

Wiener, N. (1948). *Cybernetics* (John Wiley & Sons, New York).

Williams, D. (1991). *Probability with Martingales* (Cambridge University Press, New York).

Woodroofe, M., and B. M. Hill (1975). On Zipf's law, *J. App. Probab.* 12, 425-34.

Wright, R. (1995). Search, Evolution, and Money *J. Econ. Dyn. Contr.* 19, 181-206.

Zipf, G. K. (1949). *Human Behavior and the Principle of Least Effort* (Addison-Wesley, New York).

索　引

事　項　索　引

[あ行]

青空市場　124, 126
安定した創発特性　295
意見あるいは情報の拡散　150
意見形成モデル　227
移住　226
一般化された Pólya の壺　38
一般化された出生死亡過程　173, 175, 181, 187, 221
いわゆる投票者モデル　68
ウィナー過程　331
後ろ向き　115
後ろ向き Chapman-Kolmogorov 方程式　7, 9, 10, 152
後ろ向きの方程式　113
埋め込み型マルコフ連鎖　134
エネルギーランドスケープ　12, 253
エルゴード的要素　4
エントロピー　21, 27, 53, 72-74, 76, 79, 85, 187, 222, 280, 288, 291
エントロピー最大化原理　16, 63
エントロピー最大化手法　65
エントロピー最大の分布　102
オイラー定数　318
大きい順に並べた順序統計量　315
大きな次元　12
大きなニューラルネットワーク　12

[か行]

外生的なショック　139
階層　243, 255
階層型　12
階層型の状態空間　237
階層型の動学　278
階層型モデル　270
階層構造　4, 41, 254, 261, 270
階層の水準　251
外部性　138, 147, 171
拡散　220

拡散過程　207, 320
拡散近似　164, 206
拡散項　200
拡散パラメータ　207
拡散方程式近似　215
確率　27
確率的オートマタ　296
確率場　270
確率変数　307
確率母関数　304
傾けをもたされた分布　97
傾けをもたせた確率分布　71
傾けをもたせた分布　87
傾けをもたせた密度　69, 70
偏りが生まれる順列　310
完全予見期待　5
簡単な出生死亡過程　120
緩慢な調整反応　237
緩慢な調整モデル　139
樹　39, 243, 298, 302
企業の規模の分布　298
樹距離　40, 46, 49, 245
樹形階層　237
樹系の動学　268
樹構造　12, 257
樹構造の状態空間　194
期待初到達時間　6
樹の節全体　242
樹の全体の輪郭　274
擬反転可能性　154
樹分類　251
奇変数　346
球型完備的　255
吸収されるまでの時間　327
吸収状態　145, 188
吸収障壁　332
キュムラント母関数　83, 90
境界条件　167, 188, 201
凝縮現象　293
局所的極限定理　305
局所的相互作用　220

極分解　　224, 260
樹を形成する階層　　41
均衡確率　　177, 178, 196, 202, 203
均衡分布　　127, 129, 130, 219
近傍効果　　172
金融エントロピー　　62
偶変数　　346
グラフ構造　　219
繰り込み群　　237, 278
繰り込み群理論　　44, 262, 268
景気循環　　25
経験分布　　25, 26, 29, 30, 94, 96, 97, 101, 141
経済主体のもつ相互作用のパターン　　295
経済主体の割合　　147
系図　　41
計量分析　　308
計量分類学　　45
経路積分　　205
経路に独立である　　68
決定論的モデル　　320
現象　　220
コイン投げ　　46
交換可能　　18, 20, 70, 154, 165, 168, 300, 316, 333
交換可能性　　155, 306
交換可能な確率変数　　28
交換可能な経済主体　　4
交換可能な主体　　299
交換可能なランダム分割　　295
交換プロセス　　299
格子分布　　305
誤差関数　　170, 228, 341
誤差積分　　323
異なる技術　　107
固有なショックの集積　　133

[さ行]

再帰的　　328
在庫　　120, 121
斉時的　　152, 223, 225
斉時的（time homogeneous）飛躍型マルコフ過程　　111
斉時的な過程　　152
最小完全樹　　52
最小完全樹の方法　　241
最大値の項　　24, 62, 191
細分化　　247

再分割　　256
最尤推定値　　164
最尤法　　65
サブドミナント　　241
サブドミナント超計量　　52, 255
斬新な2つの集計過程　　10
3層の階層　　302, 307
3層の階層分類　　301
3層の樹による分類　　298
時間発展の動学　　107
識別可能　　18
識別可能・交換可能な経済主体　　16
識別されない場合　　155
識別される場合　　155
識別できる主体　　299
識別不可能　　18
識別不能　　299
示強変数　　64, 155, 206, 209
自己相関関数　　338
自己相似　　41, 244, 267
自己相似構造　　268
自己相似構造のモデル　　268
自己組織化　　278
資産の価値からオプションの行使価格を引いたもの　　167
失業率　　211
死亡　　214, 226
死亡率　　115, 120
シミュレーション研究　　297, 315
社会的影響　　3
社会的集団の動学　　226
社会的消費の効果　　8, 148
自由エネルギー　　72, 103, 288, 291, 340
集計　　237, 262
集計の動学　　116, 117
集計方程式　　120, 158
集積されたショック　　133
集団遺伝学　　14, 295, 309, 353
集団感情　　279
集団生物学　　315
周波数スペクトル　　313, 320
縮退　　4
出生　　214, 226
出生死亡過程　　109, 115, 138, 156, 188
出生率　　115, 120
順序統計量　　316
純粋死亡過程　　296
純粋な出生過程　　115
条件付き極限定理　　139

索引 383

詳細釣り合い　68, 154
詳細釣り合い条件　7, 10, 35, 65, 69, 127, 129, 149, 152, 153, 177, 189, 194, 196, 203, 219, 224, 341, 345-347
状態に依存する遷移率　148
状態に依存する離散的な調整ルール　132
初到達時間　32, 34, 149, 187, 327, 332
所得分布　298
所得分布モデル　243
示量数　72, 224
示量変数　62, 206
示量マクロ変数　209
進化論的ゲーム理論　145
スケーリングの性質　156
スケール係数　155
スターリングの公式　24, 29, 90
スピングラス　41, 297
スピングラス・モデル　221
スピン双極子　220
正規格子　219
正規分布　200
生成子　117-120, 211
制約付きエントロピー最大化　64
積型の不変測度　154, 226
積率　85
積率母関数　22, 83, 90, 121, 304
セルオートマトン　146, 279
遷移率　7, 9, 11, 35, 40, 113, 164, 172
遷移率のモーメント　159, 161
占拠数　61, 154, 297
占拠する時間　328
占拠問題　17, 296
漸近的独立性　305
漸近的に独立な　298
相関　198, 199, 203, 238
相関の反推移律　45
相互作用　221
相互作用のパターン　175
相互作用の履歴　234
相対エントロピー　29
相対的な利点　176
相転移　279, 280, 287
相転移の振る舞い　220
創発的な特性　13
粗視化　278

[た行]

対称な Dirichlet 分布　19, 303, 308
対数級数の分布　319
対数正規分布　337
対数線型　216
大数の強法則　312
堆積現象　277
代替の弾力性　66
大偏差　82, 89
大偏差原理　326
大偏差の手法　30
大偏差理論　53, 85, 133
互いに区別できない玉　296
互いに識別できない　333
多項分布　20, 303, 308, 311
多項分布の混合　19
多次元の出生死亡過程　118, 122
多重度　4, 12, 187, 280
多重度の測度　27
脱出障壁　261
短距離の相互作用　220
超距離　40, 239, 255, 258, 261, 271
長距離　221
超距離空間　239, 254
超計量　41, 46, 237, 241, 254
超計量測度　255
超計量の樹　48
調整コスト　139
対の外部性　219
対の相互作用　148
壺　18, 102, 297
強い三角不等式　241, 254
定常的な確率密度関数　348
適合度関数　7, 149
同一確率で起こりうる　298
動学的離散選択モデル　148
等確率　231, 280
投機的バブル　279
同次性　156
特性関数　163
特性法　200
特性方程式　163, 200, 201
ドリフト項　200
ドリフトパラメータ　207

[な行]

二項確率変数　310, 312
2次のハミルトニアン　231
2次のモーメント　244
二重指数分布　67

2層あるいは3層の樹　305
2層の階層　300, 302, 306
2層の分類　302
二値選択モデル　208
ニューラルネットワーク　256
ニューラルネットワーク回路　272
年齢別あるいは時間別遷移率　142, 144

[は行]

パーコレーション・モデル　278
配置　21, 28, 54
配分効果　27
ハザード関数　144, 145
場の効果　8, 12, 147, 171, 219, 221
場の効果の外部性　219
場の変数　175
ハミルトニアン　177, 220, 223, 224, 231, 270, 284, 341
反転可能　68, 215
バンドワゴン効果　172, 279
判別分析　66
引き込み領域　4, 6, 148, 190, 254, 313
引き込み領域の相対的な領域の大小　316
引き込み領域のもつ吸引力の相対的な規模　296
非再帰状態　328
微小パラメータ　113, 208, 211
微小モーメント　206
非線形の出生死亡過程　148
非線形の遷移率　9, 148
非対称な樹　259
非2次ハミルトニアン　222
ひねりを加えられた分布　102
非爆発的　145
飛躍型マルコフ過程　7, 10, 107, 109, 132, 148, 216, 320
評価関数　253
評価ランドスケープ　253
標本　308, 311
標本特性　310
費用ランドスケープ　240, 254
比率の期待値　306
頻度ないし比率　312
不確実性の程度　179
複雑な最適化された系　41
複雑なランドスケープ　13
複数均衡　5, 12, 145, 181, 205, 219
複数対の相互作用　219

負の2項分布　304
部分均衡方程式　125
部分釣り合い　154
ブラウン運動　202, 207, 211
フラクタル次元　245
フル・バランス　152
プレイ・ザ・フィールド　14, 148
分割　256
分割パターン　131
分岐過程　239, 251
分散　65, 300
分散化　175
分配関数　54, 63, 102, 178, 280, 284, 285, 323, 327
分類のパターン　295
平均初到達時間　4, 6
平均所得　243
平均場近似　119
平均場の効果　11
平均場法　175
平行移動に関して不変　76
べき級数展開　157, 198, 206, 267
変分解析　216
母集団　308, 310
母集団に占める割合　17
ポテンシャル　34, 36, 69, 74, 79, 103, 153, 177, 178, 185, 186, 196, 222, 223, 230, 273, 324, 346, 348
ポテンシャル関数　217
ポテンシャル（自由エネルギー）　73, 79, 342
ポテンシャルの臨界値　180
施しの問題　315

[ま行]

マーチンゲール　46, 248, 249, 256
「前向き」収束定理　335
マクロ経済的な制約　21
マクロ経済方程式　162, 180, 189, 267
マクロダイナミックス　19
マクロの記述　53
マクロ方程式　174
マスター方程式　33, 49, 103, 113, 115, 150, 155, 157, 158, 163, 173, 188, 193, 195, 205, 206, 225, 258, 260, 263, 265, 266, 342, 343
待ち時間　110, 142
マルコフの不等式　83

索引 385

マルコフランダム場　172, 216, 219, 220, 286
まれな事象　81, 97
ミクロ状態の多重度　56, 85
ミクロの記述　53
ミクロの配置の多重性　180
密度に依存するマルコフ連鎖　123
無限小条件　216
難しい最適化問題　12

[や行]

焼き鈍し　51, 73, 278
焼き鈍し状態のシミュレーション　12
有効なレート関数　326
ゆっくりとした反応　37
良いショック　137

[ら行]

ラグランジュ未定乗数法　21
ラプラスの方法　51, 82, 90, 321, 323, 325, 326
ラプラス変換　22, 23
ランダムウォーク　244, 245, 258, 329, 330
ランダムエネルギー・モデル　291
ランダムコスト・モデル　287, 291
ランダムな配分を行う手続き　310
ランダム分割　128, 296, 309
ランダムマップ　296, 313, 314
ランダムマップ・モデル　314
利益の差　182
離散選択　65
離散的な選択肢　108
リスク中立確率分布　62
留保水準　227
臨界現象　277
臨界値　277, 283, 290
臨界点　189, 193, 278
隣接相互作用　219, 220
ルジャンドル変換　83, 121
レート関数　92, 100
連想記憶　272
ロジスティック関数　67
ロジスティック・モデル　214
ロジットモデル　67

[わ行]

割合　141, 142, 155, 171, 173, 179

割合のベクトル　147

B

Boltzmann のエントロピー　62, 65, 288, 342
Bose-Einstein 型　18
Bose-Einstein 統計量　241, 266, 281
Bose-Einstein の配置　282
Bose-Einstein の配分　274, 298, 299
Bose-Einstein 分布　20, 304, 306, 307
Bose-Einstein 凝縮　293

C

Cramér の定理　100

D

Dirichlet 多項分布　301, 304
Dirichlet 多項モデル　303
Dirichlet 分布　315, 319, 320

E

Ehrenfest の壺モデル　207
Ehrenfest モデル　102, 217
Ewens 標本抽出公式　128, 310
Ewens 分布　320

F

Fokker-Planck 方程式　10, 19, 158, 164, 174, 198, 200, 201, 345

G

Gätner-Ellis の定理　104
Gibbs 分布　4, 7, 10, 27, 34, 36, 53, 65, 73, 153, 177, 196, 219, 220, 222, 223, 271, 284, 323, 346
Glivenko-Cantelli 定理　137, 138
Glivenko-Cantelli 補題　14, 145

I

Ising 樹モデル　284
Ising モデル　172, 219, 274, 294
Itoh [伊藤] の定理　212

K

Kauffman モデル　296, 314

Kolmogorovの可逆性の基準　68, 77
Kolmogorovの基準　130, 153, 223
Kramers-Moyal展開　161
Kullback-Leibler距離　71, 343
Kullback-Leibler距離測度　29
Kullback-Leibler情報測度　60, 343
Kullback-Leibler測度　31, 32, 75
Kullback-Leibler発散　29, 60, 62, 80, 86, 87, 91, 94, 101
Kullback-Leibler発散測度　30
Kurtzの定理　119

L

Littleのモデル　225, 232
Lyapunov関数　340

M

Maxwell-Boltzmann型　17
Maxwell-Boltzmann配置　293
Maxwell-Boltzmann配分　299
Maxwell-Boltzmann分布　20, 300, 301, 304, 306

O

Ornstein-Uhlenbeck過程　207

P

Perron-Frobeniusの固有値　77
Poisson-Dirichlet分布　297, 314, 315
Pólyaの壺　37
p進数　41

R

Riccati方程式　162

S

Sanovの定理　15, 16, 30, 68, 94, 96, 100, 103, 104, 133
Shannonエントロピー　29, 61, 62, 65, 74, 75, 90, 179

V

Varadhan積分の補題　327

W

Waldの不等式　330

Z

Zipfの弱法則　307
Zipfの法則　307
Zipf分布　297

人 名 索 引

A

Abramovitz and Stegun　319
Akerlof　8, 148
Akerlof and Milbourne　108
Aldous　295, 313
Aldous and Vazirani　14, 52
Amemiya　66
Anderson, de Palma, and Thisse　66
Anderson et al.　176, 217
Aoki　55, 148, 150, 157, 181, 185, 217, 226, 300, 309, 340
Aoki and Miyahara　119
Aoki and Yoshikawa　217
Arthur　172, 234

B

Bachas and Huberman　274
Baldwin and Krugman　108
Ball and Donnelly　296
Barnborff, Nielsen, and Cox　322
Becker　3, 8, 147, 148
Bellman　6
Berg　241
Blanchard and Kiyotaki　138
Bleher and Major　270, 278
Blinder　145
Blinder and Maccini　145
Bos, Kuhn and van Hemmen　52
Breiman　145, 216, 305
Brock　217, 221
Brock and Durlauf　216
Buchanan and Stubblebine　216

C

Caballero　14, 107, 108, 132, 134, 137, 139, 145
Caballero and Engel　14, 133, 144, 145
Caballero and Lyons　8, 148
Caplin and Leahy　133
Caplin and Nalebuff　68
Ceccatto and Huberman　176, 217
Champernowne　243

Chen　19, 297, 303, 305, 306
Chernoff and Teicher　333
Chow and Teicher　18, 137
Chung　305
Collet and Eckmann　268, 270
Conlisk　108, 145
Constantimides and Richard　108
Copson　320–322
Cornell and Roll　108, 145, 219
Cover and Thomas　57, 96, 101
Cox and Miller　113, 134, 142, 146, 187, 349
Csiszar　77
Csiszar, Cover, and Choi　101

D

David and Barton　309
Davis　146
Davis and Haltiwanger　108
Dembo and Zeitouni　92, 103, 104
Derrida　287, 291
Derrida and Flyvbjerg　296, 313, 315
Deuschel and Strook　324, 325
Diaconis and Freedman　333
Dixit　108, 165–167, 170
Dixit and Stiglitz　138
Doob　335
Doyle and Snell　14
Durlauf　221
Durrett　37, 82
Dyson　270, 274, 278

E

Eckstein and Wolpin　148
Ellis　219, 272, 324, 325
Ethier and Kurtz　116, 320
Ewens　128, 309

F

Feigelman and Ioffe　45, 46, 251
Feller　17, 102, 114, 297, 299, 304
Fleming and Rishel　167
Föllmer　221
Freedman　43

Frenkel and Jovanovic   108
Friedman   7, 8, 14, 145, 148, 215
Friedman and Aoki   226
Friedman and Fung   8, 148
Fukao   216
Fukao [深尾]   65

G

Geman and Geman   51
Gibbs   4
Glance and Huberman   171
Glivenko and Cantelli   137
Gnedenko   299, 305, 320
Griffiths   320
Griffiths, Wang, and Langer   216
Grimmett   278
Grimmett and Stirzaker   169, 187, 330, 332, 349

H

Hamilton   25, 109
Hammermesh   108
Harris   313
Hildenbrand   221
Hill   128, 297, 298, 300, 301, 306, 320
Hill and Woodroofe   297, 302
Hoel, Port, and Stone   145
Hopfield   222
Hoppe   38, 309, 313
Huberman and Kerszberg   262
Huges, Montroll, and Shlesinger   246

I

Idiart and Theumann   268, 272
Ijiri and Simon   298

J

Jardine and Sibson   41, 45, 52, 241
Jaynes   16, 63
Jeong   217
Johnson and Kotz   67, 333
Jona-Lasinio   268
Justesen and Hφhold   77

K

Kabashima and Shinomoto   51

Karlin   170, 208
Karlin and Taylor   150, 152, 208, 210, 234
Katz   313
Kauffman   279
Keener, Rothman, and Starr   309
Kelly   7, 38, 128, 132, 146, 149, 150, 152, 153, 177, 215, 226, 229
Kendall and Saunders   320
Khinchin   103
Kindermann and Snell   216, 220, 284, 294
Kindleberger   293
Kingman   18, 128, 296, 297, 309, 310, 313, 315, 318, 320, 333, 336
Kirkpatrick, Gelatt and Vecchi   51
Kirkpatrick and Toulouse   52
Kirman   3, 150, 172
Koch and Spizzichino   334
Krugman   5, 148
Kubo   13, 157, 159, 215
Kubo, Matsuo and Kitahara   215
Kubo et al.   161, 163, 164, 216
Kurtz   123, 215, 320, 364

L

Leijonhufvud   3
Liebowitz and Margolis   234
Little   165, 222, 232, 234
Little and Shaw   232, 234
Loève   137, 334
Lucas   298

M

Mahler   41
Marinari et al.   337
Merton   167
Mezard, Parisi, and Virasoro   52
Mezard and Virasoro   41
Montroll and Badger   293
Montroll and Shlesinger   245, 337
Moore and Snell   274, 278, 284
Murtagh   52, 274

N

Neftci   25, 109

O

Ogielski and Stein *197, 258, 274*
Øksendal *165, 211*

P

Parga and Virasoro *52*
Parzen *114, 134, 146, 150, 187*
Patil and Taillie *315*
Peretto *223*
Pollett *146, 154, 226*
Polya and Szego *321*

R

Rammal and Toulouse *41, 241, 255, 274*
Rényi *334*
Rose, Gurewits, and Fox *279*

S

Sawyer *284*
Scarf *145*
Schelling *8, 148*
Schikhof *41, 240, 254, 255*
Schreckenberg *264, 267*
Seshadri *332*
Sheshinski and Weiss *108*
Shwartz and Weiss *104, 146*
Simon and Bonini *298*
Smith *108*
Sokal and Sneath *52*
Sommerfeld *200*
Spitzer *77, 103, 220, 284*
Srinivasan *108*
Steindl *298*

Stoker *8*
Strauss *66*
Stutzer *62*
Suzuki *159*

T

Tijms *146*
Tikochinsky, Tishby, and Levine *103*

V

van Campenhout and Cover *69, 71, 101, 103*
van Hemmen, van Enter, and Canisius *221*
van Kampen *13, 157, 159, 164, 187, 199, 206, 215, 216, 313*
Vannimenus and Mezard *52*
Varadhan *325–327*
Vasicek *104*
Vriend *278*

W

Watterson *128, 309*
Watterson and Guess *315, 316, 318*
Weidlich *150, 171, 220*
Weidlich and Haag *150, 171, 215, 220, 227*
Weiss *122*
Whittle *82, 102, 103, 150, 152, 177, 226, 278, 281, 304, 330*
Williams *335*
Wright *108*

Z

Zipf *243, 298*

監訳者あとがき

名は体を表わすと言いますが，青木正直先生は学問において「正直」というお名前をそのまま体現できた偉大な方で，ご名字の「青木」が示すように，その研究態度は常緑の大樹であるかの如くです．——実はこの「紹介文」は，2006年にボローニャ大学で，私が青木先生75歳の誕生日を祝するセッションを主催したときのオープニングメッセージです．

Mauro Gallegati 教授が不屈の意志で牽引してきた Workshop for Economics with Heterogeneous Interacting Agents (WEHIA) という活動をフォーマルに組織化しようということで，イタリアのボローニャで The Society for Economic Science with Heterogeneous Interacting Agents (ESHIA) の設立総会を開催したのが2006年6月です．このとき青木先生は Alan Kirman 教授とともに副会長に就任されました．この設立会議の場で，私は青木先生の75歳をお祝いするセッション (2006年6月16日) を主催し，青木先生の業績を紹介する栄誉を得たのでした．

紙幅の都合で詳述できないのが残念ですが，ここでは，そのときの原稿を大幅に短縮してごく簡単に青木先生の偉大な業績を要約したいと思います．

青木先生のご略歴は以下のとおりです．1931年5月14日広島生まれで東京育ちです．ご学歴は，旧制一高を経て1953年東京大学理学部物理学科卒業，1955年東京大学理学系物理研究科修了です．フルブライト奨学生として米国に留学．1960年 UCLA (University of California, Los Angels) で工学の PhD を取得したほか1965年には東京工業大学で工学博士も取得されております．またご職歴は，1960年に UCLA 助教授，1965年 UCLA 工学部准教授，1969年 UCLA 工学部教授となりましたが，1974年からイリノイ大学教授となり1981

年に再び UCLA 教授に復帰して経済学を担当されるようになります．その後，1993 年より UCLA 経済学部名誉教授となられました．この前後に大阪大学社会科学研究所，東京工業大学教授などにも就任されています．中央大学とのご縁を言えば，2003 年度に有賀が主査のプロジェクトで，中央大学研究開発機構教授として滞在していただきました．学会でのご活躍としては，1976 年に IEEA フェロー，1979 年には経済学の Econometric Society フェロー，1981 年 Society of Economic Dynamics and Control 会長の選任などを挙げておきます．その他，もちろん工学，経済学などのジャーナルエディタとしてのご活躍は言うまでもありません．

　青木先生は現在，吉川洋教授（東京大学）と共同研究を継続しており，毎年，東京大学 CIRJE (Center International Research for the Japanese Economy) に滞在しておられます．ロサンゼルスだけでなく横浜にもお住まいをお持ちのため，大変有り難いことに私たちが日本国内でお会いできるチャンスが多々あることは嬉しいかぎりです．

　青木先生のご業績は，論文数 100 以上，著書 10 冊以上，編著書 3 冊に及ぶなど，業績数ばかりでなく研究の範囲も広いのですが，論文および著書の内容はつぎの 5 分野に大別することができます．

(1) 双対・アダプティブ制御関連（ダイナミックプログラミングの応用を含む）
(2) 大規模および分散系の制御，パラメータ推定関連
(3) 制御理論またはシステム理論の経済系や新古典派経済モデルへの応用関連
(4) 時系列モデル作成の新しいアルゴリズムの開発と経済データへの応用関連
(5) マクロ経済モデルの再構築関連

　青木先生は，もともとは制御理論の研究で大成された方ですが，経済システムの複雑性に妙味を感じ，経済学をやるかどうか LSE (London School of Economics) の森嶋通夫先生のところに相談に行かれたそうです．そして 70 年代末には Econometric Society フェローに選任され名実ともに経済学者として国際的な名望を集めることになりました．なお，ケインズ経済学を学んだ人にしか興味がないことかもしれませんが，青木先生が UCLA 経済学部でもっとも昵

懇となった経済学者はかの Axel Leijonhufvud 教授だということは，私にとっては実に興味深いエピソードです．

そして本書の原著はまさに（5）の研究に属する記念碑的著作です．

まず，上記（1）–（4）までの分野の研究おいても，経済学に関連する新しい貢献としてつぎのような革新が開発されました．

1. 「確率的近似の手法」を経済学文献に導入した．
2. システム論の可制御性とその関連概念をマクロ経済政策に導入した．
3. 国際経済学で「青木の手法」として，有名な二部門相互作用のダイナミックスの便利な表現法を確立した．
4. 動的系の集計のための「青木の手法」を開発した．これはシステム関係の研究者の間で有名な手法であるが，C. Granger がのちに時系列モデル分野で独立に開発した co-integration の手法と同一であった．しかし，経済学では「青木の手法」は知られず，「Granger の手法」の方が有名になった．

最後に，まさに本書の核心部分（5）について触れないといけません．マクロ経済学の新しい分析枠組みは，多数のエージェントが存在し，異質的エージェントが群れをなして混在し，なおかつエージェントタイプが未知であるという状況を扱わねばなりません．

このためのモデリングは以下の諸点を特徴とします．

(1) エージェント数をはじめに無限大としない．（はじめに無限大にすれば失業率の概念自体も意味がなくなるでしょう．）
(2) 飛躍型マルコフ過程の使用．
(3) マスター方程式あるいは状態遷移方程式の使用．
(4) 均衡近傍の揺らぎのフォッカー–プランク方程式での記述．
(5) 互換性概念の使用．
(6) 分割ベクトルを状態ベクトルとして使用し，群れの共存場面を分析する．
(7) ランダムな組合せ理論の応用．

このような分析枠組みでは 2 種類のエージェントが共存する系で，最適化に成

功したグループと準最適なグループによる模倣を明示的に扱うこともできます．こうして合理的期待形成に基づく損失計算をより一般的な枠組みで議論することができるでしょう．

20世紀末に社会科学分野に統計力学の諸概念や最新の諸理論を応用する機運が高まり，「経済物理」あるいは「経済社会物理」（ドイツ物理学会での部会名）の新分野が創成されました．青木先生の (5) の枠組みはまさにこの脈絡に属しますが，体系性と独創性において他に比類ない研究を集成されたことは，国際的論文引用率の高さからみても，広く承認されているところです．

(5) の主要著作は現在のところ以下の3点です．

● [本書]Aoki, M. (1996): New approaches to macroeconomic modeling: evolutionary stochastic dynamics, multiple equilibria, and externalities as field effects, Cambridge University Press, New York, xv+288 pages.

● Aoki, M. (2002): Modeling aggregate behavior and fluctuations in economics: stochastic views of interacting agents, Cambridge University Press, New York, 2002 (xv+263pp.); [翻訳] 青山秀明・藤原義久監訳「経済における確率的モデルへの招待～ 集計とゆらぎを扱うための道具箱～」臨時別冊・数理科学 2004 年 7 月（SGC ライブラリ 34），サイエンス社，240 頁．

● Aoki, M., and H. Yoshikawa, (2007): Reconstructing macroeconomics: a perspective from statistical physics and combinatorial stochastic processes (Japan-US Center UFJ Bank Monographs on International Financial Markets), Cambridge University Press, New York, xviii+333 pages.

本書は第一作 Aoki (1996) の全訳ですが，さらに青木先生ご自身が新たに書き下ろされた「日本語版への付録」（原文英語）付きです．この日本語版への付録は全三部作を通じた付録としても利用できるようになっています．

ところで，上記3書のうち，第二作 Aoki (2002) は青山秀明教授を筆頭とす

る物理学者グループによっていち早く翻訳出版されました．そのような次第で，ぜひとも第一作の翻訳が早急に望まれていたのである．

　監訳者として，最後に，翻訳出版に至る経緯について若干述べておきたいと思います．

　本書の翻訳は2010年4月に立ち上げた中央大学企業研究所・研究チーム「現代社会経済危機と複雑系企業システム」（主査・有賀裕二）の研究成果として公刊しました．スイス連邦工科大学ETH Zürichでは複雑系研究グループでCoping with Crisis in Complex Corporate Systemsという研究チームが編成されています．私自身は，青木先生のご研究を通じて，ETHと同じような複雑系研究を目指したいと考え，そのための研究基盤を確立する第一歩として，本書の翻訳を企画しました．そこで青木先生と森谷博之氏（中央大学大学院商学研究科兼任講師）を研究員にお招きし，最終的な翻訳の仕上げを行なった．これが本書成立の直接の経緯です．

　現役の為替トレーダである森谷氏は青木理論の忠実な支持者であります．氏によれば，現実のトレーディングの応用に青木先生から多くの知見を得ておられる．この森谷氏が言うには，第一作こそが青木先生の第5期（5）の業績のインスピレーションの集大成であり，この古典的重要性はまったく減じられることがない，と．たしかに，他の三部作のAoki (2002) やAoki and Yoshikawa (2007) には素晴らしい発展があるのですが，これらは本書をすべて源泉としています．私自身，翻訳ゲラを手にしてさらに自身で索引を詳細に作成してみた今，森谷氏の先見の明が深く心に染み渡ってきます．

　なお，本書は森谷博之氏を翻訳協力代表者として表記した．森谷氏が翻訳作業の下準備をされたからです．この作業は二方向でした．一つは原著者である青木先生との翻訳の詳細な相談，もう一つは下訳作業メンバーとの調整作業です．森谷氏がこうした困難な諸作業を全面的に引き受けられました．この意味で森谷「翻訳協力代表」を解釈していただきたい．

　今述べたようにこの翻訳には下訳が存在していた．森谷氏は持ち前の活力で，経済物理のインナーサークルを組織し翻訳の下訳を準備されてきました．しかし，本書のような大著の翻訳となるとそう簡単に仕上がるものではありません．

この間のコーディネータとしての森谷氏のご苦労は尋常なものではなかったと推察します．また下訳に参加された方々はみな青木先生に直接のご縁が深くまた青木理論を真摯に学ばれている優秀な研究者の方々ばかりであった．森谷氏が「翻訳代表者あとがき」で詳しく紹介されていますが，ここに深く敬意を表わして，下訳の作業メンバーについて列挙させていただきます．

　　森谷博之氏（翻訳協力代表，Quarsars22 代表）
　　田中美恵子教授（鳥取大学）
　　山崎和子教授（東京情報大学）
　　高橋一郎教授（創価大学）
　　熊谷善彰准教授（早稲田大学）
　　松前龍宜氏

　最後になりますが，中央大学出版部の長谷川水奈氏による注意深い校正に謝意を表します．本書のような複雑な内容の書物の校正は長谷川氏の献身的な協力なしには完成しなかったことを付記したい．

平成 23 年 2 月吉日

中央大学企業研究所・研究チーム
「現代社会経済危機と複雑系企業システム」
主査　有　賀　裕　二

翻訳協力者あとがき

　実際の運用者として，独自に開発したオプション複製モデルを用いて為替のヘッジを行ってきた．また，Constant Proportion Portfolio Insurance を若干修正したモデルを用いて，元本確保型の商品インデックスの投資商品の運用も行ってきた．またファンドオブ CTAs (Commodity Tranding Advisors) の運用のために，CTA のリターンの評価も独自の方法で行ってきた．

　独自の方法を用いなければならない理由は，たとえばドル円とか商品インデックスの価格，ヘッジファンドの運用成果，またはそれぞれのリターンの動きは複雑怪奇であり，定常とか非定常とか，トレンドがあるとかないとかいう概念を強くもつモデル化の方法では，運用期間中の価格特性を適切に捉えきれないからである．外生的ショックによりボラティリティがクラスタリングを起こす事実はよく知られている．その程度やクラスタリング期間そして，それが通常の状態に戻る過程とそれに費やす時間を適切に捉えるモデルは計量経済学，ファイナンシャルエンジニアリングの教科書には載っていない．

　また，為替の動きを説明するモデルとしては購買力平価（Purchasing Power Parity）や，それをいくらか複雑にしたバラッサ＝サミュエルソン効果を考慮したモデルがあるが，満足のいくものではない．単純な購買力平価よりは，それを貿易財・非貿易財に分ける後者のモデルのほうが，為替レートの動きの説明能力は高いと思われるが，それを運用に使うためにはさらに説明力を高める必要がある．そのようなモデルは経済学の教科書には載っていない．

　長期オプションの複製やオプションポジションのヘッジに使われるモデルは，ブラック・ショールズ型と呼ばれる一連のモデル群である．その最大の欠点は一定であるボラティリティを仮定していることにある．実務家はこの欠点をス

マイルという形で処理しているが，マーケットメーキングには有効であるかもしれないが，少なくとも長期のオプションを複製するには満足のいくものではない．それは，すでに指摘したボラティリティのクラスタリングの問題があるからである．もうひとつの難問は母集団の特性の推定の問題である．たとえば移動平均であったり，それでは価格の変化に対する反応が遅いのでカルマンフィルタを使ってリターンの母平均，母分散を推定するという方法があるが，結局は後追いの反応になり，一般的にはオプション複製費用の上昇につながる．このような問題を適切に扱う枠組みを提供してくれるファイナンシャルエンジニアリングの教科書はない．

また，通常の投資信託の運用リターンであれば，パッシブ運用であれ，アクティブ運用であれ，アルファとベータ，つまりモダンポートフォリオ理論の枠組みの中で分析できるが，CTAのリターンを評価する際には市場のインデックスとCTAのリターンの間の関係が線形でないために，このような分析の枠組みは適切ではない．CTAのリターンもまた複雑怪奇で，いくつかのトレード戦略を用いて運用を行っていることや，それぞれの戦略が利食いとストップロスを繰り返す戦略であるために，リターン特性は線形にはならない．また，一般に，2-5程度の投資戦略(トレンドフォロー，コントラリアン，パターン認識等)を用いて，30-200程度の先物を取引し，それぞれの取引対象に対して，タイミングをみて投資するため，それぞれのリターンは断続的である．CTAのリターンは簡単に表現すると60-1000程度の平均，分散，相関のばらばらな資産が作り出す，断続的なリターンから構成されていると言える．かつ厄介なことに彼らはスタイルドリフトと言われる，事前に投資家に通知することなしに運用戦略を変更する危険性をはらんでいる．一般の株式ポートフォリオでは，価格は若干のファットテイルをもつかもしれないが，ほぼ正規分布であり，株式価格の背後には企業活動という実物の経済活動があるために，その継続性がそう簡単に壊れることはない．ヘッジファンドリターンの分析が，いかに通常の株式や債券のポートフォリオに比べて多くの問題を抱えているかをご理解いただけると思う．

残念ながら本書はファイナンスに特化した本ではなく，経済を議論している．

しかし，そこで使われてる道具はファイナンスの世界でも十分応用可能なものである．

一般の計量経済学の枠組みでは，それぞれの確率変数は独立であることが理想的であり，マルチファクターモデルのようなものを構築する際にはそれぞれのファクターは独立な確率変数である必要がある．ところが本書で扱うモデルではそれぞれのファクターが独立である必要はなく依存性があってもかまわないのだ．そういうことが許されるのであれば，バラッサ=サミュエルソン効果を含んだモデルを拡張し，貿易財を新たにいくつかのグループに分け，それらの相互作用を考慮しながら為替変動モデルを作るということも可能になる．

サブプライムショックにより，市場が何時も効率的であると考える必要がないことが明らかとなった．市場はいくつかの巨大なグローバル金融機関の破たんで機能不全を起こした．このような状況を考慮してリターンのボラティリティをモデル化するには，複数均衡の概念が役に立つ．市場が効率的に機能するとき，外生的ショックによりマーケットメークのキャパシティー限界のとき，そして，機能不全に陥ったときと，市場を分類することにより，ボラティリティのクラスタリングのモデル化ができる．また，クラスタリングを起こしてからそれ以前の状態に戻るまでの経路とそれに必要な時間を予測することができる．初到達時間の概念を用いればよいのである．

市場の参加者を常にホモジニアスと考える必要もない．為替市場への参加者のなかで，マーケットメークしている人たちがいるが，自分が合理的であるとか，隣の人と能力が同じであるなどと思っている人はまれである．かつ，市場の参加者にはいろいろな目的をもつ人たちがいて，それぞれに行動パターンは同じではない．ヘテロジニアスな市場参加者をいくつかのグループに分け，それぞれのグループが断続的に自分たちの行動を調整するという前提に立ちモデル化すると現実に即したモデルが構築できる．よって，市場参加者をトレンドフォロアーとコントラリアンに分け，その相互作用を考慮に入れながら，トレンドが発生するメカニズムや，ボラティリティのクラスタリングをモデル化することもできる．飛躍型マルコフ過程を用いればよいのである．

一般に，非線形な特性をもつCTAのリターンを比べるのはやさしい話では

ない．CTA のリターンのボラティリティは，年率換算した標準偏差でゼロに近いものから 100 パーセントを超えるものまでいる．リターンが正規分布にしたがうと仮定すれば，ボラティリティで割ることで疑似的に標準化できるが，非線形のリターンに関してはそのようにはいかない．トレンドフォロアーであればトレンドのあるときにはベータは上昇し，トレンドが消えた時点でベータは減少する．パターン認識プログラムであれば，パターンが確実であれば，ベータは上昇し，パターンがなくなればベータはゼロになる．このように，CTA の行動を想定できるリターンの分析には，状況の分類を適切に行ない，それぞれの状況に応じて，適切にボラティリティを調整する必要がある．条件付きリターンとか条件付き分散とか条件付き相関としてリターン特性をモデル化しておけば，分析はより確実なものになる．そして，これらを Gibbs 分布としてまとめることで，モデルは確たるものになる．

　大偏差原理は，ファットテイルの扱いに有効である．また，依存性のあるリターンに対して上界と下界を与えてくれる．これはヘッジファンドのリターン特性の中でもドローダウンの分析に活用できる．

　ここで挙げた例は，私に思い描けるものであるが，本書には百貨店並みのモデリングの考え方，方法，道具がそろっている．これらの道具を適切に使えば，その先に描ける世界はほぼ無限であると言える．これが本書を翻訳しようとした最大の動機である．ここでは，すでにでき上がったモデルを学ぶのではなく，モデル化の道具を学ぶことができるのである．本書はこの点で稀有の書である．

　この大プロジェクトを実現するために多くに人たちに，翻訳のお手伝いをお願いし，またご迷惑をおかけした．ここで，心からお礼を申し上げると同時にお詫びを申し上げる．翻訳を始める際に，吉川洋先生からミッションをいただいた．正確に翻訳することだけではなく，本文中の式を理解し，その式の記述の正確性に注意を払うようにとのご指導を受け賜った．このご指導は翻訳の最後の最後まで，翻訳にかかわる者たちに注意を促した．また，翻訳のドラフトが完成した時点で多大なるコメントをいただいた．ここで心からお礼を申し上げる．翻訳は田中美恵子先生，山崎和子先生，高橋一郎先生，熊谷善彰先生，松前龍宜先生，そして私が分担して行った．また，半年以上にわたり，高橋一郎先

生，熊谷善彰先生，松前龍宜先生と翻訳原稿を週に一度のペースでチェックした．大変ありがとうございました．心からお礼を申し上げる．また，この翻訳のチェックの最初の段階で，田中美栄子先生に懇切丁寧なご指導を受け賜わった．この場を借りて心からお礼を申し上げる．また，翻訳チェックを終えた後でも，熊谷善彰先生には数式の展開に関して何度もご指導を受け賜わった．大変ありがとうございました．原著の著者であり，本書の翻訳者である青木正直先生にはやはり翻訳の開始段階から著書の内容に関する質問をさせていただいた．そのたびに先生には懇切丁寧なご指導をいただいた．心からお礼申し上げる．また，その他大勢の人々の協力を仰ぎ，ご迷惑をおかけしました．ここで心からお礼とお詫びを申し上げる．最後に，翻訳を思い立ったその瞬間からご協力いただき，さまざまな問題が生じるごとにご相談をさせていただいた本書の監訳者である有賀裕二先生に心からお礼を申し上げる．

本書が読者の方々の資金獲得，投資判断，リスク管理に少しでも役に立つことを願うと同時に，未来の技術革新，開発途上の国々のインフラストラクチャー整備，飢餓に苦しむ人たちの明日の食糧生産，そして明日に大志を抱く若者たちにわずかな資金でも流れていくことを切に願いたい．

翻訳協力者代表　森　谷　博　之

訳者紹介

有賀　裕二（あるが　ゆうじ）
中央大学企業研究所研究員
中央大学商学部教授

青木　正直（あおき　まさなお）
中央大学企業研究所客員研究員
UCLA (University of California, Los Angeles)
経済学部名誉教授

森谷　博之（もりや　ひろゆき）
中央大学企業研究所客員研究員
Quasars22 Private Limited, シンガポール 代表
中央大学大学院商学研究科兼任講師

マクロ進化動学と相互作用の経済学

中央大学企業研究所翻訳叢書 12

2011年3月31日　初版第1刷発行

監訳者　有　賀　裕　二
発行者　中　央　大　学　出　版　部
　　　　代表者　玉　造　竹　彦

発行所　〒192-0393 東京都八王子市東中野 742-1
　　　　電話 042(674)2351　FAX 042(674)2354
　　　　http://www2.chuo-u.ac.jp/up/　　中央大学出版部

ⓒ2011　　　　　　　　　　　　　　　　　藤原印刷
ISBN978-4-8057-3311-0